수능 영문법

문제풀이책

저자

이건희

쥬기스(http://jugis.co.kr) 대표
맨처음 수능영어(기본, 실력, 독해, 완성)
내공(중학영문법, 중학구문, 중학듣기, 중학단어) (다락원)
체크체크(천재교육) Grammar in(비상) 외
instagram@gunee27

도움 주신 선생님들

김경민 여의도 마포	**김소원** 경기 안양	**서재교** 대전 중구	**안치현** 대전 서구/세종	**이상미** 중계/남양주
이소영 서울 동대문	**이송현** 서울 강남구	**이연홍** 창원/김해	**이원주** 대전 서구	**정담서** 인천 송도

사전 검토 선생님들

강해천 대구 수성구	**공진숙** 서울 강동구	**권다래** 경기 부천	**김광민** 경남 김해	**김광수** 경기 수원
김동원 서울 강동구	**김선영** 경기 파주	**김수인** 광주 서구	**김은정** 서울 관악구	**김택수** 인천 부평구
박병선 서울 강남구	**박선희** 경기 분당구	**박준호** 서울 동작구	**박철웅** 제주 제주시	**박희진** 충남 태안
배명희 경남 창원	**배지은** 서울 성북구	**손아미** 광주 서구	**송미선** 광주 북구	**송혜진** 대구 동구
안지은 전북 군산	**양희영** 전북 익산	**오현숙** 수원 장안구	**유경미** 서울 중랑구	**유연수** 충북 진천
윤준섭 경기 남양주	**윤지영** 대전 서구	**이기수** 대전 대덕구	**이동호** 경북 구미	**이명순** 서울 강동구
이선미 충북 청주	**이선아** 경기 용인	**이연경** 경기 포천	**이지은** 대구 달서구	**이태** 경기 평택
이한별 충남 금산	**이현정** 경북 칠곡	**이현주** 경남 진주	**이혜란** 광주 남구	**임별이** 경기 부천
임아영 인천 서구	**정상원** 대구 중구	**정지윤** 경기 김포	**조민재** 서울 성북구	**조소율** 전남 나주
조숙현 경기 수원	**조예선** 인천 연수구	**조치환** 세종	**조혜정** 경기 평택	**주성아** 경남 창원
지영주 대전 서구	**채승준** 광주 북구	**채유정** 경북 칠곡	**최인희** 인천 서구	**최현진** 경기 파주
홍은지 광주 광산구	**황주혜** 서울 강남구	Clara Choi 경기 분당구		

맨처음 수능 영문법
문제풀이책

지은이 이건희
펴낸이 정규도
펴낸곳 (주)다락원

초판 1쇄 인쇄 2020년 8월 28일
초판 2쇄 발행 2021년 1월 24일

편집 정지인, 이동호
디자인 김나경, 조영남
영문 감수 Michael A. Putlack

다락원 경기도 파주시 문발로 211
내용문의 (02)736-2031 내선 506
구입문의 (02)736-2031 내선 250~252
Fax (02)732-2037
출판등록 1977년 9월 16일 제 406-2008-000007호

값 13,000원

ISBN 978-89-277-8002-1 54740
       978-89-277-8000-7 54740(set)

http://www.darakwon.co.kr

다락원 홈페이지를 방문하시면 상세한 출판정보와 함께
동영상강좌, MP3 자료 등 다양한 어학 정보를 얻으실 수 있습니다.

수능 영어를 향한 가벼운 발걸음

맨처음 수능 영문법

문제풀이책

다락원

맨처음 수능 영문법만의 장점!

♦ 쉬운 난이도의 교육청 모의고사 및 수능 기출 문제로 공부할 수 있어요!

♦ 생생한 수능 풀이 전략으로 수능 유형 및 수능 기반 내신 유형과 친해질 수 있어요!

♦ 개념이해책과 문제풀이책의 연계 학습으로 개념은 쉽게 문제는 집중적으로 학습할 수 있어요!

❶ 문법 개념 마스터

개념이해책에서 학습한 문법 내용을 하나하나 해부하듯 자세히 풀어 보며 문법 개념 완전 정복

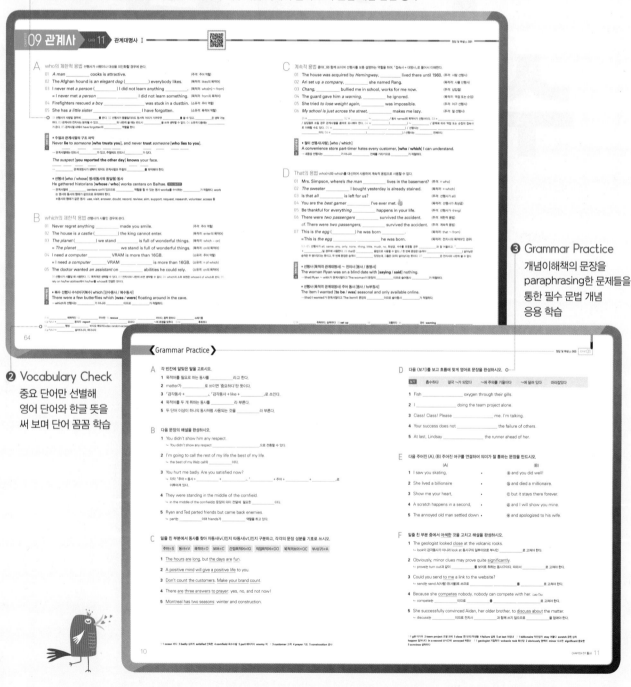

❷ Vocabulary Check
중요 단어만 선별해
영어 단어와 한글 뜻을
써 보며 단어 꼼꼼 학습

❸ Grammar Practice
개념이해책의 문장을
paraphrasing한 문제들을
통한 필수 문법 개념
응용 학습

❹ **Review Test**
개념이해책 문장의 패러프레이즈, 패러디, 연관 지문을 활용한 문제로 문법 반복 학습

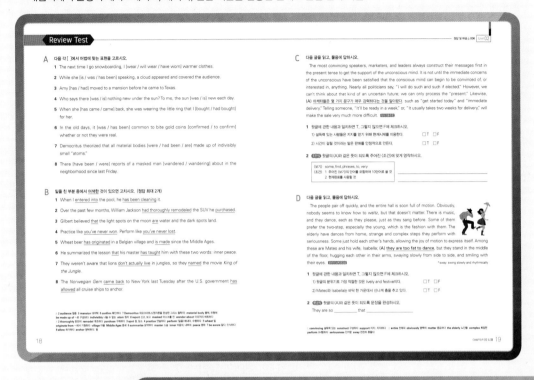

❺ **정답 및 해설**
보기 편한 디자인을 통해 포인트를 자세히 짚어주는 친절한 문제 해설 제공

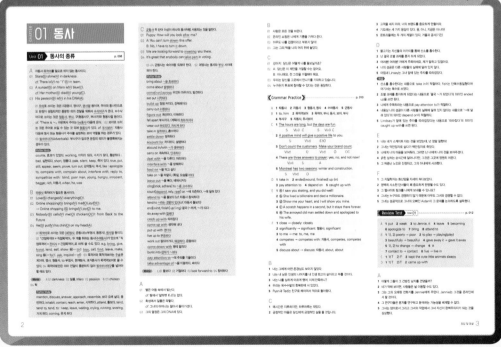

❽ **막강한 온라인 학습 자료**
단계별 워크시트 10종을 비롯한 풍부한 온라인 부가자료 제공

Review Test · Answer Key · Word Test · MP3 · Voca List · Dictation

📄 문제출제프로그램 (voca.darakwon.co.kr)

차 례

책 속의 책
정답 및 해설

A 자동사 _____를 필요로 하지 않는 동사이다.

01 Stars(_____) shine(_____) in darkness. (S V)

　　cf. There is(_____) no "I"(_____) in team.

02 A sunset(_____) on Mars is(_____) blue(_____). (S V C)

　　cf. Her mother(_____) died(_____) young(_____).

03 His passion(_____) is(_____) in his DNA(_____). (S V A)

01 _____로 쓰이는 것은 (대)명사, 명사구, _____ 등이며, 주어와 동사만으로도 문장이 성립되지만 충분한 의미 전달을 위해서 _____가 온다. ※수식어구로 쓰이는 것은 _____, _____, 구(형용사구, 부사구)와 형용사절 등이다. *cf.* 「There is ~」 구문에서 주어는 _____ 다음에 온다. 02 보어로 쓰이는 것은 주어로 쓰일 수 있는 것 외에 _____가 있다. *cf.* _____: 자동사 다음에 명사 또는 형용사가 주어를 설명하는 보어 역할을 하는 경우가 있다. 03 _____(Adverbials): 부사구가 없으면 문장의 의미가 불명확해지는 경우가 있다.

Further Study 주의해야 할 자동사

뜻에 유의해야 할 동사

Every point matters[_____].
(모든 점수가 중요하다.)

It worked wonders.
(그것은 기적 같은 _____.)

The mouse isn't _____.
(마우스가 작동을 하지 않는다.)

My job pays well.
(내 직업은 매우 _____[_____].)

That'll do. (그것은 _____.)

보어를 취하는 주의해야 할 동사

go _____(상하다)

come true(_____)

run dry/_____(마르다/부족해지다)

fall asleep(_____)

turn red/_____(빨개지다/창백해지다)

remain single/_____
(여전히 싱글로 남아 있다/조용히 있다)

_____ quiet/waiting
(조용히 있다[유지하다, 계속 기다리다])

lie dead/awake(_____/깨어 있다)

hold _____/still
(진실이다, 유효하다/가만히 있다)

stay open/_____[_____]
(열려 있다/가만히 있다)

_____[_____] normal/rich
(보통처럼 보이다/부자처럼 보이다)

_____[_____] guilty/fruitless
(무죄로/무익한 것으로 판명되다[드러나다])

_____(look, sound, smell, feel, taste) + good (좋아 보인다, 좋은 소리처럼 들린다, 좋은 냄새가 난다, 좋은 느낌이 난다, 좋은 맛이 난다)

cf. 감각동사 + _____(×) 감각동사 + _____ + 명사

타동사로 착각하기 쉬운 자동사

_____ him(그에게 사과하다)

_____ a player(선수와 경쟁하다)

_____ the food
(음식에 대해 불평하다)

_____ digestion
(소화를 방해하다)

_____ me(나에게 응답하다)

_____ her anger
(그녀의 분노에 공감하다)

유사보어를 취하는 동사

be born _____(장님으로 태어나다)

die a _____(가난한 사람으로 죽다)

marry _____(어려서 결혼하다)

go _____(굶주리다)

stand _____(결백하다)

return home a _____
(거지로 집에 돌아오다)

leave her hometown _____
(부자로 고향을 떠나다)

※유사보어는 _____만 취하지 않으며 분사구문의 한 형태로 이해할 수 있다. e.g. He died young.
(← He died _____ _____ _____ young.)

B _____ 목적어가 필요한 동사이다.

01 Love(_____) changes(_____) everything(_____). (S V O)

02 Online shopping(_____) brings(_____) me(_____) joy(_____). (S V IO DO)

　→ Online shopping(_____) brings(_____) joy(_____) to me.

03 Nobody(_____) calls(_____) me(_____) chicken(_____)! *from Back to the Future* (S V O OC)

04 He(_____) put(_____) his chin(_____) on my head(_____). (S V O A)

01 _____로 쓰이는 것은 _____, 준동사(to부정사, 동명사), _____ 등이다. 02 「간접목적어 + 직접목적어」 두 개를 취하는 동사(_____)가 있으며 「직접목적어 + _____ + 간접목적어」로 바꿔 쓸 수도 있다. e.g. _____, give, _____, lend, sell, show 등(→ _____) | _____, call, _____, leave, make, sing 등(→ _____) | _____, inquire(→ _____) 03 목적어와 목적격보어는 _____ 관계이며, 명사, 형용사, to부정사, 현재분사, 과거분사가 목적격보어로 올 수 있다. 04 목적어로만은 의미 전달이 충분하지 않아 _____를 넣어야 할 때도 있다.

A 01 _____ 어둠　02 **sunset** _____ _____ 화성　03 _____ 열정　B 03 _____ (구어) 겁쟁이　04 **chin** _____

8

Further Study 주의해야 할 타동사

자동사로 착각하기 쉬운 타동사

_____ about it(그것에 대해 언급하다) _____ about the topic(그 주제에 대해 토론하다) _____ to me(나에게 대답하다) _____ to the corner(모퉁이에 접근하다) _____ with her(그녀와 닮다) survive than her husband(그녀의 남편_____) accompany with your parents(부모와 _____) _____ in a cave(동굴에 거주하다) _____ with the outside world(외부 세계와 연락하다, 접촉하다) _____ to the border(국경에 도달하다) _____ into a room(방에 들어가다) *cf.* enter into conversation(대화를 _____) _____ at the wedding(결혼식에 참석하다) *cf.* attend to the kid(아이를 _____, 주의를 기울이다) _____ on sheep(양을 돌보다[지키다]) *cf.* _____ a patient(환자를 돌보다) _____ forget(잊는 경향이 있다)

현재분사를 목적격보어로 취하는 동사

「_____, _____, set, catch, get, imagine, have + O + -ing」 (진행, 계속, 반복)

e.g. keep me _____(나를 기다리게 하다) leave him _____(그를 울게 내버려두다) get a system _____(그 시스템을 돌아가게 하다) catch her _____(그녀가 코고는 것을 발견하다) get the car going(차를 _____) imagine him _____(그가 오는 것을 상상하다) have them laughing(그들을 _____)

※지각동사와 사역동사는 목적어와 목적격보어의 관계에 따라 각각 동사원형, -ing, -ed를 목적격보어로 취할 수 있다. (▶Unit 06 부정사의 다양한 형태 참조)

C

C _____ 두 단어 이상이 하나의 동사처럼 사용되는 것을 말한다.

01 Puppy: How will you look _____ me? (동사 + 전치사)

02 A: You can't turn _____ this offer. (동사 + 부사 + 명사)

B: No, I have to turn _____ down. (동사 + 대명사 + 부사)

03 We are looking forward to _____ you there. (동사 + 부사 + 전치사)

04 It's great that anybody can _____ _____ in voting. (동사 + 명사 + 전치사)

01~04 군동사는 숙어처럼 외워야 한다. 02 대명사는 동사와 _____ 사이에 와야 한다.

Further Study 주요 군동사

bring about _____
come about _____
_____ 우연히 마주치다, 발견하다
set out _____, 의도하다
_____ 점점 커지다, 강력해지다
carry out _____
_____ 계산하다, 이해하다
fall apart 부서지다, (계획이) _____
wear out _____, 지치게 하다
take in _____, 흡수하다
_____ 정착하다
_____ 차지하다, 설명하다
abound in/with _____

carry on 계속하다, _____
_____ ~을 다루다, 처리하다
_____ ~을 방해하다
_____ ~을 먹고 살다
take on ~을 떠맡다, (특질, 모습을) _____
_____ ~을 빼다, 배제시키다
cling[stick, adhere] to _____
count[_____, rely, _____] on ~에 의존하다, ~에 달려 있다
_____ ~을 돌보다 (cf. ⓣ 참석하다)
tend to _____(cf. ⓣ 돌보다)
end[wind, finish] up (-ing) 결국 (~하게, ~가) 되다

do away with _____
_____ 따라잡다
_____ 생각해 내다
put up with _____
live up to _____
work out 잘 되어 가다, _____, 운동하다
_____ 병에 걸리다
burst into _____
_____ ~에 주의를 기울이다
_____ ~을 이용하다, 속이다

C 01 **look after** _____ 02 **turn down** _____, 소리를 줄이다 03 _____ 기대하다 04 **take part in** _____

CHAPTER 01 동사 9

A 각 빈칸에 알맞은 말을 고르시오.

1 목적어를 필요로 하는 동사를 _____라고 한다.

2 matter가 _____로 쓰이면 '중요하다'란 뜻이다.

3 「감각동사 + _____」, 「감각동사 + like + _____」로 쓰인다.

4 목적어를 두 개 취하는 동사를 _____라 부른다.

5 두 단어 이상이 하나의 동사처럼 사용되는 것을 _____라 부른다.

B 다음 문장의 해설을 완성하시오.

1 You didn't show him any respect.

↳ You didn't show any respect _____ _____.으로 전환할 수 있다.

2 I'm going to call the rest of my life the best of my life.

↳ the best of my life는 call의 _____이다.

3 You hurt me badly. Are you satisfied now?

↳ 각각 「주어 + 동사 + _____ + _____」, 「_____ + 주어 + _____ + _____」로 이루어져 있다.

4 They were standing in the middle of the cornfield.

↳ in the middle of the cornfield는 문장의 의미 전달에 필요한 _____이다.

5 Ryan and Ted parted friends but came back enemies.

↳ part는 _____이며 friends가 _____ 역할을 하고 있다.

C 밑줄 친 부분에서 동사를 찾아 자동사(vi.)인지 타동사(vt.)인지 구분하고, 각각의 문장 성분을 기호로 쓰시오.

주어=S	동사=V	목적어=O	보어=C	간접목적어=IO	직접목적어=DO	목적격보어=OC	부사(구)=A

1 The hours are long, but the days are fun.

2 A positive mind will give a positive life to you.

3 Don't count the customers. Make your brand count.

4 There are three answers to prayer: yes, no, and not now!

5 Montreal has two seasons: winter and construction.

B **1** ocean 바다 **3** badly 심하게 **satisfied** 만족한 **4** cornfield 옥수수밭 **5** part 헤어지다 **enemy** 적 C **3** customer 고객 **4** prayer 기도 **5** construction 공사

10

D 다음 〈보기〉를 보고 흐름에 맞게 영어로 문장을 완성하시오.

| 보기 | 흡수하다 | 결국 ~가 되었다 | ~에 주의를 기울이다 | ~에 달려 있다 | 따라잡았다 |

1 Fish _____ oxygen through their gills.

2 I _____ doing the team project alone.

3 Class! Class! Please _____ me. I'm talking.

4 Your success does not _____ the failure of others.

5 At last, Lindsay _____ the runner ahead of her.

E 다음 주어진 (A), (B) 주어진 어구를 연결하여 의미가 잘 통하는 문장을 만드시오.

(A)	(B)
1 I saw you skating,	ⓐ and you did well!
2 She lived a billionaire	ⓑ and died a millionaire.
3 Show me your heart,	ⓒ but it stays there forever.
4 A scratch happens in a second,	ⓓ and I will show you mine.
5 The annoyed old man settled down	ⓔ and apologized to his wife.

F 밑줄 친 부분 중에서 <u>어색한</u> 것을 고치고 해설을 완성하시오.

1 The geologist looked <u>close</u> at the volcanic rocks.
↳ look이 감각동사가 아니라 look at 동사구의 일부이므로 부사인 _____ 로 고쳐야 한다.

2 Obviously, minor clues may prove quite <u>significantly</u>.
↳ prove는 turn out과 같이 _____ 를 보어로 취하는 동사구이다. 따라서 _____ 로 고쳐야 한다.

3 Could you send <u>to me</u> a link to the website?
↳ send는 send A(사람) B(사물)로 쓰므로 _____ _____ 를 _____ 로 고쳐야 한다.

4 Because she <u>competes</u> nobody, nobody can compete with her. *Lao Tzu*
↳ compete는 _____ 이므로 _____ 를 _____ _____ 로 고쳐야 한다.

5 She successfully convinced Aidan, her older brother, to <u>discuss about</u> the matter.
↳ discuss는 _____ 이므로 전치사 _____ 과 함께 쓰지 않으므로 _____ 을 없애야 한다.

D 1 **gill** 아가미 2 **team project** 조별 과제 3 **class** (한 반의) 학생들 4 **failure** 실패 5 **at last** 마침내 E 1 **billionaire** 억만장자 **stay** 머물다 **scratch** 긁힌 상처 **happen** 일어나다 **in a second** 순식간에 **annoyed** 짜증난 F 1 **geologist** 지질학자 **volcanic rock** 화산암 2 **obviously** 명백히 **minor** 사소한 **significant** 중요한 5 **convince** 설득하다

CHAPTER 01 동사 11

A 다음 각 [ ]에서 어법에 맞는 표현을 고르시오.

1 How did they [come / put] up with the arrogant man?

2 If you seem [weakly / weak], they may take advantage of you.

3 He gave his old phone [Jennie / to Jennie]. Jennie is going to sell [to it / it] online.

4 The researchers cannot [wear / leave] out the possibility of studying and analyzing the molecules.

5 She imagined herself [becoming / become] a perfectionist as a mother and in her career.

6 Mrs. Kimberly, an educated mother, did not [apologize / apologize to] her child's coach.

7 I think writing is a fun venture, so I suppose it doesn't [come / bring] about a lot of difficulties.

8 Everybody followed him readily, for he was going to [attend / attend to] his people.

B 밑줄 친 부분 중에서 <u>어색한</u> 것이 있으면 고치시오.

1 If you're born <u>poorly</u>, it isn't your fault. However, if you die <u>poorly</u>, it is.

2 I won't have my 15-year-old son <u>to play</u> online games until midnight.

3 Roses are red. Violets are blue. God made me <u>beautifully</u>. What's wrong with you?

4 Last Christmas, you gave me your heart. But the very next day, I <u>gave away it</u>.

5 Don't let people <u>to change</u> your smile, but instead, let your smile <u>to change</u> people.

6 A florist at heart, she encouraged her children to help <u>tend</u> the rose garden.

7 We will match you with a perfect babysitter and <u>contact to</u> you to arrange your schedule.

8 People may <u>live</u> various areas, even in the same city, according to their economic status.

A 1 **arrogant** 건방진 2 **take advantage of** 이용하다 4 **possibility** 가능성 **study** 연구하다 **analyze** 분석하다 **molecule** 분자 7 **venture** 모험 **suppose** 생각하다
8 **readily** 기꺼이 B 1 **poorly** 서툴게, 형편없이 6 **florist** 화초 재배가 8 **various** 다양한 **status** 상태, 지위

12

C 다음 글을 읽고, 물음에 답하시오.

For many years, a lot of scientists doubted that koalas were sluggish because the compounds in eucalyptus leaves **(A) (animals, sleepy, the cute little, keep)**. But more recent research has revealed that the leaves are simply so low in nutrients that koalas have almost zero energy. Thus they have a tendency to move as little as they can, and when they do move, they often look as if they're in slow motion. They rest for two-thirds to three-quarters of a day and spend most of that time unconscious. In fact, koalas spend little time thinking; their brains actually seem to have shrunk over the past few centuries. The koala is the only known animal whose brain only fills half of its skull.

*sluggish: slow to respond

1 Koala에 관한 윗글의 내용과 일치하면 T, 그렇지 않으면 F에 체크하시오.

1) 하루의 절반 이상을 휴식한다.　　　　　　　　□ T　□ F

2) 뇌가 두개골의 꽉 채우고 있다.　　　　　　　□ T　□ F

2 (주관식) 윗글의 (A)에 주어진 단어를 문맥과 어법에 맞게 배열하시오. (한 단어는 반드시 어형 변화 할 것)

_____

D 다음 글을 읽고, 물음에 답하시오.

Finnish filmmaker Timo Vuorensola came up with the idea for his movie *Star Wreck*, whose original title was *Star Trek*. He realized that looking for conventional distribution wouldn't be possible. An amateur science-fiction comedy with an extremely small budget would hardly appeal to mainstream movie makers. That's why Vuorensola took matters into his own hands. He used a social networking site to gain an online fan base, who contributed to the plot and even offered their acting skills. In response to the help, Vuorensola released *Star Wreck* online for free in 2005. Seven hundred thousand copies were downloaded in the first week alone, and more than 9 million copies have been downloaded today. 모의기출응용

*plot: the main story of a movie or literary work

1 *Star Wreck*에 관한 윗글의 내용과 일치하면 T, 그렇지 않으면 F에 체크하시오.

1) 공상 과학 영화 *Star Trek*이 원작이다.　　　　□ T　□ F

2) 줄거리 구성에 팬들의 도움을 받았다.　　　　　□ T　□ F

2 (주관식) 윗글에서 다음 영영뜻풀이에 해당하는 표현을 찾아 그대로 쓰시오.

to suggest or think of an idea or plan: _____

C **doubt** (~인지) 의심하다 **sluggish** 게으른 **reveal** 보여 주다, 드러내다 **thus** 따라서 **tendency** 경향 **past** 지난 D **realize** 깨닫다 **appeal to** ~에게 호소하다 **gain** 확보하다, 얻다 **plot** 줄거리 **in response to** ~에 응[대답]하여

A 현재시제·과거시제·미래표현

01 I _____ beautiful. You'_____ beautiful. We'_____ beautiful. (현재시제 – 현재 사실)

02 Donna always _____ her password. (현재시제 – 습관, 반복)

03 Humans _____ 50% of their DNA with bananas. (현재시제 – 일반적 진리)

04 She _____ my sleeve and _____ me. (과거시제 – 과거 사실)

05 Yi Seong-gye _____ the Joseon Dynasty in 1392. (과거시제 – 역사적 사실)

06 Everything _____ be okay in the end. (미래 표현 – will)

07 I _____ _____ _____ rattle the stars. (미래 표현 – be going to)

02 흔히 _____ 와 함께 쓰인다. 03 일반적 진리, _____ 등을 표현한다. 05 역사적 사실은 늘 _____ 으로 쓴다. 07 현재형이지만 _____ 를 나타낸다. *cf.* be to, be about to(_____), be scheduled[bound] to(_____)

Further Study 시간(time)과 시제(tense)

현실 세계의 시간은 _____, _____, _____ 로 나뉘지만, 문법의 시제는 동사의 형태로 구분하여 _____(현재형)와 _____(과거형) 두 가지로 나뉜다. 영어는 미래를 동사의 형태로 나타낼 수 없어서 will(현재형)이나 be going to 등의 요소를 더하여 표현한다. 시제와 시간은 달라서 현재시제(현재형)가 _____, _____ 를, 과거시제(과거형)가 _____ 나 _____ 를 나타내기도 한다. (▶ 본 Unit의 D 참조)

B 완료형

01 He _____ just _____ from a one-month trip. (현재완료 – 동작의 완료)

02 _____ you ever _____ alone in a crowded room? (현재완료 – 경험)

03 The boy _____ _____ for his mother for over 1 hour. (현재완료 – 계속)

cf. You _____ pretty upset just now.

04 Chris _____ never _____ to an opera before last night. (과거완료)

05 They _____ _____ _____ by the time you get there. (미래완료)

06 When everyone _____ _____, we will start our climb. (현재완료 – 미래완료 대용)

01~03 현재완료시제는 _____ 의 사건이 _____ 까지 영향을 미칠 때 사용하므로 명백한 과거를 나타내는 표현과 함께 쓸 수 없다. 01 현재를 시점으로 동작이 _____ 된 것을 나타내며, just, _____, _____, now 등과 함께 쓰인다. 02 현재를 시점으로 과거의 _____ 을 나타내며, ever, _____, _____, often 등과 함께 사용된다. 03 현재 시점까지 _____ 되는 동작이나 상태를 나타내며, _____, _____ 등과 함께 쓰인다. *cf.* 명백한 과거를 나타내는 표현은 과거시제로 쓴다. ※ _____ 는 현재완료시제와 과거시제에 다 쓰이지만 _____(방금, 지금은)는 현재완료시제에 쓰이지 않는다. 04 과거의 특정 시점보다 앞서 일어난 일을 나타낸다. 05 미래의 특정 시점까지 일어날 일을 나타낸다. 06 시간·조건 부사절의 현재완료는 미래완료(will have p.p.) 대신 쓰인다.

PLUS 현재완료와 과거시제

He **lived** in Boston for 2 years. (과거시제) – 과거정보 ○ 현재정보 ?

He **has lived** in Boston for 2 years. (현재완료) – 과거정보 ○ 현재정보 ○

→ 과거시제는 _____ 의 정보만 알 수 있고, 현재완료시제는 _____ 와 _____ 의 정보까지 알 수 있다. 따라서 1번 문장은 과거에 2년 동안 보스턴에 살았지만 지금은 그곳에 사는지 아닌지 알 수 없고, 2번 문장은 2년 전에 보스턴에 살기 시작해서 지금도 그곳에 살고 있다는 것을 알 수 있다.

수능 pick 1 ◆ [has / had] p.p.

It turned out that the heart of the fire [**has** / **had**] not been in the kitchen but in the basement below. 모의기출

→ 주절보다 앞서 일어난 것이므로 과거완료인 _____ not been의 _____ 가 적절하다. 과거를 기준으로 더 앞서 발생하면 _____ 를, 과거에 발생해서 현재까지 영향을 미치면 _____ 를 쓴다.

A 03 _____ 공유하다 04 _____ 소매 05 **found** _____ (-founded-founded) _____ 왕조 06 **in the end** _____
07 _____ 달랑달랑[딸그락딸그락] 소리를 내다 B 02 **crowded** _____ 03 _____ 찾다 수능 Pick 1 ◆ _____ ~임이 밝혀지다
heart _____ _____ 지하실

C 진행형

01 Do you know what you _____ _____? (현재진행 – 현재)

02 He _____ _____ some friends after work. (현재진행 – 미래)

03 My wife _____ _____ zumba when I got home. (과거진행)

04 I _____ _____ right here _____ for you. (미래진행)

05 It's _____ _____ since last night. (현재완료진행)

01 말하고 있는 시점보다 앞서 동작이 시작되어 지금 _____ 중이며 언젠가는 끝나는 일에 쓴다. 02 가까운 _____ 를 나타내고 또는 비교적 긴 시간을 나타내기도 한다. 03 과거의 한 시점에 _____ 중이었던 일에 쓴다. 04 미래의 한 시점에 _____ 중일 일에 쓴다. 05 과거에 발생한 사건이 지금도 _____ 중임을 나타낼 때 쓴다. 현재완료의 _____ 용법에 진행의 의미를 더한 것이다. ※이외 과거완료진행(had been doing)도 있다.

PLUS 진행형 불가 동사

상태동사: belong, _____, own, have(소유하다), _____(~이 부족하다), _____(함유하다), consist(_____) 등

심리동사: like, _____, think, believe, _____, _____, understand, want, hope, wish 등

무의지적 지각동사: see, hear, _____, _____, _____ 등

진행형으로 쓸 수 있는 동사들의 일반적인 특징은 잠시 멈췄다가 다시 시작할 수 있는 특징을 가지고 있다. 반면에 진행형으로 쓸 수 없는 동사들은 대체로 이러한 특징이 없다. 예를 들어 know는 잠시 알았다가 몰랐다가 다시 알 수 없다. 그러나 have가 '_____, _____', smell이 '_____', taste가 '_____', think가 '_____'인 경우에는 진행형이 가능하고, _____은 무의지 동사지만 예외로 진행형이 가능한 경우가 있음에 유의한다.

D 시제와 시간(때)이 다른 경우

01 The flight for San Jose _____ at noon. (현재시제 → 미래)

02 You will never know unless you _____. (현재시제 → 미래)

   cf. If you _____ _____ this way, I'll show you your room.

03 I was walking alone when suddenly, this man _____ _____. (현재시제 → 과거)

04 I _____ that you're moving to Toronto. (현재시제 → 과거 또는 현재완료)

05 *If* we _____ no winter, spring would not be so pleasant. (과거시제 → 현재)

06 They luckily got out before the earthquake _____. (과거시제 → 대과거)

01 이미 정해진 것일 경우, _____ · _____ · _____ · _____ 를 나타내는 표현이나 미래 부사와 함께 쓰인다. 02 시간·조건 부사절에서 _____ 가 _____ 를 대신한다. *cf.* 정중한 _____ 이나 주어의 _____ 를 표현할 때는 will을 쓰기도 한다. (▶Unit 19 부사절 접속사 참조) 03 _____ 현재시제: 과거의 일을 현재에 일어나고 있는 것처럼 _____ 표현할 때 사용한다. e.g. 꿈 이야기 (황순원의 '소나기') ※참고: 「진행형 + when + 주어 + 동사」의 경우 '~할 때'를 _____ 에 붙여서 해석하면 자연스러운 경우가 있다. e.g. I was sleeping when you called me. (내가 자고 있을 때 네가 전화했어.) 04 = (_____) _____ 05 가정법과거시제가 _____ 를 나타낸다. 또한 가정법 _____ 는 과거를 나타낸다. (▶Unit 09 if 가정법 참조) 06 = _____ _____ 문맥상 전후관계가 명백할 때는 과거완료형 대신 _____ 이 쓰인다.

C 03 **practice** _____ 04 _____ 바로 D 01 _____ 항공기, 비행 03 **come up** _____ 05 _____ 상쾌한
06 _____ 지진 **hit** _____

CHAPTER 02 시제 15

A 다음 빈칸에 알맞은 말을 쓰시오.

1 _____시제는 일반적 진리를 기술할 때 쓴다.

2 역사적 사실은 _____로 표현해야 한다.

3 현재완료는 _____의 정보와 _____의 정보를 담고 있다.

4 말하고 있는 시점의 동작을 강조할 때는 _____을 쓴다.

5 현재시제는 _____가 아니고 과거시제는 _____가 아닐 수도 있다.

B 다음 문장의 해설을 완성하시오.

1 I had to rewrite what I _____ _____.
↳ 주절보다 앞선 과거를 나타내므로 _____ _____으로 써야 한다.

2 Alan does the laundry every weekend.
↳ 현재의 반복적, 습관적 동작은 _____로 표현한다.

3 A butterfly is tasting the nectar with its feet.
↳ taste는 '_____'라는 뜻으로 진행형이 가능하다.

4 That night, Rea walks home and sees blood on the floor.
↳ 지금 일어나고 있는 것처럼 생생한 표현을 위해 _____가 사용되었다.

5 Ahn Changho found the *Shinminhoe in 1907.
↳ 명백한 과거 표현이 있으므로 _____로 써야 한다.

C 주어진 단어를 어법에 맞게 쓰고 해설을 완성하시오.

1 Last night, she _____ a wish and _____ the cake. (make, cut)
↳ 과거 사실은 _____시제로 표현하므로 각각 _____와 _____으로 쓰면 된다.

2 The moon _____ _____ man since the dawn of human history. (fascinate)
↳ 유사 이래 지금까지라는 의미로 _____형인 _____ _____로 쓰면 된다.

3 Nothing _____ permanent in this wicked world, not even our troubles. (be) *Charlie Chaplin*
↳ 격언이나 속담은 _____시제로 표현하므로 _____로 쓰면 된다.

4 We mistakenly entered a hotel that _____ _____ _____ for a year. (close)
↳ 주절보다 앞선 시제에 발생한 사건이면서 수동이므로 _____ _____ _____로 쓰면 된다.

5 Copernicus said that Earth and the other planets _____ around the sun. (revolve)
↳ 지구와 행성이 태양을 도는 것은 과학적 사실이므로 현재시제에 맞게 _____로 쓰면 된다.

B **1 rewrite** 다시 쓰다 **2 do the laundry** 빨래를 하다 **3 nectar** 꽃의 꿀, 과즙 *****Shinminhoe** 안창호, 양기탁, 신채호 등이 국권 회복을 목적으로 조직한 항일 비밀 결사 단체
C **1 make a wish** 소원을 빌다 **2 fascinate** 마음을 사로잡다 **dawn** 시작, 새벽 **3 permanent** 영원한, 영구적인 **wicked** 사악한 **4 mistakenly** 실수로 **enter** 들어가다
close 폐쇄하다 **5 planet** 행성 **revolve** 돌다, 공전하다

D 다음 〈보기〉에서 알맞은 것을 찾아 문장을 완성하시오. (필요시 어형 변화할 것)

보기	fight	occur	swim	be	have	will

1 You can't anticipate when an emergency _____.

2 My baby _____ ready for Christmas since last Christmas.

3 We _____ in the pool when the pizza was delivered.

4 Socrates said the hottest love _____ the coldest end.

5 I didn't know my grandpa _____ for our country during the Korean War.

E 다음 각 [ ]에서 어법에 맞는 표현을 고르시오.

1 I guess I [am / was] daydreaming. I apologize.

2 Life [is having / has] no remote. Get up and change it yourself.

3 Hyunwoo Kim [was / has been] my mentor during my childhood.

4 When I arrived at the office, she [had / has] already left.

5 According to scientists, several animal species [will have / have] disappeared since 1980.

F 밑줄 친 부분 중에서 어색한 것이 있으면 고치시오.

1 All 7 dogs have been snoring just a minute ago.

2 At midnight, they were still sailing through the East Sea.

3 The company experience terrible losses over the last 5 months.

4 Young children learned new words at an amazingly fast rate.

5 Nero, a Roman emperor, has been adopted by his great-uncle Claudius.

D **1 anticipate** 예상하다, 기대하다 **3 deliver** 배달하다　E **1 guess** ~인 것 같다, 추측하다　**daydream** 몽상하다 **2 remote** 리모컨(remote control)
3 childhood 어린 시절 **5 species** 종(種)　F **1 snore** 코를 골다 **3 loss** 손실 **4 amazingly** 놀랄 만큼　**rate** 속도 **5 emperor** 황제　**adopt** 입양하다, 채택하다
great-uncle 종조부(조부모의 형제)

A 다음 각 [ ]에서 어법에 맞는 표현을 고르시오.

1 The next time I go snowboarding, I [wear / will wear / have worn] warmer clothes.

2 While she [is / was / has been] speaking, a cloud appeared and covered the audience.

3 Amy [has / had] moved to a mansion before he came to Texas.

4 Who says there [was / is] nothing new under the sun? To me, the sun [was / is] new each day.

5 When she [has came / came] back, she was wearing the little ring that I [bought / had bought] for her.

6 In the old days, it [was / has been] common to bite gold coins [confirmed / to confirm] whether or not they were real.

7 Democritus theorized that all material bodies [were / had been / are] made up of indivisibly small "atoms."

8 There [have been / were] reports of a masked man [wandered / wandering] about in the neighborhood since last Friday.

B 밑줄 친 부분 중에서 <u>어색한</u> 것이 있으면 고치시오. (정답 최대 2개)

1 When I <u>entered into</u> the pool, he <u>has been cleaning</u> it.

2 Over the past few months, William Jackson <u>had thoroughly remodeled</u> the SUV he <u>purchased</u>.

3 Gilbert believed <u>that</u> the light spots on the moon <u>are</u> water and the dark spots land.

4 Practice like <u>you've never won</u>. Perform like <u>you've never lost</u>.

5 Wheat beer <u>has originated</u> in a Belgian village and <u>is made</u> since the Middle Ages.

6 He summarized the lesson <u>that</u> his master <u>has taught</u> him with these two words: inner peace.

7 They weren't aware that lions <u>don't actually live</u> in jungles, so they <u>named</u> the movie *King of the Jungle*.

8 The *Norwegian Gem* <u>came back</u> to New York last Tuesday after the U.S. government <u>has allowed</u> all cruise ships to anchor.

A **2 audience** 청중 **3 mansion** 대저택 **6 confirm** 확인하다 **7 Democritus** 데모크리토스(원자론을 완성한 그리스 철학자) **material body** 물체, 유형체 **be made up of** ~로 구성되다 **indivisibly** 나눌 수 없는 **atom** 원자 **8 report** 신고, 보고 **masked** 마스크를 낀 **wander about** 이리저리 배회하다
B **2 thoroughly** 완전히 **remodel** 개조하다 **purchase** 구매하다 **3 spot** 점, 장소 **4 practice** 연습하다 **perform** (일을) 해내다, 수행하다 **5 wheat** 밀 **originate from** ~에서 기원하다 **village** 마을 **the Middle Ages** 중세 **6 summarize** 요약하다 **master** 스승 **inner** 마음의, 내부의 **peace** 평화 **7 be aware** 알다, 인식하다 **8 allow** 허가하다 **anchor** 정박하다; 닻

C 다음 글을 읽고, 물음에 답하시오.

The most convincing speakers, marketers, and leaders always construct their messages first in the present tense to get the support of the unconscious mind. It is not until the immediate concerns of the unconscious have been satisfied that the conscious mind can begin to be convinced of, or interested in, anything. Nearly all politicians say, "I will do such and such if elected." However, we can't think about that kind of an uncertain future; we can only process the "present." Likewise, **(A) 마케터들은 몇 가지 문구가 매우 강력하다는 것을 알아왔다** such as "get started today" and "immediate delivery." Telling someone, "It'll be ready in a week," or, "It usually takes two weeks for delivery," will make the sale very much more difficult. 모의기출응용

1 윗글에 관한 내용과 일치하면 T, 그렇지 않으면 F에 체크하시오.

1) 설득력 있는 사람들은 지지를 얻기 위해 현재시제를 이용한다.　　□ T　□ F

2) 시간이 걸릴 것이라는 말은 판매를 안정적으로 만든다.　　□ T　□ F

2 주관식 윗글의 (A)와 같은 뜻이 되도록 주어진 〈조건〉에 맞게 영작하시오.

〈보기〉 some, find, phrases, to, very
〈조건〉 1 주어진 〈보기〉의 단어를 포함하여 10단어로 쓸 것
　　　　2 현재완료를 사용할 것

_____

_____

D 다음 글을 읽고, 물음에 답하시오.

The people pair off quickly, and the entire hall is soon full of motion. Obviously, nobody seems to know how to waltz, but that doesn't matter. There is music, and they dance, each as they please, just as they sang before. Some of them prefer the two-step, especially the young, which is the fashion with them. The elderly have dances from home, strange and complex steps they perform with  seriousness. Some just hold each other's hands, allowing the joy of motion to express itself. Among these are Mateo and his wife, Isabella; **(A) they are too fat to dance**, but they stand in the middle of the floor, hugging each other in their arms, swaying slowly from side to side, and smiling with their eyes. EBS수능특강응용

*sway: swing slowly and rhythmically

1 윗글에 관한 내용과 일치하면 T, 그렇지 않으면 F에 체크하시오.

1) 윗글의 분위기로 가장 적절한 것은 lively and festive이다.　　□ T　□ F

2) Mateo와 Isabella는 바닥 한 가운데서 신나게 춤을 추고 있다.　　□ T　□ F

2 주관식 윗글의 (A)와 같은 뜻이 되도록 문장을 완성하시오.

They are so _____ that _____

C **convincing** 설득력 있는 **construct** 구성하다 **support** 지지; 지지하다　D **entire** 전체의 **obviously** 명백히 **matter** 중요하다 **the elderly** 노인들 **complex** 복잡한 **perform** (수행)하다 **seriousness** 진지함 **sway** 천천히 흔들다

A 기본 조동사

01 Excuse me. Your head _____ my view. (진행형)

02 Yesterday's homeruns _____ _____ today's games. (부정문)

03 He _____ the meat, and neither _____ I. (현재완료/대동사)

04 Only you _____ control your future. (능력)

05 A: _____ I ask you a personal question? (허가)

　　B: Well, it depends.

06 To earn more, you _____ learn more. (의무)

07 You _____ not judge. You _____ understand. (충고)

08 I _____ have my vengeance in this life or the next. *Gladiator* (예정)

09 What time _____ we make it? (제안)

01 be동사는 진행형, _____, _____, _____에 쓰인다. 02 do는 부정문, 의문문, _____에 쓰인다. (▶Unit 21 강조와 도치 참조) 03 have는 _____에 쓰인다. 동사의 반복을 피하기 위해서 _____로 사용되며 So do I. Nor am I. 등이 있으며 시제는 말하고자 하는 시제를 따르며 주절과 일치하지 않을 수도 있다. 04 _____ · _____ · 허가 등을 나타낸다. 05 _____ · _____ · _____ · 등을 나타낸다. 기원: May the force be with you. (당신에게 포스가 함께 하기를.) 06 강한 _____ · 필요 · _____ 을 나타낸다. 07 약한 의무 · _____ · _____ 등을 나타낸다. 08 _____ · _____ 등을 나타낸다. e.g. The door won't open. (문이 안 열려요.) 09 1인칭 의문문에서 _____ 을, 2·3인칭 평서문에서 화자의 _____ 를 나타낸다.

수능 pick 1

♦ than [has / does]

A large earthquake has a lower probability of occurring than [**has / does**] a small one.

→ 일반동사 _____ 이하를 대신하므로 _____ 가 적절하다. than이나 as 이하에 _____ 가 쓰이는 경우 흔히 _____ 가 일어난다. (▶Unit 22 강조와 도치 참조)

B 「조동사 + have p.p.」

01 You _____ _____ _____ Mike because he's in Gumi now. (~였을[했을] 리가 없다)

02 She _____ _____ _____ a minute or two late. (~이었을[했을] 수도 있다)

03 It _____ _____ _____ love, but it's over now. (~이었음[했음]에 틀림없다)

　　cf. RULE: All entries _____ _____ _____ by you! (~이었어야 한다)

04 I _____ _____ you what you meant to me. (~했어야 했다)

　　cf. They _____ _____ the noise. (~했을 것이다)

05 She _____ _____ _____ me maple syrup. (~할 필요가 없었다)

01 과거 사실의 강한 부정적 추측을 나타낸다. = couldn't have p.p. ↔ could have p.p.(~했을 수도 있다) 02 과거 사실에 대한 불확실한 추측을 나타낸다. ≒ might have p.p.(~이었을 지도 모른다) 03 과거 사실에 대한 강한 추측을 나타낸다. *cf.* 권고 사항 같은 경우에 '~했어야[~이었어야] 한다'의 의미를 나타내기도 한다. 04 과거 사실에 대한 후회나 유감을 나타낸다. = ought to have p.p. ↔ shouldn't have p.p.(하지 말았어야 했는데 했다) *cf.* 과거 사실에 대한 추측 · 가능성을 나타내기도 한다. 05 과거 행위에 대한 필요를 나타낸다. ↔ need to have p.p.(~할 필요가 있었다) ※dare도 조동사처럼 쓰인다. e.g. They dare not fight. = They don't dare to fight. (그들이 감히 싸우려 하지 않는다.)

수능 pick 2

♦ [must / should] have done

The early white settlers [**should / must**] have tried smoking and liked it.

→ _____ 사실에 대한 추측이므로 '_____'의 구문인 _____ _____ _____ 의 _____ 가 적절하다.

A 01 **block one's view** _____ 03 _____ 양념하다 04 **control** _____ 05 _____ 사적인, 개인의 _____ 달려 있다
06 **earn** _____ 07 _____ 판단하다 08 _____ 복수 09 _____ 만나다　수능 Pick 1 ♦ _____ 가능성 _____ 일어나다
B 03 _____ 출품작, 입장　수능 Pick 2 ♦ _____ 정착민

C 기타 조동사

01 We _____ _____ destroy past. It's gone.　　　(~할 필요가 없다)

02 Remember me? I _____ _____ be your best friend.　　(~하곤 했다, ~가 있곤 했다)

　　cf. Sometimes she _____ sit alone at the window.　　(~하곤 했다)

03 Books _____ _____ be the only true magic.　　(~할[일] 것 같다)

　　cf. You _____ _____ get angry with him.　　(~하는 것도 당연하다)

04 You _____ _____ be silent about what happened.　　(~하는 게 낫다)

05 If you're going to dream, you _____ _____ _____ dream big.　　(~하는 편이 낫다)

06 I _____ _____ go blind _____ see you walk away from me.　　(차라리 ~하다)

　　cf. I'____ _____ (that) you *came* another time.　　(~라면 좋겠다)

01 부정문과 의문문에서 _____ 처럼 쓰인다. 02 과거의 습관적 _____ 이나 _____ 를 나타내며 더 이상 그렇지 않다는 의미이다. *cf.* 주로 부사(구·절)와 함께 쓰여 과거의 습관적 _____ 을 나타낸다. *cf.* 「_____ _____ + _____ ,(~하기 위해 사용되다) be[get, become] used to -ing(_____) (▶Unit 17 전치사의 다양한 표현 참조) 03 추측·가능의 may에 well이 더해져 강조의 의미로 쓰인다. *cf.* '당연하다, 마땅히 해야 한다'라는 뜻도 있다. 04 하지 않으면 안 좋은 결과가 생긴다는 의미로 강한 _____ 를 나타낸다. 05 _____ 이 없어서 하지 않는 것보다 하는 게 낫다는 표현이다. 06 두 개의 선택 중 _____ 하나를 하겠다는 표현이다. would rather A than B의 _____ 에 유의한다. *cf.* would rather (that)절에 _____ 구문이 오기도 한다. (▶Unit 10 I wish·as if 가정법)

수능 pick 3
◆ [used / was used] to do
The term "multitasking" didn't exist until the 1960s. It **[used / was used]** to describe computers, not people. (수능기출)
→ 내용상 멀티태스킹이란 단어가 컴퓨터를 기술하는데 쓰인 것이므로, '~하는데 사용되다'의 의미인 「be used to + 동사원형」 구문이 쓰여야 한다. 따라서 was used가 적절하다.

D should의 특별 용법

01 He *requested* that the door (_____) _____ open 24 hours.　　(동사)

02 Have you seen my *suggestion* that work hours (_____) _____ _____ ?　(명사)

03 His physician *advised* that he (_____) _____ to work yet.　　(부정문)

04 It is *essential* that the goods (_____) _____ _____ on time.　　(형용사)

01~04 주절에 주장, _____ , _____ , _____ , _____ 등의 표현이 나오면 종속절에 _____ 을 나타내는 _____ 가 생략되어 _____ 이 온다. ※ask, request, _____ (요구하다), _____ (주장하다), suggest, _____ (제안하다), _____ (충고하다), _____ (권유하다), command, _____ (명령하다)의 동사뿐만 아니라 necessary, _____ , _____ (필수적인), _____ (바람직한), _____ (긴급한) 등의 형용사 그리고 suggestion, _____ (제안), requirement(요구) 등의 명사도 있다. 단, _____ 이 없는 경우에는 사실을 그대로 기술하므로 _____ 에 유의해야 한다.

수능 pick 4
◆ 당위성의 표현 that ~ do [○/×]
As an advocate of alternative medicine, I insist that the bill **not be passed.** [○/×] (EBS수능특강)
→ 주장, _____ , _____ , _____ 등의 표현이 나오면 that절에 _____ 를 생략할 수 있으므로 _____ _____ _____ 는 적절하다.

Recently discovered evidence suggests that the weaving of cotton **originated** in India. [○/×]
→ 여기서 suggest는 '_____ '의 의미로 _____ 이 없으므로 시제 일치를 해야 한다. 따라서 _____ 는 적절하다.

C 01 **destroy** _____ 06 _____ 장님이 되다 수능 Pick 3 ◆ **exist** _____ _____ 기술하다 D 02 _____ 축소하다
03 _____ (내과) 의사 04 _____ 상품 **deliver** _____ **on time** _____ 수능 Pick 4 ◆ _____ 옹호자
_____ 대체 의학 **bill** _____ _____ 증거 _____ 짜기 _____ 면화 **originate in** _____

A 다음 빈칸에 알맞은 말을 쓰시오.

1 _____는 조동사로 쓰여 진행형을 만든다.

2 일반동사 현재형의 대동사는 _____를 이용한다.

3 cannot have p.p.는 _____ 사실의 강한 부정적 추측을 나타낸다.

4 _____ _____는 현재는 그렇지 않은 과거의 상태를 나타낸다.

5 주장, 명령, 충고, 제안 등의 표현이 오면 that절의 _____는 생략 가능하다.

B 다음 문장의 해설을 완성하시오.

1 Nobody <u>has</u> ever said, "I <u>have</u> everything."

↳ has는 _____, have는 _____로 쓰였다.

2 You <u>may well</u> believe the Bhutanese are the happiest people.

↳ '_____'의 의미로 추측·가능성의 may를 강조한 표현이다.

3 You <u>must have been</u> a beautiful child.

↳ 과거 사실에 대한 강한 _____을 나타내고 있다.

4 <u>Shall</u> we dance on a bright cloud of music? *from Shall We Dance*

↳ 평서문에서는 1인칭과 쓰여 _____을 나타낸다.

5 You <u>shouldn't have made</u> your new year's resolution in January.

↳ _____에 대한 후회나 유감을 나타내고 있다.

C 주어진 단어 중 필요한 것만 이용하여 영작과 해설을 완성하시오.

1 나는 설거지를 하기 보다는 차라리 청소를 하겠다. (would, should, wash)

I _____ _____ clean than _____ the dishes.

↳ '차라리 ~하겠다'는 _____ _____ A _____ B 또는 _____ _____ ~ _____ …이고
_____ 구조로 써야 하므로 _____를 쓰면 된다.

2 알았어. 네가 마음을 바꾸기 전에 떠날게. (will, may well)

Okay. I _____ _____ before you change your mind.

↳ '~할 것이다'의 의미의 조동사 _____을 쓰고 '떠나다'의 의미인 _____를 쓰면 된다.

3 사장님: 이 호텔에서 가장 게으른 직원은 해고당해야 합니다! (ought, could, fire)

Boss: The laziest employee at this hotel _____ _____ _____ _____ !

↳ '~해야 한다' 의미인 두 단어인 _____ _____를 쓰고 '해고하다'의 수동태인 _____ _____를 쓰면 된다.

4 넌 나의 진짜 머리를 본 적이 없어, 단지 모자와 가발일 뿐. (have, did)

You _____ never _____ my real hair, only caps and wigs.

↳ 과거의 사실이 현재까지 영향을 미치는 현재완료시제인 _____와 _____을 쓰면 된다.

5 PC에게, 넌 나의 도서관었어. 근데 지금 나는 너보다 스마트폰을 선택해. 사랑을 담아, 익명 (used, would)

Dear PC,

You _____ _____ _____ my library. But now I choose my smartphone over you.

With love, Anonymous

↳ '지금은 그렇지 않다'는 과거의 _____를 나타내는 _____가 적절하고 _____ 동사를 쓰면 된다.

B **4 bright** 밝은 **5 new year's resolution** 새해 결심 C **3 employee** 직원 **fire** 해고하다 **4 wig** 가발 **5 choose ~ over…** …보다 ~를 선택하다 **anonymous** 익명의

D 다음 〈보기〉에서 알맞은 것을 찾아 문장을 완성하시오. (필요시 어형 변화할 것, 중복답안 없음)

보기	couldn't have	would	do	must have	might have

1 Sometimes he _____ bring me flowers without saying a word.

2 He _____ finished the dinner. It was terrible.

3 The genius coach wanted us to play as he simply _____.

4 They _____ escaped through this door. It's shattered.

5 Your acting _____ been convincing, but I wasn't moved.

E 다음 각 [ ]에서 어법에 맞는 표현을 고르시오.

1 I shouldn't have stayed. I should [have left / leave] then.

2 Researchers suggested that they [excavated / excavate] the dinosaur bones soon.

3 Paul [needn't / can't] have bought the wine because his guests didn't come.

4 Icebreakers are often used to [navigating / navigate] the ocean around the North Pole.

5 I [may well / would rather] die on my feet than live on my knees. *Emiliano Zapata

F 밑줄 친 부분 중에서 <u>어색한</u> 것이 있으면 고치시오.

1 You <u>shouldn't have spoken</u> to me before making a decision.

2 The witnesses insisted that he <u>not be sent</u> to jail.

3 Paul <u>may or may not have added</u> something to his story to make it real.

4 Finally, he went out the only exit, and so <u>were</u> the other people.

5 The sewing machine <u>was used to making</u> the garment of the merchandiser.

D **2 terrible** 끔직한 **3 genius** 천재 **4 shatter** 박살나다 **5 acting** 연기 **convincing** 설득력 있는 **move** 감동시키다　E **2 researcher** 연구자 **excavate** 발굴하다 **bone** 뼈 **4 icebreaker** 쇄빙선 **navigate** 항해하다 **ocean** 바다 **5** *Emiliano Zapata** 멕시코 혁명의 농민군 지도자로 8자 수염이 유명해서 그의 수염은 zapata mustache 라고 불린다.　F **2 witness** 목격자 **jail** 감옥 **3 add** 더하다 **5 sewing machine** 재봉틀 **garment** 의복 **merchandiser** 상인

Review Test

A 다음 각 [ ]에서 어법에 맞는 표현을 고르시오.

1 I don't know anybody here. I think I may [as well / well] leave now.

2 Cabbage and spinach are [good / better] sources of vitamins than [does / is] lettuce.

3 In yacht racing, flags [used / are used] to [communicating / communicate] information from the race committee boat to the racers.

4 In her twenties, she did well, but now she isn't as focused as she [can't / should / couldn't] be.

5 Some conflicts or pressures are the causes of angry frustration, as [are / have / does] some tasks.

6 Hunter-gatherers [can't / may / shouldn't] have had more free time than we do, but they starved, shivered, and died early.

7 Hamsisi, the daughter of the king, refused her father's command that she [marry / was married / married to] Grootslang, the legendary great snake.

8 One needn't [be / to be] a specialist in all the basics, but one should know at least [which / what] the other fields are about.

B 밑줄 친 부분 중에서 어색한 것이 있으면 고치시오. (정답 최대 2개)

1 I should have kept resisting. I should have surrendered before my people died.

2 Hong Kong Island might remain a barren rock without the Royal Navy in the 1840s.

3 Your résumé must have been impressed them since you work at that company now.

4 You don't need feel ashamed of tears. There's no need feel ashamed of what you are going through.

5 You should have received a brochure about the placement exams prior to participating in the summer orientation.

6 During his childhood, he may have really felt like a somebody because of everybody knew him in his hometown.

7 Big data is a popular term used to describing the exponential growth and availability of data, both structured or unstructured.

8 This amazing product from Victoria's Skin Tight Naturals does not just tighten your skin, but it also is so immediately.

A 2 cabbage 배추 spinach 시금치 source 원천 lettuce 상추 3 communicate 전달하다 information 정보 committee boat 커미티 보트(요트 경주에서 출발선과 결승선에서 관리하는 경주 위원회 보트) 4 do well 잘하다 5 conflict 갈등 pressure 압력 cause 원인 6 hunter-gatherer 수렵 채집인 starve 굶주리다 shiver 와들와들 떨다 7 command 명령; 명령하다 legendary 전설의 8 specialist 전문가 basics 기초 (분야) at least 적어도 field 분야 B 1 resist 저항하다 people 백성, 국민 2 barren 황량한 the Royal Navy 영국 해군 3 résumé 이력서 impress 인상을 주다 4 go through 겪다 5 brochure 소책자 placement exam 배치 고사 prior to ~에 앞서 participate in ~에 참가하다 orientation 예비 교육 6 somebody 대단한 사람 7 exponential 기하급수적인, 지수의 growth 성장 availability 이용 가능성 structured 구조화된 unstructured 구조화되지 않은

C 다음 글을 읽고, 물음에 답하시오.

Early Native Americans had to make things they needed. The kinds of things each tribe used to make tools, clothing, toys, shelter, and food depended on what they found around them. Besides, what they made fit their way of living. For instance, the people of the plains, who traveled a lot, did not make clay pots. They were too heavy and broke too easily when being moved, so they made containers from animal skins.

1 Native Americans에 관한 윗글의 내용과 일치하면 T, 그렇지 않으면 F에 체크하시오.

1) 필요한 도구는 사냥한 물건들을 이용해야 했다. ☐ T ☐ F

2) 대초원에 사는 부족은 동물 가죽으로 용기를 만들었다. ☐ T ☐ F

2 주관식 What's the reason the people living in the plains did not make clay pots? Answer in Korean.

_____

D 다음 글을 읽고, 물음에 답하시오.

I have always taught my children that politeness, learning, and order are good things and that they should desire and develop something good for their own sake. However, at school, they learned very quickly that children earn Nature Trail tickets for running the quarter-mile track during lunch. They could also earn Lincoln dollars if they picked up trash or helped a young child find the bathroom. These are behaviors (A) (be / "good citizenship" / used to / call / that). Is it necessary to buy the minimal cooperation of children with rewards and treats? What disturbs me is that good deeds must be reinforced with incentives. Children must be taught not to receive stickers, stars, and candy bars but to perform good deeds for their own sake.

1 윗글에 관한 내용과 일치하면 T, 그렇지 않으면 F에 체크하시오.

1) 아이들은 점심을 거르고 달리기를 하면 돈을 받았다. ☐ T ☐ F

2) 필자는 좋은 행동은 자극으로 강화해야 한다고 믿고 있다. ☐ T ☐ F

2 주관식 윗글의 (A)에 주어진 단어를 문맥과 어법에 맞게 배열하시오. (한 단어는 반드시 어형 변화할 것)

_____

C **1** rely on ~에 달려 있다 **2** behavior 행동

A 수동태의 기본 형태

01 Big fish _____ _____ in a big river (by them).　　(← 3형식)

02 Every new arrival _____ _____ _____ me.　　(← 4형식 직접목적어)

　　cf. I _____ _____ every new arrival.　　(← 4형식 간접목적어)

03 They _____ _____ _____ for two hours.　　(← 5형식 현재분사 보어)

04 The gate _____ _____ _____ by a security guard.　　(← 5형식 과거분사 보어)

05 I _____ _____ _____ _____ when I couldn't　　(← 5형식 to부정사 보어)

　　act. *Audrey Hapburn*

06 The ducklings _____ _____ _____ the road.　　(← 5형식 지각동사)

07 He _____ _____ _____ _____ the statement.　　(← 5형식 사역동사)

01~06 주어가 동작의 _____이 될 때 사용하며, 행위자가 불분명, _____, _____한 경우에는 생략하는 것이 자연스럽다. 02 to me 와 *cf.*의 every new arrival이 더 중요한 _____일 때의 수동태이다. 03~04 5형식 동사의 목적격보어가 분사인 경우 수동태의 주어와 분사의 관계에 따라 _____ · _____이 결정된다. ※keep, _____, find, _____, imagine 등 (▶Unit 01 동사의 종류 참고) 06 지각동사의 목적 격보어는 수동태가 될 때 to 동사원형보다 _____가 자연스럽다. 07 사역동사의 목적격보어는 수동태가 될 때 _____를 쓴다. _____ 외의 사역동사는 수동태가 없어서 유사 표현으로 전환한다. *cf.* let → _____ _____, have → _____ _____ _____, get → _____ _____

PLUS 수동태 불가동사

자동사: appear, _____, _____, fall, _____, belong to, consist of, _____ from[in]

　　cf. 단, 「자동사 + 전치사」가 _____처럼 사용될 때는 수동태가 가능하다. (▶ 본유닛 C 02번 참조)

상태동사: lack, _____, _____, hold(수용하다)

> **수능 pick 1** ♦ be disappeared [○/×]
> In most cases, birthmarks **are disappeared** before children reach puberty. [○/×]　**모의기출**
> → disappear는 수동태로 전환할 수 없는 _____이다. 따라서 _____ _____를 _____로 고쳐야 한다. 우리말과 영어 의 수동태와 헷갈리면 안 된다.

B 조동사, 완료, 진행 수동태

01 Coins _____ _____ _____ _____ of gold.　　(조동사의 수동태)

02 Another window _____ _____ _____.　　(현재완료형 수동태)

03 The banks _____ _____ _____ by an unidentified person.　　(과거완료형 수동태)

04 She has a scooter, but it _____ _____ _____.　　(현재진행형 수동태)

05 He had no idea where he _____ _____ _____.　　(과거진행형 수동태)

02~03 have/had been p.p.는 수동태이고 have/had p.p. 또는 have/had been -ing는 능동태임에 유의한다. 04~05 be being p.p.는 「be + -ing」이므로 특정 시점에 동작이 진행되어지고 있음을 나타낸다.

> **수능 pick 2** ♦ have been [-ed / -ing]
> His work has been internationally [**recognizing / recognized**].　**모의기출**
> → His work가 인정하는 주체가 아니라 _____이므로 수동형인 _____가 적절하다.

C 다양한 수동태

01 The sky is always _____ _____ stars.　　　　　(by 외의 전치사)

02 He _____ _____ _____ _____ villagers and　　　(군동사: 자동사 + 전치사)

   survived.

03 I _____ _____ no attention _____ _____ her.　　(군동사: 동사 + 명사 + 전치사)

   cf. _____ _____ _____ _____ me by her.

04 _____ _____ _____ is a greater compliment than　　　(to부정사)

   _____ _____ _____.

   cf. Who _____ _____ _____ for the rise in obesity?　　(능동형 → 수동 의미)

05 I appreciate _____ _____ to your home.　　　　　(동명사)

06 _____ _____ _____ _____ she has been very　　(명사절)

   cooperative.

   → She _____ _____ _____ _____ _____

      very cooperative.

02~03 _____는 하나의 동사처럼 수동태를 만든다. 02 「_____ + 전치사」가 수동태가 되었을 때 _____가 나란히 나올 수 있음에 유의한다. 03 「동사 + 명사 + 전치사」의 경우 _____를 주어로 수동태를 만들 수 있다. ← She paid no attention to me. ※_____ _____ _____(이용하다) _____ _____((이익이 되도록) 이용하다) _____ good _____ _____(잘 돌보다) _____ little _____ _____(거의 주목하지 않다) 04 *cf.* be to blame(비난 받다, 탓이다, 책임이 있다)은 능동형이지만 _____의 의미이다. 06 that절의 수동태는 두 가지 형태로 전환할 수 있다. ← _____ _____ _____ _____ she has been very cooperative. ※say, _____, _____, believe, _____, suppose 등

PLUS 「get + p.p.」와 「remain + p.p.」

You might _____ _____ after the first line of the song. 모의기출

During the final hour of the flight, passengers must **remain** _____. 모의기출

→ 동작 수동은 「get[_____, _____] + p.p.」로 상태 수동은 「_____[lie, stand, stay] + p.p.」로 나타내는 경우가 있으며 상태 수동의 p.p.는 형용사처럼 인식되기도 한다. ※「get + p.p.」: get confused, get divorced, get hurt, get tired, get lost 등

중간태

The water-based ink _____ easily.

→ 타동사이지만 _____로 쓰여 _____의 의미를 갖는 동사들이 있다. 이런 동사들은 주로 _____ 또는 전치사 _____와 함께 쓰인다.

e.g. sell, _____, _____, _____, read, catch(옷이 걸리다)

Further Expressions by 외의 전치사를 쓰는 수동태

_____ _____ _____(~에 열중하다) _____ _____ _____(~에 중독되다) _____ _____

_____ _____(~에 기초하다) _____ _____ _____(~로 구성되다) _____ _____ _____(~에 종사하다/~와 약혼 중이다) _____ _____ _____(~로 덮여있다) _____ _____ _____(~에 관련되다) _____ _____

_____ _____(~에 놀라다) _____ (_____ _____ _____) _____ _____ _____(~에 지겹다)

_____ _____ _____(~로 기쁘다) _____ _____ _____(~을 갖추고 있다)

수능 pick 3

♦ [doing / done] 전치사 [○/×]

Don't talk to a member of the royal family unless you're speaking to. [○/×]

→ you가 speak의 주체가 아니라 _____이므로 _____으로 고쳐야 한다. unless 이하는 a member of the royal family _____ to you의 수동태인 you're spoken to _____ _____ _____ _____에서 by 행위자가 _____해서 생략된 형태이다. 태를 묻는 문제는 주체와의 관계를 따져야 한다.

C 02 _____ 마을 사람 _____ 살아남다 03 _____ 관심[주의]을 기울이다 04 _____ 신뢰하다; 신뢰 _____ 칭찬 **rise** _____ 비난 05 _____ 고맙게 생각하다 06 _____ 협조적인 PLUS _____ _____ 꼼짝 못하게 되다 **line** _____ _____ 비행 _____ 승객 **seat** _____ **water-based** _____

수능 Pick 3 ♦ _____ 왕족의

A 다음 빈칸에 알맞은 말을 쓰시오.

1 수동태의 행위자가 불필요하면 「_____ + _____」을 생략할 수 있다.

2 지각동사의 수동태는 「be동사 + 지각동사의 과거분사 + _____」이다.

3 현재완료의 수동태는 _____ _____ _____이다.

4 They believe that의 수동태는 _____ _____ _____ that이다.

5 sell, peel 등이 자동사로 쓰여 _____의 의미를 가질 수 있다.

B 다음 문장의 해설을 완성하시오.

1 Finally, he got catching by the police.
↳ 「get + p.p.」는 동작 수동태이므로 _____을 _____로 고쳐야 한다.

2 Anna enjoyed being looked at the guests.
↳ 군동사의 수동태로 _____ 다음에 _____까지 써야 한다.

3 Innovation is happened through trial and error.
↳ happen은 _____이므로 _____ _____를 _____로 고쳐야 한다.

4 The suspect told the victim to be waited outside the café.
↳ _____이 wait의 대상이 아니라 _____이므로 _____로 고쳐야 한다.

5 The present is said to be pregnant with the future.
↳ _____ _____ _____ _____ the present is pregnant with the future.으로 전환할 수 있다.

C 주어진 단어를 이용하여 영작과 해설을 완성하시오.

1 코니 아일랜드에는 모든 것이 닫혀 있었다. (close)
Everything _____ _____ at Coney Island.
↳ everything이 close의 _____이므로 수와 시제에 맞게 _____ _____로 쓰면 된다.

2 능동태는 우리에 의해 흥미롭게 여겨진다. (find, interest)
The active voice _____ _____ _____ by us.
↳ 「find + 목적어 + 목적보어」의 _____이고 능동태 문장의 목적어와 목적격보어의 관계가 _____이므로 _____을 쓰면 된다.

3 우리의 노력은 그녀를 만족시키고 있는 것처럼 보인다. (seem, satisfy)
Our efforts _____ to _____ her.
↳ seem은 _____로 수동태로 쓸 수 없고, our effort가 satisfy의 _____이므로 _____로 쓰면 된다.

4 그녀는 Alan에게 "도와주세요. 미행당하고 있는 것 같아요."라고 말했다. (follow)
She said to Alan, "Help me. I'm afraid I'_____ _____ _____."
↳ 지금 미행당하고 있으므로 _____이면서 현재_____이다. 따라서 _____ _____로 쓰면 된다.

5 루머는 질투하는 사람들에 의해 시작되고, 어떤 것들은 말하지 않는 채로 있는 것이 더 좋다. (start, leave)
Rumors _____ _____ by jealous people, and some things _____ better _____ unsaid.
↳ Rumors가 start의 _____이므로 _____로 쓰고 some things도 leave의 _____이므로 _____로 쓰면 된다.

B **3 innovation** 혁신 **4 suspect** 용의자 C **2 active voice** 능동태

D 다음 〈보기〉에서 알맞은 것을 찾아 문장을 완성하시오. (필요시 어형 변화할 것)

| 보기 | free | bear | expose | acquire | send |

1 The police officers have _____ Danny Davis, 35, back to jail.

2 My father and I _____ in November.

3 However, the remaining hostages weren't going to _____ until November 27.

4 It is said that the academy _____ by a new owner last week.

5 In university, you will _____ to more new ideas and good books.

E 다음 각 [ ]에서 어법에 맞는 표현을 고르시오.

1 Why [did / was] I trapped in my dream?

2 What [is / has] the distance between dream and reality called?

3 His face was left severely [damaging / damaged] by the torture.

4 I got [to employ / employed] right after I graduated from university.

5 The most [hacking / hacked] passwords are 12345678, abc123, 1234567, password1, and 12345.

F 밑줄 친 부분 중에서 어색한 것이 있으면 고치시오.

1 To be forsaken means to be separated from someone.

2 In Cambodia, they are being trained rats to detect explosives.

3 No fish have watched swimming around the hagfish in the sea.

inhabit은 '~에 거주하다'의 타동사로 in을 쓰지 않아요. (▶Unit 01 B 타동사 참조)

4 Bacteria was existed for billions of years before *Homo sapiens* inhabited the Earth.

5 When a call was in doubt, the offending player said that he had committed the foul.

D 3 remaining 남아 있는 hostage 인질 free 석방하다 4 acquire 취득하다, 습득하다 5 expose 노출시키다 E 1 trap 가두다 3 severely 심하게 damage 손상시키다 torture 고문 4 employ 고용하다 graduate 졸업하다 5 hack 해킹하다, 난도질하다 F 1 mean 의미하다 separate 분리시키다 2 detect 탐지하다, 발견하다 explosive 폭발물 4 inhabit ~에 거주하다 5 call (심판의) 판정 in doubt 불확실한, 의심스러운 offend 반칙하다, 불쾌하게 하다 commit a foul 파울을 하다

CHAPTER 04 수동태 29

A 다음 각 [ ]에서 어법에 맞는 표현을 고르시오.

1 Closer attention should have [paid / been paying / been paid] to fact-checking.

2 People ate 33 percent more when the stale popcorn [put / was put / was putting] in a large container. **[EBS수능특강]**

3 The officers were told that the man was seen [place / placed / placing] the package on the front porch.

4 If something needs to remain [interested / interesting], it must [appeal to / appeal] someone.

5 A soldier named Clare was scheduled to [be met / meet] a professor at the airport, but he [wasn't showed / didn't show] up.

6 The middle-aged woman said that her purse was [finding / found] to contain [illegal something / something illegal] during her pat-down search.

7 A poll of modern experts [revealing / revealed] that Sir Isaac Newton was [considering / considered] the greatest physicist of all time.

8 It took Benjamin Franklin 17 years [finishing / to finish] his autobiography, and it was not [publishing / published] until after his death.

B 밑줄 친 부분 중에서 어색한 것이 있으면 고치시오. (정답 최대 2개)

1 I am surprised <u>what</u> the whole cake is oily and <u>doesn't bake</u> well.

2 Life is <u>full of</u> surprises; you never know what will <u>be happened</u> next. *Forest Gump*

3 The baobab tree <u>is also known as</u> the pharmacist tree because it can <u>be using</u> for therapeutic purposes.

4 If students are caught <u>broken</u> a rule, they <u>are punished</u> according to school regulations.

5 When the Egyptian pyramids <u>were being constructed</u>, some mammoths still <u>were roamed around</u>.

6 An Athenian jury <u>was sentenced</u> Socrates to death because he <u>was corrupting</u> the young of the city.

7 After Julius Caesar was killed, a comet <u>was emerged</u>, which was thought to be his soul <u>came back</u> to the Earth.

8 By the sixteenth century, the nobility of most of Europe had surnames <u>taking</u> from the places <u>where</u> they owned land.

A **2 container** 용기 **stale** (만든지) 오래 된 **3 place** 놓다 **5 be scheduled to** ~할 예정이다 **show up** 나타나다 **6 middle-aged** 중년의 **report** ~라고 알려지다 **illegal** 불법의 **pat-down search** (옷 위로 더듬어 하는) 몸수색 **7 modern** 현대의 **expert** 전문가 **reveal** 드러내다 **consider A (as) B** A를 B로 여기다 **physicist** 물리학자 **of all time** 역대 **8 autobiography** 자서전 **publish** 출간하다 B **1 whole** 전체의 **oily** 기름진 **3 pharmacist** 약사 **therapeutic** 치료의 **purpose** 목적 **4 break a rule** 규칙을 어기다 **punish** 처벌하다 **according to** ~에 따라 **regulation** 규정, 규칙 **5 construct** 건설하다 **roam** 돌아다니다 **6 the young** 젊은이들 **7 emerge** 나타나다 **8 nobility** 귀족 **surname** 성(姓) **own** 소유하다

C 다음 글을 읽고, 물음에 답하시오.

Pompeii is a partly buried Roman city near modern Naples. Pompeii was destroyed and **(a) (bury)** when the volcano Mount Vesuvius erupted in 79 A.D. The eruption buried Pompeii under several meters of ash and stone, and it was **(b) (forget)** for over 1,500 years before it was accidentally rediscovered in 1599. Since then, its rediscovery has provided detailed insight into life at the peak of the Roman Empire. These days, about 2.5 million people visit the site every year, which makes it one of Italy's most famous tourist attractions. 모의기출

1 Pompeii에 관한 윗글의 내용과 일치하면 T, 그렇지 않으면 F에 체크하시오.

1) 자연 재앙으로 인해 파괴되고 오랫동안 잊혀졌다. ☐ T ☐ F

2) 매년 수많은 관광객들이 나폴리의 전성기를 보기 위해 방문한다. ☐ T ☐ F

2 주관식 윗글의 (a)와 (b)를 어법에 맞게 고쳐 쓰시오.

(a) _____ (b) _____

D 다음 글을 읽고, 물음에 답하시오.

Mathematics had a huge influence on Renaissance art. Renaissance art was different than art in the Middle Ages in various ways. Before the Renaissance, objects in paintings were flat and symbolic rather than real in appearance. During the Renaissance, artists recreated painting. **(A)** 그들은 그림 속의 물체들이 정확하게 나타내지기를 원했다. Mathematics was used to depict the essential forms of objects in perspective as they appeared to the human eye. Renaissance artists used perspective by using geometry, which produced a naturalistic, precise, three-dimensional representation of the real world. The application of mathematics to art, particularly in paintings, was one of the main features of Renaissance art. 수능기출

1 Renaissance Art에 관한 윗글의 내용과 일치하면 T, 그렇지 않으면 F에 체크하시오.

1) 수학의 도움으로 중세 예술을 따라할 수 있었다. ☐ T ☐ F

2) 실제 세계를 자연적이고, 정확하며 입체적으로 표현했다. ☐ T ☐ F

2 주관식 윗글의 (A)와 같은 뜻이 되도록 주어진 〈조건〉에 맞게 영작하시오.

〈보기〉 accurately, want, they, objects in paintings, represent
〈조건〉 1. Add one word.
2. End the sentence with an adverb.
3. Change the form of the word if necessary.

_____

C **partly** 부분적으로 **accidentally** 우연히 **rediscover** 재발견하다 **peak** 전성기 D **have an influence on** ~에 영향을 주다 **huge** 커다란 **various** 다양한 **recreate** 재창조하다 **accurately** 정확하게 **depict** 묘사하다 **produce** 만들다, 생산하다 **feature** 특징

A 명사구 역할 주어, 목적어, 보어 역할을 한다.

01 _____ _____ is the beginning of parting. (주어)

02 _____ is possible _____ _____ homesick in your home. (진주어)

03 One of my dreams is _____ _____ my own island. (보어)

04 Sometimes I pretend _____ _____ you. (목적어)

05 She thinks _____ easy _____ _____ a website. (진목적어)

01 to부정사가 _____ 로 쓰일 수 있으나, 02처럼 주로 「_____ – 진주어」 구문으로 표현한다. 05 목적어가 to부정사일 경우 가목적어 it을 쓰고 진목적어를 뒤에 쓰며 이런 경우 it을 생략하면 안 된다. e.g. make, _____, think, _____, _____

PLUS to부정사의 의미상의 주어와 부정

It is hard _____ _____ to say I'm sorry.

→ 부정사의 주체(의미상의 주어)를 밝힐 때는 주로 「_____ + _____」으로 쓴다.

It was stupid _____ _____ _____ to upset him.

→ 사람의 성품에 관한 형용사가 있는 경우 의미상의 주어는 「_____ + _____」으로 쓰고, to부정사의 부정은 「_____ + to 동사원형」 형태로 쓴다. ※성품 형용사: kind, foolish, polite(예의 바른), rude(예의 없는), generous(관대한), cruel(잔인한), wicked(사악한) 등

Further Expressions 「동사 + 목적어 + to 동사원형」 형태로 쓰는 동사들

_____ A to B(요청하다) _____ A to B(말하다) _____ A to B(원하다) _____ A to B(기대하다) _____ A to B(충고하다) _____ A to B(격려하다, 장려하다) _____ A to B(가능하게 하다) _____ A to B(요구하다) _____ A to B(허락하다) _____ A to B(명령하다) _____ A to B(명령하다) _____ A to B(설득하다) _____ A to B(~하게 하다) _____ A to B(~하게 하다, 야기하다) _____ A to B(허락하다) _____ A to B(상기하다) _____ A to B(경고하다) _____ A to B(추천하다) _____ A (to) B (돕다) (to 생략은 ▶Unit 06 부정사의 다양한 형태 참조)

♦ made possible [○/×]

The meeting was **made possible** thanks to generous financial support. [○/×]

→ 「make + 목적어(the meeting) + possible」의 수동태 구문으로 가목적어 _____ 이 필요 없는 구문으로 적절하다. made possible이 수동태의 일부일 수도 있다는 점에 유의한다.

The adoption of agriculture **made possible** new settled lifestyles. [○/×] **EBS영어독해연습**

→ made의 긴 _____ 인 new settled lifestyles가 문장의 균형을 맞추기 위해서 _____ 와 자리를 바꾼 것으로 적절하다. 이 경우 가목적어 it을 쓰지 않음에 유의한다. 가목적어 it은 _____ 나 _____ 을 대신 할 때 사용한다.

B 형용사구 역할 명사를 한정적 또는 서술적으로 수식한다.

01 Yuri Gagarin was *the first man* _____ _____ into space. (한정적: 의미상의 주어)

02 Taku has never had *anyone* _____ _____ _____ . (한정적: 의미상의 목적어)

cf. The future will be *a better place* _____ _____ (_____). (한정적: 전치사 생략)

03 The queen _____ _____ Puerto Rico next month. (서술적: 예정·계획)

04 You _____ _____ _____ to him this instant! (서술적: 의무·명령)

05 If we _____ _____ in time, we must start now. (서술적: 의도·조건)

06 Old stories often _____ _____ (_____) true. (서술적: 보어)

01~02 to부정사가 명사를 _____ 으로 꾸며 주는 역할을 한다. 01 수식 받는 명사가 to부정사의 의미상의 _____ 이다. 02 수식 받는 명사가 to부정사의 의미상의 _____ 이다. talk to anyone에서 목적어가 앞으로 이동한 것으로 _____ 가 필요하면 써야 한다. *cf.* _____ 를 한정적으로 꾸며주는 to부정사에서 전치사는 생략해도 된다. 03~05 서술적 용법으로 _____ (~할 예정이다), _____ (~해야 한다), · _____ (~하고자 하다) 외에 _____ (~할 운명이다 e.g. He was never to return home. (그는 결코 집으로 돌아가지 못할 운명이었다.)) _____ (~할 수 있다 e.g. One's memories are not to be trusted. (사람의 기억력은 믿을 만하지 않다.))를 나타내기도 한다. 06 「자동사 + to부정사」가 _____ 용법으로 보어 역할을 하며 _____ 는 생략될 수 있다. e.g. seem[appear] to (~처럼 보이다) come[get, grow] to (~하게 되다)

A 01 _____ 헤어지다 02 _____ 향수병에 걸리다 PLUS _____ 화나게 하다 수능 Pick 1 ♦ _____ 후한 _____ 재정의

support _____ **adoption** _____ _____ 농업 _____ 정착의 B 04 _____ 사과하다 _____ 즉각, 바로

C 부사구 역할

01 We make war (_____ _____) _____ _____ in peace.   (목적: ~하기 위하여)

02 I am lucky _____ _____ you in my life.   (원인: ~하게 되어서)

03 The orphan grew up _____ _____ a brave soldier.   (결과: ~하게 되다)

   cf. Ralph ran to his mailbox _____ _____ _____ it empty.   (결과: ~했지만 결국 …하다)

04 Everybody would be glad _____ _____ from you.   (조건: ~한다면)

05 He must be wise not _____ _____ the witch.   (판단의 근거: ~하다니)

06 I am not that difficult _____ _____ _____.   (한정: ~하기에)

07 I was _____ *young* _____ _____ the army.   (너무 ~해서 …할 수 없다)

   → I was _____ *young* (_____) _____ _____ join the army.

08 He ran *fast* _____ _____ catch the thief.   (~하기에 충분히 …한)

   → He ran _____ *fast* (_____) _____ _____ catch the thief.

01 목적의 의미를 더 명확하게 하기 위해 _____ _____ [_____] _____ 로 쓴다. 02 to 이하가 감정의 _____ 을 나타낸다. 03 주로 자동사(구)를 수식하여 _____ 를 나타내며, _____ 는 놀람이나 실망의 결과를 나타낸다. 04 _____ 이나 가정의 의미를 내포한다. 05 판단의 _____ 또는 _____ 를 나타낸다. 07~08 각각 「_____ ~ _____ + _____ 」와 「_____ ~ _____ + _____ + _____ 」으로 전환할 수 있다. 07 문맥에 따라서 '_____ ' 또는 '~하기엔 너무 …하다'라고 해석한다. 08 enough는 _____ 와 _____ 를 뒤에서 수식하고, 명사는 기본적으로 _____ 에서 수식한다. enough 자체가 _____ 나 명사로도 쓰인다. e.g. One word is enough to destroy a relationship. (한마디는 관계를 파괴시키기에 충분하다.) Enough is enough. (충분해.(그만해.))

PLUS too ~ to… / enough to ~ 문장 전환 시 유의할 점
The French fries were **too hot to eat** on the drive home.
⇌ The French fries were _____ _____ _____ _____ I[we] _____ _____ _____ _____ on the drive home.
A heap of seaweed got close **enough for me to grab**.   **EBS수능완성응용**
⇌ A heap of seaweed got _____ _____ _____ _____ _____ _____ _____ _____ _____.
→ to부정사의 의미상의 주어가 _____ 내에 없으면 문맥상 찾아내고, to부정사의 _____ 가 문장의 주어이거나 목적어이면 that절에 _____ 로 꼭 써야 한다.

수능 pick 2

♦ [To do / Do] ~
[**To become** / **Become**] a better leader, you have to step out of your comfort zone.   **수능기출**
→ you 이하가 주절이므로, 부사 역할을 할 수 있는 _____ _____ 이 적절하다. to부정사가 문두에 오는 경우는 _____ 나 부사적 용법의 _____ 용법일 가능성이 높다.

C 01 _____ 전쟁을 일으키다 _____ 평화롭게 03 **empty** _____ 05 _____ 마녀 08 _____ 도둑
PLUS _____ ~로 차를 타고 가는 길에 **a heap of** _____ _____ 해초 _____ 붙잡다 수능 Pick 2 ♦ **comfort zone** _____

❮Grammar Practice❯

A 다음 빈칸에 알맞은 말을 쓰시오.

1 to부정사는 _____, 형용사, 부사 역할을 한다.

2 to부정사가 주어인 경우 주로 「_____ – 진주어」 구문으로 쓴다.

3 의미상의 주어가 필요할 때는 「for 또는 of + _____」,으로 쓴다.

4 to부정사의 부정은 to부정사 _____ 에 not이나 never를 쓴다.

5 _____ 의 의미를 명확히 하기 위해서 in order to 형식으로 쓴다.

B 다음 문장의 해설을 완성하시오.

1 I have a husband as well as children to take care.
  ↳ to부정사의 목적어가 문장의 _____ 이므로 take care 뒤에 전치사 _____ 를 써야 한다.

2 Who told you a sparrow grows up to be a pigeon?
  ↳ 참새가 자라서 비둘기가 된다는 의미로 to 부정사의 _____ 용법이다.

3 It is okay to be angry but never okay to be cruel.
  ↳ It이 _____, to 이하가 _____ 다.

4 The father seemed to be approximately forty years old.
  ↳ seemed to는 '~처럼 보였다'의 의미로 _____ _____ 로 바꿔 쓸 수 있다.

5 The First Lady is to give a speech about peace on the Korean Peninsula tonight.
  ↳ 여기서 is to는 be to용법 중 _____ 이 적절하다.

C 주어진 단어를 이용하여 영작과 해설을 완성하시오.

1 허영심은 소비자가 자신의 자신의 신용 한도를 초과하게 한다. (cause, exceed)
  Vanity _____ the consumer _____ _____ his credit limit.
  ↳ '~가 …하게 하다'의 _____ A _____ B 구문을 이용하여 _____ 와 _____ _____ 를 쓰면 된다.

2 재민은 새 반지를 주문했는데, 나중에 원래 반지를 찾았다. (only, find)
  Jaemin ordered a new ring _____ _____ _____ his original one later.
  ↳ '~했지만, 결국 …했다'의 의미인 _____ 구문에 맞게 쓰면 된다.

3 고대에 거미줄은 상처와 타박상을 치료하기 위해 사용되었다. (use, treat)
  In ancient times, spiderwebs _____ _____ _____ _____ cuts and bruises.
  ↳ 거미줄이 사용되었던 것이므로 _____ 를 쓰고, '~하기 위해'에 해당하는 _____ _____ 를 쓰면 된다.

4 안녕. 내 이름은 이건희야. 넌 내 책을 샀어. 백점 맞을 준비해. (prepare, get)
  Hello. My name is Lee Gunhee. You bought my book. _____ _____ _____ full marks!
  ↳ '준비하다'의 의미로 _____ 를 쓰고 목적어로 _____ 을 쓰면 된다.

5 몇몇 부모님들은 아이들에게 자신들의 옛날 장난감을 가지고 놀도록 설득한다. (persuade, play)
  Some parents _____ their children _____ _____ with their old toys.
  ↳ 'A에게 B하도록 설득하다'의 persuade A to B 구문을 이용하여 _____ 와 _____ 를 쓰면 된다.

B **1 take care of** 돌보다 **2 sparrow** 참새 **pigeon** 비둘기 **3 cruel** 잔인한 **5 give a speech** 연설을 하다 **peace** 평화 **peninsula** 반도 C **1 vanity** 허영심 **exceed** 초과하다 **credit limit** 신용 한도 **2 order** 주문하다 **original** 원래의; 원본 **3 treat** 치료하다 **cut** 상처 **bruise** 타박상 **4 full marks** 백점

D 다음 주어진 단어를 어법에 맞게 배열하시오.

1 The area was _____ across.

(swim, shallow, enough, to, him, for)

2 Later on, he removed the tattoo _____.

(forget, her, to, order, in)

3 _____, but nobody _____.

(wants, everybody, change)   (to, wants, change)

4 If you strive to behave, people may _____.

(like, to, you, come)

5 Zebra stripes actually _____ an individual.

(single out, make, difficult, to, for, it, a lion)

E 다음 각 [ ]에서 어법에 맞는 표현을 고르시오.

1 The mistake has turned out [being / to be] critical.

2 Life is too short [keeping / to keep] looking back.

3 I desperately needed your help. It was wicked [for / of] you to look away.

4 Some people try [to not / not to] shift responsibility to others.

5 Being a good listener is to allow the other person [being / to be] a good speaker.

F 밑줄 친 부분 중에서 어색한 것이 있으면 고치시오.

1 The dog grew <u>too big for the child cuddling</u> anymore.

2 The upper class <u>considered fashionable to go</u> to the opera.

3 The rumor that *George Eliot had different-sized hands <u>proved right</u>.

4 One tip for sound sleep is <u>not to using</u> media devices for at least an hour before sleeping.

5 Candidates were required <u>know</u> thousands of Chinese characters merely to read the classics. 수능기출

D 1 **shallow** 얕은 2 **later on** 나중에 **remove** 지우다 4 **strive** 노력하다 **behave** (예의바르게) 행동하다 5 **individual** 개체   E 1 **critical** 치명적인
3 **desperately** 절실히, 필사적으로 **wicked** 사악한 **look away** 외면하다 4 **shift responsibility** 책임을 전가하다 5 **allow** ~하게 하다, 허락[허가] 하다
F 1 **cuddle** 껴안다 2 **fashionable** 상류의, 유행의, 세련된 3 *George Elliot 심리 묘사가 뛰어났던 영국의 작가(1819~1880) 4 **device** 기기, 장치 **at least** 적어도
5 **candidate** 지원자, 후보자 **merely** 단지 **classic** 고전

CHAPTER 05 부정사 35

A 시제와 태

01 It's pretty nice ＿＿＿＿＿ ＿＿＿＿＿ at the aurora with you. (진행형)

02 He wanted his slaves ＿＿＿＿＿ ＿＿＿＿＿ ＿＿＿＿＿ to Liberia. (수동태)

03 I *am* sorry ＿＿＿＿＿ ＿＿＿＿＿ you waiting. (현재동사 + 완료부정사)

→ I *am* sorry that I (＿＿＿＿＿) ＿＿＿＿＿ you waiting.

04 They *felt* fortunate not ＿＿＿＿＿ ＿＿＿＿＿ ＿＿＿＿＿ a mishap. (과거동사 + 완료부정사)

→They *felt* fortunate that they ＿＿＿＿＿ ＿＿＿＿＿ a mishap.

01 진행의 느낌을 강조할 때 「＿＿＿＿＿ ＿＿＿＿＿ + ＿＿＿＿＿」 형태로 쓴다. 02 to부정사와 주체와의 관계가 ＿＿＿＿＿일 때 「＿＿＿＿＿ ＿＿＿＿＿ + ＿＿＿＿＿」 형태로 쓴다. 03 주절의 시제(현재)보다 ＿＿＿＿＿(과거) 또는 문맥상 앞선 시제부터 주절의 시제까지 (＿＿＿＿＿)를 나타낸다. 04 주절의 시제(＿＿＿＿＿)보다 앞선 시제(＿＿＿＿＿)를 나타낸다. ※to have been p.p.는 현재완료 수동형으로 주절보다 앞선 시제이면서 수동의 의미일 때 쓰인다. e.g. The error seemed ＿＿＿＿＿ ＿＿＿＿＿ ＿＿＿＿＿ ＿＿＿＿＿. (그 오류는 고쳐진 것처럼 보인다.)

PLUS seem to 문장 전환

He **seems to have lost** his sense of reality.

⇌ ＿＿＿＿＿ ＿＿＿＿＿ ＿＿＿＿＿ he (＿＿＿＿＿) ＿＿＿＿＿ his sense of reality.

He **seemed to have lost** his sense of reality.

⇌ ＿＿＿＿＿ ＿＿＿＿＿ ＿＿＿＿＿ he ＿＿＿＿＿ ＿＿＿＿＿ his sense of reality.

→ 완료부정사는 주절의 시제보다 ＿＿＿＿＿ 시제를 표현하는 것이 기본이며, 주절이 현재일 경우는 과거 또는 ＿＿＿＿＿가 될 수도 있다.

B 「의문사 + to부정사」, 대부정사, 분리부정사

01 The only real problem in life is ＿＿＿＿＿ ＿＿＿＿＿ ＿＿＿＿＿ next. (의문사 + to부정사)

→The only real problem in life is ＿＿＿＿＿ ＿＿＿＿＿ ＿＿＿＿＿ ＿＿＿＿＿ next.

02 He wanted to go home, but he wasn't able ＿＿＿＿＿. (대부정사)

03 The security guard asked her to ＿＿＿＿＿ leave. (분리부정사)

cf. The security guard ＿＿＿＿＿ asked her ＿＿＿＿＿ ＿＿＿＿＿ ＿＿＿＿＿.

01 명사처럼 쓰여 주어, ＿＿＿＿＿, ＿＿＿＿＿ 역할을 할 수 있다. 「의문사 + ＿＿＿＿＿ + ＿＿＿＿＿[＿＿＿＿＿] + 동사원형」으로 바꿔 쓸 수 있다. ※「why + to부정사」는 거의 쓰이지 않는다. 02 동일어구 반복을 피하기 위해서 to 동사원형에서 ＿＿＿＿＿만 쓰는 것을 말한다. 03 부사가 수식하는 의미를 명확히 하기 위해 to와 동사원형 사이에 ＿＿＿＿＿를 넣어 분리시킬 수 있다.

PLUS 「접속사 + to부정사」

Whenever I don't know ＿＿＿＿＿ ＿＿＿＿＿ ＿＿＿＿＿ or not, I fight.

→ whether I should fight에서 「의문사 + to부정사」의 전환처럼 ＿＿＿＿＿ ＿＿＿＿＿가 생략된 구문이다.

The poodle stood there for a moment ＿＿＿＿＿ ＿＿＿＿＿ ＿＿＿＿＿ ＿＿＿＿＿ the obstacle in front of him. 모의기출

→ as if he were to에서 ＿＿＿＿＿와 ＿＿＿＿＿가 생략된 구문이다. (▶Unit 20 부사절 접속사 참조)

C 원형부정사

01 I *heard* someone ＿＿＿＿＿ in the alley. (지각동사 hear)

cf. I *heard* my name ＿＿＿＿＿ several times. (지각동사 + 과거분사)

02 Everybody *saw* you ＿＿＿＿＿ on the curb. (지각동사 see)

cf. We *watched* the players ＿＿＿＿＿ off the bus. (지각동사 + 현재분사)

A 01 ＿＿＿＿＿ 오로라, 극광 02 ＿＿＿＿＿ 노예 04 ＿＿＿＿＿ 다행의 **mishap** ＿＿＿＿＿ PLUS **sense** ＿＿＿＿＿
B 03 ＿＿＿＿＿ 보안 요원 PLUS ＿＿＿＿＿ 가능하다 ＿＿＿＿＿ 장애물 C 01 ＿＿＿＿＿ 골목 02 **trip** ＿＿＿＿＿ **curb** ＿＿＿＿＿

36

03 She *felt* hot tears _____ down her cheeks. (지각동사 feel)

04 They *made* me _____ on my friends. (사역동사 make: 강제)

05 Could you *have* her _____ the document? (사역동사 have: 부탁)

   cf. I *had* my iPAD screen _____. (사역동사 + 과거분사)

   We couldn't *get* him _____ _____ the contract. (의미상 사역동사 get: 설득)

06 But first *let* me _____ a selfie. (사역동사 let: 허락)

07 The YouTuber *helped* an old lady (_____) _____ her house. (형태상 사역동사 help: 도움)

   cf. The small class sizes *helped* (_____) _____ learning easier. (help + 동사원형)

08 *All* you have to _____ is (_____) _____ your heart. (강조 구문의 보어)

09 *Why* _____? *Why not* _____? (why (not))

01 목적어와 목적 보어의 관계가 능동일 때는 _____을 쓰며 수동일 때는 _____를 쓴다. 02 사건·행위의 전부를 지각하는 경우는 _____을 이미 진행 중인 사건·행위를 지각하는 경우에는 _____를 쓴다. ※지각동사: see, _____, look at, hear, listen to, _____, smell, _____(보거나 들어서 알다), _____(관찰하다) 등 03~05 목적어와 목적격보어의 관계가 능동일 때는 _____을 쓴다. 05 *cf.* 목적어와 목적격보어의 관계가 수동일 때는 _____를 쓴다. get은 have와 의미가 거의 같으나 목적격보어 자리에 반드시 「_____ + _____」을 써야 한다. 07 help는 의미상 사역은 아니나 형태상 _____처럼 쓰인다. *cf.* 목적어가 일반인이거나 명확한 경우에는 「_____ + (_____)_____」이 올 수도 있다. 08 주어 자리에 All, _____, The (first, only) thing과 함께 do가 올 때 보어 자리의 to부정사의 _____가 생략되기도 한다. 09 질문이나 _____을 표현할 때 쓴다.

PLUS 「have + 목적어 + -ing」
Unfortunately, our jobs now _____ us both _____ most weeks. **수능기출**
→ 진행을 강조할 때 목적격보어 자리에 -ing를 쓰기도 한다. 한편 won't have ~ -ing는 '허락(allow)하지 않겠다'는 의미로 쓰인다.
   e.g. I won't have you _____ at me like that. (나에게 그렇게 소리 지르는 것을 허락하지 않겠다.)

D 관용표현

01 _____ _____ _____, the figure went out of sight suddenly. (이상한 말이지만)

02 _____ _____ (_____) _____ _____, (솔직히 말하면)

   I usually forget what I'm looking for.

03 Ladies and gents, the show _____ _____ _____ begin. (막 ~하려 하다)

04 They _____ _____ _____ die for the motherland. (기꺼이 ~하다)

05 I _____ just _____ _____ prevent injustice. (~을 몹시 하고 싶어 하다)

06 He _____ _____ pay the taxi fare as well. (~하지 못하다)

07 What'____ _____ _____ happen after this class? (~할 것 같다, ~하기 쉽다)

08 When you _____ _____, you create space for something better. (놓아주다, 풀어주다)

04 ↔ be unwilling[_____] to(~하기를 꺼려하다) 05 = be _____ to 07 = be _____[apt] to ↔ be _____ to(~할 것 같지 않다)

Further Expressions 추가 관용표현
_____(정직히 말하자면) so to speak(_____) _____(다른 말로 하자면) _____(말할 필요 없이) _____ ~(~은 말할 나위 없이) _____(~인체 하다) do nothing but(_____) do anything but(_____) _____(가까스로 ~하다) _____(~할 여유가 있다)

C 03 **run** _____ 04 _____ ~을 염탐하다 05 **document** _____ _____ 박살나다 06 **sign** _____ _____ 계약 07 _____ 셀카 10 _____ 주저하다 D 01 _____ 형체 _____ 시야 03 **gent** _____ 04 **motherland** _____ 05 _____ 막다 _____ 부당성 06 _____ 지불하다 **fare** _____

❰ Grammar Practice ❱

A 다음 빈칸에 알맞은 말을 쓰시오.

1 「to _____ + p.p.」는 주절의 시제보다 앞선 시제를 나타낸다.

2 「의문사 + to부정사」는 명사 역할을 하여, _____, 목적어, 보어 역할을 한다.

3 to와 동사원형 사이에 부사가 들어간 형태를 _____ 부정사라고 한다.

4 지각동사의 목적격보어로 _____, 현재분사, 과거분사가 올 수 있다.

5 사역동사에서 목적어와 목적격보어의 관계가 수동이면 목적격보어는 _____를 쓴다.

B 다음 문장의 해설을 완성하시오.

1 It seems that he has made a favorable impression.
↳ _____ _____ _____ _____ a favorable impression.으로 전환할 수 있다.

2 You taught me how to live but not how to live without you.
↳ 목적어 역할을 하고 있으며 _____ _____ _____ _____로 바꿔 쓸 수 있다.

3 He was so angry with me, but I made him laughed.
↳ 사역동사의 목적어와 목적격보어의 관계가 _____이므로 _____로 고쳐야 한다.

4 What I do first thing in the morning is drink water and make my bed.
↳ 「What + 주어 + do」의 _____로 쓰인 to부정사에서 _____를 생략해도 되므로 옳은 문장이다.

5 Lou jumped for joy when he saw his daughter taken her first step.
↳ 지각동사의 목적어와 목적격보어 관계가 _____이므로 _____ 또는 _____으로 고쳐야 한다.

C 주어진 단어를 이용하여 영작과 해설을 완성하시오.

1 나의 방은 숲 같아. 출구를 찾는 것은 내가 울게 해. (make, cry)
My room is like a forest. Finding a way out _____ me _____.
↳ 주어가 Finding이므로 _____로 쓰고 사역동사의 목적격보어로 _____를 쓰면 된다.

2 내 자신에게 그러지 말라고 수천 번을 말했지만, 난 계속해서 그녀에게 문자를 보낸다. (not)
I keep texting her though I've told myself _____ _____ thousands of times.
↳ I've told myself not to text her에서 반복 어구를 _____하고 대부정사로 _____ _____만 쓰면 된다.

3 그 화가는 모든 작품이 그날 밤 팔리기를 원했다. (sell)
The painter wanted all his works of art _____ _____ _____ that night.
↳ all his works of art와 sell의 관계가 _____이므로 _____로 쓰면 된다.

4 왜 걱정하나요? 하루하루를 맞이하는 게 어때요? 비 다음에는 햇빛이 있을 텐데요. (worry, greet)
_____ _____ ? _____ _____ _____ each day? There will be sunshine after the rain.
↳ _____ 또는 _____ _____ 다음에 원형부정사가 올 수 있으므로 각각 _____와 _____ _____를 쓰면 된다.

5 너는 내가 넘어지는 것을 볼 수 있지만, 내가 바닥에 머무는 것은 보지 못할 것이다. (fall, stay)
You may see me _____, but you won't see me _____ on the ground.
↳ 「지각동사 + 목적어 + _____ 또는 _____」의 구문으로 각각 _____과 _____를 쓰면 된다.

B **1 favorable** 호의적인 **4 make one's bed** 침대를 정리하다 **5 jump for joy** 기뻐서 날뛰다 **take one's first step** 첫발을 디디다 C **1 way out** 출구 **2 text** 문자하다 **3 work of art** 예술 작품 **4 greet** 맞이하다

D 다음 주어진 단어를 어법에 맞게 배열하시오.

1 Knowing _____ is part of tactics.
(to, when, attack)

2 Thank you for _____, officer. I can't tell you how grateful I am.
(it, slide, letting)

3 He was _____ what went wrong.
(to, have, figured out, relieved)

4 However, world grain consumption _____ significantly.
(increase, unlikely, is, to)

5 The only thing you can _____ for him.
(is, do, express, respect)

E 다음 각 [ ]에서 어법에 맞는 표현을 고르시오.

1 His hair seemed to [be / have] become denser and longer.

2 Nobody appeared to be [watched / watching], so we climbed over the wall.

3 What he said made Luna [to remember / remember] her remark about Mojo.

4 The whole world saw Claire [collapse / collapsed] right before the finish line.

5 Sometimes the support of family is not enough to clearly [solving / solve] our problems.

F 밑줄 친 부분 중에서 어색한 것이 있으면 고치시오.

1 The idea that hunting elephants will help them surviving is unreasonable.

2 It will hurt to let go, but to stay will hurt more.

3 Defensive players should know when clearing the puck.

4 Tiffany reminded them to frequent wash their hands with soap and water.

5 All you need to do is to simply submitting a snapshot of yourself.

D **1** attack 공격하다 **tactic** 전술 **2** let ~ **slide** 봐주다, 눈감아 주다 **3** relieved 안도한 **figure out** 알아내다 **4** consumption 소비(량) **significantly** 현저히, 상당히
E **1** dense 무성한, 밀집한 **2** climb over ~을 넘다 **3** remark 언급; 언급하다 **4** collapse 쓰러지다, 무너지다 **5** support 지원, 지지 **clearly** 명백히 **solve** 해결하다
F **1** hunt 사냥하다 **unreasonable** 불합리한 **3** clear (자기팀 구역 밖으로 공 등을) 쳐내다 **puck** 퍽(아이스하키용 고무 원반) **5** submit 제출하다 **snapshot** 스냅 사진, 속사(速寫)

CHAPTER 05 부정사 39

A 다음 각 [ ]에서 어법에 맞는 표현을 고르시오.

1 Tom's sickness has him [to make / making / made] many trips to the hospital.

2 [That / What] my grandmother determined to do was [replied / reply] my letter.

3 If you want [know / to know] the road ahead, ask [those / those who] are coming back.

4 It is essential [of / for] a journalist to report the truth and [keeping / to keep] a non-biased view.

5 Knowing what to do and then [to try / trying] your best [to be / is] more important than just trying your best.

6 Fireflies don't just light up their behinds to [be attracted / attract] mates; they also glow to tell bats [to not / not to] eat them. 모의기출

7 If your dog is shy and fearful around other dogs, let it [to interact / interacting / interact] with friendly dogs and puppies first.

8 Modern humans are likely to [negative / negatively] influence ecosystems the way hunter-gatherers [have / did] not.

B 밑줄 친 부분 중에서 어색한 것이 있으면 고치시오. (정답 최대 2개)

1 I am glad <u>that</u> my second son found it very <u>easily</u> to socialize with his new friends.

2 An item which is meant to <u>be used</u> once and then discarded <u>called</u> disposable.

3 I also shared with him <u>what</u> seemed <u>not to have shared</u> before.

4 What you have to do is just <u>put</u> your change in the collection box we <u>have been placed</u> on the table.

5 Jack didn't always want <u>to read</u> books, but his parents somehow got <u>himself</u> to.

6 To <u>make possible</u> for you to act now, we included a reply card <u>for you</u> to complete.

7 You're too lazy to <u>be playing</u> basketball on our team. I want you <u>to quit</u> right now.

8 The world isn't <u>enough big</u> to live in on your own. I see fire in your eyes, and <u>I feel fire</u> in my soul. *I Just Know by Jaycob Lee*

A **4 essential** 필수적인, 근본적인 **non-biased** 편견 없는 **view** 견해 **5 try one's best** 최선을 다하다 **6 firefly** 반딧불이 **light up** 불을 밝히다 **behind** 꽁무니; ~의 뒤에 **attract** 주의를 끌다 **mate** 짝 **glow** 빛을 내다 **7 fearful** 무서워하는 **interact** 상호 작용하다 **8 influence** 영향을 주다; 영향 **hunter-gatherer** 수렵 채집인
B **1 socialize with** ~와 사귀다 **2 disposable** 일회용품; 처분할 수 있는 **5 somehow** 어떻게든, 어쩐지 **8 on one's own** 홀로, 스스로

C 다음 글을 읽고, 물음에 답하시오.

In 1969, Joan Cooney, a TV producer, spread an epidemic. The target was children between three and five. Her source of infection was television, and the "virus" she wanted to circulate was literacy. The program would be an hour long and run 5 days a week. She was hoping that **(A)** **(enhance, to, contagious, the program, enough, education, would, be)** among children. Her goal was to spread the positive value of learning not only to all children but also to their parents. She also intended for it to give advantages to children with fewer opportunities when they entered elementary school. She wanted to essentially create a learning epidemic to get rid of the widespread epidemics of poverty and illiteracy. Her idea was called *Sesame Street*. 모의기출

1 Joan Cooney에 관한 윗글의 내용과 일치하면 T, 그렇지 않으면 F에 체크하시오.

1) 1969년에 프로그램을 통해 '바이러스'를 유포했다. ☐ T ☐ F

2) 불우한 환경의 아이들도 남들 도울 수 있다는 생각을 했다. ☐ T ☐ F

2 주관식 윗글의 (A)에 주어진 단어를 문맥과 어법에 맞게 배열하시오.

_____

D 다음 글을 읽고, 물음에 답하시오.

People flip coins to choose a winner or to make decisions. Since each side is expected to have an equal chance of winning, nobody can be sure whether it comes up heads or tails. But does it really? **(A)** 동전 던지기가 실제로 완벽히 회전하기 위해서, the coin needs to spin in just the right way. But in fact, in the real world, coins never seem to spin perfectly. They will always shake or tip in one direction while they are spinning. The researchers videotaped actual coin tosses and measured the angle of the coin in the air so as to see how the shaking influences the rotation of the coin. They discovered that 53 percent of the time, the coin landed on the side from which it was tossed. So if you toss the coin heads up, there's a slightly greater chance that it will land heads rather than tails. Coin tosses turned out never to be truly random.

1 윗글에 관한 내용과 일치하면 T, 그렇지 않으면 F에 체크하시오.

1) 실제로 동전을 던지면 앞면으로 기우는 경향이 있다. ☐ T ☐ F

2) 연구자들은 동전 던지기가 결국 무작위임을 밝혀냈다. ☐ T ☐ F

2 주관식 윗글의 (A)와 같은 뜻이 되도록 주어진 〈조건〉에 맞게 영작하시오.

〈보기〉 a coin toss, spin, really, perfectly
〈조건〉 1. 「to + 부사 + 동사원형」 구문을 사용할 것
2. 〈보기〉의 단어를 포함하여 8단어로 쓸 것

_____

C **source of infection** 감염원 **circulate** 유포하다, 순환하다 **enhance** 향상시키다 **essentially** 본질적으로 **get rid of** 없애다

A 명사처럼 쓰이는 동명사

01 _____ sugar on a cut reduces pain. (주어)

02 It was nice _____ you with us today. (진주어)

03 Life is _____ without an eraser. (보어)

04 I don't recall *ever* _____ such a sleepy cat. (목적어)

05 Nothing will stop me from _____ my goals. (전치사의 목적어)

02 동명사의 「가주어 – 진주어」 구문은 _____ 만큼 자주 쓰이지 않고, 제한된 경우, 즉 주로 _____ 에 쓰인다. (▶D 동명사의 관용표현 참조) 04 동사와 동명사 목적어 사이에 _____ 가 오기도 한다. 05 '~가 …하는 것을 막다'라는 「_____ [_____, _____, _____] ~ _____ -ing」에서 전치사의 목적어로 쓰인다. 이때 _____ 는 from을 생략해도 같은 뜻이 된다. *cf.* 「keep _____」(계속 ~하다) 「keep _____」(~하지 않다, 삼가다) 「keep _____」(A가 계속 ~하게 하다)

PLUS 동명사의 의미상의 주어와 부정

Tanya'___ _____ asleep during the wedding was funny.

→ 동명사의 의미상의 주어를 밝힐 때는 _____ 이 원칙이나 비격식체에는 _____ 이 주로 쓰인다. 단, 인칭대명사가 주어 자리인 경우 _____ 으로 쓴다.

e.g. [His / H̶i̶m̶] driving has improved since then. (그 이후로 그의 운전은 향상되었다.)

They are considering _____ _____ back to Miami.

→ 동명사의 부정은 「_____ + _____」 형태로 쓴다.

Further Expressions 「전치사 to + 동명사」

「자동사 + to -ing」

_____ _____ (반대하다) _____ _____ (인정하다) _____ _____ (인정하다, 고백하다) _____

_____ (기여하다) _____ _____ (결국 ~가 되다, ~로 이끌다) _____ _____ (적응하다) _____

_____ (적용되다) _____ _____ (말하다, 의미하다)

「타동사 + 목적어 + to -ing」

_____ O _____ (헌신하다) _____ O _____ (복종시키다) _____ O _____ (탓으로 돌리다)

_____ O _____ (노출시키다) _____ _____ (전념하다) _____ _____ (제한하다)

특히, 이 표현들은 _____ 가 되었을 때도 유의해야 한다. e.g. be dedicated to [d̶o̶ / doing] (▶Unit 17 전치사의 다양한 표현 참조)

수능 pick 1 ♦ 전치사 [명사 / 동명사] 목적어

Tools for [**analysis** / **analyzing**] information weren't even available until the early 1990s. **수능기출**

→ 선택지 다음에 명사 information이 왔으므로 _____ 를 취할 수 있는 _____ _____ 이 적절하다.

B 동명사의 시제와 태

01 Are you ashamed of _____ an English teacher? (단순동명사)

02 The accused man denied _____ _____ her. (완료동명사)

  ≒ The accused man denied _____ her.

03 Nobody enjoys _____ _____ _____. (동명사의 수동태)

04 He complained about _____ _____ _____ unfairly. (동명사의 완료수동태)

05 All the curtains really _____ _____. (의미상 수동태)

  = All the curtains really _____ _____ _____ _____.

01 주절의 시제와 _____ 시제를 나타낸다. 02 주절의 시제보다 _____ 시제를 나타내며, 전후관계가 명백할 때는 _____ 로 써도 된다. 03 동명사의 주체와 _____ 의 관계일 때 쓴다. 04 동명사의 주체와 _____ 이면서 _____ 시제를 나타낸다. 05 「want, _____, _____ + _____」는 능동형이지만 _____ 의 의미(「to + be + p.p.」)이며, 이때 동명사의 의미상의 목적어는 문장의 _____ 이다. 단, 「want + 동명사」는 '필요하다'의 뜻이므로 want to be p.p.로 쓰지 않고 _____ _____ 로 쓴다.

A 01 _____ 상처 **reduce** _____ 03 _____ 없애다 _____ 가난 04 **recall** _____ _____ 조용한, 활기 없는
PLUS **head back** _____ 수능 Pick 1 ♦ **tool** _____ _____ 분석하다 _____ 구할 수 있는 B 01 _____ 부끄러운
02 **the accused** _____ **deny** _____ 04 _____ 대우하다 _____ 불공평하게

C 동명사와 to부정사를 목적어로 취할 때 뜻이 다른 동사

01 I dimly remember _____ Quebec. (~했던 것을 기억하다)

He remembered _____ _____, "Close, Sesame!" (~할 것을 기억하다)

02 You keep forgetting _____ my money back. (~한 것을 잊다)

I won't forget _____ _____ the plant this time. (~할 것을 잊다)

03 He deeply regretted _____ his temper. (~한 것을 후회하다)

We regret _____ _____ you that tickets are already sold out. (~을 하게 되서 유감이다)

04 Can't you see I am trying _____ _____? (노력하다, 애쓰다)

I've tried _____ our address online multiple times. (시험 삼아 해보다, 애쓰다)

05 She stopped _____ when she won the lottery. (~을 그만두다)

They stopped (in order) _____ _____ at the far end of the street. (~하기 위해 하던 일을 멈추다)

01~05 동명사 vs to부정사: 대체적으로 동명사는 과거성, _____, _____이 to부정사는 미래성, _____, _____이 내포되어 있다. 04 '_____'의 의미일 때 「try + -ing」와 try to는 차이가 거의 없다. 05 ※stop은 to부정사가 목적어가 아니라 부사적 용법이다. ※추가표현 「mean to + 동사원형」(_____) 「mean + -ing」(_____)

수능 pick 2
♦ advise [to do / doing]
Due to the unpredictable Alaskan weather, Denali's Flightseeing advises [**to wear** / **wearing**] a light waterproof jacket. 모의기출
→ advise는 목적어로 _____를 취하고 목적격보어는 _____를 취한다. 따라서 _____이 적절하다. 유사하게 쓰이는 단어로 _____, _____, forbid 등이 있다.

D 관용표현

01 Sometimes we _____ _____ _____ away. (~하지 않을 수 없다)

02 _____ _____ _____ _____ back once you take the pill. (~할 수 없다, 불가능하다)

03 _____ _____ _____[_____] _____ to escape from here. (~은 소용없다)

cf. It is *useless* _____ _____ to escape from here.

04 Today, I _____ _____ _____ something different. (~하고 싶다)

05 I _____ the whole night _____ on my blog. (~하느라 (시간·돈을) 소비하다)

06 Is it _____ _____ an international lawyer? (~할 가치 있는)

07 Why do you _____ _____ (~하는데 어려움을 겪다)

_____ directions?

08 _____ _____[_____] _____ home, he set about carving a statue. (~하자마자)

01 = cannot ([_____, _____]) _____ 동사원형 = _____ _____ _____ _____ _____ 02 → _____ _____ _____ to turn back. 03 = _____ _____ _____ (in) -ing / 「진주어 – 가주어」 구문이며, use와 good은 '_____'이란 뜻이다. cf. useless[= of no use]는 _____와 어울린다. 05 늑 「_____ _____ 목적어 -ing」(~하는데 …을 낭비하다) 06 = _____ _____ -ing = _____ -ing 또는 to + 동사원형 07 = have _____[_____] -ing ※전치사 to를 포함하는 관용표현 (▶Unit 17 전치사의 다양한 표현 참조) ※01~08 관용표현 다음에 동명사뿐만 아니라 _____도 올 수 있다. e.g. I can't help it. (어쩔 수 없어.) Is it worth it? (그럴 가치가 있나?) 08 → _____ _____ _____ _____ _____ home ※추가표현 「by + -ing」(_____) 「in + -ing」(_____, _____)

C 01 _____ 어렴풋이 _____ 참깨 02 **pay back** _____ 물 주다 03 **deeply** _____ 화를 내다 **sold out** _____ 05 **win the lottery** _____ 수능 Pick 2 ♦ _____ 비행 관광 _____ 권하다, 조언하다 _____ 방수의 D 01 **walk away** _____ 02 _____ 되돌리다 _____ 알약 03 _____ 탈출하다 06 _____ 국제 변호사 07 **follow** _____ 지시 사항 08 **set about** _____ _____ 조각하다 **statue** _____

A 다음 빈칸에 알맞은 말을 쓰시오.

1 동명사는 _____처럼 쓰여 주어, 보어, 목적어, 전치사의 목적어로 쓰인다.

2 동명사의 의미상의 주어는 소유격 또는 _____으로 쓴다.

3 완료동명사의 수동태는 「having + _____」이다.

4 '~한 것을 후회하다'는 「regret + _____」로 쓴다.

5 「It is no use -ing」는 '[_____]'의 뜻이다.

B 다음 문장의 해설을 완성하시오.

1 Talking to him is like trying to have a conversation with a rock.
↳ Talking과 trying은 각각 _____로 주어와 전치사의 _____로 쓰였다.

2 I am not worried about you knowing me too well.
↳ you는 knowing의 _____의 _____로 _____로 써도 된다.

3 Your science essay needs to be correcting.
↳ 수동 관계이므로 needs _____ 또는 need _____ _____로 고쳐야 한다.

4 Charlie holds the world record for not to breathe underwater.
↳ 전치사의 목적어 자리이므로 _____ _____를 _____으로 고쳐야 한다.

5 Some people have trouble to get up in the morning while others don't need to get up.
↳ 「have trouble _____」 구문으로 쓰이므로 _____ _____을 _____으로 고쳐야 한다.

C 주어진 단어를 이용하여 영작과 해설을 완성하시오.

1 아이들은 돌 즈음에 말을 이해하기 시작한다. (understand)
Children begin _____ words around their first birthday.
↳ begin은 _____와 _____를 목적어로 취하므로 _____으로 쓰면 된다.

2 무대로 데려와지자마자, 그 소녀들은 춤을 추었다. (bring)
On _____ _____ on the stage, the girls danced.
↳ 소녀들이 bring의 _____이므로 동명사의 수동형인 _____ _____로 쓰면 된다.

3 인스타그램에서 많은 팔로워를 갖고 있는 비결이 뭐니? (have)
What is the secret of _____ many followers on Instagram?
↳ 전치사의 목적어 자리이므로 _____ 형태인 _____으로 쓰면 된다.

4 그 적들은 반격할 것을 잊은 것처럼 보였다. (counterattack)
The enemy seemed to forget _____ _____.
↳ '~할 것을 잊다'에 해당하므로 _____ _____이라고 쓰면 된다.

5 운동은 여러분을 건강하게 만들고, 여러분이 비만이 되는 것을 막아 줍니다. (be)
Working out makes you fit and prevents you _____ _____ obese.
↳ '~가 …하는 것을 막다'는 「prevent A _____」 구문으로 _____ _____으로 쓰면 된다.

B **1 conversation** 대화 **3 correct** 수정하다; 옳은 **4 hold a record** 기록을 보유하다 C **4 enemy** 적 **counterattack** 반격하다 **5 workout** 운동하다 **fit** 건강한 **obese** 비만의

44

D 다음 〈보기〉에서 알맞은 것을 찾아 문장을 완성하시오. (필요시 어형 변화할 것)

| 보기 | send | place | use | mix | climb | not |

1 _____ stairs burns more calories per minute than jogging.

2 You can make an omelet by _____ together scrambled eggs.

3 It is no _____ trying to persuade him. He is not interested.

4 I forgot _____ an oder for today! What can I do?

5 I must say that I felt extremely surprised at you _____ an invitation.

E 다음 각 [ ]에서 어법에 맞는 표현을 고르시오.

1 [Be / Being] productive means getting stuff done.

2 The mentor also advised [to make / making] a moral decision.

3 It is useless [talking / to talk] if you can't make yourself understood.

4 Nevertheless, Chloe kept [telling / from telling] anybody about her son's secret.

5 Emily dedicated herself to [spread / spreading] literature to more people.

F 밑줄 친 부분 중에서 어색한 것이 있으면 고치시오.

1 I regret not to have paid careful attention to him.

2 The best way to make memories is traveled a lot.

3 Some day, you will thank me for not giving up on you.

4 She remembered to be carried somewhere in the forest.

5 Seeing a pig in your dream being a sign of good luck.

D **1 per** ~당 **place an order** 주문하다 **5 extremely** 극도로 E **1 stuff** 일[것], 물건 **2 advise** 권고하다, 충고하다
3 make oneself understood 자신(의 말·생각)을 남에게 이해시키다 F **5 sign** 징조, 표시, 기호

Review Test

A

다음 각 [ ]에서 어법에 맞는 표현을 고르시오.

1 Did you know feet stop [growing / to grow] in length but [widening / widen] with age?

2 If you are born an architect, you cannot help [stay / staying / to stay] an architect.

3 He admits [having / being] experienced fatigue while [battled / battling] self-confidence issues.

4 They didn't mean [rejecting / being rejected / to reject] your application.

5 Knowledge is [known / knowing] what to say. Wisdom is [known / knowing] when [saying / to say] it.

6 We sometimes perplex others by [mentioned / mentioning] [what / that] is unintended.

7 Six weeks after [moving / being moved] to a new town, he became [tiring / tired] of having to go to the lake every day.

8 Sophia couldn't stand things [being / to be] messy, so she asked the manager to tidy [them / it] up.

B

밑줄 친 부분 중에서 어색한 것이 있으면 고치시오. (정답 최대 2개)

1 I could not choose but to weep when I heard my child's name again.

2 He confessed to having been a bit skeptical during away from home.

3 Keeping good friends is harder than making new friends. Cherishing them rain or shine.

4 The washing machine stopped to run after it was made a lot of strange noises.

5 Don't forget doing too many tasks at one time can prohibit you to accomplish your goal.

6 It is hard for young children to sit still because they have a hard time to focus for long.

7 In 2014, the singer has survived a car crash in Philadelphia despite not to wear a seatbelt.

8 The Industrial Revolution played a huge role in making cosmetics more extensive available.

A **1 widen** 넓어지다 **with age** 나이가 들면서 **3 fatigue** 피로 **6 perplex** 당황하게 하다 **mention** 언급하다 **unintended** 의도하지 않은 **8 messy** 지저분한 **tidy up** (깔끔하게) 정리하다 B **1 weep** 눈물을 흘리다 **2 skeptical** 회의적인, 의심하는 **3 cherish** 소중히 여기다 **5 task** 업무, 일 **at one time** 한번에 **accomplish** 성취하다 **6 focus** 집중하다 **7 survive** 살아남다 **car crash** 자동차 (충돌) 사고 **8 huge** 거대한 **cosmetics** 화장품 **extensive** 넓은, 광범위한

C 다음 글을 읽고, 물음에 답하시오.

According to a survey, about a quarter of people admit having shared a fake news story on a popular social networking site either accidentally or purposely. I would like to attribute it to people's being deliberately ignorant. However, the news ecosystem has become so complex that I can understand **(A)** 그것을 항해 하는 것이 힘든 이유. When in doubt, we should cross-check story lines. The simple act of fact-checking keeps misinformation from forming our thoughts. Consulting websites such as FactCheck.org will help us better understand what's true or false, fact or opinion. 모의기출

1 윗글에 관한 내용과 일치하면 T, 그렇지 않으면 F에 체크하시오.

1) 전 세계의 절반 이상의 사람들이 가짜 뉴스를 공유한다. ☐ T ☐ F

2) 사실의 진위 여부를 알게 해주는 웹사이트가 있다. ☐ T ☐ F

2 (주관식) 윗글의 (A)와 같은 뜻이 되도록 주어진 단어를 문맥과 어법에 맞게 배열하시오.

(is, it, why, navigating, challenging)

_____

D 다음 글을 읽고 물음에 답하시오.

There are two types of memory: implicit and explicit. When you learn something without really thinking about it, it is implicit memory. **(A)** _____ is an implicit memory. No one taught you to breathe. Some things you have learned since childhood also become implicit memories. Implicit memories are imprinted in the autonomic part of the brain; that is why even after years of not riding a bike, you still know how to ride one. Explicit memories, in contrast, are memories that you consciously try to recollect. You use explicit memory on a conscious level every day. You use it when trying to find your keys or when trying to remember when an event is scheduled to take place, where it's going to be hosted, and who you are going with. Explicit memories are the tasks you have written down in your planner.

1 윗글에 관한 내용과 일치하면 T, 그렇지 않으면 F에 체크하시오.

1) 오랜만에 자전거를 탈 때도 그것을 기억하는 것은 내재적 메모리이다. ☐ T ☐ F

2) 외재적 메모리는 무의식적인 차원에서 사용된다. ☐ T ☐ F

2 (주관식) 윗글의 (A)에 들어갈 말을 주어진 〈조건〉에 맞게 영작하시오.

〈보기〉 know, how, breathe
〈조건〉 1. 〈보기〉의 단어를 모두 포함할 것
2. 필요시 어형 변화하거나 단어를 추가할 것
3. 반드시 동명사를 포함 할 것

_____

C **quarter** 1/4 **purposely** 고의로 **deliberately** 의도적으로 **complex** 복잡한 **form** 형성하다 D **in contrast** 반면에 **recollect** 기억해 내다
be scheduled to ~할 예정이다 **host** 개최하다

A 분사의 기초

01 _____ water doesn't flow back.   (현재분사: 전치수식)

02 A woman _____ a camera approached me.   (현재분사: 후치수식)

03 The _____ money was used to buy a motorcycle.   (과거분사: 전치수식)

04 A woman _____ Narsha wants to see you.   (과거분사: 후치수식)

05 A: You weren't _____ to me, were you?   (서술적: 현재분사)

    B: What?

06 The audience looked thoroughly _____.   (서술적: 과거분사)

07 The mystery still remains _____.   (주격보어: 과거분사)

08 The Sanchezes found the bags _____ on the road.   (목적격보어: 현재분사)

01~06 현재분사는 _____ · _____, 과거분사는 _____ · _____의 의미가 있으며, 수식을 받는 표현이 동작의 _____ 인지 _____ 인지에 따라 현재분사 또는 과거분사로 수식한다. 01~04 _____ 용법의 분사가 홀로 수식하면 _____에서 어구가 딸리면 _____에서 수식한다. 07~08 _____ 용법의 분사는 주격보어나 목적격보어로 쓰인다.

PLUS 감정형용사

_____ people make _____ things happen.

→ 감정을 나타내는 형용사 분사는 행위 주체가 능동이면 _____, 수동이면 _____형으로 쓴다. 사람이면 -ed, 사물이면 -ing가 아니다.

e.g. _____ boy(흥미롭게 하는 소년) _____ girl(흥미 있는 소녀) _____ teacher(지루하게 하는 선생님) _____ student(지루해진 학생) _____ situation(당황하게 하는 상황) _____ model(당황한 모델)

일반적으로 사물은 _____가 어울리나 감정을 실을 수 있는 대상(얼굴 표정, 목소리 등)에는 _____형도 가능하다.

e.g. _____ face[look, expression](당황한 표정, 얼굴), _____ shout[voice, comment](흥분된 외침[목소리, 언급]), _____ comment(역겨워하는 언급)

수능 pick 1

♦ 접속사 doing [O/×]

An inventor, when **asking** who contributed the most to his success, replied quickly, "My parents." [O/×]   EBS10주완성

→ asking의 의미상의 주어는 _____ _____이고 질문을 하는 것이 아니라 받는 것이므로 _____로 고쳐야 한다. 분사는 주체와의 능동·수동의 관계를 반드시 살펴야 한다.

B 분사구문의 기초

01 She ran around the garden, _____ bubbles.   (동시동작)

02 We started in the morning, _____ at midnight.   (연속동작)

03 I shook the dusty blanket, _____ Ron sneeze.   (결과)

04 _____ up at the night sky, he saw a shooting star.   (시간)

05 _____ nothing left to do, Dora went home.   (이유)

06 _____ back, you will turn to stone.   (조건)

07 _____ [= _____] old, he is quite young.   (양보)

01~06 분사구문 만드는 법: _____ 생략 → _____가 주절과 같으면 생략 → 동사 _____ 01 ~ and (_____) bubbles. 02 ← and (_____) _____ at midnight. 03 ~ and _____ Ron sneeze. 연속동작이지만 _____를 나타내는 경우도 있다. 04 ← When[While] _____ _____ at the night sky, ~ 05 ← Since[As, Because] _____ nothing left to do, ~ 06 ← If _____ back, ~ 07 양보 접속사를 생략하고 분사구문을 만드는 것은 매우 어색하다. 따라서 _____를 그대로 두거나 이에 상응하는 _____를 쓴다.

A 01 _____ 흐르다 02 _____ ~에 다가오다[가다] 03 _____ ~하는데 사용되다 06 _____ 관객 _____ 완전히 _____ 즐겁게 하다 07 _____ 풀리지 않은 08 **lie** _____ 수능 Pick 1 ♦ **inventor** _____ _____ 기여하다 **reply** _____ B 01 **blow** _____ _____ 비눗방울, 거품 03 _____ 먼지투성이의 **blanket** _____ _____ 재채기하다 04 **shooting star** _____ 06 _____ ~로 바뀌다

PLUS 분사구문의 부정

_____ _____ what to choose, I chose nothing.

→ 분사구문의 _____은 분사 앞에 _____ 또는 _____를 쓴다.

C 다양한 형태의 분사구문

01 _____ _____ his things, he thought about the last two years. (접속사 -ing)

02 (_____) _____ with pride, she stepped up to the podium. (-ed)

03 _____ _____ the windows, I hurried out to bring in the laundry. (having p.p.)

04 She threw me an awkward smile _____ her eyes _____. (with 목적어 -ing)

　cf. I can't talk _____ you _____ at me like that.

05 Do you often sit _____ your legs _____? (with 목적어 -ed)

　cf. She yawned _____ her eyes wide _____.

06 The project _____ in time, we shouted for joy. (독립분사구문)

　cf. _____ _____ no danger, the police went back to the station.

07 A brilliant player, he was called up _____ the national team. (분사 없는 분사구문)

01 의미를 명히 하기 위해 _____를 쓸 수 있다. 02 _____이나 _____은 생략될 수 있으며 이 때 주어와의 관계에 유의한다. 03 주절의 시제보다 앞선 경우는 _____ _____형을 쓰나 전후 관계가 명백하면 _____를 써도 된다. → _____ the windows, ~ 04~05 '_____'의 부대상황을 나타내며 목적어와 목적보어의 능동·수동 관계에 유의해야 한다. 04 *cf.* _____를 나타내기도 한다. 05 *cf.* _____나 전치사가 오기도 한다. e.g. _____ his gloves (그의 장갑을 낀 채) 06 주어가 주절과 다른 경우 _____를 써야 한다. *cf.* 「There is ~」 구문에서 there는 실제 주어가 아니지만 부가의문문에서처럼 _____ 역할을 한다. 08 _____ 또는 Having p.p가 생략되어 형용사나 명사 또는 전명구만 남는 경우도 있다.

PLUS 현수분사구문

Consider the mind of a child. _____ _____ so little, _____ _____ is a mysterious and fascinating place. 모의기출

→ 주절의 주어는 the world이고 Having experienced의 의미상의 주어는 해당 문장에 없으므로 _____ _____ _____로 써야 하는 것이 문법적으로 옳으나, 내용상 의미상의 주어를 추측할 수 있을 경우에 생략할 수도 있다. 문법적으로는 틀리나 독해에 가끔 나오므로 해석할 줄 알아야 한다.

D 관용적 분사구문

01 _____ _____, you're breaking the law now. (엄격히 말하면)

02 _____ _____ his appearance, he may be a Scandinavian. (~로 판단컨대)

03 _____ [_____] _____ he said so, he didn't keep his promise. (~일지라도)

04 _____ her age, she has a rich vocabulary. (~을 고려하면)

01~04 부사절의 주어가 일반인으로 주절의 주어와 달라도 생략하는 _____ 표현이다.

Further Expressions

_____[frankly, _____] speaking([일반적으로, _____, 대충] 말하자면) _____ _____(~에 관해 말하자면) _____ _____ _____(~을 비교하면) _____ [_____ = _____] _____(~라면) _____ _____(~을 보면, ~이므로)

PLUS _____ 선택하다　C 01 _____ (짐을) 싸다　02 _____ 자부심 _____ 단상　03 **laundry** _____
04 _____ (빠른) 미소를 짓다 _____ 어색한 **blink** _____　05 _____ 노력보다 _____ 하품하다
06 **shout** _____ **for joy** _____　07 _____ 훌륭한 **call up for** _____　PLUS _____ 마음 **mysterious** _____
_____ 매력적인　D 01 _____ 법을 어기다　02 **appearance** _____　04 **rich** _____ 어휘

A 다음 빈칸에 알맞은 말을 쓰시오.

1 과거분사는 _____ · _____의 의미를 지닌다.

2 [exciting / excited] shouts에서 적절한 것은 _____이다.

3 분사구문을 만들 때 주절과 부사절의 주어가 _____ 생략한다.

4 having p.p.는 주절의 시제와 _____ 시제의 표현이다.

5 Generally _____은 관용적으로 쓰인다.

B 다음 문장의 해설을 완성하시오.

1 If you trust someone, trust till the end.
↳ _____ someone, trust till the end로 전환할 수 있다.

2 They are making use of horse hair to make violin bows.
↳ 현재분사의 용법 중 하나로 _____ · _____의 의미로 사용되었다.

3 Having been invited to the party too late, he couldn't make it.
↳ 주절의 시제보다 _____ 시제를 표현하는 분사구문이다.

4 Interesting people are passionate about their interests.
↳ 사람들이 남을 흥미롭게 한다는 의미로 _____분사 interesting은 적절하다.

5 Dinner over, the beaver goes back to work.
↳ Dinner와 over 사이에 _____이 생략된 분사구문의 일종이다.

C 주어진 단어를 이용하여 영작과 해설을 완성하시오.

1 제한 속도가 변경 된 후에, 또 변경되었다. (change)
After _____ _____, the speed limit was changed again.
↳ 의미상의 주어와 _____의 관계이므로 _____ _____로 쓰면 된다.

2 Sue는 이유를 궁금해 하며 그 노인을 따라 골목으로 갔다. (wonder)
Sue, _____ why, followed him into the alley.
↳ 동시동작의 분사구문으로 주어와의 관계가 _____이므로 _____으로 쓰면 된다.

3 낯선 이가 너의 전화번호를 물어볼 때는 조심해라. (ask)
Be careful _____ _____ your number by a stranger.
↳ '~할 때'의 접속사 _____을 쓰고, _____의 관계이므로 _____로 쓰면 된다.

4 하늘에서 보면 지구는 푸르다. (see)
_____ from the sky, the Earth is blue.
↳ the Earth가 see의 동작의 _____이므로 _____을 생략하고 _____을 쓰면 된다.

5 제비뽑기가 끝났지만, 우리는 누가 자원할지 여전히 결정하지 못했다. (draw)
Though straws _____ _____, we still couldn't decide who to volunteer.
↳ straws가 draw의 동작의 대상이므로 수동형인 _____ _____으로 쓰면 된다.

B **1 trust** 신뢰하다; 신뢰 **2 make use of** 이용하다 **3 make it** 시간 맞춰 가다, 성공하다 **4 passionate** 열정적인 **interest** 관심; 흥미롭게 하다 C **2 alley** 골목
5 volunteer 자원하다; 자원자

D 다음 〈보기〉에서 알맞은 것을 찾아 문장을 완성하시오. (필요시 어형 변화할 것)

보기	open	pay	read	say	turn

1 _____ in cash, you'll get a discount.

2 Though _____ the book, I wanted to watch the movie again.

3 Once _____ the bottle, you should consume the contents within 3 days.

4 Hannah got some good rest, not even _____ a word.

5 It's advisable to insert and remove the card with the smartphone _____ off.

E 다음 각 [ ]에서 어법에 맞는 표현을 고르시오.

1 [It / There] being clear and warm, the excursion is going to be great.

2 When [attacking / attacked], a shark often jumps out of the water.

3 A doctor visits regularly on the ferry, there [is / being] no airport.

4 Last Sunday, we took a walk along the river and totally [losing / lost] track of time.

5 The happy father was walking about with his daughter [held / holding] his left hand.

F 밑줄 친 부분 중에서 어색한 것이 있으면 고치시오.

1 He looked at his parents with a surprised look.

2 Her question made me extremely puzzling, so my heart started beating fast.

3 Having been recovered perfectly, he was called up to the Major Leagues.

4 The dog, barked happily, jumped up to greet me.

5 Not being moved an inch, she kept an eye on the scary figure.

D **5 advisable** 바람직한, 권할 만한　E **1 excursion** 소풍　**3 regularly** 규칙적으로　**ferry** 나룻배　**4 lose track of time** 시간 가는 줄 모르다　F **2 extremely** 매우
beat (심장이) 뛰다　**3 recover** 회복하다　**call up for** 소집하다　**4 greet** 맞이하다　**5 move an inch** 꼼짝하다　**keep an eye on** 주시하다　**scary** 무서운

A 다음 각 [ ]에서 어법에 맞는 표현을 고르시오.

1 While [running / run / ran] out of the burning house, the boy yelled that two adults were still inside.

2 [As looked / Looked / Looking] at himself in the mirror, Lou said, "You're a cool guy!"

3 If the weather [permitting / permits], beans may be [harvesting / harvested] the last week of this month.

4 It is known [what / that] dance movement therapy is also important in the treatment of [depressed / depressing] patients.

5 He didn't hesitate [selling / to sell] all of his paintings, [being / having] felt that he had to support his family.

6 Strictly [spoken / speaking / to speak], beauty is not limited to appearance.

7 The motorists waited impatiently behind the compact car, [nearly / near] all [sounded / sounding] their horns before it moved on.

8 Our world has become a complicated place with millions of things [competing / to compete / competed] for our attention.

B 밑줄 친 부분 중에서 어색한 것이 있으면 고치시오. (정답 최대 2개)

1 According to one study, people <u>doing</u> Zumba <u>experiences</u> decreases in their blood pressure.

2 For children, <u>playing</u> is more than just a means of <u>passed</u> time.

3 Dinosaurs <u>stomping</u> around the land while marine life, <u>including</u> sharks, swam over the Lone Star State.

4 <u>Not being able</u> to buy shoes, some of the children wear flip-flops, and most <u>wearing</u> nothing on their feet.

5 <u>Because</u> someone kept striking his keyboard, I felt annoyed <u>during</u> in bed at night.

6 <u>Not understood</u> the tradition of the tribe, he begins <u>talking</u> when they worship the old oak tree.

7 Consistently <u>rejecting</u> by the Salon, the Impressionists decided <u>to hold</u> their own exhibitions.

8 Their prey <u>being</u> generally faster than them, lions use teamwork <u>to bring</u> animals down.

A **1 yell** 외치다 **3 harvest** 수확하다; 수확 **4 therapy** 치료법 **5 hesitate** 주저하다 **support** 부양하다 **6 limited** 제한된 **appearance** 겉모습 **7 impatiently** 성급하게
B **1 decrease** 감소 **blood pressure** 혈압 **2 means** 수단 **pass** (시간을) 보내다, 지나가다 **3 stomp** 쿵쿵 걷다 **Lone Star State** 텍사스 주의 별칭 **4 flip-flop** 슬리퍼
5 strike 치다 **annoyed** 짜증난 **6 tradition** 전통 **tribe** 부족 **worship** 숭배하다 **oak tree** 참나무 **7 consistently** 한결같은 **reject** 거절하다
Impressionist 인상파 화가 **hold** 열다, 개최하다 **exhibition** 전시회 **8 prey** 먹이 **generally** 일반적으로 **bring down** 넘어뜨리다

C 다음 글을 읽고 물음에 답하시오.

　Mark Aldenderfer, an archaeologist, started exploring isolated cliffside caves in Mustang, Nepal, hoping to find human remains near an ancient settlement high in the Himalayas. Almost immediately, he came across something he was trying to find: **(A)** 바위에서 툭 튀어나온, a skull was gazing at him while he was looking at it. The skull, which dates back perhaps 2,500 years, was among human bones lying about inside burial caves. Aldenderfer and his team hope that DNA analysis will identify the origins of this region's settlers, who might have moved from the Tibetan Plateau or southern areas.

1 윗글에 관한 내용과 일치하면 T, 그렇지 않으면 F에 체크하시오.

　1) Mark는 히말라야의 고대 정착지에서 유골을 발견했다.　　□ T　□ F

　2) DNA 분석이 당시의 매장 풍습을 밝혀줄 것이다.　　□ T　□ F

2 〔주관식〕 윗글의 (A)와 같은 뜻이 되도록 주어진 단어를 모두 사용하여 영작하시오. (필요시 어형 변화할 것)

(rock, the, from, out, stick)

_____

D 다음 글을 읽고, 물음에 답하시오.

　The CEO of a large company got out of a luxury limousine. He climbed the stairs to the main entrance as usual. Stepping through the large glass doors, he heard a voice say, "Excuse me, sir, but I cannot let you pass without ID." The security guard, who had worked for the company for more than a decade, looked his boss straight in the eyes, not showing any emotion on his face. The CEO didn't know what to say. He searched his pockets in vain. He had probably left his ID at home. He looked at the determined security guard, **(A)**_____ his chin. Then, he turned away and went back to his limousine. The security guard was left standing, not knowing that he was going to be promoted to head of security the next day. 〔모의기출〕

1 The CEO에 관한 윗글의 내용과 일치하면 T, 그렇지 않으면 F에 체크하시오.

　1) 신분증이 없어서 출입을 제지당했다.　　□ T　□ F

　2) 걸음을 돌이켜 자신의 차로 돌아갔다.　　□ T　□ F

2 〔주관식〕 윗글의 (A)에 들어갈 적절한 말을 아래 영영사전 풀이를 보고 어법에 맞게 쓰시오.

　s_____ : to rub your skin with your nails

C **isolated** 외딴 **immediately** 즉시 **come across** (우연히) 마주치다 **gaze** 물끄러미 바라보다, 응시하다 **lie about** 이리저리 놓여 있다 **identify** 확인하다 **settler** 정착민
D **luxury** 호화 **climb** 오르다 **pass** 지나가다 **decade** 10년 **in vain** 허사의, 헛되이 **determined** 단호한

A 가정법 과거형 현재 사실과 반대되는 상황이나, 실현 가능성이 희박한 일에 대한 상상을 할 때 쓴다.

01 _____ I _____ a dog, I _____ _____　(현재 사실의 반대)
your dog. Bow-wow!

02 We _____ _____ the meeting now _____　(현재 사실의 반대)
no one _____ [_____] late.

03 _____ she _____ $200,000 more, she _____　(희박한 가능성)
_____ a Ferrari.

04 _____ I _____ _____ refuse, they'_____　(매우 희박한 가능성)
_____ very disappointed.

05 _____ you (_____) change your mind, let me know.　(정중한 요청·제안)

01 형태는 과거형이지만 _____ 로 해석하며, if절의 be동사는 주어가 단수일지라도 _____ 를 쓴다. 주절의 would는 의도· _____ 을 나타낸다. 02 주절의 could는 _____ 을 나타내며, if절은 주절의 뒤에 쓸 수 있으며 were 대신 _____ 를 쓸 수도 있다. 04 가능성이 매우 희박할 때 강조하기 위해 _____ 를 쓰기도 하며, 가정법 과거는 _____ 의 상황을 가정하기도 한다. 05 가정법 과거형에 '혹시'라는 의미로 _____ 를 쓰기도 하며, 주절에는 가정법뿐만 아니라 _____ 과 _____ 이 오기도 한다. 이 때 should를 생략하면 직설법과 차이가 거의 없다.

PLUS if절에 과거형이 온다고 무조건 가정법 과거가 아니다. (▶Unit 19 부사절 접속사 참조)
Greg felt like a failure if he _____ every single point on every single assignment. 모의기출
→ 가정이 아닌 _____ 에 기반한 문장으로 여기서는 가정법이 아닌 직설법(조건문)이므로 _____ 로 해석해야 한다.
If you _____ a 90s kid, you probably spent hours in front of the TV.
→ 화자가 가능성이 있다고 판단하면 직설법(조건문)을 쓰고, 가능성이 _____ 하다고 판단하면 가정법을 쓰며 이 때는 주로 주절에 조동사의 과거형이 온다.

B 가정법 과거완료 과거 사실의 반대되는 상황을 가정할 때 사용한다.

01 _____ Matthew _____ _____ there, the problem　(과거 사실의 반대)
_____ _____ _____ _____ .

02 _____ he _____ _____ time, he _____　(과거 사실의 반대)
_____ _____ _____ the preparations.

03 What _____ I _____ _____ _____ _____ I　(가능성이 없음)
_____ _____ 100 years ago?

01 형태는 _____ 형이지만 _____ 로 해석한다. 02 if절의 had had에서 두 번째 had는 _____ 이다. 03 가정법 과거와는 달리 가정법 과거완료는 _____ 의 사실과 상반되는 가정만 한다.

수능 pick 1

◆ [would do / would have done]
If this journey had taken place a week earlier, all this [**would please** / **would have pleased**] my eyes. 수능기출
→ if절에 「had + p.p.」가 있으므로 _____ 에 대한 가정이다. 따라서 주절에는 「_____ + _____ + _____」 형태가 와야 하므로 _____ _____ _____ 가 적절하다.

◆ [did / had done]
Think in detail about how things would be different if your goal [**had been attained** / **were attained**]. EBS영어독해연습
→ 주절에 「_____ + _____」이 있으므로 _____ 에 대한 가정이다. 따라서 if절에는 동사의 과거형이 와야 하므로 _____ _____ 가 적절하다.

A 04 _____ 거절하다 **disappointed** _____　PLUS _____ 과제　B 02 _____ 완료하다 _____ 준비
수능 Pick 1 ◆ **journey** _____ _____ 일어나다, 발생하다 _____ 기쁘게 하다 **in detail** _____ 목표 _____ 이루다

C 혼합가정법 가정법 과거와 과거완료가 섞인 가정법이다.

01 _____ you _____ _____ an aspirin,   (가정법 과거완료 + 가정법 과거)

you _____ _____ a headache now.

→ You didn't take an aspirin, so you have a headache now.

02 _____ Jade _____ Russian, she _____   (가정법 과거 + 가정법 과거완료)

_____ _____ the war song.

→ Jade doesn't speak Russian, so she didn't understand the war song.

01 과거에 일어난 일이 현재까지 영향을 미칠 때 사용하며 if절은 가정법 _____형이 주절에는 가정법 _____이 온다. 주로 현재를 나타내는 부사 (now)가 포함된다. 02 현재를 반대로 가정해서 과거를 돌아보며 상상하는 표현이며, if절에는 가정법 _____형이 주절에는 가정법 _____형이 온다.

D 가정법 도치 if를 생략하고 주어와 동사(be동사, 조동사)를 도치하여 강조할 때 사용한다.

01 _____ _____ a judge, you'd get a big thumbs up!   (가정법 과거)

← If I were[was] a judge, you'd get a big thumbs up!

02 _____ they _____ _____ in time, the fire could   (가정법 과거완료)

have been worse.

← If they hadn't arrived in time, the fire could have been worse.

03 _____ _____ _____ any further assistance,   (정중한 요청·제안)

feel free to contact us.

← If you should need any further assistance, feel free to contact us.

01 if를 _____하고 _____ 어순으로 도치한다. 02 hadn't는 _____와 _____으로 분리하고 _____만 도치한다. 03 요청이나 제안을 나타내는 If you should도 _____ _____로 도치한다. If you shouldn't는 _____ you _____으로 도치한다.

수능 pick 2

♦ [Has / Had]

[**Has** / **Had**] Mr. Gibson come twenty minutes later, the painting would have already been picked up by garbage collectors. `EBS수능특강`

→ 주절에 「would + have + p.p.」가 있으므로 _____ 사실에 대한 가정임을 알 수 있고, if절에 if가 없으므로 _____가 된 것이다. 따라서 _____ _____ _____ _____ _____의 도치구문이므로 _____가 적절하다.

C 02 _____ 군가   D 01 _____ 심사위원 **thumbs up** _____   03 **further** _____ _____   망설이지 않고 ～하다 _____ 도움   수능 Pick 2 ♦ **garbage collector** _____

A 다음 빈칸에 알맞은 말을 쓰시오.

1 미래의 실현가능성이 희박한 일에는 가정법 _____를 쓴다.

2 가정법 과거에서 be동사는 기본적으로 _____를 사용하나 _____도 허용된다.

3 가정법 과거완료는 _____ 사실의 반대되는 상황을 가정할 때 사용한다.

4 가정법 도치는 if를 생략하고 _____ 어순으로 쓴다.

5 과거에 실현되지 못한 일이 _____까지 영향을 미칠 때 사용하는 것을 혼합가정법이라고 부른다.

B 다음 문장의 해설을 완성하시오.

1 If things were easy to find, they wouldn't be worth finding.
↳ _____ 사실과 반대되는 상황을 가정을 하고 있다.

2 If you were me, would you let me go?
↳ _____를 생략하고 _____ _____ _____로 도치할 수 있다.

3 I wouldn't come if you hadn't asked me to
↳ 가정법 _____ 구문으로 _____ _____ _____으로 써야 한다.

4 If Sadie had bumped into you, would she have recognized you?
↳ _____ 사실에 대한 가정으로 실제로 Sadie는 너와 마주치지 않았었다.

5 If you should meet a crocodile, don't take a stick and poke it.
↳ If절의 should는 '_____'라는 뜻으로 주절에 _____이 오기도 한다.

C 우리말과 일치하도록 괄호 안의 말을 이용하여 영작과 해설을 완성하시오.

1 내가 그라면 걱정하는 척이라도 하겠어. (be, pretend)
_____ I him, I _____ _____ to worry.
↳ 가정법 _____ 구문으로 _____ _____ _____을 도치해서 쓰고, _____ _____를 쓰면 된다.

2 가령 당신의 삶이 영화라면, 그것은 어떤 장르일까요? (be)
If your life _____ a movie, what genre _____ it _____?
↳ _____ 사실에 대한 가정으로 if절에는 _____와 주절에는 _____, _____를 쓰면 된다.

3 우리가 더 일찍 만났더라면 우리 삶에서 무슨 일이 일어났을지 누가 알겠니? (happen, meet)
Who knows what _____ _____ _____ in our lives if we _____ _____ earlier?
↳ 가정법 _____ 구문으로 주절에는 _____ _____ _____를 if절에는 _____ _____을 쓰면 된다.

4 내가 스마트폰이 없다면, 나는 2시간 일찍 잠들 것이다. (have, fall)
If I _____ a smartphone, I _____ _____ asleep 2 hours earlier.
↳ _____ 사실에 대한 가정으로 if절에는 _____ _____, 주절에는 _____ _____을 쓰면 된다.

5 허리케인이 강타하지 않았더라면, 그녀는 자신의 생일 파티를 했었을 텐데. (have, hit)
She _____ _____ _____ her birthday party if the hurricane _____ _____.
↳ 「if + _____ _____, 주어 + _____ _____ _____」 구문에 맞게 각각 _____ _____와 _____ _____를 쓰면 된다.

B **1 worth** 가치 있는 **4 bump into** ~와 우연히 마주치다 **recognize** 알아보다, 인정하다 **5 stick** 막대기 **poke** 찌르다 C **1 pretend** ~인 척하다

D 다음 주어진 단어를 이용하여 문장을 완성하시오. (필요시 어형을 변화하거나 단어를 추가할 것).

1 If calories _____ on menus, _____ it _____ your food choices? (show, affect)

2 If you _____ the power to destroy the world, _____ you _____ so? (have, do)

3 If I _____ married a little earlier, I _____ a son your age. (get, have)

4 _____ he _____ more carefully, she _____ him a warning. 「주격관계대명사+be동사(who is)」가 생략되었어요.
(behave, not, give)

5 _____ you _____ any help, you can always _____ our friendly staff. (need, call)

E 각 괄호 안에서 어법상 올바른 것을 고르시오.

1 If Friday had a face, I would [have kissed / kiss] it.

2 If the labels [weren't / hadn't been] torn off, he'd have received a full refund.

3 Had the pool been a little cleaner, I would [have given / give] this place 5 stars.

4 If I were to suggest you transfer to London, Ontario, would you [have felt / feel] happy?
목적적 접속사 that은 생략할 수 있어요. (▶Unit 18 명사절 접속사 참조)
5 If everyone were the same, the world would not [be / have been] colorful and interesting.

F 밑줄 친 부분 중에서 어색한 것이 있으면 고치시오.

1 Had we not taken a taxi, we would have been late for the show.

2 If the sun is hotter, say 15,000 degrees Celsius, it would look bluer.

3 If I turn into a flower, would you pick me or water me?

4 If I had just one hour to live, I'd still done the things I am about to do today.

5 In addition, if B.K. had surrendered to his fate, he would never be a Major Leaguer.

D 1 **affect** 영향을 미치다 2 **destroy** 파괴하다 4 **behave** 행동하다 **carefully** 신중하게 **give a warning** 경고하다 5 **staff** 직원 E 2 **refund** 환불 4 **suggest** 제안하다 **transfer** 전근하다 5 **colorful** 다채로운 F 2 **say** 말하자면 3 **turn into** ~로 변신하다

wish · as if 가정법

A I wish 현재 또는 과거 사실에 대한 이룰 수 없는 소망이나 유감을 나타낸다.

01 I wish every day _____[_____] Sunday. (과거형 – 현재)

02 Sometimes I wish (_____) I _____ _____ time. (과거형 – 현재)

03 He wishes he _____ _____ a normal adolescence. (과거완료형 – 과거)

04 She wishes she _____ _____ ramen last night. (과거완료형 – 과거)

05 I _____ you _____ _____ _____ me about your deep thoughts. (주절과 같은 시제)

06 That night, I _____ I _____ never _____ born as a genius. (주절보다 앞선 시제)

01 가정법 _____형 동사를 쓴다. 02 _____은 생략이 자주 된다. 03~04 두 번째 had는 _____이다. 05~06 가정법의 _____
에 적용되지 않는다. 주절에 상관없이 _____형이면 주절과 _____ 시제를, _____형이면 주절보다 _____ 시제를 나타낸다.

수능 pick 1

◆ wish ~ [did / had done]

"George," he said, "I wish I [**didn't send** / **hadn't sent**] that note to my dad yesterday." EBS수능특강

→ _____(어제)의 일에 대한 유감을 표현하므로 「I wish+가정법 _____」형이 와야 한다. 따라서 _____ _____가 적
절하다. 가정법에서는 동사의 _____와 _____가 같지 않음에 유의해야 한다.

B as if 현재 또는 과거 사실에 반대되거나 가능성이 희박한 일을 가정한다.

01 Jenna sounds _____ _____ she _____ _____. (과거형 – 현재)

02 You look _____ _____ you'd just _____ off the computer. (과거완료형 – 과거)

03 Her lips *trembled* _____ _____ she _____ about to cry. (주절과 같은 시제)

04 They *looked* _____ _____ they _____ _____ in days. (주절보다 앞선 시제)

05 He suddenly appeared _____ _____ (_____ _____) (주어 · 동사 생략)

by magic.

01 가정법 _____형 동사를 쓴다. 02 as if 대신 _____ _____를 쓰기도 하며, 'd는 _____가 아니라 _____를 줄여
쓴 것에 유의한다. 03~04 가정법의 시제일치에 적용되지 않는다. 주절에 상관없이 _____형이면 주절과 _____ 시제를, _____형이면 주
절보다 _____ 시제를 나타낸다. 05 as if절에서 주절과 동일어구 또는 주어와 be동사가 생략되어 _____, _____, _____만 남
기도 한다.

PLUS as if절에 무조건 가정법 동사형이 오는 것이 아니다.

It looks **as if I won't** be able to make this afternoon's meeting. 수능기출

→ as if절에 가정법은 '_____'는 뜻이고 직설법은 '_____'라는 뜻이다.

e.g. He talks **as if he were** rich. = _____ _____ _____, he _____ _____ rich. (그는 마치 부자인 것처럼 말한다.)

　　 He talks **as if he is** rich. = _____ he _____ rich. (그는 꼭 부자처럼 말한다.)

수능 pick 2

◆ [were / had been] 수능기출

We feel as if the day your sons and daughters entered our school [**were** / **had been**] yesterday.

→ yesterday가 와서 과거 사실을 가정하여 「had + p.p.」를 쓰는 것이 아니라 주절과 _____ 시제를 가정하므로 _____가 적절하다.

A 02 _____ 되감다 03 **normal** _____ _____ 사춘기 B 01 _____ 신경 쓰다 03 _____ 떨(리)다
be about to _____ **by magic** _____ PLUS _____ (장소에) 가다

58

C 가정을 나타내는 다양한 표현

01 _____[_____ _____] the Eiffel Tower, Paris *wouldn't be* Paris.　(전치사(구))

→ _____ _____ _____ _____ _____ the
Eiffel Tower, Paris wouldn't be Paris.

→ _____ _____ _____ _____ the Eiffel Tower,
Paris wouldn't be Paris.

02 I'd be glad to have everything I want.　(to부정사)

→ I'd be glad _____ _____ _____ _____ I want.

03 A little smile *would have been* nicer.　(명사구)

→ _____ _____ _____, it would have been nicer.

04 The wolf ran; _____, it *would have been caught*.　(부사(구))

→ _____ _____ _____ _____ _____ _____,
it would have been caught.

05 Born in Africa, Nicole *would've been* a shaman.　(분사구문)

→ _____ _____ _____ _____ _____ in Africa,
Nicole would've been a shaman.

06 _____ (_____) _____ (_____) the job *was* finished.　(It's time ~)
= It's time that the job should be finished.

07 _____[_____] (_____) we *asked* her to dine with us.　(suppose)
cf. Suppose we _____ her to dine with us.

08 _____ _____ the jury _____ it was an accident?　(what if)
cf. What if the jury _____ it was an accident?

09 _____ _____ you _____ more common sense!　(if only)
cf. If only you _____ more common sense!

10 Dad, I _____ _____ _____ _____ _____ _____ _____　(would rather S + V)
to work today.

11 We _____ _____ _____ sooner, but we got stuck in traffic.　(문맥상 파악)

01 Without[But for]도 가정의 의미가 있으며 현재를 가정하면 _____ _____ _____ _____ _____
[_____ _____ _____]로, 과거를 가정하면 _____ _____ _____ _____
_____ _____[_____ _____ _____ _____]로 바꿔 쓸 수 있다. 06 '(비난·불평) ~
할 때이다'라는 의미로 It's time that절에 _____형을 쓰며, 주어가 3인칭 단수라도 if 가정법처럼 were를 쓰지 않고 _____를 쓴다. *cf.* that절
에 _____를 써도 유사한 의미이다. 07~08 가정법 과거형은 가능성이 희박한 상황을 제시하거나 가정하고, 가정법 과거완료형은 과거 사실에 대한 반대
의 가정을 나타낸다. *cf.* _____형을 쓰면 일어날 가능성이 어느 정도 있는 상황을 제시하거나 가정한다. 07 ÷ _____ = _____ '~라
면 어떨까? 만약 ~라면, 가정해 보자'의 뜻이다. 08 '_____'의 의미이다. 가정법 문형에 따라 What (_____ _____) if ~? 또는 What
(_____ _____) if ~?의 의미이다. 09 '~하기만 하면 좋을 텐데'의 의미로 I wish 보다 강조하는 느낌(= I do wish)으로 부사절
이지만 주절 없이 단독으로 쓰일 수도 있다. *cf.* _____ 직설법은 희망을 나타낸다. → I hope common sense will be more common.
※ _____ 는 '~한 경우에만'의 뜻으로 어떤 일이 가능한 유일한 상황을 진술할 때 쓴다. e.g. I'll tell you only if you don't tell anyone
else. (네가 다른 사람에게 이야기하지 않는 경우에만 너에게 얘기하겠다.) 10 '_____'의 의미로 타인에게 어떤 행위를 바랄 때 쓴다. 11 가정의 상황이
_____의 전후 관계에 포함된 경우에 _____절을 생략할 수 있다.

C 05 _____ 주술사 07 **dine** _____ 08 _____ 배심원단 **accident** _____ 09 **common sense** _____
_____ 널리 알려진, 보통의 11 **get stuck in traffic** _____

A 다음 빈칸에 알맞은 말을 쓰시오.

1 현재 또는 과거 사실에 대한 이룰 수 없는 소망이나 유감은 _____ _____ 로 표현한다.

2 as if는 _____ 나 _____ 사실에 대한 가정을 할 때 사용한다.

3 as if 다음에는 _____ 와 _____ 가 생략되기도 한다.

4 「Without ~, _____」은 Had it not been for로 바꿔 쓸 수 있다.

5 「It is time that + 가정법 과거형」은 '_____'의 의미이다.

B 다음 문장의 해설을 완성하시오.

1 Don't you wish you had a friend like me?

↳ _____ 사실에 대한 _____ 을 나타내는 표현이다.

2 She looked as if she was going to faint.

↳ as if 대신에 _____ _____ 를 쓸 수 있고 _____ _____ 를 생략할 수 있다.

3 It's about time that we should harvest those potatoes.

↳ '_____'의 의미로 should harvest를 _____ 로 바꿔 쓸 수 있다.

4 Without bad people, would there be no good people, too?

↳ Were _____ _____ _____ _____ 로 바꿔 쓸 수 있다.

5 I would always know what to do if only I were more like you.

↳ If only 가정법 _____ 로 _____ 의 유감을 표현하고 있다.

C 우리말과 일치하도록 괄호 안의 말을 이용하여 영작과 해설을 완성하시오. (반드시 가정법 문형으로 쓸 것)

1 로봇이었으면 좋을 텐데. 증오도 없고, 상처도 없잖아. (be)

I wish I _____ a robot: No hatred. No hurt.

↳ 현재 사실에 대한 유감 표현으로 「I wish + 가정법 _____」를 써야 한다. 따라서 _____ 를 쓰면 된다.

2 겨울이 문제가 없다면, 봄은 그렇게 유쾌하지 않을 거야.

Were _____ _____ for winter, spring wouldn't be so pleasant.

↳ '~이 없다면'의 뜻이면서 _____ _____ _____ _____ 의 도치구문인

Were _____ _____ 로 쓰면 된다.

3 공식적인 조치가 취해져야 할 때입니다. (take)

It's _____ time that open measures _____ _____.

↳ '~할 때이다'의 표현으로 _____ 를 쓴 후 동사는 태에 맞게 _____ 으로 쓰면 된다.

4 나의 아빠는 며칠 동안 잠을 못 주무신 것처럼 보였었다. (sleep)

My father looked _____ _____ he _____ _____ for days.

↳ _____ 를 쓰고 주절이 과거이므로 내용에 맞게 _____ 로 쓰면 된다.

5 그들이 너에게 도움을 미리 요청했었다면 어떻게 됐었을까? (ask)

_____ _____ they _____ _____ you for help beforehand?

↳ _____ 를 쓰고, _____ 사실에 대한 가정으로 _____ 로 쓰면 된다.

B **2 faint** 기절하다 **3 harvest** 수확하다 C **1 hatred** 증오 **2 pleasant** 유쾌한 **3 open measure** 공식적 조치 **5 beforehand** 미리

D 다음 주어진 단어를 이용하여 문장을 완성하시오. (필요시 어형을 변화하거나 단어를 추가할 것)

1 A: Nobody _____ _____ _____ it better. (can, do)

B: Well, I just did what I had to do.

2 We shuffled along as if nothing was _____ in the sky. (happen)

3 I would rather you _____ quiet in class, June. It's very annoying. (keep)

4 But for your quick help, I _____ _____ _____ flat on my face. (fall)

5 I sometimes wish someone _____ _____ at me the way I look at chocolate cake. (will, look)

E 각 괄호 안에서 어법상 올바른 것을 고르시오.

1 I wish my eyes [could / can] take photos when I blink.

2 The detective raised his brow [though / as though] surprised by the old man's reply.

3 In different clothes, he would [have been / be] taken for a nobleman that night.

4 We often say things without thinking and later on wish we [hadn't / didn't].

5 [Has / Had] his aunt not encouraged him, he would have wasted his talent for music.

F 밑줄 친 부분 중에서 <u>어색한</u> 것이 있으면 고치시오.

1 I wish everybody <u>was</u> as funny as you.

2 Snow fell <u>as if cued</u> by a movie director.

3 It's high time that she <u>were thrown</u> out of her home.

4 I abandoned the ego; otherwise, they <u>would abandon</u> me.

5 Let's suppose, for example, you <u>lost</u> your key to the bike.

D **2 shuffle** 발을 끌며 걷다 **3 annoying** 짜증나는 **4 fall (flat) on one's face** 앞으로 고꾸라지다　E **1 blink** 눈을 깜빡이다 **2 detective** 탐정
raise one's brow 눈썹을 치켜세우다 **reply** 대답 **3 take ~ for...** ~를 …로 여기다[생각하다] **4 later on** 나중에　F **2 cue** 큐[지시]를 주다; 단서
3 throw ~ out of... ~을 …밖으로 쫓아내다 **4 abandon** 버리다, 단념하다

Review Test

A 다음 각 [ ]에서 어법에 맞는 표현을 고르시오.

1 Supposing [that / what] she had stopped there, I would [appreciate / have appreciated] the advice.

2 Have you ever wished [if / that] you [could / can] just step inside a film?

3 Angela nodded her head as if [told / to tell] me [to not / not to] worry.

4 I felt [even if / as if] the world was listening to each of my breaths and [watching / watched] all of the steps I took.

5 If there [had been / were] no atmosphere, the Earth would be too cold for liquid water to [exist / be existed].

6 If the plants [hadn't breathed / didn't breathe] out oxygen, living things would [have / have had] no way of getting oxygen.

7 His life would've [saved / been saved] [only if / if only] the rescue team had found the man earlier.

8 But for his genius son, Leopold Mozart, [who / that] was Wolfgang's father, wouldn't [travel / have traveled] all over Europe.

B 밑줄 친 부분 중에서 <u>어색한</u> 것이 있으면 고치시오. (정답 최대 2개)

1 It's high time you <u>stopped</u> eating and sleeping and <u>doing</u> something productive.

2 Live life as though nobody <u>is watching</u>, and express yourself as though everybody <u>is listening</u>. *Nelson Mandela*

3 Had the scammer <u>not been</u> arrested, she <u>would transfer</u> more money.

4 If only he <u>had stopped</u> at the stop sign! Then the accident <u>wouldn't be</u> more serious.

5 Suppose there <u>were</u> aliens. Would they consider us inferior or superior <u>than</u> them?

6 While some people wish they <u>can</u> be great, others work hard <u>to be</u> great.

7 If you <u>should want</u> to extend your stay, please <u>kind</u> inform our staff in advance.

8 When I approached Mr. Howard's place, the house looked <u>as if</u> on fire with thousands of Christmas lights <u>flashed</u>.

A **1** appreciate 고마워하다 advice 충고 **3** nod 끄덕이다 **4** breath 호흡 **5** liquid 액체 (상태)의 exist 존재하다 **6** oxygen 산소 **7** rescue team 구조대
B **1** productive 생산적인 **2** express 표현하다 **3** scammer 사기꾼 arrest 체포하다 transfer money 송금하다 **5** alien 외계인 inferior 열등한 superior 우세한
7 extend 연장하다 stay 체류 in advance 미리 **8** approach 다가가다 light 조명 flash 반짝이다

C 다음 글을 읽고, 물음에 답하시오.

If you were a baseball fan during the 1960s, you probably remember the baseball player Maury Wills. From 1960 to 1966, Wills was a record-making base stealer. In 1965, he not only stole the most bases in the Major Leagues but also set the record for the greatest number of times being caught stealing. However, (A) Wills가 자신의 아웃을 극복하도록 허락하지 않았었다면, he wouldn't have set any records. Thomas Edison said, "I'm not discouraged because every wrong attempt discarded is another step forward." Although it is a thousand experiments that are not successful, the milestones on the road to success are always the failures.

1 Maury Wills에 관한 윗글의 내용과 일치하면 T, 그렇지 않으면 F에 체크하시오.

1) 1965년에 도루를 하다가 가장 많이 잡혔다. ☐ T ☐ F

2) 아웃을 극복하지 못하고 도루 기록을 깨지 못했다. ☐ T ☐ F

2 (주관식) (A)와 같은 뜻이 되도록 주어진 철자를 이용하여 영작을 완성하시오.

_____ Wills _____ a_____ himself _____ o_____ his outs

D 다음 글을 읽고, 물음에 답하시오.

When the waves were breaking on the rocks and the sand, I was standing on the beach, looking out at the horizon. From a distance, I saw two huge black backs, which were covered with shells, spraying water up into the air. I was looking at living whales for the first time. **(A) They surfaced to blow, so I could see them**. That made me feel so excited. I had never seen such a large animal with my own eyes. I felt as if I were dreaming when they swam by. Words can't express how I was affected by that spectacle.

*spectacle: a very impressive show

1 윗글에 관한 내용과 일치하면 T, 그렇지 않으면 F에 체크하시오.

1) 필자는 바로 눈앞에서 고래를 처음으로 보았다. ☐ T ☐ F

2) 고래가 옆으로 헤엄칠 때 나는 꿈을 꾸고 있었다. ☐ T ☐ F

2 (주관식) (A)와 같은 뜻이 되도록 빈칸을 채워 영작을 완성하시오.

→ If they _____ to blow, I _____ them.

C **overcome** 극복하다   D **huge** 거대한 **express** 표현하다 **spectacle** 광경

A   who의 제한적 용법   선행사가 사람이나 대상을 의인화할 경우에 쓴다.

01   *A man* _____ cooks is attractive.   (주격: 주어 역할)

02   The Afghan hound is *an elegant dog* (_____) everybody likes.   (목적격: likes의 목적어)

03   I never met *a person* (_____) I did not learn anything _____.   (목적격: who(m) ~ from)

    = I never met *a person* _____ _____ I did not learn something.   (목적격: from의 목적어)

04   Firefighters rescued *a boy* _____ _____ was stuck in a dustbin.   (소유격: 주어 역할)

05   She has *a little sister* _____ _____ I have forgotten.   (소유격: 목적어 역할)

> 01 선행사가 사람일 경우에 _____ 를 쓴다. 02 선행사가 동물일지라도 정서적 거리가 가까우면 _____ 를 쓸 수 있고, _____ 은 생략 가능하다. 03 관계사와 전치사는 분리될 수 있고, _____ 와 나란히 쓸 때는 반드시 _____ 을 쓰며 생략할 수 없다. 04 소유격 다음에는 _____ 가 온다. 05 관계사절 내에서 have forgotten의 _____ 역할을 한다.

수능 pick 1

♦ 주절과 관계사절의 구조 파악

Never **lie** to *someone* [**who trusts you**], and never **trust** *someone* [**who lies to you**].

→ 관계사절에는 반드시 _____ 가 있고, 주절에도 반드시 _____ 가 있다.

The suspect [**you reported the other day**] **knows** your face.

→ _____ 관계대명사가 생략이 되어도 관계사절과 주절의 _____ 를 파악해야 한다.

♦ 선행사 [who / whose] 명사(동사와 동일형) 동사

He gathered historians [**whose** / **who**] works centers on Balhae.   모의기출응용

→ 관계사절에 _____ centers on이 있으므로 _____ 역할을 할 수 있는 명사 works를 수식하는 _____ 가 적절하다. work는 명사와 동사의 형태가 같으므로 유의해야 한다.

    ※동사와 형태가 같은 명사: use, visit, answer, doubt, record, review, aim, support, request, research, volunteer, access 등

B   which의 제한적 용법   선행사가 사물인 경우에 쓴다.

01   Never regret anything _____ made you smile.   (주격: 주어 역할)

02   The house is *a castle* (_____) the king cannot enter.   (목적격: enter의 목적어)

03   *The planet* (_____) we stand _____ is full of wonderful things.   (목적격: which ~ on)

    = *The planet* _____ _____ we stand is full of wonderful things.   (목적격: on의 목적어)

04   I need *a computer* _____ VRAM is more than 16GB.   (소유격: 주어 역할)

    = I need *a computer* _____ VRAM _____ is more than 16GB.   (소유격: = of which)

05   The doctor wanted *an assistant* on _____ abilities he could rely.   (소유격: on의 목적어)

> 01 선행사가 사물일 때 사용한다. 02 목적격은 생략할 수 있다. 03 전치사와 나란히 쓰면 생략할 수 없다. 04 which의 소유 표현은 whose나 of which로 쓴다. 05 rely on his/her abilities에서 his/her를 whose로 연결한 것이다.

수능 pick 2

♦ 복수 선행사 수식어구(복수) which [단수동사 / 복수동사]

There were a few butterflies in the cave which [**was** / **were**] floating around.

→ which의 선행사는 _____ 가 아니라 _____ 이므로 _____ 가 적절하다.

A 01 _____ 매력적인 02 _____ 우아한 04 **rescue** _____ _____ 끼이다, 꼼짝 못하다 _____ 쓰레기통
수능 Pick 1 ♦ _____ 용의자 **report** _____ _____ 모으다 _____ ~에 초점을 맞추다   B 01 _____ 후회하다
03 _____ 행성 _____ 비디오 메모리(video random-access memory) 05 _____ 조수 _____ 능력, 용량 **rely on**
수능 Pick 2 ♦ _____ 날아다니다, 떠다니다

C 계속적 용법 콤마(,)와 함께 쓰이며 선행사를 보충 설명하는 역할을 하며, 「접속사 + 대명사」로 풀어서 이해한다.

01 The house was acquired by *Hemingway*, _____ lived there until 1960. (주격: 사람 선행사)

02 Ari set up *a company*, _____ she named Rang. (목적격: 사물 선행사)

03 *Chang*, _____ bullied me in school, works for me now. (주격: 삽입절)

04 The guard gave him *a warning*, _____ he ignored. (목적격: 역접 또는 순접)

05 She tried *to lose weight again*, _____ was impossible. (주격: 어구 선행사)

06 *My school is just across the street*, _____ makes me lazy. (주격: 절 선행사)

01 = _____ 02 = _____ ~ _____ / 동사 named의 목적어가 선행사이다. 03 = _____ / 삽입절로 쓰일 경우 관계사절을 콤마로 표시해야 한다. 04 = _____ (_____) ~ _____ / 문맥에 따라 역접 또는 순접의 접속사로 이해할 수도 있다. 05 = _____ (_____, _____) / 선행사는 _____ _____ 이다. 06 = _____ (_____, _____) / 선행사는 _____ 전체이다.

수능 pick 3

♦ 절이 선행사(사람), [who / which]
A convenience store part-timer hates every customer, [**who** / **which**] I can understand.
→ 내용상 선행사는 _____가 아니라 _____ 전체를 가리키므로 _____가 적절하다.

D That의 용법 who(m)와 which를 대신하여 사용하며 계속적 용법으로 사용할 수 없다.

01 Mrs. Simpson, where's *the man* _____ lives in the basement? (주격: = who)

02 *The sweater* _____ I bought yesterday is already stained. (목적격: = which)

03 Is that *all* _____ is left for us? (주격: 선행사가 all)

04 You are the *best gamer* _____ I've ever met. 👍 (목적격: 선행사가 최상급)

05 Be thankful for *everything* _____ happens in your life. (주격: 선행사가 -thing)

06 There were *two passengers* _____ survived the accident. (주격: 제한적 용법)

　 cf. There were *two passengers*, _____ survived the accident. (주격: 계속적 용법)

07 This is *the egg* (_____) he was born _____. (목적격: that ~ from)

　 = This is *the egg* _____ _____ he was born. (목적격: 전치사의 목적어인 경우)

03~05 선행사가 all, same, any, only, none, -thing, little, much, no, 최상급, 서수를 포함할 경우 _____과 잘 어울리고, 「_____ + _____」일 경우에 사용한다. 06 that은 _____ 용법으로 사용할 수 없다. / 첫 번째 문장은 (승객이 _____ _____) 살아남은 승객은 두 명이었다는 뜻이고, 두 번째 문장은 승객이 _____ 있었는데, 그들은 (모두) 살아났다는 뜻이다. 07 _____은 전치사와 나란히 쓸 수 없다.

수능 pick 4

♦ 선행사 (목적격 관계대명사) ~ 전치사 [동사 / 동명사]
The woman Ryan was on a blind date with [**saying** / **said**] nothing.
→ (that) Ryan ~ with가 관계사절이고 The woman이 문장의 _____이므로 술어동사 _____가 적절하다.

♦ 선행사 (목적격 관계대명사) 주어 동사 [동사 / to부정사]
The item I wanted [**to be** / **was**] seasonal and only available online.
→ (that) I wanted가 관계사절이고 The item이 문장의 _____이므로 술어동사 _____가 적절하다.

C 01 _____ 취득하다, 습득하다 02 **set up** _____ 03 _____ 괴롭히다 04 _____ 경비 **warning** _____ _____ 무시하다 05 **lose weight** _____ D 01 _____ 지하실 02 _____ 얼룩지게 하다 06 _____ 승객 _____ 살아남다, 생존하다 수능 Pick 4 ♦ **be on a blind date with** _____ _____ 품목 _____ 계절 (상품)의 _____ 구할 수 있는, 이용 가능한

A 각 괄호에서 알맞은 말을 고르시오.

1 관계대명사는 _____와 대명사 역할을 하여 두 문장을 연결한다.

2 관계대명사의 선행사가 사람이면서 주어 역할을 하면 _____를 쓴다.

3 _____ 관계대명사는 생략할 수 있으나 _____와 나란히 쓰면 생략할 수 없다.

4 _____ 용법은 명사는 물론 어구나 절을 선행사로 받기도 한다.

5 _____은 who, which 대신 쓸 수 있으며 계속적 용법으로 쓰지 못한다.

B 우리말과 일치하도록 영작과 해설을 완성하시오.

1 Cornelia is the only one of the girls who haven't taken private lessons.
  ↳ who의 선행사가 _____ _____ _____이므로 _____를 _____로 고쳐야 한다.

2 She put up for sale the cottage which she has owned for just 6 months.
  ↳ which의 선행사는 _____ _____이고 _____ 관계대명사로 생략할 수 있다.

3 Praise is the only gift for which people are really grateful.
  ↳ People _____ _____ _____ _____ the only gift가 관계대명사로 연결된 문장이다.

4 Every day, we meet someone who behavior suddenly changes.
  ↳ their behavior가 관계사로 연결된 문장으로 _____를 _____로 고쳐야 한다.

5 An eighteenth-century scholar said "Water, which is essential for life, cost nothing. 수능기출
  ↳ which ~ for life가 삽입구이고 주어는 _____이다. 따라서 _____를 _____로 고쳐야 한다.

C 다음 〈보기〉처럼 문장을 분석하시오.

보기	The person [who angers you] controls you.]
	S/선행사　　　S'　　V'　　　　　V

1 Dog: I need an owner who doesn't put me in a dog show.

2 We instinctively like people whom we are more familar with.

3 This book is about a boy called *Oliver Twist*, who was an orphan.

4 The number of visitors, which increased once again, reflects the success of KCON.

5 There are only two countries in the world that don't sell Coca-Cola: North Korea and Cuba.

B **2 put up ~ for sale** 팔려고 내놓다 **own** 소유하다 **3 praise** 칭찬 **grateful for** ~를 고마워하는 **4 behavior** 행동 C 〈보기〉 **anger** 화나게 하다 **control** 통제하다 **2 instinctively** 본능적으로 **3 orphan** 고아 **4 reflect** 반영하다 **KCON** 한류 문화 축제(Korea Convention)

D 다음 〈보기〉에서 알맞은 것을 찾아 문장을 완성하시오. (중복 답안 없음)

| 보기 | who | whose | whom | which | that |

1 A metal _____ exists as a liquid at room temperature is:

  a. zinc   b. hydrogen   c. sodium   d. mercury

2 You are the one _____ knows everything about me.

3 Edison sold newspapers and candy, _____ helped supplement his family's income.

4 He was like an angel on a ladder _____ top reached the heavens.

5 The patient _____ I operated on sent me a coffee coupon.

E 각 괄호 안에서 어법상 올바른 것을 고르시오.

1 I read a short story [which / whose] ending was unpredictable.

2 You'll meet people [whom / with whom] you have to pretend to agree.

3 Sevin is the student [who / whose] writes the best in the class.

4 Lindsay, who was standing next to me, [to crumple / crumpled] the signup sheet.

5 My favorite painting is *The Blue Dancers*, [who / which] was painted by *Edgar Degas.

F 밑줄 친 부분 중에서 어색한 것이 있으면 고치시오.

1 There is no future for people <u>which</u> forget the past and history.

2 Every image you are looking at <u>being</u> actually made up of millions of tiny dots.

3 English is one of those subjects which <u>is</u> compulsory in Singapore.

4 The word *bbang* comes from the Portuguese word *pão*, <u>whose</u> meaning is bread.

5 Volunteers established Second Wind, from <u>it</u> potentially suicidal seniors could get help.

D 1 exist 존재하다 liquid 액체 room temperature 실온 zinc 아연 hydrogen 수소 sodium 나트륨 mercury 수은 3 supplement 보완하다 income 수입
4 the heavens 하늘 5 operate on ~를 수술하다 E 1 unpredictable 예측 불가능한 2 agree 동의하다 4 crumple 구기다 5 *Edgar Degas 드가(프랑스, 1834~1917:
고전주의 미술과 근대 미술 사이에서 연결 고리 역할을 함) F 2 actually 사실은 be made up of ~로 구성되어 있다 tiny 아주 작은 dot 점 3 compulsory 의무의
4 Portuguese 포르투갈어 5 establish 설립하다

CHAPTER 09 관계사 67

A **What** 선행사를 포함하며 주어, 보어, 또는 목적어 역할을 하며, the thing(s) that ~(~하는 것(들))의 의미를 지닌다.

01 _____ goes around comes around. (주어 자리: 주어 역할)

02 A desire for freedom is _____ built our country. (보어 자리: 주어 역할)

03 We never forget _____ we learn with pleasure. (목적어 자리: 목적어 역할)

04 Don't believe in _____ others want you to believe. (전치사의 목적어 자리: 목적어 역할)

05 The Sahara Desert is _____ _____ _____ "the sea of death." (관용표현)

01~04 the _____ which[that]의 의미로 주어, 목적어 역할을 하며 _____ 가 없다. 05 what is called는 _____ _____
_____ 의 수동형으로 '_____, _____'의 관용표현이다. cf. what's more 게다가

PLUS what 단수/복수
What _____ once just ordinary objects will be increasingly networked and intelligent. 모의기출
→ 관계대명사 what은 the _____ which로도 쓰여서 보어가 _____ 이면 _____ 취급하기도 한다.

수능 pick 1 ♦ 전치사 [which / what]
Almost at once, he came face to face with [**which** / **what**] he was seeking. 모의기출
→ 선행사가 없고 관계사절에서 _____ 역할을 해야 하므로 선행사를 포함하는 관계대명사 _____ 이 적절하다. 「전치사 + which」,
「전치사 + who(m)」만 가능한 것이 아니라, 형태상으로 「전치사 + _____」도 가능하다. 단, 이때 전치사는 주절의 전치사이다.
e.g. I don't agree _____ _____ you're saying. (난 네가 말하는 것에 동의하지 않아.)

B **those who/which[that]** '~하는 사람들', '~하는 것들'이란 의미로 쓰인다.

01 _____ _____[_____] snore always fall asleep first. (~하는 사람들: 주격)

02 _____ _____ he couldn't meet, he reached by telephone. (~하는 사람들: 목적격)

03 The best birthdays of all are _____ _____[_____] haven't arrived yet. (~하는 것들)

04 Check your answers with _____(_____ _____) in the back of the book. (주격관계대명사 + be동사 생략)

01~02 '~하는 사람들'이란 뜻으로 those가 '_____'이며 선행사이다. 03 '~하는 것들'이란 뜻으로 those가 '_____'이며 선행사이다. 04 「those
who/which/that + be동사」에서 _____ 와 _____ 동사는 생략 가능하다.

수능 pick 2 ♦ [those who / who] V
The idea that all Asian students are smart can be a pain to [**those who** / **who**] are not. 수능기출
→ _____ 는 선행사가 없으므로 답이 될 수 없다. _____ _____ 에서 those가 '_____'이란 뜻으로 _____ 이다.

♦ [those who / those] V
The time-honored advice for [**those who** / **those**] suffering from bad backs has been bed rest. EBS영어독해연습
→ those who도 관계사절이므로 _____ 가 와야 한다. 그런데 _____ 만 있으므로 _____ _____ 가
생략된 형태로 파악해야 한다. 따라서 _____ 가 답이다.

C **「대명사 + of + 관계대명사」** 부정대명사와 수량대명사가 주로 오며 '~ 중 …'의 뜻으로 쓰인다.

01 They invited lots of guests, some of _____ were billionaires. (사람 선행사 – 주어 역할)

02 She tried on four pairs of jeans, none of _____ fit her. (사물 선행사 – 주어 역할)

03 Every day, you count on many people, many of _____ you don't know. (사람 선행사 – 목적어 역할)

A 02 _____ 욕구 03 _____ 즐거움 PLUS _____ 평범한 object _____ _____ 점차 _____ 지능이 있는
수능 Pick 1 ♦ at once _____ _____ 맞닥뜨리다 _____ 찾다 B 01 _____ 코를 골다 수능 Pick 2 ♦ pain _____
time-honored _____ suffer from _____ 요통 _____ 침대에서 요양하기 C 01 _____ 억만장자
02 _____ 입어 보다 _____ (꼭) 맞다 03 count on _____

68

04 He lost a lot of money, most of _____ he had borrowed.　(사물 선행사 – 목적어 역할)

01 → _____ some of _____, 관계사절에서 주어 역할을 한다고 해서 _____로 쓰지 않는다. 02 → but _____ of them
03 → but many of _____ 04 → and most of _____

PLUS 「대명사 + of + 관계대명사」에 자주 쓰이는 표현
one of whom, none of which, either of which, neither of which, both of whom, (a) few of which, half of which, some of whom, many of whom, most of which, one-third of which 등이 있으며 주절과 결합하여 사용된다.

수능 pick 3

◆ some of [them / which]
수능기출
Each habitat is the home of numerous species, most of [**them** / **which**] depend on that habitat.
→ 선택지 뒤에 _____가 있으므로 문장을 연결해 줄 수 있는 역할을 하는 _____ _____가 적절하다. most 앞에 _____
가 있으면 _____이 답이다.

◆ many of [them / which]
When young adults work out, many of [**whom** / **them**] enjoy the feeling of getting bigger.
→ When ~은 _____이고, _____부터가 주절이다. 따라서 주절의 _____ 역할을 할 수 있는 _____이 적절하다. 계
속적 용법의 관계대명사는 대등한 두개의 절을 연결함에 주의한다.

◆ one of [them / which]
Overconfidence comes in many forms, one of [**which** / **them**] groundless optimism.
→ 관계사절에는 _____가 반드시 있는데, 선택지 뒤로 _____가 없다. 따라서 _____이 적절하다. 이 문장은 _____ one
of them _____ groundless optimism의 _____와 _____이 생략된 분사구문이다. (▶Unit 08 분사와 분사구문 참조)

D **관계대명사 삽입절** 관계대명사 뒤에 「주어 + 동사」의 삽입절이 들어간 형태로 '(주어가)~하기에'라고 해석한다.

01 The cat is the one (_____) I think ~~that~~ deleted my videos.　(삽입절의 주어가 선행사)
02 We're going to a place (_____) I know (_____) you'll like.　(삽입절의 목적어가 선행사)
03 She wants to be a perfectionist, _____ I am sure _____ a mistake.　(계속적 용법 + 삽입절)
04 He finally came up with _____ he believed (that) _____ solutions.　(what + 삽입절)

01 ← I think (_____) _____ deleted my videos. that절 속의 _____가 선행사가 된 경우 접속사 _____은 생략해야 하며
이때 _____도 생략 가능함에 유의한다. 02 ← I know (_____) you'll like _____. 삽입절 속의 목적어가 _____가 된 경우는
관계대명사 목적격과 접속사 _____을 생략할 수 있다. 03 ← and I am sure (_____) _____ is a mistake. 04 ← He finally came
up with _____. + He believed (_____) _____ _____ were solutions. 관계대명사 what은 _____에 수일치하
여 _____ 취급할 수 있음에 유의한다.

PLUS 「관계대명사 + 삽입절」에 자주 쓰이는 표현
who I think ~, which we believe ~, who they felt ~, that I know ~, who I wish ~, which I'm sure ~, what we were certain ~,
those who I imagine ~이 있으며 「관계대명사 + 주어 + 동사」 또는 「관계대명사 + 주어 + 동사 + 주어 + 동사」의 구조를 띄므로 관계대명사 바로 뒤의
「_____ + _____」를 괄호로 묶고 보면 된다.

수능 pick 4

◆ who I think [to be / be]
The CEO who I thought [**to be** / **was**] thoroughly honest turned out to be a swindler.
→ _____ _____가 관계사절 사이에 삽입된 구문이다. 따라서 관계사절 내의 _____가 필요하므로 _____가 적절하다. I
thought (_____) _____ was thoroughly honest.가 관계사절로 연결된 것이다.

수능 Pick 3 ◆ _____ 서식지 _____ 수많은 _____ 종 **depend on** _____ _____ 운동하다 _____ 과신
form _____ **groundless** _____ _____ 낙관주의 D 01 **delete** _____ 03 **perfectionist** _____
04 _____ ~을 생각해 내다 _____ 해결책　수능 Pick 4 ◆ _____ 완전히 **turn out (to be)** _____ _____ 사기꾼

A 각 괄호에서 알맞은 말을 고르시오.

1 관계대명사 _____은 선행사를 포함한다.

2 What이 주어 자리일 때 동사는 _____에 수일치할 수 있다.

3 those who에서 _____가 '사람들'이란 뜻이다.

4 「대명사 + of + 관계대명사」가 _____ 자리일지라도 whom을 쓴다.

5 「관계대명사 + 주어 + 동사 + 동사」 구문에서는 「_____ + _____」가 삽입된 구조이다.

B 다음 문장의 해설을 완성하시오.

1 Sharing what is in your mind is sharing who you are.
↳ what은 선행사를 포함하는 관계대명사로 _____ _____ which로 바꿔 쓸 수 있다.

2 Have the courage to try doing things you think you can't do.
↳ you think 앞에 _____이 생략된 삽입구문이다.

3 Those who do not read have no advantage over those who can't read.
↳ _____가 선행사로 '_____'이란 뜻이고 _____가 관계대명사로 '_____'이란 뜻이다.

4 Sometimes what people need are not words but time and understanding!
↳ What이 _____ _____ which로도 쓰이므로 복수명사 보어인 _____와 어울려 _____도 적절하다.

5 I met some hikers on the bank, some of who looked tired.
↳ 「대명사 + of + 관계대명사」 구문에서 관계대명사는 _____의 목적어이므로 _____를 _____으로 써야 한다.

C 우리말과 일치하도록 괄호 안의 말을 이용하여 영작과 해설을 완성하시오.

1 우리가 오늘 하는 것이 가장 중요한 것이다. (matter)
_____ we do today is _____ _____ the most.
↳ '하는 것'이란 뜻의 관계대명사 _____을 쓰고 '중요하다'는 뜻을 수와 시제에 맞게 _____로 쓰면 된다.

2 홀로 나는 사람들은 가장 강한 날개를 가지고 있다. (fly)
_____ _____ _____ alone have the strongest wings.
↳ '~하는 사람들'로 _____를 쓰고 관계사절에 동사 _____를 쓰면 된다.

3 그들이 생각하기에 금이라고 생각했던 돌은 황철광으로 밝혀졌다.
The stone _____ _____ _____ was gold turned out to be fool's gold.
↳ 「관계사 + 삽입절」 구문으로 선행사가 _____이므로 _____을 쓰고, '그들이 생각하기에'에 해당하는 _____ _____를 쓰면 된다.

4 그 부부는 쌍둥이가 있는데, 그들 중 하나는 요리에 재능이 있다. (one)
The couple have twins, _____ _____ _____ has a talent for cooking.
↳ '그들 중 하나'는 one of them이나 두 문장을 연결해야 하므로 _____ _____ _____으로 쓰면 된다.

5 그들은 의사와 다른 의료진을 만났지만, 그들 중 누구도 신경 쓰는 것 같지 않았다. (none)
They met doctors and other medical staff members, but _____ _____ _____ seemed to care.
↳ 대등한 문장이 두 개이고 접속사 _____이 있으므로 _____으로 쓰면 된다.

B **1 share** 공유하다 **2 courage** 용기 **3 advantage** 우위, 이점 **5 hiker** 도보 여행자   C **1 matter** 중요하다 **3 turn out to be** ~로 밝혀지다 **fool's gold** 황철광(철과 황을 주성분으로 하는 금처럼 보이는 돌) 4) **couple** 부부, 쌍 **talent** 재능 **5 medical staff** 의료진

D 다음 〈보기〉에서 알맞은 것을 찾아 문장을 완성하시오. (중복답안 가능)

| 보기 | what | which | who | whom | that | those |

1 Sometimes _____ you think doesn't match reality.

2 We'd love to hear anything _____ you believe makes you successful.

3 _____ _____ look for the good in others naturally bring out the good in themselves.

4 The soldiers, none of _____ had ever fired a weapon, were deployed to the front lines.

5 Is this program _____ you feel is necessary to enhance our community?

E 각 괄호 안에서 어법상 올바른 것을 고르시오.

1 We should open our eyes, see the things [that / what] are in front of us, and act.

2 Ultimately, [what / that] counts in life is determination.

3 I try hard to understand anyone [is / who is] 15, but it's hard.

4 The urban legend that we believed [to be / was] fake sounded so real.

5 As the moon glowed, stars twinkled between clouds, some of [which / them] were moving fast.

F 밑줄 친 부분 중에서 어색한 것이 있으면 고치시오.

1 You must do what others don't <u>to achieve</u> what others won't.

2 These are the novels that we thought <u>that</u> you'd like.

3 Joy comes to us from <u>those whom</u> we love even when we're absent.

4 "You make your own luck" is <u>that</u> lucky people say to unlucky people.

5 The working couple have two school-aged children, both of <u>them</u> equally mischievous.

D 1 **match** 일치하다 3 **naturally** 자연스럽게 4 **fire a weapon** 무기를 쏘다 **deploy** 배치하다 **front line** 전선 5 **enhance** 향상시키다
E 2 **determination** 결단력, 결심 4 **fake** 가짜의 5 **glow** (가열된 것처럼) 빛나다 **twinkle** 반짝이다 F 1 **achieve** 성취하다 3 **absent** 없는, 부재중인 5 **equally** 똑같이 **mischievous** 장난꾸러기의, 짓궂은

Review Test

A 다음 각 [ ]에서 어법에 맞는 표현을 고르시오.

1 We don't think it [easily / easy] to forgive [those / those who] do us wrong.

2 Solitary confinement is the most dreadful punishment for [those / those who / who] are in jail.

3 Ancient sports had two purposes, one of [them / which] was military and [the other / another] religious.

4 Getting things [that / what] you want is different from getting things [that / what] you need.

5 You may be fired for various reasons, and some of [them / which / it] may not even be related to your responsibilities.

6 Women, on the other hand, spent ages [to try / trying] to find what they thought [to be / was] best to eat.

7 [What / That] surprises me is [what / that] vitamins do not prevent or cure any diseases.

8 Guyana, the only English-speaking country in South America, [to produce / produces] lots of crops, most of [which / them] are rice, wheat, and sugar.

B 밑줄 친 부분 중에서 어색한 것이 있으면 고치시오. (정답 최대 2개)

1 Imagining you've lost everything will help you understand the worth of which you have.

2 The Earth we're living on being that we borrowed from our descendants.

3 Surround yourself with those who make you to feel good about yourself.

4 There are many kinds of smiles with distinct character, all of them have different messages.

5 I had the children, most of who were around ten, to untie the rope with their hands.

6 It's never a shame to ask those who are younger than you that you don't know.

7 What you think becomes what you say, it leads to your behavior.

8 The march of technology has changed almost everything that we think influence our daily lives.

A **1 do wrong** 나쁜 짓을 하다 **2 dreadful** 무서운 **jail** 감옥 **3 religious** 종교적인 **5 related to** ~에 관련된 **7 prevent** 예방하다 **cure** 치료하다 **disease** 질병 **8 crop** 수확물(곡물, 과실, 야채 등), 작물 **wheat** 밀 B **1 worth** 가치 **2 descendant** 후손 **3 surround** 둘러싸다 **4 distinct** 구별되는 **character** 특징 **5 untie** 풀다, 끄르다 **6 shame** 수치 **7 lead to** ~로 이어지다 **8 march** 행진 **influence** 영향을 주다

C 다음 글을 읽고, 물음에 답하시오.

The person who compares himself to others lives with fear. He fears those who he thinks are above him. Because he believes them to be superior, he feels he can never reach their level of competence. He also fears **(A)** (that, whom, are, who, him, below, those), believing they are catching up. He is always looking around him to see if anyone appears as a threat. The higher he rises, the greater his fear of falling. He concludes that all he has to do to get through life is beat people. But if he concentrates on rising higher, he loses the joy of his life. 모의기출

1 윗글의 'He[he]'에 관한 내용과 일치하면 T, 그렇지 않으면 F에 체크하시오.

1) 자신보다 위에 있는 사람들과 경쟁하려 애쓴다. ☐ T ☐ F

2) 인생을 살아가기 위한 것은 사람들을 이기는 것이라고 생각한다. ☐ T ☐ F

2 주관식 윗글의 (A)에 주어진 단어 중 필요한 것만 골라 바르게 배열하시오.

_____

D 다음 글을 읽고, 물음에 답하시오.

When we are happier and more positive, we become more successful. For instance, before making a diagnosis, doctors whose moods are positive show almost three times more intelligence and creativity than ones whose moods are neutral, and they make accurate diagnoses about 20 percent faster. Salespeople who are optimistic sell more than those who are pessimistic by about 60 percent. **(A)** 행복하게 느끼도록 만들어진 학생들 before taking math tests perform by far better than their neutral peers. It proves that our brains are literally programmed to function at their best when they are positive, not when they are negative or even neutral.

1 윗글에 관한 내용과 일치하면 T, 그렇지 않으면 F에 체크하시오.

1) 긍정적인 기분의 의사들은 높은 지능을 가진 의사들보다 빠른 진단을 한다. ☐ T ☐ F

2) 두뇌는 부정적일 때도 최상의 상태로 기능하도록 되어 있다. ☐ T ☐ F

2 주관식 윗글의 (A)와 같은 뜻이 되도록 주어진 〈보기〉의 단어를 활용하여 영작하시오.
(필요한 경우 어형 변화, 단어를 추가 할 것)

〈보기〉 make, feel, happy

_____

C **reach** 도달하다 **concentrate** 집중하다　D **prove** 드러나다, 판명되다 **function** 기능하다

A **관계부사** 선행사를 수식하여 형용사절을 이끈다. 단, 선행사가 생략되면 명사절 역할을 한다.

01 Remember _____ _____ (_____) I let you go?   (시간: when)
   → Remember when I let you go?   (→ 선행사 생략)

02 _____ _____ (_____) they landed was green and inviting.   (장소: where)
   → The place they landed was green and inviting.   (→ 관계부사 생략)

03 You're _____ _____ (_____) I smile again.   (이유: why)
   → You're the reason _____ _____ I smile again.   (→ 전치사 + 관계대명사)

04 My attitude depends on _____ _____ (or _____) you treat me.   (방법: how)
   → My attitude depends on _____ _____ _____ you treat me.   (→ that)

01~03 선행사가 일반적이며 명백한 경우 _____를 생략할 수 있다. 또한 관계부사도 생략할 수 있으며, 이때 관계부사절은 _____ 역할을 한다. 01 = _____ _____ 02 = _____ _____ 03 = _____ _____ 04 관계부사는 선행사가 있을 때에만 _____으로 바꿔 쓸 수 있다. _____ _____ 나 _____ 둘 중 하나만 써야 한다.

PLUS situation where
We all like to watch people in *situations* _____ we ourselves might be pressured.   **모의기출**
→ 관계부사 where는 _____ 뿐만 아니라 _____ 나 _____ 등을 선행사로 취할 수 있다.
   e.g. _____ (점) position(_____) case(_____) _____ (상황) _____ (정황)

「the way + 주어 + be동사」
It is often comfortable and easy to stay **the way we are**.   **수능기출**
→ 「the way + S + be동사」는 '(_____) _____'라고 해석한다.

수능 pick 1 ◆ 전치사 [where / which]
The anglers threw a rope to [**where** / **which**] Tallulah and her son were.
→ 선택지 뒤에 완전한 형태의 문장이 이어지고 선행사 _____ _____가 생략된 것으로 _____가 적절하다. 관계부사의 선행사는 생략되어 주절에 없을 수도 있으나, 「전치사 + 관계대명사」에서 선행사는 반드시 주절에 있어야 한다. 즉, 선행사가 없는 관계부사를 「전치사 + 관계대명사」로 전환하면 안된다.
   e.g. A hive is a place where(= in which) bees live. (벌집은 벌이 사는 장소이다.)   A hive is where(≠ in which) bees live.

B **관계부사 계속적 용법** 콤마(,)와 함께 쓰이며 선행사를 보충 설명하는 역할을 하며, 「접속사 + 부사」로 풀어서 이해한다.

01 They moved here in 2014, _____ their baby was born.   (시간 선행사)
02 He grew up in a Smallville, _____ everybody knew everybody.   (장소 선행사)

01 = and then 02 = and there

수능 pick 2 ◆ , [there / where]
At 10, Einstein was enrolled in the Luitpold Gymnasium, [**there** / **where**] he developed a suspicion of authority.   **모의기출**
→ 접속사 없이 두 문장이 연결되어 있으므로, 연결사 역할을 할 수 있는 _____ _____가 적절하다. 이 때 where는 _____로 바꿔 쓸 수 있다.

C **복합관계대명사** 「관계대명사 + ever」의 형태로 '~든지, ~일지라도'의 뜻이며 명사 또는 부사 역할을 한다.

01 _____ is happy will make others happy, too.   (= anyone who, 명사절)
02 _____ you are, you are unique like everyone else.   (= no matter who, 부사절)
03 You can have _____ you prefer.   (= any one that, 명사절)

A 02 _____ 도착하다 **inviting** _____ 04 _____ 태도 **depend on** _____ **treat** _____ PLUS _____ 상황
_____ 압박하다 수능 Pick 1 ◆ _____ 낚시꾼 **hive** _____ 수능 Pick 2 ◆ **enroll** _____ **develop** _____
_____ 의심 _____ 권위 C 02 **unique** _____ 03 **prefer** _____

04 _____ is chosen, do not regret it. (= no matter which, 부사절)

05 _____ she touched became ice. (= anything that, 명사절)

06 _____ the reason (is), it's okay to be single. (= no matter what, 부사절)

01 명사절을 이끌며 '_____'라는 의미이다. 02 부사절을 이끌며 '_____'의 의미이다. 03 명사절을 이끌며 '_____'의 의미이다. 04 부사절을 이끌며 '_____'의 의미이다. 05 명사절을 이끌며 '_____'의 의미이다. 06 부사절을 이끌며 '_____'의 의미이다. 부사절에서 복합관계대명사가 be동사의 보어인 경우 _____는 생략할 수 있다.

PLUS 복합관계형용사

Grant Wood grew up on a farm and drew with **whatever materials** could be spared. 모의기출

→ 「whatever + 명사」 구조로 '_____'의 의미로 쓰이며 복합관계형용사라고 부른다. whichever도 복합관계형용사로 쓰인다.

  e.g. **Whichever side** wins, I don't care. (어느 쪽이 이기든지 나는 신경 쓰지 않는다.)

D 복합관계부사 「관계부사 + ever」의 형태로 '~든지, ~라도' 또는 '아무리 ~일지라도'라는 뜻으로 부사절 역할을 한다.

01 _____ she walked by, my friends whispered. (= every time)

02 _____ you start, do not stop after starting. (= no matter when)

03 She left beauty _____ she went. (= no matter where)

04 _____ *I approached* the problem, I couldn't solve it. (= no matter how)

05 _____ *long* the night (is), the dawn will break. (however + 형용사, be동사 생략)

06 No act of kindness, _____ *small* (it is), is ever wasted. (however + 형용사, 주어 + be동사 생략)

07 He forgave her _____ *badly* she behaved. (however + 부사)

01 = every time(_____, _____)의 의미이다. 02 = no matter when[what time] '_____, _____'의 의미이다. 03 = no matter where '_____, _____'의 의미이다. 04 = no matter how '_____, _____'의 의미이다. 주어 동사가 바로 나오기도 한다. 05 however 다음에 형용사가 오며 _____는 생략될 수 있다. 06 however절에서 명백한 _____와 _____ 동사는 생략할 수 있다. 07 however 다음에 _____가 올 수 있다.

수능 pick 3

◆ [What / Whatever]

[**Whatever / What**] problem you have, our garlic sauce will fix it.

→ our garlic sauce 이하가 주절이다. 따라서 부사절을 이끌 수 있는 _____ _____가 적절하다. 복합관계대명사는 명사절뿐만 아니라 _____도 이끌 수 있다.

◆ [how / however] [형용사 / 부사]

Did I not suppose that he hated me? But look (A)[**how / however**] (B)[**compassionate / compassionately**] he has been. EBS수능특강

→ (A) 복합관계부사 however는 _____을 이끄므로, look의 목적어인 _____을 이끌 수 있는 관계부사 _____가 적절하다.
  (B) has been의 보어는 형용사이므로 _____가 적절하다.

◆ no matter how ~ [-ing / -ed]

Parallel lines will never meet no matter how far [**extending / extended**].

→ how far 다음에 _____ _____가 생략된 구조이다. they는 Parallel lines이므로 extend의 _____가 아니라 _____이므로 수동의 의미를 지닌 _____가 적절하다. 복합관계부사절에서 명백한 주어와 be동사는 생략될 수 있다.

PLUS when vs. whenever

[**When / Whenever**] the baby looks at her mom, she smiles.

→ 문법적으로는 둘 다 맞다. 단 의미 차이는 when은 1회성이며 확실한 시간이 있을 때이고, whenever는 반복적이며 불확실한 시간이 있을 때 쓴다. 따라서 다음 문장에서는 _____가 조금 더 적절하다.

  e.g. **When** you left, it was snowing. (네가 떠났을 때, 눈이 왔다.: _____, _____ 시간)

  Whenever I visited them, they welcomed me. (그들을 방문할 때마다 그들은 우리를 반겼다.: _____, _____ 시간)

PLUS _____ 재료 _____ 마련하다 D 01 _____ 속삭이다 04 _____ 접근하다 **solve** _____ 05 _____ 동, 새벽
_____ (동이) 트다 06 **waste** _____ 07 **forgive** _____ **badly** _____ 행동하다 수능 Pick 3 ◆ **fix** _____
_____ 생각하다 _____ 인정 많은 _____ 평행선 **extend** _____

A 다음 빈칸에 알맞은 말을 쓰시오.

1 관계부사에는 _____, _____, _____, _____가 있다.

2 , where는 _____ _____로 바꿔 쓸 수 있다.

3 복합관계대명사는 명사 또는 _____ 역할을 한다.

4 복합관계부사에는 _____, _____, _____, _____가 있다.

5 복합관계사가 이끄는 부사절에서 [do / _____]동사는 생략할 수 있다.

B 다음 문장의 해설을 완성하시오.

1 The only true failure is when you stop trying.
↳ _____ _____ when에서 명백한 선행사 _____ _____이 생략되어 있다.

2 We often treat others the way that we were treated.
↳ the way _____는 나란히 쓸 수 없어서 _____이 쓰였고 _____ _____로 바꿔쓸 수 있다.

3 The academy which I used to go to has been converted into an Internet café.
↳ 장소 선행사가 있고 뒤 문장이 완전하므로 which를 _____ 또는 _____ _____로 고쳐야 한다.

4 Every time something good happens, she has a party.
↳ Every time은 복합관계_____ _____로 바꿔 쓸 수 있다.

5 How hard the children tried, what he explained was difficult for them.
↳ How는 부사절을 이끌 수 없으므로 _____로 고쳐야 한다.

C 우리말과 일치하도록 주어진 단어를 이용하여 영작과 해설을 완성하시오.

1 네가 그만두고 싶을 때, 네가 시작한 이유를 생각하라. (quit)
When you feel like _____, think about _____ you started.
↳ feel like는 _____를 목적어로 취하므로 _____을 쓰고, 이유를 나타내는 관계부사 _____를 쓰면 된다.

2 베가스에서 일어난 것은 베가스에 머문다. (stay)
_____ happens in Vegas _____ in Vegas.
↳ '~하는 것'에 해당하는 관계대명사 _____을 쓰고 이를 단수 취급하여 _____로 쓰면 된다.

3 네가 '기분 나빠 하지 마'라고 말할 때마다, 그것은 항상 기분 나쁘다.
_____ you say no offense, it's always _____.
↳ '~할 때마다'의 복합관계부사 _____를 쓰고, '기분 나쁜'의 _____를 쓰면 된다.

4 나는 우리 팀 동료들이 연습하는 월요일에도 푹 쉬었다.
I got some rest on Mondays _____ _____ my teammates practiced.
↳ 시간을 나타내는 선행사와 뒷문장이 완전하므로 _____ _____로 쓰면 된다.

5 Dora에게, 나는 네가 어디에 있든지 네가 떠드는 걸 보는구나. 너의 자리를 옮기겠다.
Dear Dora, I see you talking _____ you are. I'll move your seat.
↳ '어디에 있든지'의 의미를 가진 복합관계_____ _____로 쓰면 된다.

B **2** treat 대우하다 **3** convert 개조하다 C **1** quit 그만두다 **3** on offense 기분 나빠 하지 마 **offensive** 기분 나쁜, 불쾌한

D   다음 〈보기〉에서 알맞은 것을 찾아 문장을 완성하시오.

| 보기 | why | how | where | whatever | whoever | whenever | however |

1 Technology has changed _____ we live inside and outside our homes.

2 _____ smart you are, you can never convince someone stupid that he is stupid.

3 I go with the flow. _____ music you play for me, I'll dance.

4 You're the reason _____ I didn't give up on my life and myself.

5 Iceland is a magical place _____ you can quickly use up all the adjectives meaning beautiful.

E   각 괄호 안에서 어법상 올바른 것을 고르시오.

1 In Times Square, [where / where there] are endless ads, you feel like you are in a different world.

2 No matter [which / where] you go, memories will always follow you.

3 The coaster is floorless, so you can experience [the way / in which] Superman flies.

4 The reason [for which / which] you'll never be happy is that you took my happiness away.

5 [Where / Wherever] the fire originates, smoke penetrates throughout a building's structure.

F   밑줄 친 부분 중에서 어색한 것이 있으면 고치시오.

1 I'm not opening the door, whoever you pretend to be.

2 Spring is in which you feel like whistling even with a shoe full of slush.

3 Whatever their type is, villains are people who commit crimes and put innocent lives at stake.

4 In life and sports, there are many situations where we should make critical and difficult decisions.

5 However beautifully your violin is, you can always play it much more beautifully again.

D **2 convince** 납득시키다, 설득하다 **3 go with the flow** 흐름에 맡기다 **4 give up on** ~을 포기하다 **5 use up** 다 써버리다 **adjective** 형용사 E **1 endless** 끝없는 **ad** 광고(= advertisement) **2 memory** 추억, 기억 **3 coaster** 롤러코스터 **floorless** 바닥이 없는 **4 take away** 앗아가다 **5 originate** 발원하다, 기원하다 **penetrate** 관통하다 **structure** 구조(물) F **2 whistle** 휘파람을 불다 **slush** 진창 **3 villain** 악당 **commit a crime** 범죄를 저지르다 **innocent** 무고한, 순진한 **at stake** 위태로운 **4 crucial** 매우 중요한

A 다음 각 [ ]에서 어법에 맞는 표현을 고르시오.

1 Fitness is important [what / whatever / that] your profession.

2 Think back to your childhood [which / when] your parents helped you [put / putting] your socks on.

3 However [nobly / noble] the goal is set, [however / whatever] they find should be reported accurately.

4 Ignore [whomever / whoever] is trying to bring you down, [for / which] that person is already below you.

5 When you change the way [how / in which] you see people, the people you see [to do / do] change.

6 [Felt / Feeling] satisfied, the man said that [no matter what / whatever] had to be done was all done.

7 Finally, Kyle ended up in a situation [where / which] he spent time with his dad no matter [how / when] he wanted to.

8 Why do we change the way [that / which] we speak depending on whom we're [speaking / speaking to]?

B 밑줄 친 부분 중에서 어색한 것이 있으면 고치시오. (정답 최대 2개)

1 Squirrels almost always fail <u>to locate</u> all of the places <u>which</u> they bury their nuts.

2 <u>Every time</u> you destroy beauty around <u>you</u>, you're hurting your soul.

3 <u>To help</u> guide people to <u>which</u> they want to go, we are going to install new signs.

4 <u>What</u> your plan, be sure to stop by <u>picking</u> your own berries here at our farm.

5 <u>However</u> many points you earn on your first order, we'll double <u>it</u> the very next day.

6 <u>Where</u> you are in your life or <u>how</u> old you are, it is never too late to follow your dream.

7 I hope for the day <u>when</u> all moms and babies are healthy and every step you take <u>to make</u> a difference.

8 We worked <u>in which</u> we lived and harvested the fields with those who we <u>sowing</u> together.

A **fitness** 건강 **profession** (전문) 직업 **3 nobly** 고귀하게 **accurately** 고귀하게 **4 ignore** 무시하다 **7 end up in** 결국 ~가 되다 **8 depending on** ~에 따라
B **1 fail to** ~하지 못하다 **locate** 찾아내다 **bury** 묻다 **2 destroy** 파괴하다 **3 install** 설치하다 **sign** 이정표 **4 be sure to** 꼭[반드시] ~하도록 하다 **stop by** 잠깐 들르다
pick 따다 **berry** 베리(딸기류 열매) **5 double** 두 배로 하다 **7 make a difference** 변화를 가져오다 **8 harvest** 수확하다 **sow** 씨를 뿌리다(-sowed-sowed)

78

C 다음 글을 읽고, 물음에 답하시오.

The delight of contact with the natural world is not restricted just to artists. It is available to **(A)** <u>자신들을 영향 아래 놓을 수 있는 누구든지</u> of a lonesome mountaintop or the calmness of a forest. I suppose that the beauty of nature has an essential space in the spiritual development of any individual or society. I suppose that whenever we ruin beauty or whenever we substitute something artificial for a natural feature of the Earth, man's spiritual growth has been delayed.

1 윗글에 관한 내용과 일치하면 T, 그렇지 않으면 F에 체크하시오.

1) 예술가만이 자연을 접하는 기쁨을 가지고 있는 것은 아니다.　　☐ T　☐ F

2) 아름다움을 파괴할 때 인간의 정신적 성장은 지체된다.　　☐ T　☐ F

2 〔주관식〕 윗글의 (A)와 같은 뜻이 되도록 필요한 단어만 이용하여 배열하시오.

> 〈보기〉 will, under, put, whoever, the influence,
> who, themselves

D 다음 글을 읽고, 물음에 답하시오.

Since Spencer has never been dissatisfied with his job, he cannot understand the attitudes of those who don't desire to start a job. He has been selling groceries for over thirty years. When he first took up his job in the 1930s, it was almost impossible to find work of any type. A job, however nasty or little paid, was a man's most priceless possession. Losing it was a disaster, not looking for another one, a shame. Not wanting to work at all was unimaginable. 〔수능기출〕

1 윗글에 관한 내용과 일치하면 T, 그렇지 않으면 F에 체크하시오.

1) Spencer는 자신의 직업에 늘 불만을 가졌다.　　☐ T　☐ F

2) 1930년대에는 일자리를 구하기가 힘들었다.　　☐ T　☐ F

2 〔주관식〕 윗글의 내용과 일치하도록 빈칸에 알맞은 말을 쓰시오. (주어진 철자를 이용할 것)

Spencer can't accept the fact t_____ there are some people w_____ don't desire to start a job because back in his days, having a job was a person's most p_____ possession h_____ unpleasant or poorly paid it was.

C **delight** 기쁨 **restricted** 제한된 **suppose** 생각하다, 가정하다 **essential** 필수적인 **ruin** 파괴하다 **delay** 지체시키다 D **dissatisfied** 불만족한 **nasty** 불쾌한 **priceless** 귀중한 **unimaginable** 상상할 수 없는

A 대명사

01 _____ cannot love and be wise.   (인칭대명사: 일반인)

02 There is no greater harm than _____ of time wasted.   (지시대명사: 특정명사)

03 The plan was simplicity _____.   (재귀대명사: 강조적 용법)

04 Joey looked at _____ in the bathroom mirror.   (재귀대명사: 재귀적 용법)

　　cf. Lucy took her dog with _____.

05 Because of _____ health, Max had to retire.   (역행대명사)

01 one, you, they, people이 막연한 _____을 나타낸다. 02 앞에 나온 _____의 반복을 피하기 위해 쓰며 주로 _____와 함께 쓰인다. 복수형은 _____이다. 03 _____나 _____를 강조하며 생략 _____하다. 04 동사나 전치사의 _____ 또는 _____로 쓰여 생략이 _____하다. e.g. I am not myself today. (난 오늘 내 정신이 아니야.) *cf.* 공간 관계를 나타내는 전치사 다음에는 재귀대명사를 쓰지 않아도 된다. 05 부사구(절)가 앞에 올 경우 _____가 명사보다 먼저 나오기도 한다.

Further Expressions ▶ 재귀대명사 관용표현과 재귀동사

관용표현: for oneself(_____, _____) (all) by oneself(_____) of itself(_____) in itself(_____) to oneself
(_____) beside oneself(_____)

재귀동사: _____ oneself(베이다[데이다, 다치다]) _____ oneself(독학하다) _____ oneself(즐기다) _____ oneself(자리 잡다) _____ oneself(예의 바르게 행동하다)

수능 pick 1

♦ [that / those]
Musical sounds, he was saying, can be distinguished from [**that / those**] of nature.   수능기출
→ _____ 명사인 sounds의 반복을 피하기 위해 쓰므로 _____가 적절하다.

B 부정대명사

01 When _____ door closes, _____ opens.   (하나는 – 또 다른 하나는)

02 _____ of my parents is a singer; _____ _____ is a composer.   (하나는 – 나머지 하나는)

03 Can I try on those shoes? I want the _____ on the top shelf.   (불특정명사)

　　cf. If you don't have orange *juice*, I'll have grape ~~one~~.

04 _____ of the children arrived alone while _____ arrived   (일부는 – 다른 일부는)

　　in a group.

　　cf. Andy and _____ _____ haven't arrived yet.

05 _____ loves _____ mother.   (복수소유격 – 복수 취급)

06 There are _____ who want power. But only _____ _____   (복수부정대명사)

　　are truly chosen.

03 가산명사의 반복을 피하기 위해 쓰며 동일한 _____를 가리킨다. 단수형은 _____이다. *cf.* 가산명사의 반복에만 쓰이므로 _____에는 쓰지 않는다. 04 *cf.* 나머지 전체는 _____로 쓴다. 05 단수 취급하는 대명사(someone, _____, a person, each, _____ 등)를 다시 받을 때는 _____으로 쓰기도 한다. 06 many, a few가 _____로 쓰인다. much, a little도 대명사로 쓰일 수 있다.

수능 pick 2

♦ the other [○/×]
John and Alice were always quarreling, and each found fault with **the other** at the slightest
excuse. [○/×]   EBS수능완성
→ 둘 중에서 한 명(each)이 _____ 다른 한 명을 흠잡는 것으로 _____ _____는 적절하다.

A 02 _____ 손해 **waste** _____ 03 _____ 단순 05 **retire** _____ 수능 Pick 1 ♦ _____ 구별하다
B 02 _____ 작곡가 03 **shelf** _____ 06 **power** _____ 진정으로 수능 Pick 2 ♦ _____ 말다툼하다
_____ 흠잡다 _____ 사소한, 약간의 **excuse** _____

80

C 형용사

01 There is *something* _____ in every day. (한정적 용법)

02 I am _____ to be _____. (서술적 용법)

03 _____ _____ *are* in *their* second childhood. (~한 사람들)

　cf. This show is for both _____ _____ _____.

04 In a unanimous decision, _____ _____ *was* found guilty. (~한 사람)

05 He doesn't believe in _____ _____. (~한 것)

06 The _____ movie star Bruce Lee's funeral was held in Seattle. (고인이 된)

　cf. It was too _____ to take it back. (늦은)

07 Food safety is _____ extreme _____ to our health. (of + 추상명사)

01 -one, -body, -thing은 형용사가 _____ 수식한다. 02 ※_____ 용법으로만 쓰이는 형용사: alive, _____, _____, _____, _____, ashamed, unable, _____(만족한), _____(기쁜) 등 03 복수보통명사를 나타내며 _____가 온다. *cf.* 대조적인 표현이 올 때는 _____를 생략할 수 있다. 04 문맥에 따라 _____를 나타낸다. 05 _____를 나타낸다. 06 용법에 따라 뜻이 바뀌는 형용사도 있다. e.g. late(_____ – 늦은) present(현재의 – _____) involved(복잡한 – _____, _____) proper(_____ – 엄밀한 의미의) 07 = _____, 「_____ + _____」가 형용사의 의미를 띠기도 한다. e.g. of value = _____, of no use = _____ *cf.* 「_____ + _____」가 부사가 되는 경우 e.g. with ease = _____, on occasion = _____, by accident = _____, in haste = _____

Further Expressions 「the + 형용사」
the poor, the rich, the blind, the deaf, the sick, the mentally ill, the homeless, the innocent(_____), the intelligent(_____), the jobless[unemployed](_____), the physically challenged(= disabled)(_____) *cf.* the _____ 혱 형제자매 중 연장자 the _____ 혱 연장자들
※the young은 동물의 _____를 나타낼 때도 있다.

수능 pick 3
♦ the + 형용사 [○/×]
Humor is the best way to make **the unbearable** bearable. [○/×]
→ the unbearable은 '참을 수 없는 것'의 _____로 쓰였으므로 적절하다. bearable도 make의 _____로 쓰였으므로 _____로 쓰지 않음에 유의한다.

D 부사

01 I *walk* _____, but I _____ *walk* _____. (동사 수식)

02 _____ *she* can't change his mind. (대명사 수식)

03 _____ *to my surprise*, they offered me a scholarship. (구 수식)

04 Set your goal _____ and don't stop until you get there. (높게)

　cf. Photosynthesis is a _____ complex process. (매우)

05 LEAVE THE CAR IT'S NOT _____ FAR (그렇게)

01 부사는 기본적으로 _____, _____, 다른 _____, _____을 꾸며 준다. 02 even, else, only 등의 부사는 _____를 수식할 수 있다. 03 부사가 _____를 수식할 수 있다. ※「to one's + 추상명사」(_____) 04 부사와 형용사가 _____ 형태이면서, 「형용사 + ly」가 되어 _____ 뜻이 되는 단어가 있다. e.g. near – nearly(_____, _____ – _____) hard – hardly(_____, _____, _____ – _____) late – lately(_____, _____ – _____) free – freely(_____, _____, (_____) – _____, _____) just – justly(_____, _____ – _____, _____) 05 that(_____), this(_____)도 부사로 쓰일 수 있다.

C 04 _____ 만장[전원] 일치의 _____ ~을 유죄 판결 내리다 05 **supernatural** _____ 06 _____ 장례식 **hold** _____ **take it back** _____ 수능 Pick 3 ♦ _____ 참을 수 없는 _____ 참을 수 있는 D 01 **backward** _____ 03 _____ 제공[제안]하다 _____ 장학금 04 **photosynthesis** _____ _____ 복잡한 **process** _____

A 다음 빈칸에 알맞은 말을 쓰시오.

1 _____은 명사의 반복을 피하기 위하여 주로 수식어구와 쓰인다.

2 재귀적 용법의 재귀대명사는 목적어 또는 보어로 쓰여 생략이 _____하다.

3 둘 중 하나는 one, 나머지 하나는 _____ _____로 표현한다.

4 Everybody, nobody 등을 _____로 받을 수 있다.

5 동사, (대)명사, 구를 수식할 수 있는 것은 _____이다.

B 다음 문장의 해설을 완성하시오.

1 Everybody came even though they didn't want to.
  ↳ Everybody는 단수 취급하지만 복수대명사 _____로 받고 있다.

2 In a way, the character you make up won't be yourself.
  ↳ 재귀대명사가 _____로 쓰였으며 _____이 불가능하다.

3 Quite to my surprise, the toddler counted up to 100.
  ↳ Quite가 [형용사 / _____]로 구를 수식하고 있다.

4 You can plan for tomorrow, but you cannot plan tomorrow.
  ↳ 여기서 You는 _____을 나타내고 One으로 바꿔 쓸 수 있다.

5 In his painting, Bob depicted the dish as a lake.
  ↳ _____가 명사보다 먼저 나오는 경우가 있으며 _____을 가리킨다.

C 우리말과 일치하도록 영작과 해설을 완성하시오.

1 모두가 자신들의 부모님들을 졸업식에 데리고 왔다.
  Everybody brought _____ parents to the graduation ceremony.
  ↳ Everybody는 _____로 받을 수 있으므로 _____가 적절하다.

2 그 회사는 장애인들을 남몰래 지원해 왔다.
  The company has secretly supported the _____ _____.
  ↳ 「the + 형용사」가 복수보통명사를 나타내므로 빈칸에 맞게 _____ _____로 쓰면 된다.

3 그는 우연히 플라스틱에 베었고 그 상처는 아팠다.
  He accidentally _____ _____ on the plastic, and the cut hurt.
  ↳ _____의 주체와 객체가 같으므로 재귀대명사인 _____를 쓰면 된다.

4 경영 교육은 양면을 가진 동전으로, 하나는 경영과 다른 하나는 교육과 관련되어 있다.
  Management education is a two-sided coin. _____ relates to management and _____ _____, education.
  ↳ 동전은 양면으로 둘 중 하나는 _____, 나머지 하나는 _____ _____로 쓴다.

5 매년 한국으로 오는 방문객의 수는 외국을 방문하는 한국인의 것(수)보다 더 많다.
  Each year, _____ _____ _____ foreigners visiting Korea is larger than _____ of Koreans going abroad.
  ↳ '~의 수'에 해당하는 ____ ____ ____를 쓰고, the number의 반복을 피하기 위해 수식어구와 함께 쓰이는 ____을 쓰면 된다.

B **2 in a way** 어떤 면에서 **make up** 만들어 내다 **3 toddler** 걸음마를 배우는 아이 **count** 세다 **up to** ~까지 **5 depict** 묘사하다 C **1 graduation ceremony** 졸업(식)
2 secretly 남몰래 **3 cut** 상처; 베다 **4 management** 경영, 관리 **relate to** ~에 관련되다

D 다음 〈보기〉에서 알맞은 것을 찾아 문장을 완성하시오.

| 보기 | another – other | elder – elders | was – were | good – well | late – lately |

1 Some of the homeless _____ reluctant to leave.

2 Stella and Hichini have to work _____ tonight to secure new clients.

3 The beautiful isn't always good, but the _____ is always beautiful.

4 I don't compete with my _____ because she can't beat me.

5 We learned that we hit one car and then _____ a few seconds later.

E 다음 각 [ ]에서 어법에 맞는 표현을 고르시오.

1 I felt dreadful until you found [me / myself] in the middle of isolation.

2 If you want to learn bodybuilding, feel [freely / free] to ask me.

3 The old and young [were / was] seen stepping out of the building.

4 Some people have one ear that is a bit larger than [another / the other].

5 The settlers built the city on the mound whose base size is larger than [those / that] of Egypt's Great Pyramid.

F 밑줄 친 부분 중에서 어색한 것이 있으면 고치시오.

1 She ran down the hill as fast as possible and threw <u>herself</u> into the air.

2 The old <u>feels</u> more valued when surrounded by the young.

3 Some of the teachers are from rural areas while <u>the others</u> are from urban ones.

4 We didn't go to the crocodile show because we were not <u>that</u> fond of reptiles.

5 The digestive system of the sheep is different than <u>those</u> of the goat.

D **2 reluctant** 꺼리는　E **1 dreadful** 두려운　**2 feel free to** 부담 없이(마음 놓고) ~하다　**5 mound** 언덕　F **2 valued** 가치 있는　**3 rural** 시골의　**urban** 도시의
4 fond of ~을 좋아하는　**reptile** 파충류

A 다음 각 [ ]에서 어법에 맞는 표현을 고르시오.

1 I have never seen a lake as [clearly / clear] as [that / those] of my hometown.

2 Zuckerberg admitted the mistakes, [asking / asked] for [other / another] chance to lead the company.

3 When young, she was [very / so] moved by poetry that she became a poet [herself / itself].

4 [See and listen / Seeing and listening] to the good [is / to be] already the beginning of goodness.

5 Have you ever traded [common something / something common] for something [extremely / extreme] important?

6 Members [share / sharing] their stories, stresses, and recoveries gather at the [routinely / routine] scheduled meetings.

7 [Late / Lately], the photo was published in the *New York Times*, and the photographer [awarded / was awarded] the Pulitzer Prize.

8 At birth, the young of some mammals such as horses and camels [is / are] well developed and able [walking / to walk] within hours.

B 밑줄 친 부분 중에서 <u>어색한</u> 것이 있으면 고치시오. (정답 최대 2개)

1 The finding is contrary to <u>that</u> of a <u>previous</u> reported analysis.

2 There <u>is</u> a difference in everyone, but the difference is not <u>that</u> big.

3 He wanted to improve <u>himself</u>, so he posted an inspirational quote to guide <u>himself</u>.

4 The young tend to consider <u>themselves</u> older than they actually <u>do</u>.

5 The oil reserves of the United States <u>were</u> much less than <u>that</u> of Venezuela in 2017.

6 They found, <u>to their greatly disappointment</u>, <u>that</u> the quality of his work wasn't enhanced.

7 The ability to walk on two legs is called bipedalism, which <u>help</u> people use their hands and arms <u>freely</u>.

8 The expanding gap between <u>rich and poor</u> <u>has been widened</u> the difference in incomes and wealth in America.

A **2 admit** 인정하다 **lead** 이끌다 **3 move** 감동시키다 **4 goodness** 선, 선량함 **5 trade A for B** A를 B와 교환하다 **common** 흔한 **extremely** 매우
6 routinely 정기적으로, 일상적으로 **8 birth** 출생 **mammal** 포유류 **camel** 낙타 **developed** 발달된 B **1 contrary** 상반되는 **analysis** 분석 **3 improve** 향상시키다
post 게시하다 **inspirational** 영감을 주는 **5 sum** 합, 합계 **reserve** (pl.) 매장량 **6 disappointment** 실망 **enhance** 향상시키다 **7 bipedalism** 이족 보행
8 expanding 팽창하는 **gap** 간격, 차이 **widen** 넓히다

C 다음 글을 읽고, 물음에 답하시오.

Some animal species help other injured animals to survive. Dolphins need to reach the surface of the water in order to breathe. If a dolphin is wounded too severely to swim to the surface by itself, (A) 다른 돌고래들이 그것(부상당한 돌고래) 아래에서 무리를 짓는다 and push it upward to the air. If necessary, they will continue doing this for several hours. The same kind of thing occurs among elephants. A fallen elephant is apt to have trouble breathing owing to its own weight, or it may overheat in the sun. Many elephant experts have said that if an elephant falls down, other members of the group struggle to help it up.

1 윗글에 관한 내용과 일치하면 T, 그렇지 않으면 F에 체크하시오.

1) Dolphins need to surface so as to breathe in air.　☐ T　☐ F

2) When an elephant falls down, other members won't try to raise it to its feet.　☐ T　☐ F

2 (주관식) 윗글의 (A)와 같은 뜻이 되도록 주어진 〈조건〉에 맞게 영작하시오.

> 〈보기〉　other, group, under
> 〈조건〉　1. 재귀대명사와 대명사를 반드시 이용할 것
> 　　　　2. 〈보기〉의 어휘를 포함하여 6단어로 쓸 것

D 다음 글을 읽고, 물음에 답하시오.

In Arab countries, there is a saying that goes "A house without an elderly person is like an orchard without a well," which reflects respect for the elderly. Children in most Asian cultures learn this same **(a)**＿＿＿＿＿＿ by reading stories of exemplary sons and daughters who care for their parents through thick and thin. The fundamental reason behind this great **(b)**＿＿＿＿＿＿ for the elderly is that, in such places as Korea, an appreciation of the past is considered important. In Malaysia, the more senior and elderly member of an organization is frequently admired, and in general, this person will be the first to speak at a meeting. In addition, people are very obedient and polite to senior citizens in Japan.

*through thick and thin: even when there are problems or difficulties

1 윗글에 관한 내용과 일치하면 T, 그렇지 않으면 F에 체크하시오.

1) 아랍의 속담은 연장자에 대한 존경심을 반영한다.　☐ T　☐ F

2) 싱가포르에서는 연장자가 회의에서 먼저 말한다.　☐ T　☐ F

2 (주관식) 윗글의 (a)와 (b)에 공통으로 들어갈 말을 쓰시오. (단, 본문의 어휘를 그대로 쓸 것)

C **continue** 계속하다 **occur** 발생하다 **be apt to** ~하기 쉽다 **have trouble -ing** ~하는데 어려움을 겪다 **owing to** ~때문에 **struggle** 노력하다
D **there is a saying that** ~라는 속담이 있다 **fundamental** 근본적인 **through thick and thin** 어떤 고난이 있어도 **consider** 여기다 **in general** 일반적으로

A

원급 표현 '~만큼 …한 / …하게'라는 뜻으로 둘을 동등하게 비교할 때 사용한다.

01 A chameleon's tongue can be _____ _____ _____ its body. (as 형용사 as)

02 Joséphine was _____ _____ _____ _____ her husband. (not as[so] ~ as)

03 You have to unbox it _____ _____ _____ you can. (as 부사 as)

04 She didn't have _____ _____ _____ _____ I had thought. (as much 불가산명사 as)

05 I am _____ _____ _____ _____ _____ my wife (is). (as 형용사 관사 명사 as)

01 「as ~ as」 사이에 _____가 온다. 02 부정형은 _____ so[as] ~ as이다. 03 「as ~ as」 사이에 _____가 온다. 04 불가산 명사이면 _____, 가산명사이면 _____가 온다. 05 「as + _____ + (_____) + _____ + as」의 어순을 따르며 공통 어구는 _____할 수 있다.

수능 pick 1

♦ as [형용사 / 부사] as
Kubelik played the Paganini concerto tonight as [**splendid** / **splendidly**] as he ever did. 모의기출
→ 「as ~ as」를 빼고 문장 구조를 분석하면 _____ _____를 수식해야 하므로 _____인 _____가 적절하다.

B

비교급 표현 '~보다 더 …한 / …하게'라는 뜻으로 둘을 비교할 때 사용한다.

01 Hot water is _____ _____ cold water. (-er than)

02 Writing seems to be _____ _____ _____ speaking. (more ~ than)

03 Wounds make _____ lessons _____ lectures. (불규칙 than)

04 Are we _____ _____ _____ (we were) in the past? (열등 비교: less ~ than)

05 She looks _____ cute _____ elegant. (동일 비교: more ~ than)

06 One day, reality will become _____ _____ than your dreams. (비교급 수식어)

01 규칙 비교급에는 _____를 붙인다. 02 비교적 긴 음절 앞에는 _____를 붙인다. 03 _____ 변화를 하는 비교급도 있다. e.g. many/much-_____-_____, _____/_____-better-best, _____/_____-worse-worst, little-_____-_____, late-_____/_____-_____/_____(더 늦은/후자의 – 최신의/마지막의), far-_____/_____-_____/_____(정도/거리) ※거리에는 _____/_____ 둘 다 쓰이나 _____에는 further만 쓰인다. 04 less ~ than은 '보다 덜 ~한/히'의 의미로 열등 비교라 불린다. 05 동일인이나 동일물을 비교할 때는 짧은 단어일지라도 more를 쓴다. 06 비교급 수식어로는 much, _____, _____, _____, yet, very much, a little, a bit 등이 있다.

수능 pick 2

♦ [as / than]
Seashells are more beautiful on the beach [as / **than**] on your desk. 모의기출
→ than이 있으면 반드시 앞에 _____이 있다. more beautiful이라는 비교급이 있으므로 _____이 적절하다.

♦ [very / much / more]
There are [**very** / **much** / **many**] more opportunities waiting for you.
→ very는 _____을 수식하고, much는 _____을 수식하나, 비교급 다음에 _____가 오면 _____로 수식한다.

A 01 _____ 혀 03 _____ 상자에서 꺼내다 05 **creative** _____ 수능 Pick 1 ♦ _____ 화려한 B 03 **wound** _____ **lesson** _____ 강의 05 _____ 우아한 06 **reality** _____ 수능 Pick 2 ♦ _____ 조개껍데기 **beach** _____ _____ 기회

C 최상급 표현 '가장 ~한 / ~하게'이란 의미로 셋 이상을 비교할 때 사용한다.

01 Bamboo is _____ _____ grass in the world. (the -est)

02 Baseball is _____ _____ _____ sport in Cuba. (the most ~)

03 Success is _____ _____ revenge. (the 불규칙)

04 This sample is _____ _____ _____ _____ of all. (최상급 수식어 + 명사 생략)

05 The _____ person *to leave* should turn off the lights. (부정사의 최상급 수식)

06 *Clementine* is _____ _____ _____ movie (*that*) *I've* (절의 최상급 수식)
ever seen.

07 Education was _____ _____ _____ travel purpose (the least ~)
for all three years.

08 Of all my friends, Sally is (_____) _____ _____. (the 생략 가능: 서술적 용법)

09 She looks _____ when she takes a nap. (the 생략: 동일 대상 비교)

10 The one who gets up (_____) _____ in my family is my (the 생략 가능: 부사)
grandmother.

01 규칙 최상급에는 _____ 를 쓰며 「_____ + 장소/시간/단체 _____ + 비교 대상(무리)」을 쓴다. 02 비교적 긴 음절 앞에는 the _____ 를 붙인다. 03 _____ 변화를 하는 최상급도 있다. 04 최상급 수식어구로는 _____, _____, _____, the _____ 등이 있으며, 비교 대상이 명백한 명사는 _____ 가능하다. 05 _____ 가 최상급을 수식하며 이때, 주어와 동사의 관계이다. 06 _____ 절이 최상급을 후치 수식할 수 있다. 07 '가장 적은'의 의미로 원급 앞에 _____ 를 쓴다. 08 _____ 용법으로 쓰인 최상급에서 _____ 는 생략 가능하다. 09 _____ 을 다른 상황과 비교할 때는 the를 _____ 한다. 10 _____ 의 최상급에는 주로 the를 생략한다.

PLUS a most vs. the most
He is **a most** interesting person.
He is **the most** interesting person of the three.
→ a most에서 most는 '_____'라는 뜻이고, the most는 최상급 표현으로 '_____'이란 뜻으로 둘 다 맞는 표현이다. 단, 최상급 표현은 두 번째 문장처럼 비교 대상이 오는 것이 일반적이다. *cf.* most winners(대부분의 승리자들)

Further Study 원급, 비교급, 최상급이 포함된 관용표현
원급: as long as(첩 _____) as far as I know(_____) B as well as A(_____) as busy as a bee(_____)
비교급: more or less(_____) more often than not(_____)
최상급: _____ _____ _____ (최선의 상태에서, 한창 때에) do one's best(_____) make the most[best] of(_____) get the better of(_____) for the most part(_____) _____ _____ _____(가장 좋은 방향으로) first of all(_____) at first(_____) _____ _____(적어도) at (the) most(_____, _____) at best(_____) at (the) worst(_____) _____ _____ _____ _____(조금도 ~하지 않는)

C 01 _____ 대나무 03 _____ 복수 05 **turn off** _____ 07 **education** _____ _____ 목적 08 _____ 사려 깊은
09 **take a nap** _____

A 다음 빈칸에 알맞은 말을 쓰시오.

1 「as ~ as…」 사이에는 형용사나 부사의 _____ 이 온다.

2 「비교급 than ~」은 둘 이상을 비교하며, 형용사나 부사에 _____ 를 붙이거나 _____ 를 더한다.

3 비교급을 수식하는 어구에는 _____, still, even, by far, a lot, a little, a bit 등이 있다.

4 「the 최상급」은 셋 이상을 비교하며, 형용사나 부사에 _____ 를 붙이거나 _____ 를 더한다.

5 서술 용법의 최상급이나, 부사의 최상급에서 _____ 를 생략할 수 있다.

B 다음 문장의 해설을 완성하시오.

1 Your cat says very much more than meow.
↳ very는 _____ 을 강조하지만 very much는 _____ 을 강조한다.

2 Fall in love with as much things as you can.
↳ 「as many + 복수명사 + as」로 쓰이므로 _____ 를 _____ 로 고쳐야 한다.

3 The lion is the most handsome when looking for food.
↳ _____ 대상을 다른 상황과 비교하고 있으므로 최상급 앞의 _____ 를 생략해야 한다.

4 However, she became less happier than ever.
↳ 열등 비교는 「less + _____ + than」이므로 _____ 를 _____ 로 고쳐야 한다.

5 The project was as successfully as we had hoped.
↳ 「as ~ as」를 빼고 보면 보어이므로 _____ 를 _____ 로 고쳐야 한다.

C 우리말과 일치하도록 괄호 안의 말을 이용하여 영작과 해설을 완성하시오.

1 시력은 있으나 비전이 없는 것은 장님인 것보다 더 안 좋다. (bad)
Having sight but no vision is _____ _____ being blind.
↳ '~보다 더 …한'이므로 bad의 비교급 _____ 와 _____ 을 쓰면 된다.

2 그는 내가 받는 만큼 많은 '좋아요'를 받지 않는다. (likes)
He doesn't get _____ _____ _____ I do.
↳ 「as many + 가산명사 + as」 구문을 사용하여 _____ _____ _____ 를 쓰면 된다.

3 목적지만큼 많이 여정을 즐기세요.
Enjoy the journey _____ _____ _____ the destination.
↳ 「as + _____ + as」 구문을 이용하여 _____ _____ _____ 를 쓰면 된다.

4 일주일 중 가장 중요한 날은 언제인가요? 그것은 오늘입니다. (important)
What is _____ _____ _____ day of the week? It's today.
↳ 최상급 표현으로 important의 최상급을 이용해 _____ _____ _____ 로 쓰면 된다.

5 그 기사는 그가 보이는 만큼 자신감 있게 말을 타고 있었다. (confident)
The knight was riding on his horse as _____ as he looked.
↳ 원급 표현으로 「as ~ as」 구문을 이용한다. 동사를 수식해야 하므로 _____ 로 쓰면 된다.

D 다음 〈보기〉에서 알맞은 것을 찾아 문장을 완성하시오. (중복 답안 가능)

| 보기 | fast | friendly | difficult | good | fabulous |

1 The future is coming _____ than you think.

2 The last steps are always the _____, too.

3 I hope your day is as _____ as your smile.

4 Tag a friend who does _____ work than the FBI.

5 A study shows that "wanna be friends?" is not as _____ as it seems.

E 각 괄호 안에서 어법상 올바른 것을 고르시오.

1 A: My dog loves my roommate [much / more] than me.
  B: You don't live with your parents? Cool!

2 The [happier / happiest] thing in the world is to make others happy.

3 But then again, he came out of nowhere as [silently / silent] as he disappeared.

4 Scuba diving is apparently less [risky / riskier] than skydiving.

5 Daniel donates as [many / much] as Demi but not as [many / much] as Yuna.

F 밑줄 친 부분 중에서 어색한 것이 있으면 고치시오.

1 Time is the longer distance between two places.

2 At that moment, the most incredible thing in an incredible day happened.

3 It is good to make people happy, but it's far good to help them make themselves happy.

4 Some people are as young as they feel, but others are as young as they look.

5 "When a child grows, the best essential factor is affection," he said.

D **3 fabulous** 굉장히 멋진 **4 tag** 태그하다 E **3 out of nowhere** 불쑥 **4 apparently** 명백히 **risky** 위험한 **5 donate** 기부하다 F **2 incredible** 믿을 수 없는
5 essential 필수적인 **affection** 애정

A 원급의 관용표현 배수 표현, as ~ as possible, as ~ as ever, as ~ as any 등이 있다.

01 Women blink nearly _____ _____ _____ _____ _____ men. (배수사 as ~ as)

02 A tiger's night vision is _____ _____ _____ _____ _____ a human's. (배수사 as ~)

   → A tiger's night vision is six times _____ _____ a human's.

03 Be _____ _____ _____ _____ _____ on social media. (as ~ as possible)

   → Be _____ _____ _____ _____ _____ _____ on social media. (as ~ as 주어 can)

04 The farmers are _____ _____ _____ (they) _____ (are) to the nation. (as ~ as ever)

05 This summer is _____ _____ _____ _____ _____ (summer) in South Korea. (as ~ as any 명사)

01~02 배수사는 비교 표현 _____ 에 쓴다. 02 「배수사 + as ~ as」는 「배수사 + _____ _____」으로 바꿔 쓸 수 있다. (▶B 2번 비교급 배수 표현 참조) 03 「as ~ as possible(_____)」은 「as ~ as _____ + _____」으로 바꿔 쓸 수 있다. 04~05 원급이지만 _____ 의 의미를 지니며 _____ 으로 사용되는 표현은 생략될 수 있다. 04 「as ~ as ever (주어 + 동사)」는 '_____'의 뜻으로 ever는 _____ 를 수식한다. 05 「as ~ as any (명사)」는 '_____'의 뜻이며 any는 _____ 를 수식한다.

B 비교급 관용표현 배수 표현, 「more/less than + 수치」, different(ly) than[from], other than, rather than, 「비교급 and 비교급」, 「the 비교급, the 비교급」 등이 있다.

01 A tiger's night vision is _____ _____ _____ _____ a human's. (배수사 more than)

02 The average rainfall was _____ _____ 200 millimeters. (more than 수치)

03 The number 799 feels significantly _____ _____ 800. (less than 수치)

04 Why is everybody's answer _____ _____ mine? (different(ly) than)

05 It's better to trust the eyes _____ _____ the ears. (rather than)

06 I believe that there's life in places _____ _____ on this planet. (other than)

07 Ken skied _____ _____ _____ down the hill. (비교급 and 비교급)

08 _____ _____ the food is, _____ _____ she eats it. (the -er, the -er)

09 _____ _____ we do, _____ _____ we can do. (the more ~, the more ~)

   → _____ we do _____, we can do _____.

10 _____ _____ the dog (_____), _____ _____ its lifespan (_____). (be동사 생략)

01 배수사는 비교 표현 앞에 쓴다. 02~03 「more than + 수치」는 '_____, _____', 「less than + 수치」는 '_____, _____' 이라는 뜻이다. 04 different(ly) from이 일반적이나 _____ 이 오기도 한다. 05 rather than은 '_____'라는 뜻이다. 06 other than은 '_____, _____'이란 뜻이다. 07 「비교급 and 비교급」은 '_____'의 뜻이고, 비교적 긴 단어는 more beautiful and more beautiful처럼 원급을 _____ 쓰지 않는다. 08 「_____ _____, _____ _____」은 '~할수록 더 ~하다'의 뜻으로, 비교급 자리에는 형용사와 부사가 올 수 있다. ※spicer 대신 more spicy를 써도 된다. 09 「_____ _____ + _____, 주어 + 동사」로 전환할 수 있다. 10 _____ 동사는 생략될 수 있다.

A 01 _____ (눈을) 깜빡이다 02 _____ 야간 시력 03 _____ 소셜 미디어(SNS) B 02 _____ 평균(의) rainfall _____
03 _____ 상당히 05 _____ 믿다 06 _____ 생명체 planet _____ 08 _____ 매운 10 _____ 수명

수능 pick 1

♦ the more [-ed / -ing]
The more [**confused** / **confusing**] we get, the dumber we feel. 모의기출
→ 도치되기 전의 어순은 we get (more) ~이고, 주어가 동작의 _____ 이 되므로 수동형인 _____ 가 적절하다.

♦ the more [형용사 / 부사]
Therefore, the more knowledge and experience a decision-maker has, the [**greater** / **greatly**] the chance of a good decision. 모의기출
→ decision 다음에 _____ 동사 _____ 가 생략된 구문이고, is의 보어가 필요하므로 _____ 인 _____ 가 적절하다.

C than의 의미를 표현하는 to와 than이 없는 비교급

01 Are humans _____ _____ animals? (superior to)

02 Nobody is _____ _____ you here. (inferior to)

03 They _____ sightseeing by car _____ flying. (prefer A to B)

04 Prevention is _____ _____ treatment. (preferable to)

05 Hairstyles can make you look 10 years _____. (-er ~~than~~)

01~02 superior, inferior는 than 대신에 _____ 를 쓴다. 03 prefer A to B에서 A와 B는 _____ 를 쓴다. ※단, 비교 대상이 드러나지 않을 때는 「prefer to + _____」을 쓸 수도 있다. e.g. I prefer to go[going] alone. 04 preferable도 전치사 to를 쓰며 _____ 가 오는 것에 유의한다. 05 비교 대상이 명확할 때는 _____ 이하를 생략해도 된다. (← than you are)

Further Expressions 라틴어에 기원을 둔 비교급
라틴어에 기원을 둔 같은 단어들은 비교구문에서 than 대신에 _____ 를 쓰며, 원급도 최상급도 없다.
e.g. _____ _____ (~보다 우월한) _____ _____ (~보다 열등한) prior to(_____) junior to(_____)
senior to(_____) prefer A to B(B보다 A를 선호하다) _____ _____ (~보다 좋은) 등

D 최상급을 나타내는 표현

Quiz What Is the Most Beautiful Thing in the World? (Use your own words.)

01 Alice: _____ is _____ beautiful _____ love in the world. 🧓

02 Ashley: _____ is _____ beautiful _____ chicken in the world. 🍗

03 Lou: The world itself is _____ _____ beautiful thing in the world. 🍏

04 Boodi: Money is _____ beautiful _____ _____ _____ in the world. 🤑

05 Selina: I am _____ beautiful _____ _____ _____ in
the world. 💅

01 「_____ + as + 원급 + as」 02 「부정 주어 + _____ + 원급 + _____」 03 「_____ 04 「비교급 + _____ + _____」 05 「비교급 + _____ + _____ + _____」 등으로 최상급을 표현할 수 있다.

수능 Pick 1 ♦ _____ 말을 못하는 _____ 지식 **experience** _____ **decision-maker** _____ _____ 가능성, 기회 C 03 _____ 관광하다 04 **prevention** _____ _____ 치료

CHAPTER 11 비교구문 91

A 다음 빈칸에 알맞은 말을 쓰시오.

1 배수 표현은 「as 원급 as」 또는 「_____ than」으로 표현할 수 있다.

2 [_____ ~ _____ _____]는 '변함없이 ~한/~하게'란 의미로 해석한다.

3 「_____ _____, _____ _____」은 '~할수록 더 …하다'로 해석한다.

4 prefer A to B에서 B는 _____를 쓴다.

5 상황이 명백할 때는 _____ 이하를 생략할 수 있다.

B 다음 문장의 해설을 완성하시오.

1 Do animals hear differently than humans?

↳ differently는 _____이 오는 것이 일반적이나 _____도 가능하므로 적절하다.

2 I prefer to be alone to watch soap operas.

↳ 「prefer _____ to _____」로 쓰므로 _____와 _____를 _____과 _____으로 고쳐야 한다.

3 It seems the more slowly we are moving, the more faster time feels.

↳ 「the 비교급, the 비교급」 구문이므로 _____ _____를 _____로 고쳐야 한다.

4 Night fell, and the stars came out, but the heat was [ever / as / as / hot / any].

↳ 주어진 단어에서 필요한 것만 골라 쓰면 _____ _____ _____ _____이다.

5 Nothing is as embarrassing as misspelling your own name.

↳ Misspelling your own name is the _____ _____ thing.으로 전환할 수 있다.

C 우리말과 일치하도록 괄호 안의 말을 이용하여 영작과 해설을 완성하시오.

1 진심 어리고 정확한 칭찬보다 더 효과적인 것은 없다. (effective)

_____ is _____ _____ than sincere and accurate praise.

↳ 「부정 주어 + 비교급 + than」 구문으로 _____을 쓰고 _____의 비교급인 _____ _____를 쓰면 된다.

2 흰머리는 보통 머리가 자라는 만큼의 4배 더 빨리 자란다.

White hair grows _____ _____ _____ _____ _____ normal hair.

↳ 배수사를 이용한 표현으로 _____ _____를 쓰고, 빈칸 개수에 맞게 원급인 _____ _____ _____를 쓰면 된다.

3 여러분은 가상 현실에서 자신 이외의 다른 사람이 될 수 있습니다. (yourself)

You can, in virtual reality, be anybody _____ _____ _____.

↳ '~ 이외의'라는 뜻은 _____ _____을 쓰면 된다.

4 나는 가능한 빨리 그 주문을 취소했다. (soon)

I canceled the order _____ _____ _____ _____ _____.

↳ 빈칸 개수에 맞게 「_____ ~ _____ + 주어 + _____」 구문을 이용하여 _____ _____ _____ _____ _____로 쓰면 된다.

5 점점 더 많은 채식주의자 식당이 도시에서 생기고 있다. (many, vegetarian)

_____ _____ _____ _____ restaurants are sprouting up in cities.

↳ 「비교급 and 비교급」 구문으로 _____의 비교급인 _____ _____ _____를 쓴 후 _____을 쓰면 된다.

C **1** effective 효과적인 **sincere** 진심 어린 **accurate** 정확한 **praise** 칭찬 **2** normal 보통의 **3** virtual reality 가상 현실 **5** sprout up (싹트듯) 생기다

D 다음 〈보기〉에서 알맞은 것을 찾아 문장을 완성하시오. (중복 답안 가능)

보기	any	ever	to	than	other	as

1 California oranges remain as popular as _____.

2 No one is superior or inferior _____ others.

3 Schubert composed _____ many _____ 150 songs in a single year.

4 Sometimes your intention may be interpreted differently _____ you thought.

5 Focus only on what you can change. Anything _____ that is a waste of energy.

E 각 괄호 안에서 어법상 올바른 것을 고르시오.

1 She dashed to the finish line as quickly as anyone [any / ever] could.

2 Friday brings promise. That's why people prefer Friday [than / to] Sunday.

3 We will continue the talks as soon as we [possible / possibly] can.

4 The more attention a rumor gets, the [widespread / more widespread] it becomes.

5 Children are not just small adults. Their bodies react to treatment differently [as / than] adults'.

F 밑줄 친 부분 중에서 어색한 것이 있으면 고치시오.

1 The much you exercise, the more your body wants to exercise.

2 Your dog is probably just as eagerly as you are to enjoy time outside.

3 I wanted to get my washing machine fixed as soon as possible.
　　　└→「get + O + OC」에서 O와 OC의 관계가 수동이므로 과거분사가 왔어요.

4 In the meantime, the pieces of glass became more smaller and smaller.

5 Fewer than half of Americans view obesity as a very serious problem.

D **1 remain** (계속) ~이다 **4 interpret** 해석하다, 통역하다 **5 focus on** ~에 집중하다 E **2 promise** 희망, 가능성, 약속 **3 possibly** (can과 함께) 되도록
4 attention 관심 **widespread** 널리 퍼진 **5 treatment** 치료 F **2 eager** 열렬한, 간절히 바라는 **4 in the meantime** 그 사이에 **5 view ~ as...** ~를 …로 간주하다
obesity 비만 **serious** 심각한

Review Test

A 다음 각 [ ]에서 어법에 맞는 표현을 고르시오.

1 A: What's [best / better] than finding a four-leaf clover?
B: [Find / Finding] someone to give it to.

2 If I [had lived / lived] in that time, I would have respected everyone as [many / much] as possible.

3 Small animals [chilling / chill] more quickly [as / than] large-bodied ones.

4 Young people are less likely [participating / to participate] in a presidential election [that / than] older citizens.

5 The [more / best] you stand up for your beliefs, the easier they are [developed / to develop].

6 Theft is still the [much / very] most common type of crime [despite / though] it has been on the decline.

7 When you're hungry, [where / there] is nothing [good / better] than the sound and smell of sizzling BBQ.

8 The [more / most] valuable asset you have [to be / is] not a head full of knowledge but a heart full of love.

B 밑줄 친 부분 중에서 어색한 것이 있으면 고치시오. (정답 최대 2개)

1 To me, *Miss Marple was a most memorable character.

2 The more closely you get to the urbanized areas, the fewer trees you can find.

3 There are so many more important things in life than how do you look.

4 Going back to the hospital felt as painfully as being stabbed by a sharp weapon.

5 Cut the meat off the bone is preferable to put it in the refrigerator whole.

6 When something good is gone, something a lot good is coming.

7 A lot of information collected all over the world every day much differently than it was before.

8 Our skin is not just our largest but also our best protective organ, which is also a map of our years on this Earth.

A 2 respect 존경하다 3 chill 차가워지다 4 participate in ~에 참여하다 5 stand up for 지지하다 develop 발달시키다 6 theft 절도 on the decline 감소하는
7 sizzling 지글지글 소리를 내는 8 valuable 소중한 B 1 *Miss Marple 괴팍하지만 날카로운 통찰력을 지닌 Agatha Christie의 추리 소설 속 등장인물
2 urbanize 도시화하다 4 painful 고통스러운 stab 찌르다 weapon 무기 5 whole 통째로; 전체

94

C 다음 글을 읽고, 물음에 답하시오.

Have you ever wondered how movies set in the winter can be filmed in the summer? The answer is special effects, which help make movies seem more realistic. For example, snow is made by machines to create the illusion of winter in Hollywood. Nevertheless, viewers have no idea that machine-made snow is artificial. The 1946 holiday classic film *It's a Wonderful Life* shows snow which was made from untoasted cornflakes. The movie was actually filmed in the summer. Another example is rain, which is a bit more common than snow in Hollywood films. (A) _____, Hollywood creates its own. 모의기출

1 윗글에 관한 내용과 일치하면 T, 그렇지 않으면 F에 체크하시오.

1) Hollywood에서 겨울이라는 착각을 만들기 위해 눈을 만든다. □T □F

2) 한 영화에서는 튀긴 콘플레이크로 눈을 표현하기도 했다. □T □F

2 주관식 윗글의 (A)에 들어갈 말을 주어진 〈조건〉에 맞게 영작하시오.

〈보기〉 rain, than, fall, rather, for, waiting, to
〈조건〉 1. 반드시 〈보기〉에 있는 단어만 모두 사용할 것
      2. 어휘를 변형하지 말고 한 번씩만 사용할 것

D 다음 글을 읽고, 물음에 답하시오.

The graph shows changes in preferred means of transportation in Korea (A) _____ in 2011 and 2019. In both 2011 and 2019, cars were the **(a) least preferred** means of passenger transportation. However, the percentage of cars used in 2019 was **(b) less than** in 2011. Compared to 2011, three means

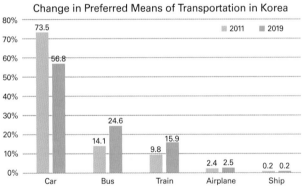

Change in Preferred Means of Transportation in Korea

of transportation showed **(c) increased** percentages in 2019. In 2011, the airplane was the fourth preferred means of transportation, followed by the **(d) train**. The percentage of ships in 2011 was as **(e) equal** as it was in 2019. 모의기출응용

1 주관식 윗글의 밑줄 친 부분 중 도표의 내용과 일치하지 않는 것 두 개를 찾아 고쳐 쓰시오.

1) _____   2) _____

2 주관식 윗글의 (A)에 들어갈 말을 주어진 〈조건〉에 맞게 영작하시오.

〈조건〉 1. 시제에 유의할 것
      2. 명사의 수에 유의할 것
      3. 본문의 어휘를 이용하여 2단어로 쓸 것

C **nevertheless** 그럼에도 불구하고 **artificial** 인공적인 **untoasted** 굽지 않은 **cornflake** 콘플레이크

A 전치사와 결합하는 다양한 어구 전치사 뒤에는 명사, 형용사, 부사, 다른 전치사, 구와 절 등이 다양하게 올 수 있다.

01 The game lasted _____ *two hours* _____ *the night.* (전치사 + 명사)

02 The townspeople regard his behavior _____ *odd.* (전치사 + 형용사)

03 The Inuit people led nomadic lives _____ *recently.* (전치사 + 부사)

04 The shadow came _____ *behind* the wall. (전치사 + 전치사)

05 This medicine must be taken _____ *having* breakfast. (전치사 + 동명사)

06 We argued _____ *which of us was better at arguing.* (전치사 + 명사절)

07 You are lucky _____ _____ *you have an excellent teacher.* (전치사 + that절)

01 during은 _____에 대한 대답이고, for는 _____에 대한 대답이다. 02 전치사 다음에 _____가 오기도 한다. *cf.* consider[_____, _____, think of] A as B(A를 B로 여기다, 간주하다) describe/treat/refer to A as B(A를 B로 _____) ※전치사 as는 대개 '_____'와 '_____' 등으로 쓰이고 like는 '_____'으로 쓰인다. '~처럼'의 like는 두 개의 대상을 비교할 때 쓰는 _____(A≒B)이고, as는 동일 대상으로 보는 _____(A=B)이다. 04 전치사 다음에 전치사가 바로 오며 이를 _____라 부른다. 06 전치사 다음에 _____(간접의문문, 의문사절, 복합관계사절)이 올 수 있다. 07 _____ _____은 '~라는 점에서'라는 뜻이고 「전치사 + that절」의 다른 예로 _____ _____(~라는 점을 제외하고)이 있다.

수능 pick 1 ♦ [in which / in that]
Some repetition gives us a sense of security [**in which** / **in that**] we know what is coming next.
→ 선택지 다음에 완전한 구조를 가진 문장이 이어지므로 접속사 역할을 하는 that이 적절하다. in that은 「전치사 + 절」의 구조로 '~라는 점에서'의 뜻이다.

B 구전치사와 분사형 전치사 여러 개의 단어가 모여 하나의 전치사처럼 사용되는 것은 구전치사, 분사에서 온 전치사를 분사형 전치사라 한다.

01 Nobody can come and develop Africa _____ _____ _____ Africans. (~을 대표하여)

02 _____ _____ our lack of funds in the budget, we could not complete the research. (~때문에)

03 I am writing _____ your company's job offer. (~에 관하여)

04 _____ (that) he is 70 years old, he's still active. (~을 고려하면)

02 = _____ _____/on account of/_____ _____ 03 = concerning/_____ _____ [_____, _____] /in relation to/as to = about 04 = _____

Further Expressions
regardless of(_____) _____ (~에 따르면) in charge of(_____) _____ (~반해서, ~와 달리) _____ (~대신에) in comparison with(_____) _____ (~에 찬성[지지]하여) thanks to(_____) dependent on(_____) _____ (~의 견지에서) with a view to(_____) together with(_____) _____ (현재로) apart from(_____) in (the) case[event] of(_____) by means of(_____) including(~을 포함하여)

C 전치사와 접속사

01 _____ *the French Revolution*, many people were guillotined. (~ 동안에)
→ _____ the French Revolution *was happening*, many people were guillotined.

02 _____ *the fact that* he is short, he is an excellent basketball player. (~에도 불구하고)
→ _____ *he is short*, he is an excellent basketball player.

03 _____ _____ *the heavy rain*, the river swelled rapidly. (~때문에)
→ _____ *it rained heavily*, the river swelled rapidly.

01~03 _____ 다음에는 명사(구)가, _____ 다음에는 「주어 + 동사」를 포함한 _____이 온다. 01 during 다음에는 _____가 온다. 02 despite(= _____ _____ _____)에 이어서 절을 쓰려면 the fact that의 _____ 구조를 사용하고, 절로 전환하려면 「_____ [_____] 주어 + 동사」로 쓴다.

A 01 **last** _____ 02 _____ 마을 사람들 _____ 이상한 03 _____ 이누이트족 _____ 유목의 **recently** _____
04 _____ 그림자 06 **argue** _____ 07 **excellent** _____ 수능 Pick 1 ♦ **repetition** _____ 안정
B 02 **lack** _____ 예산 04 _____ 활동적인 C 01 _____ 혁명 **guillotine** _____ 02 _____ 사실
03 _____ 불다, 부풀다 **rapidly** _____

수능 pick 2

♦ [during / while]

Visitors are limited to two per patient [**during / while**] visiting hours.

→ 「while 주어 + be동사 + -ing」에서 주절의 주어와 같으면 주어와 be동사를 생략할 수 있지만, 여기서 visiting은 hours와 어울려 '방문 시간'이란 뜻의 명사 표현으로 during이 적절하다. 또한 「while + (주어 + be동사) + 형용사/전명구」 구문에서 주어와 be동사가 생략된 구문에 유의한다.

e.g. While young/in Switzerland, he became fond of climbing. (어렸을 때/스위스에 있는 동안 그는 등산을 좋아하게 되었다.)

D 전치사에 따라 뜻이 달라지는 표현

01 Lucy was very _____ _____ her job.   (~에 흥미가 있는)

It is something _____ _____ tattoos.   (~와 관련 있는)

Her parents were very _____ _____ her.   (~을 걱정하는)

02 The farmers were _____ _____ more rain.   (~을 열망하는)

The drought made the farmers _____ _____ their crops.   (~을 걱정하는)

03 The exports _____ _____ coffee, pepper, and coconuts.   (~로 구성되다)

The wealth of the nation _____ _____ its labor force.   (~에 있다)

04 Social media addiction can _____ _____ stress.   (~에서 비롯되다, 기인하다)

Stress can _____ _____ social media addiction.   ((결과적으로) ~가 되다, 초래하다)

05 The rule _____ _____ international students only.   (~에 적용되다)

My dad talked about _____ _____ American universities.   (~에 (지원자로) 지원하다)

Don't forget to _____ _____ scholarship opportunities!   (~을 (얻기 위해) 신청하다)

01 = interested in, = _____ _____   02 = _____, = _____, = worried about 03 = _____ _____
_____ = _____ _____, = _____, = _____ _____ 04 = be caused by, = cause
~ to happen ※laugh at(_____) laugh with(_____) _____ _____ (~로 알려져 있다) be known
for(_____) _____ _____ (~에게 알려져 있다) _____ _____ _____ (~에 의해 알 수 있다)

E 전치사 to를 포함하는 주의해야 할 표현

01 _____ *saying* _____ *doing* is a long step.   (A에서 B까지)

02 He never _____ (_____) *being* embarrassed.   (~을 인정하다)

03 We are _____ _____ _____ *seeing* you there.   (~을 기대하다)

04 He decided to _____ _____ _____ *writing*.   (~에 전념하다, 몰두하다)

05 I _____ still not _____ _____ *wearing* contact lenses. (~에 익숙해지다)

06 _____ _____ _____ *finding* a partner, first impressions count. (~에 관해서라면)

07 _____ _____ _____ *soaking* up the sun, you can also snorkel and fish. (~ 외에도)

01 from -ing to -ing에서 to 다음의 _____ 에 유의한다. 02 _____ 를 생략할 수 있다. 04 devote [dedicate, commit] A to B(-ing)
가 수동태가 될 때도 to가 _____ 임에 유의한다. 05 be used to(= get[become, grow] _____[_____] to) cf. 「be used
to + _____」(~하기 위해 이용되다) 07 in addition to(= beside) cf. besides는 부사(게다가) 외에 _____(= beside)로도 쓰일 수 있다.
※_____ _____ (~를 기대하다) _____ _____ (자백하다) contribute
to -ing(_____) object to(= be opposed to) -ing(_____) be[get] close[closer, closest] to -ing(_____, _____)
come[be] close to -ing(_____ (문맥에 따라 '~에 근접하다')) with a view to -ing(_____)

수능 pick 3

♦ to [do / doing]

The Superhero Walkathon is held to support a charity dedicated to [**grant / granting**] the wishes

of terminally ill children. 모의기출응용

→ '~에 헌신하다[바치다]'의 의미인 _____ A to B(_____)의 수동형인데, a charity와 dedicated 사이에 which is가 생략된 구조
이므로 _____이 적절하다.

수능 Pick 2 ♦ limit _____ 환자 **visiting hours** _____ D 02 _____ 가뭄 **crop** _____ 03 _____ 수출(품)
pepper _____ 부 _____ 노동력 04 _____ 중독 06 _____ 장학금 **opportunity** _____
E 02 _____ 당황한 06 **first impression** _____ **count** _____ 07 **soak up the sun** _____ _____ 스노클링하다
수능 Pick 3 ♦ **hold** _____ 지원하다 **charity** _____ **grant a wish** _____ _____ 말기의

A 다음 빈칸에 알맞은 말을 쓰시오.

1 전치사 뒤에는 다양한 품사, 어구와 절 등이 다양하게 올 수 _____.

2 considering, including, given 등도 _____로 사용될 수 있다.

3 [during / while] in New York에서 답은 _____이다.

4 '~에 (지원자로) 지원하다'는 apply _____를 쓴다.

5 「object to, be devoted to, in addition to + _____],를 쓴다.

B 다음 문장의 해설을 완성하시오.

1 The crop circle looks like a flower when viewed from above.
　↳ from above은 「전치사 + 전치사」로 _____로 불린다.

2 Life is not about what happens to you but about how you react to it.
　↳ 전치사 about의 목적어로 _____이 오고 있다.

3 Nelson Mandela earned his law degree while in prison.
　↳ while 다음에 주어(_____)와 동사(_____)가 생략된 형태로 _____으로 바꿔 쓸 수 없다.

4 Soft inside organs like brains and hearts are protected by skeletons.
　↳ like는 _____로 '~처럼', '~같은'이란 뜻으로 쓰였다.

5 It appears that they are dedicated to help refugee families.
　↳ dedicate A to B(-ing)의 수동태로 _____를 _____으로 고쳐야 한다.

C 우리말과 일치하도록 괄호 안의 말을 이용하여 영작과 해설을 완성하시오.

1 당신을 책임지는 유일한 사람은 당신입니다. (responsible)
　The only person who _____ _____ _____ you is you.
　↳ '~을 책임지는'이란 뜻의 responsible이 있는 구전치사를 쓰면 _____ _____ _____이다.

2 여행 프로그램은 기상 조건에 따라 바뀔 수도 있습니다.
　The tour program can be flexible _____ _____ the weather conditions.
　↳ '~에 따라[따르면]'라는 뜻의 구전치사는 _____ _____이다.

3 용기는 두려움과 자신감에 관한 평균이다. (respect)
　Courage is a mean _____ _____ _____ fear and confidence.
　↳ '~에 관한'이란 뜻의 respect가 들어가는 구전치사는 _____ _____ _____이다.

4 의사들이 말하는 것과는 달리 설탕은 여러분에게 그렇게 나쁘지 않습니다.
　_____ _____ what doctors say, sugar isn't that bad for you.
　↳ '~와 달리, ~에 반해'라는 뜻의 구전치사는 _____ _____이다.

5 저의 동료들을 대표해 저는 이 상을 받습니다.
　I accept this award _____ _____ _____ all of my colleagues.
　↳ '~을 대표하여'라는 뜻의 구전치사는 _____ _____ _____이다.

B **1 crop circle** 크롭 서클(곡물 밭에 나타나는 원인 불명의 원형 무늬) **2 react** 반응하다 **3 earn** 취득하다, 벌다 **degree** 학위 **5 refugee** 피난민
C **2 flexible** 바꿀 수 있는, 유연한 **5 accept** 받다, 수락하다 **colleague** 동료

D 다음 〈보기〉에서 알맞은 것만 골라 문장을 완성하시오. (주어진 단어를 그대로 쓸 것, 중복 사용 안 됨)

보기	as	about	to	for	in
	result	consists	apply	known	anxious

1 The art of a child _____ creativity and invention.

2 After the heavy snow, we are all _____ avalanches.

3 Last year, thousands of migrants _____ asylum in the 28 member states of the EU.

4 The complicated interaction between our genes and our environment _____ our character.

5 Cesaria Evora was _____ her rich voice and her songs of lost love.

E 각 괄호 안에서 어법상 올바른 것을 고르시오.

1 Q: If diamond is the hardest material, what is used to [cutting / cut] diamond?
A: Diamond.

2 You can't sneeze in your sleep [because of / because] the brain shuts down the reflex.

3 [Considering / Considered] the condition of the bike, it was a good trade.

4 I look forward to [stay / staying] in the position of CEO for a while.

5 Before you go to bed, commit to [reflect / reflecting] on things that you were afraid to do.

F 밑줄 친 부분 중에서 어색한 것이 있으면 고치시오.

1 Kyle devotes himself to focus on marathons.

2 During in Boston, we visited Bunker Hill, a famous battle site.

3 Nearly 20 percent of workers admit taking office supplies for personal use.

4 Despite being tempted to quit his job, John decided to hang in there.

5 In addition to be the school disciplinarian, he was also known as the basketball coach of the school.

D 2 avalanche 눈[산]사태 3 migrant 이주자 asylum 망명, 보호 시설 state 국가 4 complicated 복잡한 character 성격 E 2 shut down 폐쇄하다 reflex 반사 작용 3 condition 상태 trade 거래 5 reflect on 되돌아보다 F 1 focus on 집중하다 2 battle site 전투 현장 3 office supplies 사무용품 personal 사적인 4 hang in 버티다, 견디다

A 다음 각 [ ]에서 어법에 맞는 표현을 고르시오.

1 Your body language [is mattered / matters] when it comes to [convincing / convince] others in public speaking.

2 Life is like [to do / doing] push-ups. You can't go up unless you push [you / yourself] up.

3 If you devote yourself to [get / getting] rid of the fear of failure, you need not [to prepare / prepare] for failure.

4 [Unlikely / Unlike] Dufresne, after [escaping / escaped], Hatlen couldn't adjust to a new life.

5 Some shelter dogs not used to [be / being] around people [being / are] not suitable for families with children.

6 [While / During] his stay in Gordium, Alexander [cutting / cut] the Gordian Knot with a swoosh of his sword.

7 In 18th-century England, only the rich [were / was] able to have pineapples [because / because of] it was expensive to import them.

8 [Thanks to / Contrary to] everyone's thinking, the guitarist conquered his illness, [walking / walked] up on the stage.

B 밑줄 친 부분 중에서 어색한 것이 있으면 고치시오. (정답 최대 2개)

1 <u>Most</u> natural sounds <u>are composed of</u> more than one frequency.

2 We can often be our own enemies <u>in what</u> we allow ourselves to hold onto thoughts that <u>hurting</u> us.

3 When it comes to <u>feed</u> your mind and body, it is better to prepare food with fresh ingredients and to serve <u>them</u> with love.

4 How much time do you think <u>that</u> your parents dedicated themselves <u>to raise</u> you?

5 <u>Though</u> her foot pain, Lisa had a smile on her face, her classmates <u>shouting</u>, "Go, Lisa! Go! Go!"

6 As he came closer <u>to prove</u> his theories, he was eager <u>to install</u> a security system in the lab.

7 The Traffic Safety Administration made cellphone use from talking hands-free to <u>texting</u> <u>illegally</u> in all states.

8 When extreme weather events <u>result from</u> natural disasters, we tend to <u>immediately</u> blame climate change.

A 1 **matter** 중요하다 **convince** 설득하다 **public speaking** (대중) 연설 2 **push-up** 팔 굽혀 펴기 3 **get rid of** 없애다 **fear** 두려움 4 **adjust to** ~에 적응하다 5 **suitable** 적합한 6 **stay** 체류 **swoosh** '휙' 하는 소리[모양] 8 **conquer** 극복하다, 정복하다 B 2 **enemy** 적 **hold onto** 매달리다, 꼭 잡다 3 **ingredient** 재료 **serve** (음식을) 차리다 5 **go** 파이팅 6 **theory** 이론 **install** 설치하다 **lab** 연구실(laboratory) 7 **Traffic Safety Administration** 교통안전국 8 **extreme** 극심한 **natural disaster** 자연 재앙

C 다음 글을 읽고, 물음에 답하시오.

As a way of expressing gratitude, Jackie gave Kane all the money that she had **(a)** _____ her. Then, her husband, Ray Dimitri, started a GoFund Page to collect money for Kane. As **(b)** _____ mid-morning Friday, approximately $125,000 had been donated. Over the weekend, he spoke **(c)** _____ Kane about what he was planning to do **(d)** _____ the donations and came to know that he had a firm plan to make it happen.

*gratitude: the feeling of being thankful

1 Dimitri에 관한 윗글의 내용과 일치하면 T, 그렇지 않으면 F에 체크하시오.

　1 아내를 위한 기금을 모금하기 위해 GoFund Page를 시작했다. 　　□ T 　□ F

　2) Kane이 확실한 계획을 가지고 있다는 것을 알게 되었다. 　　□ T 　□ F

2 주관식 윗글의 (a)~(d)에 들어갈 말이 나머지와 다른 것의 기호를 쓰고 그 단어를 쓰시오.

_____

D 다음 글을 읽고, 물음에 답하시오.

We are accustomed to using blankets to make ourselves warm. So we may be shocked to see blankets used to keep ice cold and to stop it from melting. Since we expect that a blanket will invariably make something warm, we think that it must warm ice, too. But a blanket prevents heat from passing through one side of it to the other. Therefore, it keeps the heat of the body from passing into the colder air that surrounds it, which **(A)** 공기의 열이 보다 차가운 공기로 전달되지 못하게 한다. 수능기출

1 blanket에 관한 윗글의 내용과 일치하면 T, 그렇지 않으면 F에 체크하시오.

　1) 얼음을 차게 유지하는데 사용될 수 있다. 　　□ T 　□ F

　2) 열이 한 쪽면을 통해서 다른 쪽으로 이동하는 것을 돕는다. 　　□ T 　□ F

2 주관식 윗글의 (A)와 같은 뜻이 되도록 주어진 〈조건〉에 맞게 영작하시오.

> 〈보기〉 the heat, prevent, of the air, pass, from, into the colder ice
> 〈조건〉 1. 주어진 단어를 모두 쓸 것
> 　　　 2. 필요시 어형 변화 할 것

_____

C **express** 표현하다 **gratitude** 감사(하는 마음) **approximately** 거의 **firm** 단호한, 확실한 D **shocked** 충격을 받은 **invariably** 언제나, 변함없이

CHAPTER 12 전치사 101

A 등위접속사 두 가지 이상의 문장 요소를 대등하게 이어주는 역할을 한다.

01 Fear _____ creativity don't mix.   (나열)

02 *Go* straight, _____ (_____) you will see a scarecrow.   (명령문 and)

    cf. Come out right now _____ *walk* the dog.

03 She enjoys swimming in the ocean _____ not in a pool.   (대조)

04 It's somebody's birthday somewhere, _____ I eat cake.   (결과)

05 A: Is it Thursday _____ Friday today?　B: It's Monday.   (선택)

06 *Be* nice to the dog, _____ (_____) it'll bite you.   (명령문 or)

    cf. Take the subway _____ *hail* a taxi.

07 Switzerland is not in the EU, _____ _____ _____ a member of NATO.   (부정의 연속)

08 There were few visitors, _____ it rained for hours.   (이유)

09 He is eighty-eight, _____ he does chin-ups regularly.   (역접)

01 단어와 단어를 _____ 하게 연결한다. 02 「명령문 and ~」에서 and는 '_____'이란 뜻이다. → _____ _____ straight, you'll see a scarecrow. *cf.* 「명령문 and 명령문」 구문으로 and 다음에 주어가 없을 경우 해석에 유의한다. 03 어구와 어구를 _____ 으로 연결한다. 04 절과 절을 _____ 과 _____ 로 연결한다. 05 둘 중 하나를 _____ 할 때 사용한다. *cf.* 「명령문 or 주어 ~」에서 or는 '_____'의 뜻이다. → _____ _____ _____ nice to the dog, it'll bite you. *cf.* 「명령문 or 명령문」 구문에서 or 다음에 주어가 없을 경우 해석에 유의한다. 07 _____ 표현에 이어 연속적으로 두 문장을 연결하는 접속사 역할을 하며, _____ 다음에는 주어와 동사의 _____ 가 일어난다. (▶Unit 21 강조와 도치 참조) 08 주절을 보충 설명하며 _____ 에 쓰이지 않는다. 09 _____ 과 쓰임이 비슷하나 놀라움이 가미되어 있다. yet은 _____ 로도 쓰여서 '_____ _____ _____ he does chin-ups regularly'로 바꿔 쓸 수 있다.

PLUS or의 다양한 쓰임

You should bundle up, **or** you'll freeze.

→ 명령문의 형태가 아니더라도, 권유·충고·금지 등의 의미가 있으면 '_____(or else)'이라고 해석한다.

Siam, **or** Thailand, is known as a Buddhist country.

→ 앞의 표현을 부연 설명하는 _____ 으로 사용되어 _____(_____)이라는 뜻이 있다.

수능 pick 1 ♦ S V by -ing, -ing or [V / -ing]

In the Metro, you have to open the doors yourself by pushing a button, depressing a lever, or [**slide** / **sliding**] the doors open. `수능기출`

→ _____ 를 기준으로 pushing a button, depressing a lever와 _____ 를 이루어야 하기 때문에 _____ 이 적절하다. 병렬구조는 해석으로 풀어야 한다.

B 상관접속사 등위접속사의 일종으로 짝으로 이루어진 접속사이다.

01 The main character is _____ likable _____ realistic.   (A와 B 둘 다)

02 Voting is _____ _____ our right, _____ it is (_____) our power.   (A뿐만 아니라 B도)

    → Voting is our power _____ _____ _____ our right.

    → Voting is _____ _____ our right; it is our power.   (세미콜론 = but)

03 I never lose. I _____ win, _____ I learn.   (A 또는 B)

04 Your performance was _____ perfect _____ wonderful.   (A 또는 B 둘 중 하나도 아닌)

    cf. Your performance was _____ perfect _____ wonderful.

01 A and B보다 _____ 의 의미를 나타낸다. 02 = not [just/merely/simply/alone] but (also) B 또는 not only ~ B as well[too] = B as well as A 이며 수일치는 _____ 에 한다. (▶Unit 20 수일치·시제일치 참조) / but을 생략하고 _____ 을 쓰기도 한다. 04 nor는 _____ 와 어울린다. *cf.* never A or B도 유사하게 쓰이며 never ~ nor가 아님에 유의한다.

A 01 _____ 두려움 _____ 창의력 _____ 섞이다 02 **scarecrow** _____ 03 _____ 바다 06 **bite** _____ _____ 부르다, 외치다 07 _____ 유럽연합(Europe Union) **NATO** 북대서양 조약 기구(North Atlantic Treaty Organization) 09 _____ 턱걸이 **regularly** _____ PLUS **bundle up** _____ 얼어 죽다 _____ 불교의 수능 Pick 1 ♦ _____ (파리·마드리드·몬트리올 등의) 지하철 _____ 내리누르다 _____ 옆으로 밀다 B 01 **main character** _____ _____ 호감이 가는 **realistic** _____ 02 _____ 투표(하기) 04 _____ 공연

102

수능 pick 2

♦ [neither / nor]

He was not very good at his work, [**neither** / **nor**] did he seem to improve.

→ _____ 는 _____ 역할을 하므로 두 문장을 연결할 수 있지만 _____ 는 _____ 역할을 하지 않는다. 따라서 _____ 가 적절하다.

C 명사절 접속사 that, if / whether가 명사절을 이끌어 주어, 목적어, 보어로 쓰인다.

01 _____ is true (_____) the best things are the most difficult.　　　　(진주어)

02 A thief thinks (_____) every man steals.　　　　(목적어)

03 The problem is (_____) you think you have time.　　　　(보어)

04 The chief thought _____ strange (_____) it didn't rain.　　　　(가목적어 – 진목적어)

05 Where's *the proof* _____ he played a fixed game?　　　　(동격)

06 _____ he leaves _____ _____ isn't important to me.　　　　(주어)

07 We can't say _____ [= _____] your plan was right (_____ _____).　　　　(목적어)

08 The real question is _____ _____ _____ he feels guilty.　　　　(보어)

09 He asked the girl *about* _____ she'd been naughty or nice.　　　　(전치사의 목적어)

01~03 접속사 that이 명사처럼 쓰여서 _____, _____, _____ 역할을 할 수 있다. 01 that절이 주어로 쓰일 때는 -_____ 구문으로 주로 쓰인다. 04 that 이하가 _____ 이다. 05 앞의 표현을 재진술하는 _____ 으로 쓰이며 완전한 구조의 문장이 온다는 점에서 _____ that과 다르다. e.g. the news/fact/rumor/chance[possibility, likelihood] that 등이 있으며, a lot of evidence that처럼 수식어가 붙기도 한다. 06~09 whether는 의문사처럼 _____, 전치사 및 동사의 _____, _____ 자리에 쓰이고 _____ 와도 결합할 수 있으나, if는 주로 _____ 자리에 쓰인다. 06 whether는 _____ 자리에 쓰이나 if는 그렇지 못한다. 단, _____ – _____ 구문은 가능하다. e.g. It doesn't matter if it comes. 07 _____ 자리의 whether와 _____ 는 바꿔 쓸 수 있다. 08 _____ 자리에 _____ 가 오는 경우는 드물며 _____ 가 주로 쓰인다. 또한 _____ 는 or not과 나란히 쓸 수 있다. 09 전치사의 목적어는 _____ 만 쓸 수 있다.

수능 pick 3

♦ [that / whether]

Baylor University researchers investigated [**that** / **whether**] different types of writing could ease people to sleep.

→ _____ · _____ 일 때는 that을 _____ · _____ 일 때는 whether를 쓰므로 _____ 가 적절하다. 즉, 잘 모르는 상황에서는 _____ 가 잘 어울린다. (ask, wonder, doubt, don't know, want to know, not sure[certain] 등)
e.g. I know _____ he is happy. (_____ : 그가 행복하다는 것을 알고 있다.) / I don't know _____ he is happy.
(_____ : 그가 행복한지 모르겠다.)

D 명사절 접속사 의문사절 의문사가 명사 역할을 하여 주어, 목적어, 보어로 쓰인다.

01 _____ he became a monk is a mystery.　　　　(주어)

02 Can you explain _____ the object of a preposition is?　　　　(목적어)
　　cf. _____ do you think the best form of government is?　　　　(주어 – 간접의문문)

03 He asked me _____ animals I hunted in Africa.　　　　(간접목적어)

04 The question is _____ you parked our car.　　　　(보어)

05 Take a second to think about _____ blessed you are.　　　　(전치사의 목적어)

01~05 의문사가 명사처럼 쓰여서 _____, _____, _____, _____ 역할을 할 수 있다. 02 *cf.* 주절에 _____ (think, believe, guess, suppose 등)이 올 때 묻고자 하는 것이 _____ 이면 의문사가 _____ 로 이동한다. *cf.* A: Can you guess how many people there are in Seoul? B: Yes, I can. / A: How many people can you guess there are in Seoul? B: I don't know.

수능 pick 4

♦ ~ wh- [V S / S V] [O/×]

I asked a clerk **where did they have** books about computers. [O/×] 수능기출

→ 의문문이 문장의 일부가 된 _____ 으로 「의문사 + _____ + _____」 어순을 취하므로 _____ 를 _____ 로 고쳐야 한다.

수능 Pick 2 ♦ _____ 나아지다　C 02 _____ 도둑 04 **chief** _____　05 _____ 증거 _____ 짜고 치는 경기
09 _____ 버릇없는　수능 Pick 3 ♦ _____ 조사하다 **ease** _____　D 01 _____ 스님 02 **explain** _____
_____ 형태 _____ 정부 03 _____ 사냥하다 04 _____ 주차하다 05 **take a second** _____ _____ _____ 축복 받은

A 다음 빈칸에 알맞은 말을 쓰시오.

1 두 가지 이상의 문장 요소를 대등하게 연결하는 것은 _____접속사이다.

2 _____는 연속적으로 부정할 때 쓰이고 두 문장을 연결하는 역할을 한다.

3 not only A but also 구문에서 but 대신에 _____을 쓸 수 있다.

4 접속사 that은 주어, 목적어, 보어, _____, 동격 역할을 할 수 있다.

5 진술 내용이 확실하고 단정적일 때 접속사는 _____을 쓴다.

B 다음 문장의 해설을 완성하시오.

1 The problem is that you know nothing.
↳ that은 완전한 구조의 문장을 이끌며 _____ 역할을 하고 있다.

2 Life is beautiful but not always easy.
↳ 대조적인 개념이 이어지므로 _____을 나타내는 접속사 _____이 쓰였다.

3 I am not very good at dancing, so is my mom.
↳ 부정문에 이어 '~도 그렇지 않다'는 내용으로 _____를 _____로 고쳐야 한다.

4 There are napkins as well as disposable paper plates.
↳ There are _____ only disposable paper plates _____ also napkins.로 바꿔 쓸 수 있다.

5 I believe the fact that men never grow up, but they just get bigger.
↳ that은 _____를 재진술하는 _____로 사용되었다.

C 우리말과 일치하도록 영작과 해설을 완성하시오.

1 많은 경우에, 거짓말은 작게 시작하지만 점점 커진다.
In many cases, the lies start small _____ escalate.
↳ 대조적인 개념이 이어지므로 등위접속사 _____을 쓰면 된다.

2 그녀는 매우 지쳐보였고, 자신의 약을 먹고 싶지 않아 했다.
She looked exhausted _____ didn't want to take her medications.
↳ 대등한 관계의 내용이 이어지므로 접속사 _____를 쓰면 된다.

3 항생 물질은 미생물을 죽이거나 그것들이 번식하는 것을 막는다.
Antibiotics _____ kill microorganisms or stop them from reproducing.
↳ or가 중간에 있으며 '_____'라는 의미로 _____가 적절하다.

4 행복한 시간은 일시적이며, 가혹한 시간도 그렇다.
Happy times are temporary, and _____ _____ harsh times.
↳ be동사가 있는 긍정문에 이어 '~도 그렇다'는 내용으로 _____ _____를 쓰면 된다.

5 문제는 우리가 그 새로운 기술을 받아들일 준비가 되어 있는지 아닌지이다.
The question is _____ or not we are ready to embrace the new technology.
↳ 불확실성을 표현하면서 '_____'의 뜻으로 or not과 나란히 쓸 수 있는 _____를 쓰면 된다.

B **5 grow up** 철이 들다, 자라다   C **1 case** 경우 **escalate** 점점 확대[증가]하다 **2 exhausted** 매우 지친 **medication** 약 **3 microorganism** 미생물 **stop ~ (from) -ing** ~가 …하는 것을 막다 **4 temporary** 일시적인 **harsh** 가혹한 **5 embrace** 받아들이다, 포용하다

D   다음 〈보기〉에서 알맞은 것을 찾아 문장을 완성하시오.

보기	that	not	if	or	either

1 Individuals can join the Army ＿＿＿＿＿＿＿ National Guard with a score of 31.

2 Who cares ＿＿＿＿＿＿ your house is clean or not?

3 ＿＿＿＿＿＿ only do we have a right to be happy, but we have an obligation to be happy.

4 However, we thought ＿＿＿＿＿＿ the relationship was getting back on track.

5 Cloud particles can be ＿＿＿＿＿＿ liquid or solid, and they can be small or large.

E   다음 각 [ ]에서 어법에 맞는 표현을 고르시오.

1 He thought [this / it] tragic that many innocent citizens were killed.

2 We were not informed of any specific plans, [or / nor] did anyone seem to care.

3 Choose, [and / or] others will choose for you.

even though는 확실한 사실,
even if는 불확실한 사실을 표현해요.
(▶Unit 19 B 참조)

4 [Whether / If] or not I had my own room was important even though it was messy.

5 Try running through the city and then [make / making] use of what nature offers with friends.

F   밑줄 친 부분 중에서 어색한 것이 있으면 고치시오.

1 Whether you are laughing or crying doesn't matter to me.

2 Do you consider it strange if I don't like to travel?

3 Did you know what all cows are female? Males are called bulls or steer.

4 I felt bad because Mr. Plumb neither recognized me or remembered my name.

5 M: Keep her in the corner, or you'll win this fight.
    W: Got it. Anything else, Coach?

D 1 **National Guard** (미) 주(州) 방위군 3 **right** 권리 **obligation** 의무 4 **back on track** 정상 궤도에 다시 들어선 5 **particle** 입자   E 1 **tragic** 비극의 **innocent** 무고한, 순진한 2 **inform A of B** A에게 B에 대해서 통보하다[알리다] **specific** 구체적인 5 **make use of** 이용하다 **offer** 제공하다   F 3 **cow** 암소 **bull** 황소(큰 수소) **steer** (거세한) 수소

A 시간을 나타내는 접속사

01 Find your patience _____ I lose mine. (~하기 전에)

02 Shortly _____ you (had) left, a deliveryman came. (~한 후에)

03 The eyes are useless _____ the mind is blind. (~할 때[~한 경우에])

   cf. I'll give it to you _____ you say, "Please." (~하면)

04 You can't hum _____ (you are) holding your nose closed. (~하는 동안)

05 She told us a scary story _____ we walked down the street. (~하면서, ~할 때)

06 I haven't studied math _____ I was a 2nd grader. (~이후로)

07 Blueberries will not ripen _____ they _____ picked. (~할 때까지)

08 _____ you choose hope, anything's possible. (일단 ~하면, ~하자마자)

09 _____ _____ _____ the bell rings, the test will begin. (~하자마자)

10 _____ I think of the future, I see you. (~할 때마다)

11 _____ people realize your worth, you'll be worth more. (~할 무렵)

02 전후 관계가 명백한 경우에는 _____ 시제가 과거완료를 대신한다. 03 cf. when이 if의 의미로 '_____'이라고 해석될 때도 있다. 04 부사절의 _____와 _____는 주절의 주어와 같을 때 생략될 수 있다. 이때 남은 분사의 태에 주의한다. ※because는 제외 (▶B 01번 참조) 06 since절이 과거이면 주절은 주로 _____형이 온다. 07~09 시간 부사절에서 _____형이 미래를 의미한다. 09 = _____ _____ [_____ / _____ / _____] / _____가 접속사 역할을 할 수 있다. 10 = _____ _____ [_____ _____]

B 이유 · 조건 · 양보의 접속사

01 I stole the bread _____ (I was) starving. (~때문에)

02 _____ you say so, I will believe it. (~이니까)

03 _____ he was exhausted, he fell down on the bed. (~때문에, ~해서)

04 _____ (_____) you mention it, she has seemed depressed lately. (~이니까)

   cf. He was lucky _____ _____ he had trustworthy friends. (~라는 점에서)

05 _____ food is mixed with saliva, you can't taste it. (~하지 않는다면)

06 _____ you tell the truth, you don't have to remember anything. ((만약)~한다면)

07 Failure is good _____ _____ it doesn't become a habit. (~하는 한)

   cf. Her hair is _____ _____ _____ mine. (원급비교: ~만큼 긴)

08 The verb is plural (just) _____ _____ (_____) the subject is plural. (~한 경우에 (대비해서))

09 _____ _____[=_____] a tongue has no bones, it can break a heart. (비록 ~일지라도)

10 Speak the truth _____ _____ your voice shakes. ((설령) ~일지라도)

11 People change all the time _____ you like it _____ not. (~이든 아니든)

01~03 _____에는 청자가 알지 못하는 이유가 오고, _____와 _____는 청자가 아는 이유가 오며 서로 바꿔 쓸 수 있다. 01 because절의 주어와 be동사는 주절의 주어와 같을지라도 _____할 수 없다. 04 Now that은 '_____'의 의미로 _____은 생략할 수 있다. 05 Unless는 _____ ~ _____으로 바꿔 쓸 수 있다. → _____ the food _____ mixed with saliva, you can't taste it. 06 실현 가능성이 있는 경우의 _____ 조건에는 if는 가정법 if처럼 시제일치의 예외에 적용되지 않는다. (▶Unit 09 if 가정법 참조) 07 as long as가 _____로 쓰일 수도 있고, _____ 표현에도 쓰일 수 있다. 09 = _____ cf. _____ [_____]는 '마치 ~처럼'의 의미이다. 09~10 even if는 _____ 사실을, even though는 _____ 사실을 표현할 때 쓴다. e.g. Even though[Even if] he was born in America, he's Korean. while에도 _____의 의미가 있다. 11 whether는 _____뿐만 아니라 _____도 이끌며, 이 때 _____가 주로 따라 나온다.

A 01 _____ 인내심 02 deliveryman _____ 03 _____ 앞을 볼 수 없는 04 _____ 콧노래를 하다 05 _____ 무서운 06 _____ 학년 07 _____ 익다 pick _____ 11 _____ 알아차리다 _____ 가치; 가치 있는 B 01 starve _____ 03 _____ 매우 지친 04 depressed _____ 05 _____ 타액 taste _____ 07 _____ 실패 08 verb _____ 복수의 _____ 주어 10 _____ 진실 _____ 떨리다 11 all the time _____

수능 pick 1

♦ If you [will send / send], ~

If you **will send** your reply to me, I shall appreciate it very much. EBS수능완성

→ 부사절 If에도 주어의 _____ · 의향을 나타내면 _____ 을 쓸 수 있다.

C 목적·결과의 접속사

01 He lit the fire _____[_____ _____] _____ everybody *could* relax. (~하기 위해서, ~하도록)

02 The burglar wore gloves(,) _____ (_____) he left no fingerprints. (그 결과, 그래서)

03 Her smile was _____ *beautiful* (_____) my heart nearly stopped. (매우 ~해서 …하다)

→ _____ beautiful _____ _____ _____ _____ my heart nearly stopped. (도치)

04 He's _____ *a mean man* _____ nobody wants to be with him. (매우 ~해서 …하다)

→ _____ a mean man _____ _____ _____ nobody wants to be with him. (도치)

05 The experience *was* _____ _____ I cannot put it into words. (~은 …할 정도이다)

→ _____ _____ _____ _____ _____ I cannot put it into words. (도치)

01 _____ 을 나타내는 that절에는 조동사(_____, _____, _____)가 자주 쓰인다. _____ 에서 that 은 생략이 가능하지만 _____ 은 그렇지 않다. 02 _____ 를 나타내는 콤마(,) so that에는 조동사가 없는 경우도 있다. 한편 콤마(,)와 that이 둘 다 생략되면 등위접속사 so와 쓰임이 유사하다. 03 「so + _____/_____ + that ~」 구문으로 쓰이며 so 대신 _____ 를 쓰지 않는다. 04 「such + _____ + _____ + _____ + _____ ~」 구문으로 쓰인다. 05 「be동사 + such that」도 _____ 를 나타낸다. 03~05 so, such가 문두로 이동되면 _____ 가 된다. (▶Unit 21 강조와 도치 참조)

D 접속부사

01 I am Mr. Lee from Jeonju. _____, I am proud. (따라서)

02 I don't like salads. _____, I like vegetables. (하지만)

03 You can use any two colors. _____ _____, red and yellow. (예를 들면)

04 Your dog got into my yard. _____ _____, he tore up my tent. (게다가)

05 You're my friend; _____, I feel that you're a stranger. (그럼에도 불구하고)

06 They returned home. _____, I went home. (마찬가지로)

07 Stop making that noise. _____, I'll call the police. (그렇지 않으면)

08 The railroad connects two cities, _____, Paju and Seoul. (즉)

09 Well, _____ _____ _____, what is the message you are trying to say? (요컨대)

10 _____ _____, the rumor was true. (사실)

01~10 접속부사로 두 문장을 연결하려면 _____ 을 써야 한다. 01 인과: _____, _____, accordingly(_____) _____ _____ _____ (결과적으로) in conclusion(_____) consequently, _____ _____ _____ (결과적으로) 02 역접: _____ (대신에, 오히려), _____ (정반대로) 03 예시: _____ _____, _____, such as(_____) 04 첨가: _____, additionally, _____, _____, what is more(_____) above all(_____) 05 양보: _____, notwithstanding(_____) 06 비교·유사: _____ _____, _____ _____ _____ (유사하게), in the same way, _____ _____ (같은 방법으로), in[by] comparison(_____) 07 조건: _____ _____ 08 부연: _____ _____ (_____), _____ (즉) in other words(_____) 09 요약: _____ _____, _____ _____, in a word, in essence, _____ _____, in a nutshell, _____ (요컨대) 10 강조: indeed(_____), _____ _____, a matter of fact(_____)

수능 Pick 1 ♦ **reply** _____ 고맙게 여기다 C 01 _____ 불을 피우다(-lit-lit) _____ 편히 쉬다 02 _____ 도둑 **fingerprint** _____ 03 **nearly** _____ 04 _____ 야비한 05 _____ 경험 **put ~ into words** _____ D 04 _____ 마당 **tear up** _____ 08 _____ 연결하다 10 _____ 소문

◀ Grammar Practice ▶

A 각 괄호에서 알맞은 말을 고르시오.

1 시간을 나타내는 접속사에는 while, since, until, _____ _____ _____ 등이 있다.

2 _____ _____은 이유를 나타내는 접속사 역할을 한다.

3 _____ _____는 불확실한 사실을, _____ _____는 확실한 사실을 표현할 때 쓴다.

4 _____ ~ or not은 명사절 또는 부사절을 유도할 수 있다.

5 「so that + (조동사)」는 주로 _____을 표현할 때 쓴다.

B 다음 문장의 해설을 완성하시오.

1 While we are together, there are barriers between us.
↳ While이 '_____'의 뜻의 _____절 접속사로 쓰였다.

2 Pandora was so beautiful that no one could help loving her.
↳ '_____'의 의미인 「so ~ that...」 구문으로 _____를 나타낸다.

3 Lunar eclipses can only happen at night and when the moon is full.
↳ When이 '_____'의 의미로 _____절을 이끌고 있다.

4 I thought jellyfish were cute until I was stung by one.
↳ 주절의 주어와 부사절의 주어가 같으므로 _____ _____를 생략해도 된다.

5 _____ true friends say bad things to your face, bad friends say them behind your back.
↳ 좋은 친구들과 나쁜 친구들의 상반된 내용이 나오므로 _____절 접속사 _____이 적절하다.

C 우리말과 일치하도록 영작과 해설을 완성하시오.

1 대답하기 전에 두 번 생각하라.
Think twice _____ you answer.
↳ '~하기 전에'의 의미를 지닌 접속사 _____가 적절하다.

2 좀비가 우리의 버스로 들어오자마자 우리는 허둥대고 비명을 지르기 시작한다.
The _____ zombies enter our bus, we start to panic and scream.
↳ '~하자마자'의 뜻이면서 m으로 시작하는 _____를 쓰면 된다.

3 나는 내 생활이 다시 돌아올 수 있도록 악플러들을 고소할 것이다.
I will sue the haters _____ _____ _____ I can get my life back.
↳ 목적을 나타내는 3단어짜리 접속사 _____ _____ _____이 적절하다.

4 인간의 눈은 태어날 때부터 항상 똑같은 크기지만, 코와 귀는 계속 자란다.
Human eyes are always the same size from birth, _____ noses and ears continue to grow.
↳ 앞 문장과 역접을 나타내는 등위접속사 _____ 또는 _____이 적절하다.

5 일단 마음의 평화를 가지면, 여러분은 안에서부터 기분이 좋아집니다.
_____ you have inner peace, you feel good from within.
↳ '일단 ~하면'의 뜻을 가진 부사절을 이끄는 접속사 _____를 넣으면 된다.

B 1 **barrier** 장벽 2 **cannot help -ing** ~하지 않을 수 없다 3 **lunar eclipse** 월식 4 **jellyfish** 해파리(단·복동일형) **sting** 쏘다(-stung-stung) 5 **to one's face** 면전에서
C 2 **panic** 허둥대다; 공포 **scream** 비명을 지르다 3 **sue** 고소하다

D 다음 〈보기〉에서 알맞은 것을 찾아 문장을 완성하시오.

보기	because	whenever	as soon as	even though	if

1 Your mind is like a parachute. _____ you don't open it, it won't work.

2 England beat Germany 3-1 _____ some key players were injured.

3 _____ the party was over, she began to plan another one.

4 Lettuce grows well in the shade _____ it does not like direct sunlight.

5 _____ you make a promise, you have a responsibility to keep that promise.

E 다음 각 [ ]에서 어법에 맞는 표현을 고르시오.

1 [As though / Even though] bats are common, people rarely see them.

2 When using "[e.g. / i.e.]," you should not put "etc." at the end of the list.

3 Imagine your dream [even if / as if] it's already happening.

4 I consider Luxembourg unique [now that / in that] it is landlocked with no seaport.

5 You're not a failure [unless / if] you make yourself one.

F 밑줄 친 부분 중에서 어색한 것이 있으면 고치시오.

1 Usain Bolt made a false start <u>so that</u> he couldn't finish the race.

2 Even if I don't know when he <u>comes</u>, I'll treat him to dinner.

3 Jermaine took a picture of her while <u>pretending</u> to take a selfie.

4 Never look back unless you <u>will plan</u> to go that way.

5 <u>If</u> you're tidy or your workspace is chaotic, your desk may say a lot about you.

D **1 parachute** 낙하산 **work** 작동하다 **2 beat** 이기다 **injure** 다치다 **4 lettuce** 상추 **5 responsibility** 책임   E **1 common** 흔한 **rarely** 거의 ~않는
2 etc. 기타 등등(et cetera) **4 unique** 독특한 **landlocked** 육지로 둘러싸인 **seaport** 항구 도시 **5 failure** 실패(자)   F **1 make a false start** 부정 출발을 하다
3 take a selfie 셀카를 찍다 **5 tidy** 말쑥한 **chaotic** 무질서의, 혼돈의

A 다음 각 [ ]에서 어법에 맞는 표현을 고르시오.

1 It doesn't matter how [slowly / slow] you are as [much / long] as you keep going.

2 [To stop / Stop] telling people what you think and [starting / start] asking others what they think.

3 [Hang / Hanging] out with stupid people doesn't guarantee [whether / that] you're smart.

4 She knew it would take her entire life to pay for the treatment, [yet / for / so] she couldn't open the bill.

5 The slave thought [that / if] the lion felt [so / very] grateful that it didn't kill him.

6 I wondered [that / if] I could become a hero in a story, but now I guess [that / what] I would be a villain.

7 There is nothing [really / real] mysterious about robots. They are neither conscious [or / nor] intelligent.

8 [Despite / Although] the fact that Jupiter is the largest planet, Venus is a lot brighter [than / as] it is closer to the sun.

B 밑줄 친 부분 중에서 어색한 것이 있으면 고치시오. (정답 최대 2개)

1 Mass is <u>either</u> created nor destroyed <u>while</u> chemical reactions.

2 His spending and lifestyle <u>has changed</u> <u>because</u> of his early retirement in 1999.

3 The earthquake was <u>so</u> a terrible memory <u>that</u> it stayed with me even after we left Venezuela.

4 You never realize <u>however</u> weird you are until you have a kid who acts just <u>like</u> you.

5 Not just <u>expressed the students</u> their ideas, but the professors <u>did</u> theirs as well.

6 People reluctant to change think <u>whether</u> change is unnecessary or find a reason <u>why</u> they don't need to change.

7 <u>Whether</u> the line is short or long, <u>being</u> considerate by moving at the pace of the line.

8 Since then, NASA <u>has sent</u> astronauts to the moon to float outside spacecraft and <u>has lived</u> on the International Space Station.

A **3 guarantee** 보장하다 **4 treatment** 치료 **entire** 전체의 **5 grateful** 고마워하는 **6 villain** 악당 **7 conscious** 의식이 있는 **intelligent** 지능적인 **8 Jupiter** 목성 **Venus** 금성 B **2 retirement** 은퇴 **4 weird** 기이한 **5 express** 표현하다 **6 unnecessary** 불필요한 **7 considerate** 배려하는 **pace** 속도 **8 NASA** 미항공우주국(National Aeronautics and Space Administration) **float** 뜨다 **spacecraft** 우주선

C 다음 글을 읽고, 물음에 답하시오.

My wife and I were at Julie's house a few days ago. We saw her chatting on the phone while answering the doorbell, preparing supper, and changing her child's diaper. Many of us do the same when talking to somebody, so our minds are somewhere else. When this occurs, we not only lose much of the delight in what we are doing, but we also become by far less focused and effective. Suppose you are driving down the expressway **(A)** 영상 통화를 하거나 문자를 보내면서. You may be inviting a mishap. While doing something, simply concentrate on what you are doing.

1 윗글에 관한 내용과 일치하면 T, 그렇지 않으면 F에 체크하시오.

1) Julie는 통화를 하면서 아이의 기저귀를 갈았다. ☐T ☐F

2) 여러 가지 일을 동시에 하면서도 즐거움을 느낄 수 있다. ☐T ☐F

2 〔주관식〕 윗글의 (A)와 같은 뜻이 되도록 주어진 〈조건〉에 맞게 영작하시오.

〈보기〉 make a video call, text
〈조건〉 1. 본문에 쓰인 접속사로 시작할 것
2. 〈보기〉의 단어를 포함하여 7단어로 쓸 것
3. 필요시 어형 변화 할 것

D 다음 글을 읽고, 물음에 답하시오.

Some speakers every now and again check the time **(a) while** giving their speeches. They most likely do this **(b) since** they would prefer not to go over the time they are permitted. However, it is demonstrated **(c) that** when a speaker looks at his watch, many in the audience do the same thing. This turns into a distraction **(d) because** the audience isn't completely concentrating on the speech. So lay your watch on the table **(e) before** you or look at the clock in the back of the room.

1 윗글에 관한 내용과 일치하면 T, 그렇지 않으면 F에 체크하시오.

1) 일부 연사들은 할당된 시간을 맞추기 위해 서두르는 경향이 있다. ☐T ☐F

2) 청중들이 시계를 보면 대부분의 연사도 시계를 본다. ☐T ☐F

2 〔주관식〕 Read the following and answer each question.

Prepositions and conjunctions can be confusing since both of them are connecting words. The main difference between prepositions and conjunctions is that conjunctions connect two clauses or sentences while prepositions connect nouns or pronouns to other words. *preposition 전치사 *conjunction 접속사

1) Choose the one that's used differently from among (a)~(e). _____

2) Write the reason why you chose the answer for 1).
→ Because (e) _____ a(n) _____ to another word, and (a)~(d) _____
_____ _____.

C **chat** 잡담하다 **occur** 일어나다 **delight** 기쁨 **suppose** 가정하다 **expressway** 고속 도로 **make a video call** 영상 통화를 하다 **text** 문자를 보내다 **mishap** 사고, 불운 **concentrate on** ~에 집중하다　D **every now and again** 이따금 **likely** 아마 **permit** 허락하다 **demonstrate** 입증하다 **interference** 방해 **completely** 완전히 **lay** 놓다

A 수일치 주어의 수에 따라 동사의 수를 일치하는 것을 의미한다.

01 I think every person and place _____ interesting. (every A and B 단수동사)

02 I can't believe ten years _____ _____ since then. (시간[시간의 경과] – 복수동사)

  cf. The past ten years _____ not a lost decade. (시간[단일 개념] – 단수동사)

03 The EU says the number of fake notes _____ on the rise. (the number of – 단수동사)

  cf. The EU says a number of fake notes _____ in circulation. (a number of – 복수동사)

04 The majority of the villagers _____ illiterate. (the majority of 복수 – 복수동사)

  cf. The majority of the island _____ declared a national park. (the majority of 단수 – 단수동사)

05 A variety of foods _____ needed every day. (a variety of 복수 – 복수동사)

  cf. A variety of food _____ much better than a similar daily diet. (a variety of 단수 – 단수동사)

  cf. The variety of all things _____ pleasure. (the variety of – 단수동사)

06 Only a few people care. The rest _____ just curious. (the rest: 복수지칭 – 복수동사)

  cf. Why is my room cold, but the rest of the house _____ warm? (the rest: 단수지칭 – 단수동사)

07 The beautiful _____ as useful as the useful. *Victor Hugo* (the + 형용사: 추상명사)

01 every A and B는 _____ 취급한다. 02 *cf.* 시간·거리·무게·금액 등이 단일 개념으로 쓰이면 _____ 취급한다. 03 the number of(~의 수)는 _____, a number of(많은)는 _____ 취급한다. 04 the majority of _____ 명사/_____ 명사는 _____ /_____ 취급한다. 05 대개 a variety of _____ 명사/_____ 명사는 _____/_____ 취급한다. *cf.* The variety of(~의 다양성)는 _____ 취급한다. 06 the rest가 _____/_____ 를 지칭하면 _____/_____ 취급한다. 07 「the + 형용사」는 _____ 취급도 한다. (▶「the + 형용사」 다른 표현은 Unit 14 대명사·형용사·부사 참조) ※「many + a + 단수명사」, 「more than one + 단수명사」는 의미상 복수지만 _____ 취급한다. e.g. Many a man _____ present. (많은 사람들이 출석했다.) More than one person _____ hurt in the accident. (그 사고에서 한 명 이상의 사람이 다쳤다.)

Further Study 수일치에 주의해야 할 표현

The team _____/_____ going to win. (그 팀은 이길 것이다.)
→ team, _____, _____ 등의 집합명사는 단일체로 보면 _____ 를 개개인의 집합체로 보면 _____ 를 취하는 것이 원칙이나 구별이 점점 사라지고 있다.
Gold and silver _____ expensive. (금과 은은 비싸다.)
Trial and error _____ a problem-solving method. (시행착오는 문제 해결 방법이다.)
→ A and B에서 관계가 밀접하면 _____ 취급 그렇지 않으면 _____ 취급한다. 쉽게 말해, A and B를 _____ 로 바꿀 수 있는 경우는 _____ 취급, 바꿀 수 없는 경우는 _____ 취급한다.
These medicines are called antibiotics, which _____ "against the lives of bacteria." 모의기출
(이런 약은 '항생 물질'이라고 불리며, 이는 '박테리아의 생명에 대항하는 것'을 의미한다.)
→ 복수(항생 물질들)를 말하는 것이 아니라 표현된 _____·_____ (항생 물질)를 말하므로 _____ 가 적절하다.

수능 Pick 1

◆ the number of ~ [are / is]
The number of people that [**watches** / **watch**] commercials [**are** / **is**] decreasing. EBS수능완성
→ that 이하 관계사절의 선행사는 _____ 이므로 _____ 동사인 _____ 가 본동사의 주어는 _____ 이므로 _____ 동사인 _____ 가 적절하다.

B 상관접속사와 수일치

01 Both *French* and *English* _____ spoken in Quebec. (both A and B: 복수동사)

02 Either her sons or their *mom* _____ the dog every day. (either A or B: B에 일치)

03 Neither he nor his *friends* _____ come back from the forest. (neither A nor B: B에 일치)

04 Not only the lion but also *the bears* _____ escaped from the zoo. (not only A but also B: B에 일치)

  → *The bears* as well as the lion _____ escaped from the zoo. (B as well as A: B에 일치)

01 both A and B에서 A와 B가 불가산 명사일지라도 복수 취급한다. 04 not only[just = merely] A but (also) B는 B as well as A로 바꾸어 쓸 수 있다. (▶Unit 18 B 상관접속사 참조)

A 02 **lost** _____ 10년 03 _____ 가짜의 **note** _____ **on the rise** _____ **in circulation** _____
04 _____ 마을 사람 _____ 문명의 **declare** 05 _____ 일일의 **diet** _____ 자아내다
pleasure 06 _____ 궁금한 수능 Pick 1 ◆ _____ 상업 광고 B 02 **feed** 04 _____ 탈출하다

C 「부분표현 of + 명사」 주어 기본적으로 명사가 복수면 복수동사, 명사가 단수이면 단수동사를 쓴다.

01 All (of) the water _____ frozen. (all (of) 단수명사 – 단수동사)

   cf. All (of) the competitors _____ faced adversity. (all (of) 복수명사 – 복수동사)

02 One or both (of the) parents _____ from insomnia. (both (of the) 복수명사 – 복수동사)

03 Three-quarters of the beach _____ destroyed by the typhoon. (분수 of 단수명사 – 단수동사)

   cf. If two-thirds of the members _____ boys, one-third _____ girls. (분수 of 복수명사 – 복수동사)

04 Each of us _____ the rain differently. (each of 복수명사 – 단수동사)

   cf. Each apple _____ individually wrapped in paper. (each 단수명사 – 단수동사)

05 I guess either of your answers _____ wrong. (either of 복수명사 – 단수동사)

   cf. Neither watch _____ .They're both broken. (neither 단수명사 – 단수동사)

06 None of your friends _____/_____ watching your YouTube channel. (none of 복수명사 – 단수동사)

01 「All/Most/Some of + _____ 명사/_____ 명사」는 _____ 동사/_____ 동사를 쓴다. 02 A or B는 _____ 에 수일치하고, both 다음에는 _____ 명사와 _____ 동사가 온다. 03 「분수/percent of + _____ 명사/_____ 명사」는 _____ 동사/_____ 동사가 온다. *cf.* 동일어구 삭제를 하면 _____ 만 오며 수에 따라서 복수가 올 수 있다. ※population은 '인구, 전체 주민, 개체 수'의 뜻으로 _____ 또는 _____ 취급한다. e.g. About 30 percent of the population _____ /_____ Malays. (인구의 약 30%가 말레이인이다.) 04 「each of + _____ 명사」, 「each + _____ 명사」는 각각 _____ 동사를 쓴다. 05 「either/neither of + _____ 명사」는 _____ 동사를 쓴다. 06 「None of + _____ 명사」는 _____ 동사 또는 _____ 동사를 쓴다.

D 긴 주어의 수일치

01 Knowing others _____ intelligence; knowing yourself _____ true wisdom. *Lao Tzu* (동명사 주어)

02 To start a sentence with an infinitive _____ not very common. (부정사 주어)

03 The men *dressed in black* _____ slowly moving behind them. (어구 수식)

04 All months *that begin on a Sunday* _____ a Friday the 13th. (관계사 수식)

05 What first came to my mind _____ /_____ virtual offices. (what = the thing(s) which)

01 동명사 주어는 _____ 취급한다. 02 to부정사 주어는 _____ 취급한다. 03~04 어구(전치사구, 현재분사구, 과거분사구) 또는 관계사절이 후치수식할 때 수식 받는 _____ 에 수일치한다. 05 What이 주어일 때 the things which의 의미로 명사보어와 수일치하는 경우도 있다. 상황에 따라 _____ 나 _____ 둘 다 맞다.

수능 pick 2

♦ ~ 복수명사 who [do / does]

Jessie is the only one of our students who [**have** / **has**] received the Presidential Award.

→ 관계사절이 수식하는 것은 내용상 _____ 가 아니라 _____ 이다. 따라서 _____ 선행사이므로 _____ 가 적절하다.

E 시제일치와 예외 주절과 종속절의 동사의 시제를 일치시키는 것과 그 예외를 말한다.

01 He thinks she _____ /_____ /_____ nicer. (현재 – 현재/과거/미래)

02 He thought she _____/_____ _____/_____ nice. (과거 – 과거/과거완료)

03 I heard that Sally _____ shopping every day. (과거 – 현재: 습관)

04 We learned that light _____ in a straight line. (과거 – 현재: 진리)

05 Did you know Napoleon _____ defeated at Waterloo? (과거 – 과거: 역사적 사실)

06 He looked much stronger than he _____ now. (과거 – 현재: 비교 표현)

01 주절이 현재시제면 종속절에는 _____ /_____ /_____ 를 다 쓸 수 있다. 02 주절이 과거면 종속절에 _____ 와 _____ 를 쓸 수 있다. 03 주절이 과거이지만 현재의 사실·습관은 _____ 형을 쓴다. 04 주절이 과거이지만 일반적 진리는 _____ 형을 쓴다. 05 주절이 과거이고 종속절이 더 먼저 일어난 일이지만 역사적 사실은 _____ 형으로 쓴다. 06 비교 표현에서는 시기를 비교하므로 주절이 과거이고 종속절이 _____ 도 가능하다.

PLUS -ed that ~ does

Mr. Bentley said that he still **drives** that same truck.

→ 주절이 과거이지만 여전히 _____ 이거나 앞으로도 _____ 이 있는 경우는 _____ 형 또는 _____ 을 쓸 수도 있다.

C 01 _____ 경쟁자 _____ 역경 02 **suffer from** _____ 불면증 03 _____ 파괴하다 04 _____ 개별적으로, 각각 **wrap** _____ 05 _____ 고장 난 D 01 _____ 총명함, 지능 **wisdom** _____ 02 _____ 부정사 **common** _____ 05 _____ 가상의 수능 Pick 2 ♦ _____ 대통령의 _____ 상 E 04 **travel** _____ 직선 05 _____ 패배시키다

A 다음 빈칸에 알맞은 말을 쓰시오.

1 _____일치는 주어의 수에 따라 동사의 수를 일치하는 것을 의미한다.

2 _____ number of 복수명사에는 단수동사를 쓴다.

3 「the + _____」는 단수 또는 복수로 취급될 수 있다.

4 「분수 of + 복수명사」는 _____ 동사가 온다.

5 「단수명사 + 복수명사로 끝나는 수식어구」는 _____ 취급한다.

B 다음 문장의 해설을 완성하시오.

1 The managers together with their boss are going to a party.
↳ 주어는 _____ _____이고 동사는 _____이다.

2 Not just the general but also his men were exhausted.
↳ Not just A but also B 구문에서는 _____에 수일치하므로 _____동사가 쓰였다.

3 The variety of the products was too limited to consider.
↳ The variety of는 '~의 _____'이라는 뜻으로 _____동사가 쓰였다.

4 The weak are getting weaker; the strong stronger.
↳ 「the + 형용사」가 _____명사로 '~한 _____'로 쓰였다.

5 She cried out that her baby was in the car.
↳ 주절과 종속절이 모두 _____형으로 시제일치가 되어 있다.

C 우리말과 일치하도록 괄호 안의 말을 이용하여 영작과 해설을 완성하시오.

1 100달러는 큰돈이 아니지. 하하하. (be)
A hundred dollars _____ not big money. Hahaha.
↳ 100달러가 _____ 개념으로 쓰였으므로 _____를 쓰면 된다.

2 각각의 새로운 하루가 당신을 바꿀 또 다른 기회입니다. (be)
_____ new day _____ another chance to change yourself.
↳ '각각'에 해당하는 _____를 쓰고 단수동사 _____를 쓰면 된다.

3 모든 남자 여자 아이들은 우리 지역 사회의 사랑받는 아들과 딸입니다. (be)
Every boy and girl _____ the beloved son or daughter of our community.
↳ every는 A and B로 이어져도 _____ 취급하므로 _____를 쓰면 된다.

4 젊은이들과 노인들의 차이는 중요하지 않다.
The difference between the _____ and the _____ is not significant.
↳ 「the + 형용사」가 _____명사를 표현할 수 있으므로 각각 _____과 _____를 쓰면 된다.

5 "공부한다고?" 그녀는 양손의 손가락들로 '허공의 인용 부호'를 만들며 말했다. (hand)
"Studying?" she said, making air quotes with fingers on _____ _____.
↳ '양손'이라고 했으므로 둘을 뜻하는 _____를 쓰고 복수명사 _____를 쓰면 된다.

B **2 exhausted** 기진맥진한 **3 limited** 제한된 **consider** 고려하다 **5 cry out** 울부짖다 C **3 beloved** 사랑받는 **community** 지역 사회 **4 significant** 중요한
5 air quotes 허공의 인용 부호(말하고 있는 것을 그대로 받아들이지 말라는 손짓)

D 다음 〈보기〉에서 알맞은 것을 찾아 문장을 완성하시오. (필요시 어형 변화할 것, 중복사용 가능)

보기	is – are	has – have	does – do

1 Analyzing one's personal thought process _____ of great importance.

> = greatly important:
> 「of + (형용사) + 추상명사」
> 「(부사) + 형용사」로 바꿔 쓸 수 있어요.
> (▶Unit 10 C 참조)

2 The helmet I ordered two weeks ago _____ not fit me.

3 Your GPA was much better than it _____ now. (I'm sorry.)

4 One of the simplest ways to make your parents happy _____ to be with them.

5 Either Mr. James or his son, Alex, _____ not have a degree in psychology.

E 각 괄호 안에서 어법상 올바른 것을 고르시오.

1 He failed to prove that there [were / are] rabbits living on the moon.

2 Either paints or dye [is / are] used to color cloth.

3 Deep down, the elderly [is / are] more beautiful than the young.

4 The distance between two hearts [create / creates] more romance.

5 The 3% of the people who never quit employ the rest, who [gives / give] up too soon.

F 밑줄 친 부분 중에서 <u>어색한</u> 것이 있으면 고치시오.

1 A variety of wildflowers <u>are</u> showing off the colors of spring.

2 The majority of GM foods <u>are</u> altered in labs to increase tolerance to herbicides.

3 The gap between two neurons <u>is</u> known as a synapse.

4 Many a vehicle <u>have</u> been lost to the sea by drivers who didn't check tide times.

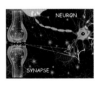

5 What is needed <u>are</u> more citizen-activists who will promote transparency.

D 1 **analyze** 분석하다 **process** 과정 **of importance** 중요한 2 **fit** (꼭) 맞다 5 **degree** 학위 E 1 **fail to** ~하지 못하다 4 **create** 만들다, 창조하다 **romance** 로맨스, 사랑
F 1 **wildflower** 야생화 2 **GM** 유전자 변형의(genetically modified) **alter** 변경하다 **lab** 실험실(laboratory) **tolerance** 저항력, 관용 3 **gap** 간격, 차이
neuron 뉴런(신경 세포) **synapse** 시냅스(신경 접합부) 4 **vehicle** 차량, 탈 것 **tide time** 물밀 때 5 **citizen-activist** 시민 활동가 **promote** 촉진하다, 홍보하다
transparency 투명(성)

A 다음 각 [ ]에서 어법에 맞는 표현을 고르시오.

1 More than half of the volleyballs [were / was] used in dodgeball.

2 Some animals have their two eyes [positioned / positioning] on the front of their heads, [it / which] allows for binocular vision.

3 Until the 15th century, science and knowledge [was / were] linked to each other.

4 A mile away is Sun Valley Resort, [in which / which] Hemingway [wrote / has written] much of *For Whom the Bell Tolls*.

5 She let us know [what / that] she suffers, as many a modern child [do / does], from overprotective parents.

6 In the Philippines, the rural poor [is / are] rarely [seeing / seen] as political actors.

7 Studies show that people [drink / who drink] coffee regularly [has / have] a 20% less chance of having a stroke.

8 The variety of foods [were / was] not much different from [which / what] you could see in Asia.

B 밑줄 친 부분 중에서 어색한 것이 있으면 고치시오. (정답 최대 2개)

1 We have kept the list <u>simply</u>, but what's on the list <u>is</u> important.

2 <u>Approximately</u> 30 percent of the population <u>consume</u> water from the lake.

3 Although the text message said that the items <u>would be arriving</u> today, I <u>haven't been received</u> them yet.

4 More animals <u>means</u> more crops and water to feed them, which, in turn, <u>leads</u> to environmental problems.

5 Each of the philosophers <u>attempt</u> to outsmart one another by pointing out the flaws <u>what</u> exist in another person's view of life.

6 Children entering elementary school <u>is</u> already accustomed to <u>drinking</u> plain milk.

7 I've been told by <u>the number of</u> people not to judge someone's beauty by <u>the number of</u> friends they have.

8 Half the readers <u>say</u> e-books are better while traveling or commuting whereas just about one-fifth <u>prefers</u> printed books. 모의기출

A 1 dodgeball 피구 2 position 위치시키다 3 link 연결하다 4 toll (종을) 울리다; 통행료 5 suffer from ~로 고통받다 overprotective 과잉보호하는 6 rarely 거의 ~않는 political 정치적 7 regularly 규칙적으로 stroke 뇌졸중 B 2 consume 소비하다 3 text message 문자 4 crop 작물 feed 먹이다 in turn 결국, 차례로 5 attempt 노력하다; 노력 outsmart ~보다 한 수 앞서다 point out 지적하다 flaw 결점 view of life 인생관 6 be accustomed to -ing ~에 익숙하다 plain milk 흰 우유 8 commute 출퇴근하다 whereas 반면에

C 다음 글을 읽고, 물음에 답하시오.

Science and technology have changed a lot since the late nineteenth century. The world has changed, too. It has become more complicated and more specialized. **(A) (more, a, there, lot, to, is, know)** in every field. It is not just the scientist and the computer expert who need special training now but also the government official and the business manager. In addition, a dramatic rise in the number of college graduates has made the competition for jobs much more intense than it used to be. In the end, the most qualified, the expert, wins. 수능기출

1. 윗글에 관한 내용과 일치하면 T, 그렇지 않으면 F에 체크하시오.

1) 정부 관리와 경영자도 전문화 교육이 필요하다. ☐T ☐F

2) 대학졸업자 수의 감소는 일자리 경쟁을 수월하게 만들었다. ☐T ☐F

2 주관식 윗글의 (A)에 주어진 단어를 문맥과 어법에 맞게 배열하시오.

_____

D 다음 글을 읽고, 물음에 답하시오.

Imagine a group of fish swimming through pipelines at the base of the sea. These fish are not scanning for food but patrolling for pipe damage. Robo-fish can fit in places divers and submarines can't. The newest are five to ten inches long and are composed of around twelve parts. The tail is made of a synthetic compound designed to be flexible, so **(a) it** can move side to side. The movement of the material imitates **(b) that** of a real fish. Despite the fact that the most recent robotic fish have come near to making a splash, they are not yet swimming in lakes and seas. 모의기출응용

1 Robo-fish에 관한 윗글의 내용과 일치하면 T, 그렇지 않으면 F에 체크하시오.

1) 잠수부나 잠수함이 갈 수 없는 곳에 갈 수 있다. ☐T ☐F

2) 아직 호수나 바다에서 헤엄을 치지는 못한다. ☐T ☐F

2 주관식 윗글의 (a)와 (b)가 가리키는 것을 찾아 쓰시오.

(a) _____ (b) _____

C **complicated** 복잡한 **dramatic** 극적인, 급격한 **rise** 증가, 상승 **intense** 격렬한 D **base** 바닥, 기지 **scan** 살피다, 훑어보다 **submarine** 잠수함
be composed of ~로 구성되어 있다 **movement** 동작 **imitate** 모방하다 **despite** ~에도 불구하고 **recent** 최근의 **come near to -ing** ~에 근접하다

A 「It be ~ that...」 강조구문 주어, 목적어, 부사(구·절)을 강조할 때 사용한다.

01 _____ _____ _____ *passion* _____ [_____] makes people magnetic. (주어 강조)

02 _____ _____ *Chuck Joongyung* (_____ [_____]) I most admire. (목적어 강조)

03 _____ _____ *today* _____ [_____] you make your tomorrow better. (부사 강조)

04 _____ _____ *in her room* _____ [_____] Cindy kept a pig? (구 강조)

05 _____ _____ *when we hurt* _____ we learn. (절 강조)

06 _____ _____ _____ *every flower* _____ smells sweet. (부정문)

← Every flower doesn't smell sweet.

07 *What* _____ _____ _____ you want from me? (의문사 강조)

← What do you want from me?

척준경
(?~1144, 고려무신

01~07 「It be ~ that...」 강조구문에서 that은 관계사와 같은 역할을 한다. 따라서 경우에 따라 _____, _____, _____, _____ 로 바꿔 쓸 수 있다. 01 강조어가 사물이고 주격 _____ 를 쓸 수 있다. 02 강조어가 사람이고 목적격이면 _____ 을 쓰거나 _____ 도 가능하다. 03 시간 부사(구)를 강조할 때는 _____ 으로 쓸 수 있다. 04 구를 강조하며, 장소 부사(구)를 강조할 때는 _____ 를 쓸 수 있다. 한편 be동사는 대개 원래 문장의 시제에 맞게 쓴다. 05 _____ 을 강조할 수도 있다. 06 _____ 강조시 부정어(not)도 같이 강조어구에 포함한다. 07 의문사를 강조할 수도 있으며 「의문사 + _____ _____ _____」의 구조를 취한다.

수능 pick 1
♦ 「It be ~ 사람, that...」 [○/×]
It was János Irinyi, who was a Hungarian chemist, **that** invented the nonexplosive match. [○/×]
→ who was a Hungarian chemist가 _____ 이고, _____ _____ 를 강조하는 「It be ~ that...」 강조구문으로 _____ 은 적절하다. 콤마(,) 뒤에 that이 올 수도 있다.

B 기타 강조

01 I _____ *like* Ara, and I bet Nova _____, too. (일반동사)

02 "_____ _____ quiet, everyone!" she said frantically. (명령문)

03 _____ *Elly does is* (to) work for an A.I. company. (what절)

← Elly works for an A.I. company.

04 A clear rejection is always _____ *better* than a fake promise. (비교급)

05 _____ _____ *the best* proof is experience. *Francis Bacon* (최상급)

06 Alexander _____ was once a crying babe. (재귀대명사: 강조 용법)

01 일반동사 강조는 do[does], did로 하며 조동사처럼 쓰이므로 뒤에 동사원형이 온다. 여기서 두 번째 does는 like의 대동사이다. 02 be로 시작하는 명령문도 do로 강조할 수 있다. 03 관계대명사 _____ 을 이용하여 강조를 나타낼 수 있다. 「What ~ be동사 + to부정사」에서 to가 생략될 수 있음에 유의한다. (▶Unit 06 부정사의 다양한 형태 참조) 04 비교급 강조 05 최상급 강조 (04~05 ▶Unit 15 원급·비교급·최상급 참조) 06 재귀대명사의 강조 용법 (▶Unit 14 대명사·형용사· 부사 참조)

수능 pick 2
♦ did + 동사ing [○/×]
The trees made hardly any difference in the amount of noise, but they **did blocking** the view of the highway. [○/×] 모의기출
→ 일반동사의 강조로 사용되는 _____ 도 조동사처럼 쓰인다. 따라서 뒤에는 _____ 이 와야 하므로 _____ 를 _____ 으로 고쳐야 한다.

A 01 _____ 열정 **magnetic** _____ 02 _____ 존경하다 *Chuck Joongyung* 고려시대 무신으로 여진을 정벌하는데 혁혁한 공을 세운 한반도의 소드 마스터(sword master)로 알려져 있다. 수능 Pick 1 ♦ _____ 화학자 **nonexplosive** _____ B 01 **bet** _____ 02 _____ 미친 듯이 03 **A.I.** _____ (artificial intelligence) 04 _____ 명확한 **rejection** _____ **fake** _____ 05 **proof** _____ _____ 경험 수능 Pick 2 ♦ **make a difference** _____ _____ 양 _____ 시야를 가리다

118

C 부정어(구) + 도치 부정을 의미하는 표현이 문두로 오면 의문문 어순으로 쓴다.

01 Hardly _____ _____ _____ affection and human warmth. (부정어)

02 No sooner _____ *she* _____ up than she _____ hungry. (부정어구)

→ She _____ hardly[scarcely] _____ up _____ [_____] she _____ hungry.

→ As soon as she _____ up, she _____ hungry.

03 Only if you can solve this problem _____ _____ *be* admitted. (Only 포함 어구)

04 Not only _____ _____ _____ slow, but it was (also) very uncomfortable. (Not only)

05 Not until the third day _____ _____ _____ his senses. (Not until)

01~05 부정어가 문두로 오면 _____ 어순을 취한다. e.g. never, hardly (ever), seldom, scarcely, barely, little, few 01 ← She hardly feels ~ 02 ← She had no sooner woken ~ / No sooner A than B 구문은 A가 B보다 더 일찍 일어났다고 할 수 없다는 의미로 A hardly[scarcely] ~ when[before] B, As soon as A, B 구문으로 문장 전환이 가능하다. 03 _____ 는 '다른 것이 아니고 오로지'란 의미로 넓은 의미의 부정어에 속한다. Only절 전체가 문두로 오는 것이므로 Only절 안의 _____ _____ 가 도치되지 않음에 유의한다. Only if can you solve(×)

수능 pick 3 ◆ Not only S + V [○/×]
Not only **they could see** nothing in front of them, but they were tired and ill. [○/×] 수능기출
→ 부정어구 Not only가 문장의 앞으로 오면 _____ 어순으로 도치되므로 _____ _____ _____ 로 고쳐야 한다.

D 기타 도치 부사(구), 보어, 분사, as절, 비교급, So/Nor 등에서 주어와 동사가 도치되는 경우가 있다.

01 Hey! Here _____ *your cellphone.* (부사)

02 In the wooden casket _____ *gold coins.* (부사구)

03 Happy _____ *the moment* we sat together. (보어)

04 Attached _____ *the files* that you requested. (분사)

05 Not a single word _____ _____ *say.* (부정어 포함 목적어)

06 Lions roar louder than _____ *all wild cats.* (비교급)

07 _____ _____ to cut the red line, we'd all be in trouble. (가정법)

08 Kennishi was excited as _____ *many of the little kids.* (as절)

cf. (As) _____ as it was, we felt secure in the same room. (양보절)

09 So angry _____ _____ *become* that he left the chat room. (so + 형/부 + that)

10 Such _____ *the strength of the wind* that we couldn't even walk. (such that)

11 I am not perfect. Nor _____ *I want* to be. (Nor)

01 Here/There 구문에서 도치가 일어나지만 _____ 가 주어일 때는 도치를 하지 않는다. e.g. There he is! 02 장소 및 방향부사구가 문두로 오면 _____ 가 선택적으로 일어난다. 03~04 문장의 _____ 을 위해서 도치가 일어나기도 한다. 05 부정어를 포함하는 _____ 가 문두로 오면 도치를 하지만 그렇지 않은 경우에는 도치하지 않는다. e.g. The doll he bought. 06 _____ 에서 도치가 일어나기도 한다. 07 가정법의 If가 생략되면 의문문 어순이 된다. (▶ Unit 09 if 가정법 참조) 08 접속사 as(~처럼, 마찬가지로)절 뒤에 선택적 _____ 가 일어나며 수일치와 대동사에 유의해야 한다. *cf.* 양보절에서 _____ 나 _____ 가 문두로 나오는 경우가 있다. 09~10 「_____ + 형용사/부사 + _____ ~」 또는 「_____ + 명 + _____ ~」 구문에서도 도치가 일어난다. 11 부정문에서 「_____ + 조동사 + 주어」 구문이 쓰이나 Nor는 and not의 의미로 _____ 의 기능을 하여 문장을 유도할 수 있지만 Neither는 상대방의 말을 이을 때 외에는 그렇지 않음에 유의한다. 긍정문에서는 _____ 가 쓰인다.

수능 pick 4 ◆ as [were / did]
Swans that had floated along the spring left, as [**were** / **did**] the tourists. 모의기출
→ as가 '마찬가지로'라는 의미의 접속사로 쓰일 때 선택적 _____ 가 일어나는데, 주절의 본동사인 _____ 를 대신 받으므로 _____ 가 아닌 _____ 로 써야 한다.

C 01 _____ 애정 _____ 인간적인 **warmth** _____ 03 _____ 입학을 허가하다 05 _____ 의식을 찾다
D 02 _____ 관, 상자 04 _____ 첨부하다 **request** _____ 06 **roar** _____ 야생 고양이
08 _____ 안심하는, 안전한 수능 Pick 4 ◆ **swan** _____ _____ 떠다니다 _____ 샘

‹ Grammar Practice ›

A **각 괄호에서 알맞은 말을 고르시오.**

1 「It be ~ that」 강조구문에서 주어, 목적어, _____를 강조할 수 있다.

2 일반동사를 강조할 때는 「_____ + 동사원형」으로 한다.

3 부정어가 문두로 나오면 _____ 어순이 된다.

4 「Only 부사절」에서 부사절 속의 주어와 동사를 도치 _____.

5 「So ~ that 」 도치구문에서 어순은 「_____ + _____」이다.

B **다음 문장의 해설을 완성하시오.**

1 On the hills appear a large number of warriors.
↳ _____가 문장 앞으로 이동하여 도치된 구문이다.

2 Being young was no longer the same as hope.
↳ No longer _____ _____ _____ _____ _____ _____ _____ _____.로 전환할 수 있다.

3 Your time is precious. _____ _____ you.
↳ You are precious, too.라는 의미로 _____ _____를 쓰면 된다.

4 We resumed classes yesterday.
↳ 부사를 강조하면 _____ was yesterday _____ we resumed classes.이다.

5 Hardly had I gotten on the train before it started to move.
↳ _____ _____ _____ _____ _____ on the train _____ _____ _____ to move.로 전환할 수 있다.

C **우리말과 일치하도록 괄호 안의 말을 이용하여 영작과 해설을 완성하시오.**

1 단지 서후 때문에 난 우울증을 극복할 수 있었다. (be)
Only because of Seohoo _____ _____ able to overcome depression.
↳ _____ 포함 어구가 문두로 나오면 _____ 되므로 _____ _____를 쓰면 된다.

2 여섯 살짜리가 번지 점프를 할 수 없다면, 나도 할 수 없어. (can)
If a six-year-old boy can't bungee-jump, then _____ _____ _____.
↳ '~도 아니다'라는 의미로 _____ _____ _____를 쓰면 된다.

3 귀하께서 요청하신 서류들이 동봉되어 있습니다. (enclose)
_____ _____ the documents you requested.
↳ The documents _____ _____.의 도치구문으로 _____ 어순으로 쓰면 된다.

4 자연은 단순함을 좋아한다. 그것을 복잡하게 하는 것은 바로 인간들이다. (that)
Nature loves simplicity; _____ _____ always humans _____ make it complex.
↳ 「It be ~ that...」 강조구문인데 강조어구가 사람이고 주어진 어휘가 that이므로 _____ _____, _____을 쓰면 된다.

5 그녀는 자신이 곧 2주간의 휴가를 보내게 될 것을 거의 인식하지 못했다. (aware)
Hardly _____ _____ _____ that she was going to take a two-week vacation.
↳ 부정어 Hardly가 문두로 나왔으므로 _____ 어순으로 쓰면 된다. _____로 쓰면 된다.

B 1 **a large number of** 수많은 **warrior** 전사 3 **precious** 소중한 4 **resume** 다시 시작하다 C 1 **overcome** 극복하다 **depression** 우울증 3 **document** 서류 **request** 요청하다 4 **simplicity** 단순함 **complex** 복잡한 5 **take a vacation** 휴가를 보내다

D 다음 〈보기〉에서 알맞은 것을 찾아 문장을 완성하시오. (필요시 어형 변화할 것)

보기	it	do	that	which
	stand	look	send	gain

1 Okay, you _____ _____ me a message, but you didn't call me.

2 Only after the 1950s _____ dishwashers _____ popularity.

3 It is when we pause our lives _____ we can find our lives.

4 In the heart of Central Park _____ a well-known statue, *The Alice in Wonderland.*

5 Not just _____ the fish _____ attractive, but it cooks more evenly.

E 각 괄호 안에서 어법상 올바른 것을 고르시오.

1 Buyer: Did you really send the bag?
Seller: Trust me. I did [shipped / ship] it.

2 Seldom does what we fear [takes / take] place.

3 It's what's right [that / which] fixes what's wrong.

4 [Impolitely / Impolite] as he is in private, he can behave very respectfully in public.

5 [Lying / Lied] on the ground was a statue that looked like a gorilla.

F 밑줄 친 부분 중에서 어색한 것이 있으면 고치시오.

1 In the center of the garden <u>standing</u> three old pine trees.

2 So long <u>was</u> the line for the gala that some people were turned away.

3 What others say doesn't matter. It is the will to prepare to win <u>what</u> is important.

4 Little <u>I thought</u> blood could define our personalities: It's our actions, not our blood.

5 Not merely <u>will Duveen</u> sell his artwork to Mellon, but he will sell it to nobody else.

D **2 gain** 얻다 **popularity** 인기 **3 pause** 잠시 멈추다 **4 heart** 중심부 **well-known** 잘 알려진 **statue** 조각상 **5 evenly** 고르게 E **1 ship** 발송하다
2 take place 일어나다 **3 fix** 고치다 **4 impolite** 무례한 **respectfully** 예의 바르게 F **1 pine tree** 소나무 **2 turn away** (입장을) 거절하다 **3 will** 의지

A 다음 각 [ ]에서 어법에 맞는 표현을 고르시오.

1 Before [we / us] were spectacular mountains [what / that] ran down to sea.

2 No sooner [she had / had she] fallen asleep [when / than] the play started.

3 Here and there [are / is] [that / what] appear to be objects made of crystal-clear glass.

4 Only by understanding the world around us [are we / we are] able to improve [ourselves / us].

5 [Few / Little] did he realize that the experience with his father would [be lasted / last] for good.

6 Not just [was / were] Hubble's conclusion important, but the methods he used [to be / are] still applied today.

7 We're not sure if it'll be possible to [be brought / bring] our dead back to life. [Nor / So] are we sure if it'll be possible for our descendants to live on Mars.

8 The truth is [if / that] most people don't read the instructions completely, and much of what they read they neither understand [or / nor] pay attention to.

B 밑줄 친 부분 중에서 <u>어색한</u> 것이 있으면 고치시오. (정답 최대 2개)

1 In front of the door <u>sitting</u> a dozen boxes <u>that</u> were already labeled.

2 <u>What</u> makes people gamble is not to win money but <u>getting</u> excited about betting itself.

3 The investigators are <u>entire</u> unreliable and inaccurate, and so <u>does</u> the process.

4 Sociable people were about two times less <u>likelier</u> to die than <u>were</u> people who were socially isolated.

5 While we hoped <u>that</u> most customers filled out our survey, seldom did they <u>finished</u> it.

6 <u>Spraying</u> on the fence is graffiti <u>what</u> says, "Listen, Drake. This too shall pass."

7 At the prehistoric site <u>are scattered</u> <u>hundred of</u> dolmens around Maesan Village, in Gochang.

8 Only when <u>is the world</u> ending <u>humanity will</u> realize that we can't eat money.

A **1 spectacular** 장관의 **run down to** ~로 이어지다 **4 improve** 향상시키다 **5 realize** 깨닫다 **for good** 영원히 **6 method** 방법 **apply** 적용하다, 지원하다
8 completely 완벽히 **pay attention to** ~에 주의[관심]를 기울이다   B **1 sit** 놓여 있다 **dozen** 12의 **label** 상표를 붙이다 **2 win money** 돈을 따다
3 investigator 조사관 **entirely** 완전히 **unreliable** 믿을 수 없는 **inaccurate** 부정확한 **process** 과정 **4 sociable** 사교적인 **isolate** 고립시키다 **5 fill out** 작성하다
6 spray (스프레이로) 칠하다 **graffiti** 낙서, 그래피티 **7 prehistoric** 선사 시대의 **site** 지역 **scatter** 흩어지게 하다 **dolmen** 고인돌 **8 humanity** 인류

C 다음 글을 읽고, 물음에 답하시오.

There was a framed quotation on the wall of our dining room. It said, "Let me live in a house by the side of the road and be a friend to man." It brought about in me numerous childhood daydreams about meeting new people from totally different places. I was a child who desperately wanted to make contact with others. My house was on Route 9 between Keene and Portsmouth, which meant we did live "by the side of the road." However, it was so remote that **(A) we could hardly ever be a "friend to man."** 수능기출응용

1 'I'에 관한 윗글의 내용과 일치하면 T, 그렇지 않으면 F에 체크하시오.

　1) 다른 사람들과의 접촉을 꺼려하는 아이였다.　　　　　□ T　□ F

　2) 집은 도로에서부터 멀리 떨어져 있었다.　　　　　　□ T　□ F

2 주관식 윗글의 (A)를 주어진 표현으로 시작하는 문장으로 다시 쓰시오.

　→ hardly _____

D 다음 글을 읽고, 물음에 답하시오.

The Incan ruler was powerful because the people believed he was descended from the sun god, Inti. It was from Inti that the ruler passed down the right to rule to his cleverest son. Not only was the land vast, but there were rich farmlands and many haired animals for wool. **(A)** _____ that there was no lack of idols and ornaments made from these metals. At the golden age of his power, the Incan ruler passed away without designating his successor. In 1493, his two sons began a fierce struggle to sit on the throne. For the next 40 years, the empire was weakened by civil war. EBS파이널응용

*designate: to choose somebody for a particular position

1 Inca에 관한 윗글의 내용과 일치하면 T, 그렇지 않으면 F에 체크하시오.

　1) 영토는 광활했고 농지는 비옥했다.　　　　　　　　□ T　□ F

　2) 두 부족이 왕위를 놓고 치열하게 싸웠다.　　　　　　□ T　□ F

2 주관식 윗글의 (A)에 들어갈 표현을 주어진 〈조건〉에 맞게 영작하시오.

> 〈보기〉　abundant, precious metals, so
> 〈조건〉　1. 도치구문을 이용할 것
> 　　　　2. 한 단어를 추가할 것

　_____

C **bring about** 가져오다　**numerous** 수많은　**totally** 완전히　**make contact with** ~와 접촉하다　D **be descended from** ~의 후손이다
pass down ~ to... ~를 …에게 전수하다　**abundant** 풍부한　**golden age** 전성기　**pass away** 죽다

memo

수능 영어를 향한 가벼운 발걸음

맨처음 수능 영문법

문제풀이책

정답 및 해설

01 동사

Unit 01 동사의 종류 p. 008

A 자동사 목적어를 필요로 하지 않는 동사이다.

01 Stars(S) shine(V) in darkness.
   cf. There is(V) no "I"(S) in team.

02 A sunset(S) on Mars is(V) blue(C).
   cf. Her mother(S) died(V) young(C).

03 His passion(S) is(V) in his DNA(A).

01 주어로 쓰이는 것은 (대)명사, 명사구, 명사절 등이며, 주어와 동사만으로도 문장이 성립되지만 충분한 의미 전달을 위해서 수식어구가 온다. ※수식어구로 쓰이는 것은 형용사, 부사, 구(형용사구, 부사구)와 형용사절 등이다. *cf.* 「There is ~」 구문에서 주어는 be동사 다음에 온다. 02 보어로 쓰이는 것은 주어로 쓰일 수 있는 것 외에 형용사가 있다. *cf.* 유사보어: 자동사 다음에 명사 또는 형용사가 주어를 설명하는 보어 역할을 하는 경우가 있다. 03 필수부사구(Adverbials): 부사구가 없으면 문장의 의미가 불명확해지는 경우가 있다.

Further Study

counts, 효과가 있었다, working, 이익이 되다, 수지가 맞다, 충분하다 | bad, 실현되다, short, 잠들다, pale, silent, keep, 죽어 있다, true, put, still, appear, seem, prove, turn out, 감각동사, 부사, like | apologize to, compete with, complain about, interfere with, reply to, sympathize with | blind, poor man, young, hungry, innocent, beggar, rich, 자동사, when, he, was

B 타동사 목적어가 필요한 동사이다.

01 Love(S) changes(V) everything(O).

02 Online shopping(S) brings(V) me(IO) joy(DO).
   → Online shopping (S) brings(V) joy(O) to me.

03 Nobody(S) calls(V) me(O) chicken(OC)! from Back to the Future

04 He(S) put(V) his chin(O) on my head(A).

01 목적어로 쓰이는 것은 (대)명사, 준동사(to부정사, 동명사), 명사절 등이다. 02 「간접목적어 + 직접목적어」 두 개를 취하는 동사(수여동사)가 있으며 「직접목적어 + 전치사 + 간접목적어」로 바꿔 쓸 수도 있다. e.g. bring, give, hand, lend, sell, show 등(→ to) | buy, call, find, leave, make, sing 등(→ for) | ask, inquire(→ of) 03 목적어와 목적격보어는 주술관계이며, 명사, 형용사, to 부정사, 현재분사, 과거분사가 목적격보어로 올 수 있다. 04 목적어로만은 의미 전달이 충분하지 않아 필수부사어구를 넣어야 할 때도 있다.

Words A 01 darkness 02 일몰, Mars 03 passion B 03 chicken 04 턱

Further Study

mention, discuss, answer, approach, resemble, 보다 오래 살다, 동반하다, inhabit, contact, reach, enter, 시작하다, attend, 돌보다, tend, tend to, tend, to | keep, leave, waiting, crying, running, snoring, 가게 하다, coming, 웃게 하다

C 군동사 두 단어 이상이 하나의 동사처럼 사용되는 것을 말한다.

01 Puppy: How will you look after me?

02 A: You can't turn down this offer.
   B: No, I have to turn it down.

03 We are looking forward to meeting you there.

04 It's great that anybody can take part in voting.

01~04 군동사는 숙어처럼 외워야 한다. 02 대명사는 동사와 부사 사이에 와야 한다.

Further Study

bring about ~을 초래하다
come about 발생하다
come[run] across 우연히 마주치다, 발견하다
set out 시작하다
build up 점점 커지다, 강력해지다
carry out 수행하다
figure out 계산하다, 이해하다
fall apart 부서지다, (계획이) 흐트러지다
wear out 마모되다, 지치게 하다
take in 섭취하다, 흡수하다
settle down 정착하다
account for 차지하다, 설명하다
abound in/with ~가 풍부하다 |
carry on 계속하다, 인내하다
deal with ~을 다루다, 처리하다
interfere with ~을 방해하다
feed on ~을 먹고 살다
take on ~을 떠맡다, (특질, 모습을) 띠다
leave out ~을 빼다, 배제시키다
cling[stick, adhere] to ~을 고수하다
count[depend, rely, rest] on ~에 의존하다, ~에 달려 있다
attend to ~을 돌보다 (cf. 타동사 참석하다)
tend to ~하는 경향이 있다(cf. 타동사 돌보다)
end[wind, finish] up (-ing) 결국 (~하게, ~가) 되다 |
do away with 없애다
catch up with 따라잡다
come up with 생각해 내다
put up with 견디다
live up to 부응하다
work out 잘되어가다, 해결하다, 운동하다
come down with 병에 걸리다
burst into 갑자기 ~하다
pay attention to ~에 주의를 기울이다
take advantage of ~을 이용하다, 속이다

Words C 01 돌보다 02 거절하다 03 look forward to 04 참여하다

A

01 별은 어둠 속에서 빛난다.
   cf. 팀에서 '알파벳 I (나)'는 없다.

02 화성에서 일몰은 파랗다.
   cf. 그녀의 어머니는 젊어서 돌아가셨다.

03 그의 열정은 그의 DNA에 있다.

B

01 사랑은 모든 것을 바꾼다.

02 온라인 쇼핑은 나에게 기쁨을 가져다 준다.

03 아무도 나를 겁쟁이라고 부르지 않아!

04 그는 그의 턱을 나의 머리 위에 놓았다.

C

01 강아지: 당신은 어떻게 나를 돌보실거죠?

02 A: 당신은 이 제안을 거절할 수는 없어요.

　　B: 아니에요. 전 그것을 거절해야 해요.

03 우리는 당신을 그곳에서 만나기를 기대하고 있습니다.

04 누구든지 투표에 참여할 수 있다는 것은 굉장하다.

❰ Grammar Practice ❱ ————————————— p. 010

A **1** 타동사 **2** 자동사 **3** 형용사, 명사 **4** 수여동사 **5** 군동사

B **1** to, him **2** 목적격보어 **3** 목적어, 부사, 동사, 보어, 부사

　4 부사구 **5** 자동사, 유사보어

C **1** The hours are long, but the days are fun.
　　　　　S　V(vi)　C　　　 S　V(vi)　C

　2 A positive mind will give a positive life to you.
　　　　　S　　　　V(vt)　　　　(D)O

　3 Don't count the customers. Make your brand count.
　　　　V(vt)　　　O　　　 V(vt)　　 O　　 OC

　4 There are three answers to prayer: yes, no, and not now!
　　　　　V(vi)　　　S　　　　A

　5 Montreal has two seasons: winter and construction.
　　　　　S　V(vt)　　O

D **1** take in **2** ended[wound, finished] up (in)

　3 pay attention to **4** depend on **5** caught up with

E **1** ⓐ I saw you skating, and you did well!

　2 ⓑ She lived a billionaire and died a millionaire.

　3 ⓓ Show me your heart, and I will show you mine.

　4 ⓒ A scratch happens in a second, but it stays there forever.

　5 ⓔ The annoyed old man settled down and apologized to his wife.

F **1** close → closely: closely

　2 significantly → significant: 형용사, significant

　3 to me → me: to, me, me

　4 competes → competes with: 자동사, competes, competes with

　5 discuss about → discuss: 타동사, about, about

B

1 너는 그에게 어떤 존경심도 보이지 않았다.

2 나는 내 남은 인생의 나머지를 내 인생 최고의 삶이라고 부를 것이다.

3 너는 나를 심하게 아프게 했어. 이제 만족하니?

4 그들은 옥수수밭의 한복판에 서 있었다.

5 Ryan과 Ted는 친구로 헤어져서 적으로 돌아왔다.

C

1 매시간은 지루하지만, 하루하루는 재밌다.

2 긍정적인 마음은 당신에게 긍정적인 삶을 줄 것입니다.

---

3 고객을 세지 마라. 너의 브랜드를 중요하게 만들어라.

4 기도에는 세 가지 응답이 있다. 응, 아니, 지금은 아니야!

5 몬트리올에는 두 개의 계절이 있다. 겨울과 공사(기간)

D

1 물고기는 자신들의 아가미를 통해 산소를 흡수한다.

2 난 결국 조별 과제를 혼자 하게 되었다.

3 여러분! 여러분! 저에게 주목하세요. 제가 말하고 있잖아요.

4 너의 성공은 다른 사람들의 실패에 달려 있지 않다.

5 마침내 Linsay는 그녀 앞에 있는 주자를 따라잡았다.

❰해설❱

1 산소를 흡수한다는 내용으로 take in이 적절하다. fish는 단복수동일형이며 여기서는 복수로 쓰였다.

2 조별 과제를 혼자하게 되었다는 내용으로 '결국 ~가 되었다'의 의미인 ended up을 쓰면 된다.

3 나에게 주목하라는 내용으로 pay attention to가 적절하다.

4 내용상 나의 성공이 다른 사람들의 실패에 달려 있지 않다는 내용으로 '~에 달려 있다'의 의미인 depend on이 적절하다.

5 Lindsay가 앞에 있는 주자를 따라잡았다는 내용으로 '따라잡다'의 의미인 caught up with를 쓰면 된다.

E

1 나는 네가 스케이트 타는 것을 보았는데, 넌 정말 잘했어!

2 그녀는 억만장자로 살다가 백만장자로 죽었다.

3 나에게 너의 마음을 보여줘라, 그러면 난 너에게 나의 것을 보여주겠다.

4 긁힌 상처는 순식간에 일어나지만, 그것은 그곳에 영원히 머문다.

5 그 짜증난 노인은 진정하고, 그의 아내에게 사과했다.

F

1 그 지질학자는 화산암을 자세히 쳐다보았다.

2 명백히 사소한 단서들이 꽤 중요하게 판명될 수도 있다.

3 그 웹사이트 링크를 나에게 보내줄 수 있나요?

4 그녀는 누구와도 경쟁하지 않기 때문에 아무도 그녀와 경쟁할 수 없다.

5 그녀는 성공적으로 그녀의 오빠인 Aidan이 그 문제를 논의하도록 설득했다.

❰ Review Test ❱ Unit 01 ————————————— p. 012

A **1** put **2** weak **3** to Jennie, it **4** leave **5** becoming

　6 apologize to **7** bring **8** attend to

B **1** 1), 2) poorly → poor **2** to play → playing[play]

　3 beautifully → beautiful **4** gave away it → gave it away

　5 1), 2) to change → change **6** ×

　7 contact to → contact **8** live → live in

C **1** 1) T　 2) F **2** kept the cute little animals sleepy

D **1** 1) T　 2) T **2** came up with

A

1 어떻게 그들이 그 건방진 남자를 견뎠을까?

2 네가 약해 보이면, 사람들은 널 이용할 수도 있다.

3 그는 그의 오래된 전화기를 Jennie에게 주었다. Jennie는 그것을 온라인에서 팔 것이다.

4 그 연구자들은 분자를 연구하고 분석하는 가능성을 배제할 수 없다.

5 그녀는 엄마로서 그리고 그녀의 직업에서 그녀 자신이 완벽주의자가 되는 것을 상상했다.

6 교양 있는 엄마인 Kimberly 부인은 자신의 아들의 코치에게 사과하지 않았다.

7 나는 글쓰기가 재미난 모험이라고 생각해서 그것이 많은 어려움을 초래하지 않는다고 생각한다.

8 모두가 그를 기꺼이 따랐다, 왜냐하면 그가 자신의 사람들을 돌볼 것이기 때문이었다.

해설

1 put up with는 '견디다', come up with는 '생각해 내다'의 의미로 put up with의 put이 적절하다.

2 seem은 형용사를 보어로 취하므로 weak가 적절하다.

3 1) give B to A(사람)로 쓰이므로 to Jennie가 적절하다.
2) 목적어가 하나이므로 「sell + 목적어」인 it이 적절하다.

4 leave out은 '~을 빼다, 배제시키다', wear out은 '지치게 하다, 마모되다'이므로 leave out의 leave가 적절하다.

5 imagine은 목적격보어로 현재분사를 취하므로 becoming이 적절하다.

6 apologize는 자동사로 to와 함께 쓰여 '~에게 사과하다'의 뜻을 지니므로 apologize to가 적절하다.

7 bring about은 '초래하다', come about은 '발생하다'이므로 bring about의 bring이 적절하다.

8 attend가 타동사이면 '참석하다'의 뜻이고 to와 쓰이면 '돌보다, 주의를 기울이다'의 의미로 attend to가 적절하다.

B

1 네가 가난하게 태어난다면, 그것은 너의 잘못이 아니다. 하지만, 네가 가난하게 죽는다면 그것은 그렇다(너의 잘못이다).

2 나는 나의 15살짜리 아들이 한밤중까지 온라인 게임을 하도록 (허락)하지 않을 것이다.

3 장미는 빨갛다. 제비꽃은 파란색이다. 신은 나를 아름답게 만들었다. 넌 왜 그래?

4 지난 크리스마스에, 당신은 나에게 당신의 마음을 주었죠. 하지만 바로 다음 날 난 그것을 버렸죠.

5 사람들이 너의 미소를 바꾸게 하지 마라, 그렇지만 대신에 너의 미소가 사람들을 바꾸게 하라.

6 마음속으로는 화초 재배가였던 그녀는 자신의 아이들이 장미 정원을 돌보는 것을 돕도록 격려했다.

7 우리는 여러분을 완벽한 베이비시터와 연결시키고, 당신의 일정을 정하도록 여러분에게 연락을 드립니다.

8 사람들은 자신의 경제 상태에 따라 심지어 같은 도시에서도 매우 다양한 지역에서 살 수 있다.

해설

1 1), 2) be born과 die는 유사보어를 취하는 동사이므로 poorly가 아니라 poor로 고쳐야 한다. poorly는 '서툴게, 형편없이'의 뜻이다.

2 have는 목적어와 목적격보어의 관계가 능동일 때 목적격보어로 현재분사 또는 동사원형이 올 수 있으므로, to play를 playing[paly]로 고쳐야 한다. 「won't have ~ -ing」에서 have는 allow의 뜻이다.

3 「make + 목적어 + 목적격보어」에서 목적격보어는 부사가 아니라 형용사이다. 따라서 beautifully를 beautiful로 고쳐야 한다.

4 동사와 부사의 구동사에서 대명사는 「동사 + 대명사 + 부사」 순으로 쓰이므로 gave it away로 고쳐야 한다.

5 1), 2) 사역동사 let은 목적어와 목적보어의 관계가 능동일 때 동사원형을 쓰므로 to change를 change로 고쳐야 한다.

6 tend가 타동사이면 '돌보다'의 뜻으로 적절하다. 「help (to) + 동사원형」 구문이기도 하다.

7 contact는 타동사로 '~에게 연락하다'이다. 따라서 contact to를 contact로 고쳐야 한다.

8 live는 자동사로 '~에 살다'는 in과 함께 쓴다. 따라서 live를 live in으로 고쳐야 한다.

C

오랫동안 많은 과학자들은 유칼립투스 잎 속의 화합물이 그 작고 귀여운 동물들을 졸리게 만들어서 코알라들이 그렇게도 게으른 상태에 있는 것인지 의심했다. 그러나 더 최근의 연구는 그 잎들이 단순히 영양분이 너무나도 적기 때문에 코알라가 거의 에너지가 없는 것임을 보여 주었다. 그래서 코알라들은 그들이 할 수 있는 한 적게 움직이는 경향이 있다. 그리고 그것들이 그렇게 할(움직일) 때에는, 흔히 그것들은 마치 슬로 모션으로 움직이는 것처럼 보인다. 그것들은 하루의 2/3에서 3/4 동안 휴식을 취하는데, 그것의 대부분을 의식이 없는 상태로 보낸다. 사실 코알라는 생각을 하는 데에 시간을 거의 사용하지 않는데, 그것들의 뇌는 실제로 지난 몇 세기 동안 크기가 줄어든 것처럼 보인다. 코알라는 뇌가 겨우 두개골의 절반을 채우고 있는 유일한 동물이다.

해설

1 1) 중반부에 하루의 2/3에서 3/4을 휴식한다고 했으므로 옳은 진술이다.
2) 후반부에 뇌가 겨우 두개골의 절반을 채운다고 했으므로 틀린 진술이다.

2 keep은 목적어 목적격보어를 취하는 동사로 keep을 시제에 맞게 kept로 고 목적어인 the cute little animals를 쓴 다음 목적격 보어 sleepy를 쓰면 된다.

D

핀란드 영화 제작자 Timo Vuorensola는 원작이 *Star Trek*인, 자신의 영화 *Star Wreck*에 대한 아이디어를 생각해 냈다. 그는 기존의 배급 방식을 찾는 것은 가능하지 않을 것이라는 것을 깨달았다. 예산이 매우 적은 아마추어 공상 과학 코미디는 주요 영화 제작사들에게 거의 호소를 하지 못할 것이었다. 그래서 Vuorensola는 혼자서 그 일을 추진했다. 그는 온라인상 팬의 기반을 확보하기 위해 SNS를 이용했는데, 이들이 줄거리 구성에 기여했고, 심지어 연기 기술까지 제안했다. 도움에 응하여 Vuorensola는 2005년 *Star Wreck*을 온라인상에 무료로 배포했다. 첫 주에만 70만 건이 다운로드 되었고, 현재까지 900만 건에 달한다.

해설

1 1) 전반부에 원래의 제목이 *Star Trek*인, 자신의 영화 *Star Wreck*에 대한 아이디어를 생각해 냈다고 했으므로 옳은 진술이다.
2) 중반부에 온라인상 팬의 기반을 확보하기 위해 SNS를 이용했는데, 이들이 줄거리 구성에 기여했다고 했으므로 옳은 진술이다.

2 '생각이나 계획을 제안하거나 생각하는 것'이라는 의미로 come up with이고 그대로 쓰라고 했으므로 came up with를 쓰면 된다.

CHAPTER 02 시제

Unit 02 기본 · 완료 · 진행 p. 014

A

01 I am beautiful. You're beautiful. We're beautiful.

02 Donna always forgets her password.

03 Humans share 50% of their DNA with bananas.

04 She caught my sleeve and stopped me.

05 Yi Seong-gye founded the Joseon Dynasty in 1392.

06 Everything will be okay in the end.

07 I am going to rattle the stars.

   02 흔히 빈도부사와 함께 쓰인다.　03 일반적 진리, 격언 등을 표현한다.
   05 역사적 사실은 늘 과거형으로 쓴다.　07 현재형이지만 미래를 나타낸다.
   cf. be to, be about to(막 ~하려 하다), be scheduled[bound] to(~할
   예정이다)
   Further Study
   과거, 현재, 미래, 현재시제, 과거시제, 과거, 현재, 미래, 현재, 대과거

B

01 He has just returned from a one-month trip.
02 Have you ever been alone in a crowded room?
03 The boy has searched for his mother for over 1 hour.
   cf. You looked pretty upset just now.
04 Chris had never been to an opera before last night.
05 They will have left by the time you get there.
06 When everyone has arrived, we will start our climb.

   01~03 현재완료시제는 과거의 사건이 현재까지 영향을 미칠 때 사용하므로
   명백한 과거를 나타내는 표현과 함께 쓸 수 없다.　01 현재를 시점으로 동작
   이 완료된 것을 나타내며, just, already, yet, now 등과 함께 쓰인다.　02
   현재를 시점으로 과거의 경험을 나타내며, ever, never, before, often 등
   과 함께 사용된다.　03 현재 시점까지 계속되는 동작이나 상태를 나타내며,
   since, for 등과 함께 쓰인다. *cf.* 명백한 과거를 나타내는 표현은 과거시제
   로 쓴다. ※just는 현재완료시제와 과거시제에 다 쓰이지만 just now(방
   금, 지금은)는 현재완료시제에 쓰이지 않는다.
   PLUS
   과거, 과거, 현재

   수능 pick 1
   ◆ had, had, 과거완료, 현재완료

   Words　　A 03 share　04 sleeve　05 설립하다, dynasty　06 결국
07 rattle　B 02 붐비는　03 search　수능PICK 1 turn out, 중심, basement

C

01 Do you know what you are doing?
02 He is meeting some friends after work.
03 My wife was practicing zumba when I got home.
04 I will be right here waiting for you.
05 It's been snowing since last night.

   01 말하고 있는 시점보다 앞서 동작이 시작되어 지금 진행 중이며 언젠가는
   끝나는 일에 쓴다.　02 가까운 미래를 나타내고 또는 비교적 긴 시간을 나타
   내기도 한다.　03 과거의 한 시점에 진행 중이었던 일에 쓴다.　04 미래의 한
   시점에 진행 중일 일에 쓴다.　05 과거에 발생한 사건이 지금도 계속 중임을
   나타낼 때 쓴다. 현재완료의 계속 용법에 진행의 의미를 더한 것이다.
   PLUS
   resemble, lack, contain / 구성되다, ~에 있다 | love, remember,
   know | smell, taste, feel | 즐기다, 먹다 / 냄새를 맡다 / 맛을 보다 / 일
   시적으로 생각하다 / feel

D

01 The flight for San Jose leaves at noon.
02 You will never know unless you ask.
   cf. If you will come this way, I'll show you your room.

---

03 I was walking alone when suddenly, this man comes up.
04 I hear that you're moving to Toronto.
05 If we had no winter, spring would not be so pleasant.
06 They luckily got out before the earthquake hit.

   01 이미 정해진 것일 경우, 왕래·발착·시작·종료를 나타내는 표현이나 미
   래 부사와 함께 쓰인다.　02 시간·조건 부사절에서 현재시제가 미래를 대신
   한다. *cf.* 정중한 부탁이나 주어의 의지를 표현할 때는 will을 쓰기도 한다.
   (▶Unit 19 부사절 접속사 참조)　03 극적인[역사적] 현재시제: 과거의 일
   을 현재에 일어나고 있는 것처럼 생생하게 표현할 때 사용한다. e.g. 꿈 이야
   기 ※참고: 「진행형 + when + 주어 + 동사」의 경우 '~할 때'를 진행형에 붙
   여서 해석하면 자연스러운 경우가 있다. e.g. I was sleeping when you
   called me. (내가 자고 있을 때 네가 전화했어.)　04 = (have) heard　05
   가정법과거시제가 현재를 나타낸다. 또한 가정법 과거완료시제는 과거를 나
   타낸다. (▶Unit 09 if 가정법 참조)　06 = had hit 문맥상 전후관계가 명백
   할 때는 과거완료형 대신 과거형이 쓰인다.

   Words　　C 03 연습하다　04 right　D 01 flight　03 나타나다　05 pleasant
06 earthquake, 강타하다

A

01 나는 아름답다. 너는 아름답다. 우리는 아름답다.
02 Donna는 늘 자신의 비밀번호를 잊는다.
03 인간은 바나나와 50%의 DNA를 공유한다.
04 그녀는 나의 소매를 붙잡고 나를 멈추었다.
05 이성계가 1392년에 조선왕조를 건국했다.
06 결국 모든 것이 괜찮아질 것이다.
07 나는 별들을 딸랑딸랑일 것이다.

B

01 그는 1개월짜리 여행 후에 막 돌아왔다.
02 붐비는 방에서 외로워 본 적이 있나요?
03 그 소년은 1시간 이상 동안 자신의 엄마를 찾아왔다.
   cf. 너 방금 매우 화나 보였어.
04 Chris는 지난 밤 이전에 오페라에 가본 적이 없었다.
05 네가 거기 도착할 때쯤이면 그들은 떠나버릴 것이다.
06 모두가 도착하면 우린 등산을 시작할 것입니다.
   PLUS
   그는 (과거에) 2년 동안 보스턴에 살았다.
   그는 2년 동안 보스턴에 살고 있다.

   수능 pick 1
   ◆ 화재의 중심이 부엌이 아니라 바로 밑의 지하실에 있었다는 것이 밝혀졌다.

C

01 네가 지금 뭐하는지 알고 있니?
02 그는 일 끝나고 몇몇 친구들을 만날 것이다.
03 내가 집에 도착했을 때 나의 아내는 줌바 연습을 하고 있었다.
04 바로 여기서 당신을 기다리고 있겠습니다.
05 지난밤부터 눈이 내리고 있다.

D

01 San Jose행 항공기는 12시에 출발합니다.
02 네가 묻지 않는다면, 너는 결코 모를 것이다.

cf. 이쪽으로 와주신다면, 당신에게 당신의 방을 보여드리겠습니다.

03 내가 혼자 걷고 있었을 때, 갑자기 이 남자가 나타나는 거야.

04 난 네가 토론토로 이사한다고 들었어.

05 우리에게 겨울이 없다면, 봄은 그렇게 즐겁지 않을 것이다.

06 그들은 운 좋게 지진이 강타하기 전에 나왔다.

《 Grammar Practice 》 —————————————— p. 016

A **1** 현재 **2** 과거 **3** 과거, 현재 **4** 진행형 **5** 현재, 과거

B **1** had, written, had, written **2** 현재시제 **3** 맛을 보다

4 (극적인[역사적]) 현재시제 **5** founded

C **1** made, cut

  ∟ 과거, made, cut

  2 has, fascinated

  ∟ 현재완료, has, fascinated

  3 is

  ∟ 현재, is

  4 had, been, closed

  ∟ had, been, closed

  5 revolve

  ∟ revolve

D **1** will occur **2** has been **3** were swimming **4** has

5 had fought

E **1** was **2** has **3** was **4** had **5** have

F **1** have been snoring → were snoring **2** ✕

3 experience → has experienced

4 learned → learn **5** has been → was

B

1 나는 내가 썼던 것을 다시 써야 했다.

2 Alan은 주말마다 빨래를 한다.

3 나비 한 마리가 자신의 발로 꽃의 꿀을 맛보고 있다.

4 그날 밤 Rea는 집으로 걸어가다가 바닥 위의 피를 본다.

5 안창호는 1907년에 신민회를 설립했다.

C

1 어젯밤에 그녀는 소원을 빌고, 케이크를 잘랐다.

2 달은 인간 역사의 시작 이래 인류의 마음을 사로잡아 왔다.

3 이 사악한 세상에서 영원한 것은 없다. 우리의 어려움조차도.

4 우리는 실수로 일 년 동안 폐쇄되었던 호텔로 들어갔다.

5 코페르니쿠스는 지구와 다른 행성들이 태양을 돈다고 말했다.

D

1 너는 언제 비상사태가 발생할지 예상할 수 없다.

2 나의 아기는 지난 크리스마스 이후로 크리스마스에 준비되어 있다.

3 피자가 배달되었을 때 우리는 수영장에서 수영을 하고 있었다.

4 소크라테스는 가장 뜨거운 사랑이 가장 차가운 끝을 가지고 있다고 말했다.

5 나는 나의 할아버지가 한국 전쟁에서 우리나라를 위해 싸웠던 것을 몰랐다.

〔 해설 〕

1 내용상 비상사태가 '발생하다'의 occur가 적절하고, 미래 표현인 will occur로 쓰면 된다.

2 since last Christmas가 있으므로 과거부터 현재까지 영향을 미치는 현재완료형인 has been으로 쓰면 된다.

3 과거의 한 시점에 진행 중인 상황이므로 과거진행형이 어울리고, 내용상 were swimming을 쓰면 된다.

4 속담·격언 등 일반적 진리는 현재형으로 쓰므로 has를 쓰면 된다.

5 주절의 시제보다 앞서 발생한 것으로 과거완료형이고, 내용상 had fought로 쓰면 된다.

E

1 몽상하고 있었나 봐요. 사과드립니다.

2 인생은 리모컨이 없다. 일어나서 그것을 네가 바꿔라.

3 김현우는 내 어린 시절 동안 나의 멘토였다.

4 내가 사무실에 도착했을 때, 그녀는 이미 떠났었다.

5 과학자들에 따르면, 1980년 이후로 몇몇 동물종이 사라져 왔다.

〔 해설 〕

1 문맥상 몽상을 하고 있었다는 것이 적절하므로 과거진행형을 이루는 was가 적절하다.

2 have가 소유의 의미일 때는 진행형을 쓰지 않는 동사이므로 has가 적절하다.

3 어린 시절이라는 명백한 과거 표현이 있으므로 과거형인 was가 적절하다.

4 사무실에 도착했을 때, 그녀가 이미 떠난 것이므로 과거완료형인 had가 적절하다.

5 1980년대 이래로 지금까지라는 내용으로 현재완료형형인 have가 적절하다.

F

1 일곱 마리 새끼 강아지들 모두가 방금 전에 코를 골고 있었다.

2 자정에, 그들은 동해를 가로질러 여전히 항해하고 있었다.

3 지난 5개월에 걸쳐 그 회사는 끔찍한 손실을 경험해 왔다.

4 어린이들은 놀랄 만큼 빠른 속도로 새 단어를 배운다.

5 로마의 황제인 네로는 그의 종조부인 Claudius에 의해 입양되었다.

〔 해설 〕

1 a minute ago로 보아 과거의 한 시점임을 알 수 있고 동작을 강조하기 위한 과거진행형인 were snoring으로 고쳐야 한다.

2 과거 한 시점에 발생 중인 동작이므로 과거진행형인 were still sailing은 적절하다.

3 '지난 5개월에 걸쳐'라는 표현으로 보아 과거의 한 시점부터 현재까지 영향을 미치는 현재완료형이 적절함을 알 수 있다. 따라서 experience를 has experienced로 고쳐야 한다.

4 일반적 사실에 관한 기술이므로 현재형인 learn으로 고쳐야 한다.

5 과거의 사실은 과거형으로 쓰므로 has been을 was로 고쳐야 한다.

《 Review Test 》 Unit 02 —————————————— p. 018

A **1** will wear **2** was **3** had **4** 1) is **2) is

5 1) came **2) had bought **6** 1) was **2) to confirm

7 are **8** 1) have been **2) wandering

B **1** 1) entered into → entered **2) had → had

2 1) had → has **2) ✕ **3** 1) ✕ **2) are → were

4 1) ✕ **2) ✕

5 1) has originated → originated

  2) is made → has been made

6 1) ✕ **2) has → had **7** 1) ✕ **2) ✕

8 1) ✕ **2) has allowed → (had) allowed

C **1** 1) T **2) F

2 some marketers have found some phrases to be very powerful

D **1** 1) T **2) F **2** fat, they can't dance

A

1 다음에 내가 스노우보드 타러 갈 때, 나는 더 따뜻한 옷을 입을 것이다.

2 그녀가 연설하는 동안, 구름이 나타나 청중들을 덮어 버렸다.

3 Amy는 그가 Texas로 오기 전에 대저택으로 이사했었다.

4 누가 태양 아래 새로운 것은 없다고 했는가? 나에게는 태양은 매일매일 새롭다.

5 그녀가 돌아왔을 때, 그녀는 내가 그녀를 위해 사줬던 작은 반지를 끼고 있었다.

6 옛날에는 금화가 진짜인지 아닌지 확인하기 위해서 그것들을 깨무는 것은 흔했다.

7 데모크리토스는 모든 물체는 나눌 수 없는 작은 '원자'로 구성되어 있다는 이론을 세웠다.

8 지난 금요일부터 이웃에서 이리저리 배회하는 마스크를 낀 남자에 대한 신고가 있어 왔다.

해설

1 시간부사절에서 현재형(go)이 미래를 대신하고 있고, 주절은 미래이므로 will wear가 적절하다.

2 구름이 나타나 그들을 덮어 버린 것은 과거이므로 과거시제와 어울리는 was speaking의 was가 적절하다.

3 그가 텍사스로 온 것보다 Amy가 저택으로 이사한 것이 먼저 일어난 것이므로 과거완료형인 had moved의 had가 적절하다.

4 1) 격언은 현재시제로 2) 현재사실은 현재시제로 쓰므로 각각 is가 적절하다.

5 1) 말하는 시점이 과거이고 명백한 과거를 나타내는 접속사 when이 있으므로 과거형인 came이 적절하다.
2) 내가 그녀에게 반지를 준 것이 앞서 일어난 일이므로 과거완료형인 had bought이 적절하다.

6 1) In the old days라는 과거부사구가 있으므로 과거시제인 was가 적절하다.
2) 술어동사 was가 있고, '~하기 위해서'라는 의미로 to 부정사의 부사적 용법인 to confirm이 적절하다.

7 물체가 원자로 구성되어 있다는 일반적 진리를 말하고 있으므로 현재시제인 are가 적절하다.

8 1) since로 보아 과거부터 현재까지 영향을 미치는 시제임을 알 수 있으므로 현재완료형인 have been이 적절하다.
2) 수식 받는 a masked man이 동작의 주체이므로 능동의 현재분사 wandering이 적절하다.

B

1 내가 수영장에 들어갔을 때, 그는 수영장을 청소해 오고 있었다.

2 지난 몇 개월에 걸쳐 William Jackson은 그가 구매한 SUV차량을 철저히 개조해 왔다.

3 Gilbert는 달 위의 밝은 점이 물이고, 어두운 점이 땅이라고 믿었다.

4 결코 이겨 본 적이 없는 것처럼 연습해라. 결코 져 본 적이 없는 것처럼 해내라.

5 밀맥주는 벨기에의 한 마을에서 기원했고, 중세 시대 이후로 제조되어 왔다.

6 그는 그의 스승이 자신에게 가르쳤던 교훈을 '내면의 평화'라는 두 마디로 요약했다.

7 그들은 사자가 정글에 살지 않는다는 것을 알지 못했기 때문에, 그들은 그 영화를 'King of the Jungle'이라고 이름 붙였다.

8 *Norwegian Gem*호는 미국 정부가 모든 유람선이 정박하도록 허가한 후인 지난 화요일에 뉴욕에 돌아왔다.

해설

1 1) '장소에 들어가다'를 표현할 때 enter는 전치사 없이 사용하므로 into를 삭제해야 한다.
2) 내가 그를 본 것은 과거이고, 그가 청소를 한 것은 더 과거이므로 과거완료진행형은 had been cleaning으로 고쳐야 한다.

2 1) 지난 몇 개월에 걸쳐 현재까지 차를 개조한 것이므로 현재완료형이 되도록 had를 has로 고쳐야 한다.
2) 차를 구매한 것은 과거이므로 purchased는 적절하다.

3 1) 완전한 구조의 문장을 이끌며 believed의 목적어 역할을 하는 접속사 that은 적절하다.
2) 달의 밝은 지점이 물이라는 것은 사실이 아니므로 시제에 맞게 과거형인 were로 고쳐야 한다.

4 과거부터 지금까지 이겨본 적, 져본 적 없는 것처럼 연습하고 해내라는 것으로 현재완료형은 적절하다.

5 1) 벨기에의 한 마을에서 기원한 것은 단순 과거 사건으로 과거시제인 originated로 고쳐야 한다.
2) 중세 시대부터 지금까지라는 의미로 is made를 현재완료형인 has been made로 고쳐야 한다.

6 1) the lesson을 선행하고 하면서 관계사절에서 직접목적어 역할을 하는 that은 적절하다.
2) 교훈을 요약한 것은 과거이고 스승이 가르쳐 준 것은 그 이전의 일이므로 현재완료형이 아니라 과거완료형인 had taught로 고쳐야 한다.

7 1) 사자가 정글에 살지 않는 것이 현재 사실이므로 현재시제인 don't actually live는 적절하다.
2) 영화의 제목을 붙인 것은 단순한 과거의 일이므로 과거시제인 named는 적절하다.

8 1) last Tuesday라는 과거부사구가 있으므로 과거형인 came back은 적절하다.
2) 미정부가 허락한 것이 유람선이 돌아온 것보다 먼저 일어난 것이므로 has allowed를 had allowed로 고쳐야 한다. 또는 시제가 명백하므로 과거형인 allowed로 고쳐도 된다.

C

가장 설득력 있는 연설가, 마케터, 그리고 지도자들은 무의식적인 마음의 지지를 얻기 위해 늘 처음에는 그들의 메시지를 현재 시제로 구성한다. 그 무의식적인 마음의 즉각적인 관심사들이 충족된 후에라야 의식적인 마음은 어떤 것이든 확신하고 흥미를 갖기 시작할 수 있다. 거의 모든 정치가들은 "선출되면 이러이러한 일을 할 것입니다."라고 말한다. 그러나 우리는 그러한 종류의 불확실한 미래에 대해 생각할 수가 없다. 우리는 '현재'만 처리할 수 있는 것이다. 마찬가지로, 마케터들은 "오늘 시작합니다."와 '즉시 배달'과 같은 몇 가지 문구가 매우 강력하다는 것을 알아냈다. "일 주일 후에 준비될 것입니다." 또는 "배달에는 보통 2주가 걸립니다."라고 누군가에게 말하는 것은 판매를 훨씬 더 어렵게 만들 것이다.

해설

1 1) 글의 전반부에서 설득력 있는 연설가, 마케터, 그리고 지도자들은 무의식적인 마음의 지지를 얻기 위해 메시지를 현재시제로 구성한다고 했으므로 옳은 진술이다.
2) 글의 후반부에 '일주일 후에 준비될 것이다', '배달에는 보통 2주 걸린다'라는 말은 판매를 더 어렵게 한다고 했으므로 틀린 진술이다.

D

사람들이 재빨리 둘씩 짝을 짓고, 홀 전체는 곧 움직임으로 가득 찬다. 분명히 아무도 왈츠를 출 줄 아는 사람은 없는 것처럼 보이지만, 그것은 중요하지 않다. 음악이 있고, 그들은 조금 전에 노래를 했던 것처럼 각자 자신이 좋아하는 대로 춤을 춘다. 그들 일부는 '투스텝(춤)'을 더 좋아하는데, 특히 젊은 사람들, 그들에게는 그것이 유행이다. 노인들은 고향의 춤을 추는데, (그것은) 그들(노인)이 진지하게 행하는 낯설고 복잡한 스텝이다. 몇몇은 그저 서로의 손을 잡고 움직임의 즐거움 그 자체를 표현하도록 허락한다. 이들 중에 Mateo와 그의 부인인 Isabella가 있고, 그들은 너무 뚱뚱해서 춤을 출 수는 없지만, 그들은 (댄스) 플로어의 한가운데에 서서, 서로의 팔을 부둥켜 안으면서, 좌우로 몸을 천천히 흔들면서 눈으로 미소를 짓는다.

해설

1 1) 마을 사람들이 서로 짝을 지어 기쁘게 미소를 지으면서 춤을 추고 있는 것으

로 보아 글의 분위기는 lively and festive(활기 넘치고 축제 같은)이다.

2) 글의 후반부에 Mateo와 Isabella는 너무 뚱뚱해서 춤을 추지 못하고 손만 잡고 천천히 들고 있다고 했으므로 틀린 진술이다.

2 「too ~ to...」 구문은 「so ~ that 주어 can't...」로 전환할 수 있다.

CHAPTER 03 조동사

Unit 03 조동사의 의미와 용법　　p. 020

A

01 Excuse me. Your head is blocking my view.
02 Yesterday's homeruns don't win today's games.
03 He hasn't seasoned the meat, and neither have I.
04 Only you can control your future.
05 A: May I ask you a personal question?
　　B: Well, it depends.
06 To earn more, you must learn more.
07 You should not judge. You should understand.
08 I will have my vengeance in this life or the next.
09 What time shall we make it?

01 be동사는 진행형, 부정문, 의문문, 수동태에 쓰인다. 02 do는 부정문, 의문문, 동사 강조에 쓰인다. (▶Unit 21 강조와 도치 참조) 03 have는 현재완료에 쓰인다. 동사의 반복을 피하기 위해서 대동사로 사용되며 So do I. Nor am I. 등이 있으며 시제는 말하고자 하는 시제를 따르며 주절과 일치하지 않을 수도 있다. 04 능력·가능·허가 등을 나타낸다. 05 허가·추측·기원 등을 나타낸다. 기원: May the force be with you. (당신에게 포스가 함께 하기를.) 06 강한 의무·필요·추측을 나타낸다. 07 약한 의무·조언·충고 등을 나타낸다. 08 예정·고집 등을 나타낸다. e.g. The door won't open. (문이 안 열려요.) 09 1인칭 의문문에서 제안을, 2·3인칭 평서문에서 화자의 의사를 나타낸다.

수능 pick 1
♦ has, does, 대동사, 도치

B

01 You cannot have seen Sean because he's in Paris now.
02 She may[might] have been a minute or two late.
03 It must have been love, but it's over now.
　　cf. RULE: All entries must have been drawn by you!
04 I should've told you what you meant to me.
　　cf. They should have heard the noise.
05 She needn't have sent me maple syrup.

수능 pick 2
♦ 과거, ~이었음에 틀림없다 / must, have, p.p. / must

Words　A 01 시야를 가리다 03 season 04 통제하다 05 personal, depend 06 벌다 07 judge 08 vengeance 09 make it
수능Pick 1 probability, occur　B 03 entry　수능Pick 2 settler

C

01 We need not destroy the past. It's gone.
02 Remember me? I used to be your best friend.
　　cf. Sometimes she would sit alone at the window.
03 Books may[might] well be the only true magic.
　　cf. You may[might] well get angry with him.
04 You had better be silent about what happened.
05 If you're going to dream, you may[might] as well dream big.
06 I would rather go blind than see you walk away from me.
　　cf. I'd rather (that) you came another time.

01 부정문과 의문문에서 조동사처럼 쓰인다. 02 과거의 습관적 동작이나 상태를 나타내며 더 이상 그렇지 않다는 의미이다. cf. 주로 부사(구·절)와 함께 쓰여 과거의 습관적 동작을 나타낸다. cf. 「be used to + 동사원형」 '~하기 위해 사용되다', 「be[get, become] used to -ing」 '~에 익숙하다[해지다]' (▶Unit 17 전치사의 다양한 표현 참조) 03 추측·가능의 may에 well이 더해져 강조의 의미로 쓰인다. cf. '당연하다, 마땅히 해야 한다'라는 뜻도 있다. 04 하지 않으면 안 좋은 결과가 생긴다는 의미로 강한 권고를 나타낸다. 05 대안이 없어서 하지 않는 것보다 하는 게 낫다는 표현이다. 06 두 개의 선택 중 차라리 하나를 하겠다는 표현이다. would rather A than B의 병렬구조에 유의한다. cf. would rather (that)절에 가정법 구문이 오기도 한다. (▶Unit 10 I wish · as if 가정법)

D

01 He requested that the door (should) be open 24 hours.
02 Have you seen my suggestion that work hours (should) be reduced?
03 His physician advised that he (should) not return to work yet.
04 It is essential that the goods (should) be delivered on time.

01~04 주절에 주장, 명령, 요구, 충고, 제안 등의 표현이 나오면 종속절에 당위성을 나타내는 should가 생략되어 동사원형이 온다. ※ ask, request, demand(요구하다), insist(주장하다), suggest, propose(제안하다), advise(충고하다), recommend(권유하다), command, order(명령하다)의 동사뿐만 아니라 necessary, essential, vital(필수적인), advisable(바람직한), urgent(긴급한) 등의 형용사 그리고 suggestion, proposal(제안), requirement(요구) 등의 명사도 있다. 단, 당위성이 없는 경우에는 사실을 그대로 기술하므로 시제일치에 유의해야 한다.

수능 pick 4
♦ 명령, 충고, 제안, should / not, be, passed
♦ 시사하다, 당위성, originated

Words　C 01 파괴하다 06 go blind　수능Pick 3 존재하다, describe
D 02 reduce 03 physician 04 goods, 배달하다, 정시에　수능Pick 4 advocate, alternative medicine, 법안, evidence, weaving, cotton, ~에서 기원하다

A

01 실례합니다. 당신의 머리가 제 시야를 가리고 있어요.
02 어제의 홈런이 오늘의 시합을 이기지 않는다.
03 그는 고기를 양념하지 않았고, 나도 그러지 않았다.
04 당신만이 당신의 미래를 통제할 수 있습니다.
05 A: 사적인 질문해도 되나요?

B: 음. 상황에 따라서 달라요.

06 더 벌기 위해서, 더 많이 배워야 한다.

07 너는 판단해서도 안 된다. 너는 이해해야 한다.

08 나는 이번 생에서 아니면 다음 생에서 복수를 할 것이다.

09 몇 시에 만날까요?

수능 pick 1

♦ 거대한 지진은 작은 지진보다 일어날 확률이 더 적다.

B

01 넌 Mike를 봤을 리가 없어. 왜냐하면 그는 지금 구미에 있어.

02 그녀는 1분 또는 2분 늦었을 수도 있다.

03 그것은 사랑이었음에 틀림없어요. 하지만 그것은 지금 끝났어요.

cf. 규칙: 모든 출품작은 당신에 의해서 그려졌어야 합니다!

04 네가 나한테 어떤 의미였는지 너에게 말했어야 했다.

cf. 그들은 소음을 들었을 것이다.

05 그녀는 나에게 메이플시럽을 보낼 필요가 없었다.

수능 pick 2

♦ 초기 백인 정착민들은 담배를 펴보고 그것을 좋아했었음에 틀림없다.

C

01 우리는 과거를 파괴할 필요가 없다. 그것은 지나갔다.

02 나 기억하니? 난 너의 가장 친한 친구였어.

cf. 그녀는 가끔 창가에 홀로 앉아 있곤 했다.

03 책은 유일하게 진실한 마법일 것 같다.

cf. 네가 그에게 화내는 것은 당연하다.

04 너는 일어난 것에 대해서 침묵을 지키는 게 낫다.

05 네가 꿈을 꾼다면, 큰 꿈을 꾸는 게 낫다.

06 네가 나에게서 떠나는 것을 보느니 난 차라리 장님이 되겠다.

cf. 저는 당신이 다른 때에 오면 좋겠어요.

수능 pick 3

♦ '멀티태스킹'이라는 용어는 1960년대가 되어서야 비로소 존재하였다. 그것은 사람이 아니라 컴퓨터를 기술하기 위하여 사용되었다.

D

01 그는 문이 24시간 열려 있어야 한다고 요청했다.

02 당신은 근로 시간이 단축되어야 한다는 나의 제안을 보았나요?

03 그의 의사는 그가 아직 직장으로 돌아가면 안 된다고 충고했다.

04 상품이 정시에 배달되어야 하는 것은 필수적이다.

수능 pick 4

♦ 대체 의학의 옹호자로서 나는 이 법안이 통과되어서는 안 된다고 주장한다.

♦ 최근에 발견된 증거는 면화를 짜는 것이 인도에서 기원했음을 시사한다.

❰ Grammar Practice ❱ ─────── p. 022

A 1 be 2 do 3 과거 4 used, to 5 should

B 1 조동사, 일반[본]동사 2 ~할 것 같다 3 추측 4 제안 5 과거 사실

C 1 would, rather, wash

    ↳ would, rather, than, would, rather, than, 병렬, wash

  2 will, leave

    ↳ will, leave

  3 ought, to, be, fired

    ↳ ought, to, be, fired

  4 have, seen

    ↳ have, seen

  5 used, to, be

    ↳ 상태, used, to, be

D 1 would 2 couldn't have 3 did 4 must have

  5 might have

E 1 have left 2 excavate 3 needn't 4 navigate

  5 would rather

F 1 shouldn't → should 2 × 3 × 4 were → did

  5 making → make

B

1 "난 모든 것을 갖고 있어,"라고 말한 사람은 아무도 없다.

2 너는 부탄 사람들이 가장 행복한 사람들이라고 생각할 것 같다.

3 너는 아름다운 아이였음에 틀림없어.

4 음악이라는 밝은 구름 위에서 우리 춤출까요?

5 너는 1월에 너의 새해 결심을 하지 말았어야 했어.

D

1 때때로 그는 한 마디도 하지 않고 나에게 꽃을 가져다주곤 했다.

2 그는 저녁을 다 먹었을 리가 없어. 그것은 끔찍했어.

3 그 천재 코치는 우리가 그 자신이 간단히 (경기를) 했던 것처럼 경기하기를 원했다.

4 그들은 이 문을 통해 탈출했음에 틀림이 없어. 그것은 박살이 나 있어.

5 너의 연기는 설득력이 있었을 지도 모르지만, 난 감동받지 않았어.

해설

1 그가 나에게 꽃을 가져다주곤 했던 흐름으로 would가 적절하다. 중복 답안이 없으므로 동사강조로 봐서 does나 did는 답이 될 수 없다.

2 내용상 저녁이 맛이 없어서 다 먹었을 리가 없으므로 '~였을 리가 없다'의 의미인 couldn't have p.p가 와야 하므로 couldn't have가 적절하다.

3 내용상 코치 자신이 경기했던(played) 것처럼 우리가 경기하기를 원했으므로 played의 대동사 did를 쓰면 된다.

4 문이 박살이 난 것으로 보아 그들이 이 문을 통해 탈출한 것을 추측할 수 있으므로 '~였음에 틀림없다'의 의미인 must have p.p의 must have가 적절하다.

5 연기가 설득력 있었지만 감동받지 않았다는 흐름으로 '~이었을 지도 모른다'의 might have p.p.의 might have가 적절하다.

E

1 난 머물지 말았어야 했어. 난 그때 떠났어야 했어.

2 연구자들은 그들 곧 공룡뼈를 곧 발굴해야 한다고 제안했다.

3 Paul은 와인을 살 필요가 없었다. 왜냐하면 그의 손님들이 오지 않았기 때문이다.

4 쇄빙선들은 종종 북극 주변의 바다를 항해하는데 사용된다.

5 무릎을 꿇고 사느니 서서 죽겠다.

해설

1 과거 사실에 대한 후회나 유감을 나타내는 should have p.p가 적절하므로 have left가 옳다.

2 suggest가 '제안하다'의 뜻으로 당위성을 띠고 있다. that절에 should가 생략된 것으로 excavate가 적절하다.

3 손님들이 안 와서 와인을 살 필요가 없었다는 과거 행위에 대한 불필요함을 나타내므로 needn't have p.p의 needn't가 적절하다.

4 쇄빙선들이 항해하는데 사용된다는 내용으로 '~하기 위해 사용되다'로 의미로 쓰이는 「be used to + 동사원형」 구문의 navigate가 적절하다.

5 내용상 '차라리 ~하겠다'의 의미인 would rather가 적절하다. may well은

'~할 것 같다, ~하는 것이 당연하다'의 의미이다.

F

1 결정을 내리기 전에 너는 나에게 말했어야 했다.

2 목격자들은 그가 감옥으로 보내져서는 안 된다고 주장했다.

3 그는 그것(이야기)을 실제로 만들기 위해서 자신의 이야기에 무엇인가를 더했거나 더하지 않았을 수도 있다.

4 마침내 그는 하나뿐인 출구 밖으로 나왔고, 다른 사람들도 그랬다.

5 그 재봉틀은 상인의 의복을 만들기 위해 사용되었다.

해설

1 내용상 '결정을 하기 전에 나에게 말했어야지'라는 의미로 '~했어야 했다'의 의미인 should로 고쳐야 한다.

2 목격자들이 그가 감옥으로 보내지면 안 된다고 주장한 당위성이 있는 글이다. should not be sent에서 should가 생략된 것으로 어색한 것은 없다.

3 과거 사실에 대한 불확실한 추측을 나타내는 may (not) have p.p.는 적절하다.

4 일반동사인 went를 대신하여 써야 하므로 were를 did로 고쳐야 한다.

5 재봉틀이 의복을 만들기 위해 사용된 것이므로 「be used to + 동사원형」 구문이 적절하다. 따라서 making을 make로 고쳐야 한다.

Review Test Unit 03   p. 024

A **1** as well **2** 1) better 2) is
   3 1) are used 2) communicate **4** should
   5 are **6** may **7** marry **8** 1) be 2) what
B **1** 1) should → shouldn't 2) ×
   2 1) remain → have remained 2) ×
   3 1) been impressed → impressed 2) ×
   4 1), 2) feel → to feel **5** 1) × 2) ×
   6 1) × 2) because of → because
   7 1) describing → describe 2) or → and
   8 1) × 2) is → does
C **1** 1) F 2) T **2** 점토 그릇이 무겁고 이동될 때 깨지기 쉬워서
D **1** 1) F 2) F **2** that used to be called "good citizenship"

A

1 나는 여기서 어떤 사람도 알지 못한다. 내 생각에는 지금 떠나는 게 낫겠다.

2 배추나 시금치가 상추보다 더 좋은 비타민의 원천이다.

3 요트 경기에서, 깃발은 커미티 보트에서 선수들에게 정보를 전달하기 위해 사용된다.

4 20대에, 그녀는 잘했지만, 지금 그녀는 그녀가 집중해야 할 만큼 집중하지 못한다.

5 일부 갈등이나 압력은 성난 좌절감의 원인이며, 일부 과업도 그러하다.

6 수렵 채집인들은 우리가 가진 것보다 더 많은 자유 시간을 가졌을 수도 있지만, 그들은 굶주리고, (추위에) 떨고, 일찍 죽었다.

7 왕의 딸인, Hamsisi는 전설의 거대한 뱀인 Grootslang과 결혼하라는 아버지의 명령을 거절했다.

8 누구나 모든 기초 분야에서 전문가가 될 필요는 없지만, 적어도 다른 분야가 무엇에 관한 것인지는 알아야 한다.

해설

1 내용상 다른 대안이 없어서 '차라리 ~을 하겠다'는 의미의 may as well이 적절하므로 as well이 답이다.

2 1) 문장 뒤쪽에 비교구문을 나타내는 than이 있으므로 비교급인 better가 적절하다.
   2) be동사 are를 대신해서 써야 하므로 is가 적절하다.

3 1), 2) '깃발이 커미티 보트에 정보를 전달하는데 사용된다'이므로 「be used to + 동사원형」 구문이다. 따라서 각각 are used와 communicate가 적절하다.

4 과거에는 잘했지만, 지금은 자신이 집중해야 하는 만큼 집중하지 못한다는 내용으로 의무의 should가 가장 적절하다.

5 be동사 are를 대신해서 써야 하므로 are가 적절하다.

6 수렵 채집인들이 과거에 우리보다 더 많은 자유 시간을 가졌을 수도 있다는 과거 사실에 대한 추측이므로 may have p.p. 구문이 적절하다. 따라서 may가 답이다.

7 his father's request에 당위성이 나타나 있으므로 that절에 should가 생략된 형태로 marry가 적절하다. marry는 타동사이므로 전치사를 쓰지 않는다.

8 1) needn't로 보아 need가 조동사로 쓰였다. 따라서 동사원형인 be가 적절하다.
   2) 선행사가 없고 관계사절에서 about의 목적어 역할을 할 수 있는 what이 적절하다.

B

1 난 결코 계속 저항하지 말았어야 했다. 난 나의 백성들이 죽기 전에 멈췄어야 했다.

2 1840년대에 영국 해군이 없었다면 홍콩섬은 황량한 바위로 남아 있었을 지도 모른다.

3 귀하의 이력서가 그들에게 깊은 인상을 주었음에 틀림없습니다. 당신은 지금 그 회사에서 일하고 있으니까요.

4 당신은 눈물을 부끄럽게 느낄 필요가 없습니다. 당신이 겪고 있는 것에 부끄러워할 필요가 없습니다.

5 여러분은 여름 예비 교육에 참가하기에 앞서 배치 고사에 관한 소책자를 받으셨을 겁니다.

6 어린 시절 동안, 그는 대단한 사람이라고 느꼈을 수도 있다. 왜냐하면 그의 고향에서 모두 그를 알았기 때문이다.

7 빅 데이터는 구조화되어 있거나 구조화되어 있지 않은 데이터의 기하급수적인 성장과 이용 가능성을 묘사하는데 사용되는 일반적인 용어이다.

8 Victoria's Skin Tight Naturals의 이 놀라운 제품은 당신의 피부를 탱탱하게 할 뿐만 아니라, 매우 즉각적으로 그렇게 합니다.

해설

1 1) 백성들이 죽기 전에 굴복했어야 했다는 내용으로 '계속 저항하지 말았어야 했는데 저항했다'는 의미가 되어야 하므로 should have kept를 shouldn't have kept로 고쳐야 한다.

2 1) 과거 사실에 대한 추측으로 '~이었을지도 모른다'는 might have p.p. 구문이 적절하다. 따라서 remain을 have remained로 고쳐야 한다.
   2) 년도 앞에 전치사 in을 쓰고 십년 단위 년도 다음에 s를 붙이면 ×년대라는 뜻으로 적절하다.

3 1) 과거에 대한 확실한 추측은 맞지만 Your resume가 impress의 주체이므로 능동형인 must have impressed로 고쳐야 한다.
   2) 현재 사실을 기술하고 있는 현재형 work는 적절하다.

4 1) need 앞의 don't로 보아 일반동사로 쓰였으므로 feel을 to feel로 고쳐야 한다.
   2) need 앞의 no로 보아 명사로 쓰였으므로 이를 수식할 수 있는 to부정사 형태인 to feel로 고쳐야 한다.

5 1) should have p.p.도 과거 사실에 대한 추측을 나타내므로 적절하다.
   2) prior는 than 대신에 to를 쓰고 이때 to는 전치사이므로 모두 적절하다.
   (▶ Unit 16 비교구문의 관용표현 참조)

6 1) 과거 사실에 대한 추측이므로 may have p.p 구문은 적절하다.
   2) 선택지 다음에 주어와 동사를 포함한 문장이 이어지므로 because of를 because로 고쳐야 한다.

7 1) 본동사 is가 있으므로 a popular term을 꾸며 줘야 하는데 「be used to -ing」는 '~에 익숙하다'이므로 describing을 describe로 고쳐야 한다.

term (which is) used to describe의 구조로 이해하면 된다.

2) both A and B는 상관접속사이므로 와를 and로 고쳐야 한다.

8 1) product가 놀라게 하는 것이므로 능동의 현재분사 amazing은 적절하다.

2) 일반동사인 tightens를 대신해야 하므로 is를 does로 고쳐야 한다.

C

> 초기 아메리카 원주민들은 그들이 필요한 것들을 만들어야 했다. 각 부족이 도구, 옷, 장난감, 주거, 음식을 만드는 데 사용한 각종 재료들은 주변에서 발견한 것에 달려 있었다. 게다가, 그들이 만든 것은 그들의 생활 방식에 적합했다. 예를 들어, 대초원에서 이동을 많이 하며 사는 부족은 점토로 된 그릇을 만들지 않았다. 점토 그릇은 너무 무겁고 운반될 때 깨지기 쉬워서 그들은 동물 가죽으로 된 용기를 만들었다.

[해설]

1 1) 전반부에 필요한 물품을 만드는 것은 그들이 주위에서 발견한 것에 의존했다고 했으므로 틀린 진술이다.

2) 중반부와 후반부에 대초원에 사는 사람들은 점토 그릇이 무겁고 깨지기 쉬워서 동물 가죽으로 용기를 만들었다고 했음으로 옳은 진술이다.

2 글의 후반부에 점토 그릇이 너무 무겁고 이동될 때 깨지기 쉽다고 기술하고 있다.

D

> 나는 항상 나의 아이들에게 공손함, 학식, 그리고 질서는 좋은 것이고 스스로를 위해 뭔가 좋은 것을 바라고 발전시켜야 한다고 가르쳐 왔다. 그러나 그들은 학교에서 점심시간에 1/4마일 트랙을 달려서 Nature Trail 표를 획득하는 것을 매우 빨리 배웠다. 그들은 쓰레기를 줍거나 어린 아이가 화장실을 찾도록 도와주면, Lincoln dollar를 획득할 수 있는 것도 배웠다. 이러한 것들은 '훌륭한 시민'이라고 불리곤 했던 행동들이다. 보상과 대접을 가지고 아이들의 최소한의 협동을 구매하는 것이 필요할까? 나를 혼란스럽게 하는 것은 좋은 행동이 자극으로 강화될 수 있다는 것이다. 아이들은 스티커, 별, 그리고 캔디 바를 받기 위해서가 아니라 그들 스스로를 위해 좋은 행동을 하도록 가르침을 받아야 한다.

[해설]

1 1) 전반부에 점심시간에 1/4마일을 달리면 Nature Trail 표를 받는다고 했으므로 틀린 진술이다.

2) 글의 후반부에 좋은 행동이 자극으로 강화될 수 있다는 것이 자신을 혼란스럽게 한다고 했으므로 틀린 진술이다.

2 흐름상 "'훌륭한 시민'이라고 불리곤 했던'이 들어가야 한다. behaviors를 선행사로 하는 관계사 that을 쓰고 '~하곤 했다'의 used to를 쓴 다음에, 선행사와의 관계가 수동의 관계이므로 call을 be called로 고쳐 쓴 후, 마지막으로 "good citizenship"을 쓰면 된다.

CHAPTER 04 수동태

Unit 04 수동태의 형태와 용법   p. 026

A

01 Big fish are caught in a big river (by them).

02 Every new arrival was shown to me.

---

cf. I was shown every new arrival.

03 They were kept waiting for two hours.

04 The gate was left closed by a security guard.

05 I was asked to act when I couldn't act.

06 The ducklings were seen crossing the road.

07 He was made to sign the statement.

01~06 주어가 동작의 대상이 될 때 사용하며, 행위자가 불분명, 불필요, 불확실한 경우에는 생략하는 것이 자연스럽다.   02 to me와 cf.의 every new arrival이 더 중요한 정보일 때의 수동태이다.   03~04 5형식 동사의 목적격보어가 분사인 경우 수동태의 주어와 분사의 관계에 따라 능동·수동이 결정된다. ※keep, leave, find, catch, imagine 등 (▶Unit 01 동사의 종류참고)   06 지각동사의 목적격보어는 수동태가 될 때 to 동사원형보다 -ing가 자연스럽다.   07 사역동사의 목적격보어는 수동태가 될 때 to를 쓴다. make 외의 사역동사는 수동태가 없어서 유사 표현으로 전환한다. cf. let → be allowed to, have → be asked to, get → be convinced to

PLUS

happen, seem, emerge, result, 타동사 l contain, resemble

[수능pick 1]

◆ 자동사, are, disappeared, disappear

B

01 Coins used to be made of gold.

02 Another window has been broken.

03 The banks had been robbed by an unidentified person.

04 She has a scooter, but it is being repaired.

05 He had no idea where he was being taken.

[수능pick 2]

◆ 대상, recognized

Words   A 02 신상품 06 오리 새끼 07 sign, statement
수능Pick 1 반점, puberty   B 01 동전 03 털다 04 scooter , repair
수능Pick 2 work, internationally, recognize

C

01 The sky is always filled with stars.

02 He was looked after by villagers and survived.

03 I was paid no attention to by her.

cf. No attention was paid to me by her.

04 To be trusted is a greater compliment than to be loved.

cf. Who is to blame for the rise in obesity?

05 I appreciate being invited to your home.

06 It is said that she has been very cooperative.

→ She is said to have been very cooperative.

02~03 군동사는 하나의 동사처럼 수동태를 만든다.   02 「자동사 + 전치사」가 수동태가 되었을 때 전치사가 나란히 나올 수 있음에 유의한다.   03 「동사 + 명사 + 전치사」의 경우 명사를 주어로 수동태를 만들 수 있다. ← She paid no attention to me. ※make use of(이용하다) take advantage of((이익이 되도록) 이용하다) take good care of(잘 돌본다) take little notice of(거의 주목하지 않다)   04 cf. 「be to blame(비난받다, 탓이다, 책임이 있다)」은 능동형이지만 수동의 의미이다.   06 that 절의 수동태는 두 가지 형태로 바꿀 수 있다. ← They say that she has been very cooperative. ※say, <u>think</u>, <u>consider</u>, believe, <u>expect</u>, suppose 등

PLUS
get, stuck, seated, become, grow, remain I washes, 자동사, 수동, 부사, like, peel, bake, wash

Further Expressions
be, absorbed, in / be, addicted, to / be, based, on / be, composed, of / be, engaged, in[to] / be, covered, with[in] / be, involved, in / be, astonished[surprised], at / be, sick, and, tired, of / be, pleased, with / be, equipped, with

수능 pick 3
♦ 대상, spoken, speaks, by, a, member, of, the, royal, family, 불필요

Words C 02 villager, survive 03 pay attention to
04 trust, compliment, 증가, obesity 05 appreciate 06 cooperative
PLUS get stuck, 가사, 대사, flight, passenger, 앉히다, 수용성
수능Pick 3 royal

A

01 큰 물고기는 큰 강에서 잡힌다.
02 모든 신상품이 나에게 보였다.
03 그들은 두 시간 동안 계속 기다리게 되었다.
04 출입구는 경비원에 의해 닫힌 채로 있었다.
05 나는 내가 연기를 할 수 없을 때 연기하라고 요청 받았다.
06 오리 새끼들이 도로를 건너는 것이 보였다.
07 그는 진술서에 서명하게 되었다.

수능 pick 1
♦ 대부분의 경우, 반점들은 아이가 사춘기에 이르기 전에 사라진다.

B

01 동전은 금으로 만들어지곤 했다.
02 또 다른 창문이 깨졌다.
03 그 은행들은 정체불명의 사람에 의해서 털렸다.
04 그녀는 스쿠터가 있지만, 그것은 지금 수리되는 중이다.
05 그는 자신이 어디로 옮겨지고 있는 중인지를 몰랐다.

수능 pick 2
♦ 그의 연구는 국제적으로 인정받아 왔다.

C

01 하늘은 언제나 별들로 가득 차 있다.
02 그는 마을 사람들에 의해 돌봐졌고 살아남았다.
03 나는 그녀에게 어떤 관심도 받지 못했다.
   cf. 어떤 관심도 그녀에 의해 나에게 주어지지 않았다.
04 신뢰받는 것은 사랑받는 것보다 더 큰 찬사이다.
   cf. 누가 비만의 증가에 비난받아야 하는가[책임져야 하는가]?
05 당신의 집에 초대된 것을 고맙게 생각합니다.
06 그녀는 매우 협조적이었다고 말해진다.
   PLUS
   노래의 가사 첫 줄 이후에 당신은 푹 빠지게 될지도 모른다.
   비행의 마지막 한 시간 동안, 승객들은 반드시 착석해 있어야 한다.
   수용성 잉크는 쉽게 씻긴다.

수능 pick 3
♦ (왕족의 구성원이) 말을 걸지 않으면 왕족의 구성원에게 말을 하지 마라.

❰ Grammar Practice ❱ —————————— p. 028

A 1 by, 목적격(행위자) 2 -ing 3 have, been, p.p.
   4 It, is, believed 5 수동
B 1 catching, caught 2 at, by
   3 자동사, is, happened, happens
   4 the, victim, 주체, wait[be waiting] 5 It, is, said, that
C 1 was, closed
      ∟ 대상, was, closed
   2 is, found, interesting
      ∟ 수동태, 능동, interesting
   3 seem, satisfy
      ∟ 자동사, 주체, satisfy
   4 m, being, followed
      ∟ 수동태, 진행형, m, being, followed
   5 are, started, are, left
      ∟ 대상, are, started, 대상, are, left
D 1 sent 2 were born 3 be freed 4 was acquired
   5 be exposed
E 1 was 2 is 3 damaged 4 employed 5 hacked
F 1 ✕ 2 being trained → training
   3 watched → been watched
   4 was existed → existed 5 ✕

B

1 마침내 그는 경찰에 의해 붙잡혔다.
2 Anna는 그 손님들에 의해 보여지는 것을 즐겼다.
3 혁신은 시행착오를 거쳐 일어난다.
4 그 용의자는 그 희생자에게 카페 밖에서 기다리라고 말했다.
5 현재가 미래를 품고 있다고 말해진다.

D

1 그 경찰들이 35세의 Danny Davis를 감옥으로 다시 보냈다.
2 나의 아버지와 나는 11월에 태어났다.
3 그러나 남아 있는 인질들은 11월 27일까지 석방되지 않을 것이었다.
4 그 학원은 새로운 주인에 의해 지난주에 취득되었다고 말해진다.
5 대학에서 여러분은 더 새로운 아이디어와 좋은 책에 노출될 것이다.

해설
1 경찰들이 send의 동작의 주체이므로 능동태인 have sent의 sent가 적절하다.
2 나의 아버지가 내가 태어난 것이므로 수동태로 써야 하며 bear-bore-born의 형태로 쓰인다.
3 미국인 인질들이 풀려나는 동작의 대상이므로 수동태인 be freed를 쓰면 된다.
4 학원이 새 주인에 의해 취득되는 동작의 대상이고 과거시제이므로 was acquired로 쓰면 된다.
5 여러분이 노출시키는 것이 아니라 노출되는 것이므로 수동형인 be exposed로 쓰면 된다.

E

1 내가 왜 나의 꿈에 갇혔었을까?
2 꿈과 현실의 거리는 무엇이라 불리는가?

3 그의 얼굴은 고문에 의해 심하게 손상되었다.

4 내가 대학을 졸업한 바로 후에 나는 고용되었다.

5 가장 많이 해킹당하는 비밀번호들은 12345678, abc123, 1234567, password1과 12345이다.

1 내가 꿈에 갇힌 동작의 대상이므로 was trapped의 was가 적절하다.

2 거리가 불리는 동작의 대상이므로 called와 수동태를 이루는 is가 적절하다.

3 그의 얼굴이 심하게 손상된 동작의 대상이므로 수동형인 damaged가 적절하다.

4 내가 고용된 것으로 수동형인 employed가 적절하다. 「get + p.p.」는 동작을 강조하는 수동태이다.

5 비밀번호가 해킹당하는 동작의 대상이므로 수동형인 hacked가 적절하다.

F

1 버려지는 것은 누군가로부터 분리되는 것을 뜻한다.

2 캄보디아에서, 사람들은 폭발물을 탐지하기 위해 쥐를 훈련시키고 있다.

3 바닷속에서 어떤 물고기도 그 먹잇감 주위에서 헤엄치고 있는 것이 보이지 않았다.

4 박테리아는 호모사피엔스가 지구에 거주하기 전에 수십억 년 동안 존재했다.

5 판정이 불확실할 때, 반칙하는 선수는 자신이 파울을 했었다고 시인하였다.

1 내용상 분리하는 것이 아니라 분리되는 것이므로 be separated는 적절하다.

2 사람들이 쥐를 훈련시키는 동작의 주체이므로 능동형인 are training으로 고쳐야 한다.

3 물고기가 관찰되는 대상이므로 현재완료수동형인 have been watched로 고쳐야 한다.

4 exist는 자동사이므로 수동형으로 쓸 수 없다. 따라서 was existed를 existed로 고쳐야 한다.

5 he가 파울을 한 주체이므로 과거완료의 능동형인 had committed는 적절하다.

Review Test Unit 04 — p. 030

A **1** been paid **2** was put **3** placing
  4 1) interesting 2) appeal to **5** 1) meet 2) didn't show
  6 1) found 2) something illegal
  7 1) revealed 2) considered **8** 1) to finish 2) published
B **1** 1) what → that 2) ×
  2 1) × 2) be happened → happen
  3 1) × 2) using → used **4** 1) breaking 2) ×
  5 1) × 2) roamed → roaming
  6 1) was → 삭제 또는 sentenced → sentencing 2) ×
  7 1) was emerged → emerged 2) came → coming
  8 1) taking → taken 2) ×
C **1** 1) T 2) F **2** (a) (was) buried (b) forgotten
D **1** 1) F 2) T
  2 They wanted objects in paintings to be represented accurately.

A

1 사실 확인에 더 상세한 주의가 기울여져야 했다.

2 사람들은 만든지 오래 된 팝콘이 커다란 용기에 담아졌을 때 33% 더 많이 먹었다.

3 경찰들은 그 남자가 상자를 현관 앞에 놓는 것을 봤다는 말을 들었다.

---

4 어떤 것이 흥미를 끌 필요가 있다면, 그것은 반드시 누군가의 관심을 끌어야 한다.

5 Clare라는 이름의 군인이 공항에서 한 교수를 만날 예정이었으나 그는 나타나지 않았다.

6 그 중년의 여인은 몸수색 동안에 그녀의 지갑에서 불법적인 무언가가 들어있는 것이 발견되었다고 말했다.

7 현대 전문가의 여론 조사는 아이작 뉴튼 경이 역대 가장 위대한 물리학자로 여겨진다는 것을 드러냈다.

8 Benjamin Franklin이 자신의 자서전을 마무리하는 데는 17년이 걸렸는데, 그것은 그의 죽음 후까지도 출간되지 않았었다.

1 더 상세한 주의가 pay의 대상이므로 수동형이 적절하므로 been paid가 답이다.

2 when절에 술어동사가 필요하고, 팝콘이 put의 대상이므로 수동태가 필요하다. 따라서 was put이 적절하다.

3 동작을 강조하는 지각동사의 수동태이고 그 남자가 소포를 놓는 동작의 주체이므로 능동인 placing이 적절하다.

4 1) something이 interest의 주체이므로 능동의 interesting이 적절하다.
  2) appeal(마음을 끌다)은 자동사이므로 목적어를 쓰려면 to와 함께 써야 하므로 appeal to가 적절하다.

5 1) A soldier가 meet의 주체이므로 능동의 meet이 적절하다.
  2) show up(나타나다)은 자동사이므로 didn't show up이 적절하다.

6 1) her purse가 find의 대상이므로 수동형인 found가 적절하다.
  2) -one, -body, -thing으로 끝나는 단어는 형용사가 후치수식하므로 something illegal이 적절하다.

7 1) A poll이 주어이고 that 이하가 목적어절이다. 따라서 술어동사가 필요하므로 revealed가 적절하다.
  2) Newton이 consider의 대상이므로 수동형인 considered가 적절하다.

8 1) '~가 …하는데 −걸리다' 구문인 「It takes + 사람 + to 동사원형」 구문이므로 to finish가 적절하다.
  2) it(자서전)이 publish의 대상이므로 수동의 published가 적절하다.

B

1 나는 케이크 전체가 기름지고 잘 구워지지 않아서 놀랐다.

2 인생은 놀람으로 가득차다. 너는 다음에 무엇이 일어날지 절대 알지 못한다.

3 바오바브나무는 약사 나무로 알려져 있는데, 왜냐하면 그것이 치료 목적으로 사용될 수 있기 때문이다.

4 학생들이 규칙을 어기는 것이 발견되면, 그들은 학교 규정에 따라 처벌 받는다.

5 이집트 피라미드가 건설되던 중일 때, 일부 매머드는 여전히 돌아다니고 있었다.

6 한 아테네의 배심원이 소크라테스가 도시의 젊은이들을 타락시킨다는 이유로 사형 선고를 내렸다.

7 Julius Caesar가 살해당한 후에 혜성이 나타났는데, 그것은 그의 영혼이 지구로 돌아오는 것으로 여겨졌다.

8 16세기가 되자, 대부분의 유럽의 귀족은 그들이 땅을 소유한 곳에서 따온 성(姓)을 가졌다.

1 1) 뒤 문장이 완전하므로 접속사 역할을 할 수 있는 that으로 고쳐야 한다.
  2) bake가 자동사로 쓰여 수동의 의미가 있으므로 적절하다.

2 1) '~로 가득 차다'의 의미인 be full of는 적절하다.
  2) happen은 자동사이므로 수동형이 없다. 따라서 be happened를 happen으로 고쳐야 한다.

3 1) '~로 알려져 있다'의 의미인 be known as는 적절하다.
  2) it(바오바브나무)가 use의 대상이므로 수동태인 used로 고쳐야 한다.

4 1) '~가 …하는 것을 발견하다'의 의미인 「catch + 목적어 + -ing」 구문의 수동태이다. 학생들이 규칙을 어기는 주체이므로 broken을 breaking으로 고쳐야 한다.

2) they(학생들)가 punish하는 대상이므로 수동태는 적절하다.

5 1) 피라미드가 지어지고 있었던 과거진행형의 수동태로 「were/was being p.p.」는 적절하다.

2) mammoths가 roam하는 주체이므로 능동의 roaming으로 고쳐야 한다.

6 1) An Athenian jury가 sentence(선고하다)의 주체이므로 능동이다. 따라서 was를 삭제하거나 sentenced를 sentencing으로 만들어 진행형으로 만들면 된다.

2) he가 corrupt(부패시키다)의 주체이므로 능동태인 was corrupting은 적절하다.

7 1) emerge(나타나다)는 자동사이므로 수동형이 없다. 따라서 was를 지워야 한다.

2) 관계사절에 술어동사 was thought이 있으므로 his soul을 수식하는 준동사가 와야 한다. 따라서 came을 coming으로 고치면 된다.

8 1) surname이 take의 동작의 대상이므로 수동형인 taken으로 고쳐야 한다. 술어동사 had가 있으므로 were taken으로 쓰면 안된다.

2) the place가 선행사이고 완전한 구조의 절을 요하는 관계부사 where는 적절하다.

C

> Pompeii는 현재의 나폴리 근처에 있는, 부분적으로 묻힌 로마의 도시이다. 서기 79년경 Vesuvius 화산이 분출했을 때 Pompeii는 파괴되고 묻혀 버렸다. 그 분출은 Pompeii를 몇 미터의 화산재와 돌 아래로 묻었고 1599년에 그것이 우연히 발견되기 전까지 1,500년 넘도록 잊혔다. 그 이후로, 그것의 재발견은 로마 제국 전성기의 생활 속으로 자세한 통찰력을 제공해왔다. 요즈음, 이 유적지는 매년 약 2백 5십만 명의 사람들이 방문하는데, 이것은 그것을 이탈리아의 가장 유명한 관광 명소 중의 하나로 만들고 있다.

[해설]

1 1) 전반부에 화산 폭발로 인해 1500년간 잊혀졌다고 했다고 했으므로 옳은 진술이다.

2) 후반부에 로마의 전성기에 대한 통찰력을 제공한다고 했으므로 틀린 진술이다.

2 (a)와 (b) 각각 Pompeii와 it(=Pompeii)가 동작의 주체가 아니라 대상이므로 수동형인 buried와 forgotten이 적절하다. 단, (a)에서는 공통어구 was를 생략해도 된다.

D

> 수학은 르네상스 예술에 커다란 영향을 주었다. 르네상스 예술은 다양한 방식으로 중세의 예술과 달랐다. 르네상스 이전에는 그림에 있는 물체들이 외관상 사실적이라기보다는 편평하고 상징적이었다. 르네상스 시대의 예술가들은 그림을 재창조했다. 그들은 그림 속의 물체들이 정확하게 나타내지기를 원했다. 물체들이 눈에 보이는 대로 원근법으로 물체들의 본질적인 형태를 묘사하기 위해 수학이 사용되었다. 르네상스 시대 동안 예술가들은 기하학을 사용하여 원근법을 이용했는데, 그것은 실제 세계를 사실적이고 정확하고 3차원적으로 묘사를 만들어냈다. 수학을 예술, 특히 그림에 응용한 것은 르네상스 예술의 주된 특징들 중의 하나였다.

[해설]

1 1) 전반부에 수학의 도움을 받았고 이는 중세 시대의 예술과 달랐다고 했으므로 틀린 진술이다.

2) 후반부에 기하학을 사용함으로써 실제 세계를 자연적이고, 정확하고 입체적으로 표현했다고 했으므로 옳은 진술이다.

2 want A to B 구문을 활용하여, 주어와 시제, 어법에 맞게 They wanted objects in paintings를 쓰고 물체들이 represent되는 대상이므로 to be represented를 쓰고 조건에 맞게 부사인 accurately를 쓰면 된다.

〈조건〉

1. 한 단어를 추가하시오.

2. 부사로 문장을 마치시오.

3. 필요하면 단어의 형태를 고치시오.

CHAPTER 05 부정사

Unit 05 ▶ 부정사의 용법   p. 032

A

01 **To meet** is the beginning of parting.
02 **It** is possible **to feel** homesick in your home.
03 One of my dreams is **to have** my own island.
04 Sometimes I pretend **to forget** you.
05 She thinks **it** easy **to build** a website.

01 to부정사가 주어로 쓰일 수 있으나, 02처럼 주로 「가주어 – 진주어」 구문으로 표현한다.   05 목적어가 to부정사일 경우 가목적어 it을 쓰고 진목적어를 뒤에 써야 이런 경우 it을 생략하면 안 된다. e.g. make, find, think, believe, consider

PLUS
for me, for, 목적격 | of, you, not, of, 목적격, not[never]

Further Expressions
ask, tell, want, expect, advise, encourage, enable, require, allow, order, force, persuade, drive, cause, permit, remind, warn, recommend, help

수능 pick 1
◆ it, 목적어, 목적격보어, to부정사, 절

B

01 Yuri Gagarin was *the first man* **to travel** into space.
02 Taku has never had *anyone* **to talk to**.
   cf. The future will be *a better place* **to live** (in).
03 The queen **is to visit** Puerto Rico next month.
04 You **are to apologize** to him this instant!
05 If we **are to arrive** in time, we must start now.
06 Old stories often **turn out[prove]** (to be) true.

01~02 to부정사가 명사를 한정적으로 꾸며 주는 역할을 한다.   01 수식받는 명사가 to부정사의 의미상의 주어이다.   02 수식받는 명사가 to부정사의 의미상의 목적어이다. talk to anyone에서 목적어가 앞으로 이동한 것으로 전치사가 필요하면 써야 한다. cf. place를 한정적으로 꾸며주는 to부정사에서 전치사는 생략해도 된다.   03~05 서술적 용법으로 예정(~할 예정이다), 의무(~해야 한다), 의도·조건(~하고자 하다) 외에 운명(~할 운명이다 e.g. He was never to return home. (그는 결코 집으로 돌아가지 못할 운명이었다)), 가능성(~할 수 있다 e.g. One's memories are not to be trusted. (사람의 기억력은 믿을 만하지 않다.))를 나타내기도 한다.   06 「자동사 + to부정사」가 서술적 용법으로 보어 역할을 하며 to be는 생략될 수 있다. e.g. seem[appear] to(~처럼 보이다), come[get, grow] to(~하게 되다)

Words　A 01 part　02 feel homesick　**PLUS** upset
수능Pick 1 generous, financial, 지원, 채택, agriculture, settled
B 04 apologize, instant

C

01　We make war (in order) to live in peace.
02　I am lucky to have you in my life.
03　The orphan grew up to be a brave soldier.
　　cf. Ralph ran to his mailbox only to find it empty.
04　Everybody would be glad to hear from you.
05　He must be wise not to believe the witch.
06　I am not that difficult to work with.
07　I was too young to join the army.
　　→ I was so young (that) I couldn't join the army.
08　He ran fast enough to catch the thief.
　　→ He ran so fast (that) he could catch the thief.

01 목적의 의미를 더 명확하게 하기 위해 in order[so as] to로 쓴다.　02 to 이하가 감정의 원인을 나타낸다.　03 주로 자동사(구)를 수식하여 결과를 나타내며, only to는 놀람이나 실망의 결과를 나타낸다.　04 조건이나 가정의 의미를 내포한다.　05 판단의 근거 또는 이유를 나타낸다.　07~08 각각 「so ~ that + 주어 + can't」와 「so ~ that + 주어 + can」으로 전환할 수 있다.　07 문맥에 따라서 '너무 ~해서 …할 수 없다' 또는 '~하기엔 너무 …하다'라고 해석한다.　08 enough는 형용사와 부사를 뒤에서 수식하고, 명사는 기본적으로 앞에서 수식한다. enough 자체가 형용사나 명사로도 쓰인다.

PLUS
so, hot, that, couldn't, eat, them | so, close, that, I, could, grab, it, 문장, 목적어, 대명사

수능 pick 2
♦ To, become, 주어, 목적

Words　C 01 make war, in peace　03 텅 빈　05 witch　08 thief
PLUS on the drive, 한 무더기의, seaweed, grab　수능Pick 2 안전지대

A

01　만나는 것은 헤어짐의 시작이다.
02　너의 집에서 향수병에 걸리는 것은 가능하다.
03　나의 꿈들 중 하나는 내 자신의 섬을 갖는 것이다.
04　때로는 난 너를 잊은 척 한다.
05　그녀는 웹사이트를 구축하는 것이 쉽다고 생각한다.

PLUS
내가 미안하다고 말하는 것은 어렵다.
네가 그를 화나게 한 것은 어리석었다.

수능 pick 1
♦ 그 회의는 후한 재정 지원 덕택에 가능해졌다.
♦ 농업의 채택은 새로운 정착 생활 양식을 가능하게 했다.

B

01　Yuri Gagarin은 우주로 여행한 첫 번째 사람이다.
02　Taku는 이야기할 사람이 있어본 적이 없다.
　　cf. 미래는 살기에 더 좋은 곳이 될 것입니다.
03　여왕은 다음 달에 Puerto Rico에 방문할 예정이다.

04　너는 바로 지금 그에게 사과해야 한다.
05　오래된 이야기는 종종 진실로 판명된다.

C

01　우리는 평화롭게 살기 위해 전쟁을 일으킨다.
02　당신이 내 인생에 있어서 저는 운이 좋습니다.
03　그 고아는 자라서 용감한 군인이 되었다.
　　cf. Ralph는 그의 우편함으로 달려갔지만, 그것이 텅 빈 것을 발견했다.
04　당신한테서 소식을 들으면 모두가 기뻐할 거예요.
05　그 마녀를 믿지 않다니 그는 현명함에 틀림없다.
06　나는 함께 일하기 그렇게 어렵지 않다.
07　나는 너무 어려서 군대에 갈 수 없었다. (= 나는 군대에 가기엔 너무 어렸다.)
　　→ 나는 너무 어려서 군대에 갈 수 없었다.
08　그는 그 도둑을 잡을 수 있을 만큼 충분히 빨리 달렸다.
　　→ 그는 매우 빨리 달려서 그 도둑을 잡을 수 있었다.

PLUS
프렌치프라이가 너무 뜨거워서 (나는[우리는]) 집으로 차를 타고 오는 길에 먹을 수가 없었다.
한 무더기의 해초가 내가 붙잡기에 충분히 가까이 왔다.

수능 pick 2
♦ 더 훌륭한 지도자가 되기 위해서는, 자신의 안전지대에서 걸어 나와야 한다.

◀ Grammar Practice ▶━━━━━━ p. 034

A　**1** 명사　**2** 가주어　**3** 목적격　**4** 앞　**5** 목적
B　**1** 목적어, of　**2** 결과　**3** 가주어, 진주어　**4** appeared, to
　　5 예정
C　**1** causes, to, exceed
　　　┗ cause, to, causes, to, exceed
　　2 only, to, find
　　　┗ only, to부정사
　　3 were, used, to, treat
　　　┗ were, used, to, treat
　　4 Prepare, to, get
　　　┗ prepare, to, get
　　5 persuade, to, play
　　　┗ persuade, to, play
D　**1** shallow enough for him to swim
　　2 in order to forget her
　　3 Everybody wants change, wants to change
　　4 come to like you
　　5 make it difficult for a lion to single out
E　**1** to be　**2** to keep　**3** of　**4** not to　**5** to be
F　**1** cuddling → to cuddle　**2** considered → considered it
　　3 ×　**4** using → use 또는 not using　**5** know → to know

B

1 나는 돌봐야 할 아이들뿐만 아니라 남편도 있다.
2 참새가 커서 비둘기가 된다고 누가 너에게 말했니?
3 화나는 것은 괜찮지만, 잔인해지는 것은 결코 괜찮지 않다.
4 그 아빠는 약 40살처럼 보였다.
5 영부인은 오늘밤 한반도의 평화에 관한 연설을 할 것이다.

D

1 그 지역은 그가 헤엄쳐 건너기에 충분히 얕았다.

2 나중에, 그는 그녀를 잊기 위해 그 문신을 지웠다.

3 모두가 변화를 원하지만 아무도 변화하기를 원하지 않는다.

4 당신이 예의바르게 행동하고자 노력한다면 사람들이 당신을 좋아하게 될 지도 모른다.

5 얼룩말 줄무늬는 사실 사자가 한 개체(마리의 얼룩말)을 골라내는 것을 어렵게 한다.

해설

1 「형용사/부사 + enough to + 동사원형」에 의미상의 목적어를 추가하여 shallow enough for him to swim으로 쓰면 된다.

2 '~하기 위하여'란 뜻의 「in order to + 동사원형」 구문으로 in order to forget으로 쓰면 된다.

3 1) 「주어 + 동사 + 목적어」 문형으로 Everybody wants change로 쓰고, 2) want는 to부정사를 목적어로 취하므로 각각 wants to change로 쓰면 된다. change는 명사와 동사의 형태가 같다.

4 '~하게 되다'의 「come to + 동사원형」 구문을 이용하여 come to like you로 쓰면 된다.

5 「make + 가목적어(it) + for 목적격 + to부정사」 구문으로 make it difficult for a lion to single out으로 쓰면 된다.

E

1 그 실수는 치명적인 것으로 판명되었다.

2 인생은 계속해서 돌아보기엔 너무 짧다.

3 난 절실히 너의 도움이 필요했어. 네가 외면한 것은 사악했어.

4 어떤 사람들은 책임을 다른 사람들에게 전가하지 않으려고 노력한다.

5 좋은 청자가 되는 것은 상대가 좋은 화자가 되도록 하는 것이다.

해설

1 '~임이 판명되다'의 의미인 turn out to be 구문으로 to be가 적절하다.

2 '너무 ~해서 …할 수 없다' 또는 '~하기에는 너무 …하다'의 「too ~ to…」 구문이므로 to keep이 적절하다.

3 사람의 성품·성격을 나타내는 형용사가 있으면 to부정사의 의미상의 주어는 「of + 목적격」으로 쓰므로 of가 적절하다.

4 to부정사의 부정은 「not to + 동사원형」이므로 not to가 적절하다.

5 allow는 목적격보어로 to부정사를 취하므로 to be가 적절하다.

F

1 그 개는 너무 크게 자라서 그 아이가 더 이상 껴안을 수 없었다.

2 상류 계층들은 오페라에 가는 것을 세련되었다고 여겼다.

3 George Elliot이 다른 크기의 손을 가지고 있었다는 소문은 맞다고 드러났다.

4 숙면을 위한 하나의 조언은 자기 전에 적어도 한 시간 동안 미디어 기기를 사용하지 않는 것이다.

5 지원자들은 단지 고전을 읽기 위해 수천 개의 한자를 아는 것이 요구되었다.

해설

1 「too ~ to…」 구문에 의미상의 주어가 합쳐진 구문이다. 따라서 cuddling을 to cuddle로 고쳐야 한다.

2 목적어(to부정사가)가 긴 경우 뒤로 쓰고 그 자리에 가목적어를 쓰는 「consider + 가목적어 + to + 동사원형」 구문으로 considered 다음에 it을 써야 한다.

3 '~로 드러나다'의 의미인 proved to be ~ 구문에서 to be가 생략된 것으로 어색한 것은 없다.

4 is 이하가 보어 자리이므로 to 부정사 또는 동명사가 적절하며 부정형은 not을 앞에 쓰므로 not to use 또는 not using으로 고쳐야 한다.

5 'A에게 B를 요구하다'의 require A to B 구문의 수동태로 know를 to know로 고쳐야 한다.

A

01 It's pretty nice to be looking at the aurora with you.

02 He wanted his slaves to be sent to Liberia.

03 I am sorry to have kept you waiting.
→ I am sorry that I (have) kept you waiting.

04 They felt fortunate not to have had a mishap.
→ They felt fortunate that they hadn't had a mishap.

01 진행의 느낌을 강조할 때 「to be + -ing」 형태로 쓴다. 02 to부정사와 주체와의 관계가 수동일 때 「to be + p.p.」 형태로 쓴다. 03 주절의 시제(현재)보다 앞선 시제(과거) 또는 문맥상 앞선 시제부터 주절의 시제까지(현재완료)를 나타낸다. 04 주절의 시제(과거)보다 앞선 시제(대과거)를 나타낸다. ※to have been p.p.는 현재완료 수동형으로 주절보다 앞선 시제이면서 수동의 의미일 때 쓰인다. e.g. The error seemed to have been fixed. (그 오류는 고쳐진 것처럼 보인다.)

PLUS
It, seems, that, has, lost | It, seems, that, had, lost, 앞선, 현재완료

B

01 The only real problem in life is what to do next.
→ The only real problem in life is what we should do next.

02 He wanted to go home, but he wasn't able to.

03 The security guard asked her to quietly leave.
cf. The security guard quietly asked her to leave.

01 명사처럼 쓰여 주어, 목적어, 보어 역할을 할 수 있다. 「의문사 + 주어 + should[can] + 동사원형」으로 바꿔 쓸 수 있다. ※「why + to부정사」는 거의 쓰이지 않는다. 02 동일어구 반복을 피하기 위해서 to 동사원형에서 to만 쓰는 것을 말한다. 03 부사가 수식하는 의미를 명확히 하기 위해 to와 동사원형 사이에 부사를 넣어 분리시킬 수 있다.

PLUS
whether, to, fight, I, should | as, if, to, size, up, he, were

C

01 I heard someone scream in the alley.
cf. I heard my name repeated several times.

02 Everybody saw you trip on the curb.
cf. We watched the players getting off the bus.

Words A 01 aurora 02 slave 04 fortunate, 불행 PLUS 감각
B 03 security guard PLUS size up, obstacle C 01 alley
02 발을 헛디디다, 연석

03 She felt hot tears run down her cheeks.

04 They made me spy on my friends.

05 Could you have her copy the document?
cf. I had my iPAD screen shattered.
We couldn't get him to sign the contract.

06 But first let me take a selfie.

07 The YouTuber helped an old lady (to) find her house.
cf. The small class sizes helped (to) make learning easier.

08 All you have to do is (to) open your heart.

09 Why hesitate? Why not start?

01 목적어와 목적 보어의 관계가 능동일 때는 <u>동사원형</u>을 쓰며 수동일 때는 <u>과거분사</u>를 쓴다. 02 사건·행위의 전부를 지각하는 경우는 동사원형을 이미 진행 중인 사건·행위를 지각하는 경우에는 <u>현재분사</u>를 쓴다. ※지각동사: see, <u>watch</u>, look at, hear, listen to, <u>feel</u>, smell, <u>notice</u>(보거나 들어서 알다), <u>observe</u>(관찰하다) 등 03~05 목적어와 목적격보어의 관계가 능동일 때는 <u>동사원형</u>을 쓴다. cf. 목적어와 목적격보어의 관계가 수동일 때는 과거분사를 쓴다. get은 have와 의미가 거의 같으나 목적격보어 자리에 반드시 「<u>to + 동사원형</u>」을 써야 한다. 07 help는 의미상 사역은 아니나 형태상 사역동사처럼 쓰인다. cf. 목적어가 일반인이거나 명확한 경우에는 「<u>help + (to) 동사원형</u>」이 올 수도 있다. 08 주어 자리에 All, <u>What</u>, The (first, only) thing과 함께 do가 올 때 보어 자리의 to부정사의 <u>to</u>가 생략되기도 한다. 09 질문이나 <u>제안</u>을 표현할 때 쓴다.

PLUS
traveling, shouting

D
01 <u>Strange to say</u>, the figure went out of sight suddenly.
02 <u>To tell (you) the truth</u>, I usually forget what I'm looking for.
03 Ladies and gents, the show <u>is about to</u> begin.
04 They <u>are willing to</u> die for the motherland.
05 I <u>am just anxious to</u> prevent injustice.
06 He <u>failed to</u> pay the taxi fare as well.
07 What's <u>likely to</u> happen after this class?
08 When you <u>let go</u>, you create space for something better.

04 ↔ be unwilling[<u>reluctant</u>] to(~하기를 꺼려하다) 05 = be <u>eager</u> to 07 = be <u>liable</u>[apt] to ↔ be <u>unlikely</u> to(~할 것 같지 않다)

Further Expressions
to be honest, 말하자면, to put it another way, needless to say, not to mention, make believe, 단지 ~하기만 하다, ~만 빼고는 다 하다, manage to, afford to

Words C 03 흐르다 04 spy on 05 서류, shatter 06 서명하다, contract 07 selfie 10 hesitate D 01 figure, sight 03 신사 04 모국 05 prevent, injustice 06 pay, 요금

A
01 너와 함께 오로라를 보고 있는 것은 정말 좋아.
02 그는 자신의 노예들이 Liberia로 보내지길 원했다.
03 당신이 기다리게 해서 죄송합니다.
04 그들은 불행을 겪지 않아서 다행이라고 느꼈다.

PLUS
그는 현실감을 잃었던(잃어왔던)것처럼 보인다.
그는 현실감을 잃었었던 것처럼 보였다.

B
01 인생에서 유일한 진짜 문제는 다음에 무엇을 해야 하는 지이다.
02 그는 집으로 가고 싶었지만, 그럴 수 없었다.
03 그 보안 요원은 그녀에게 조용히 떠나라고 요청했다.
    cf. 그 관리자는 그녀에게 떠나라고 조용히 요청했다.

PLUS
내가 싸워야 할지 말아야 할지 모를 때마다 나는 싸운다.
푸들은 마치 자기 앞에 있는 장애물을 가늠해 보는 듯이 잠시 거기에 서 있었다.

C
01 난 골목에서 누군가 비명을 지르는 것을 들었다.
    cf. 나는 나의 이름이 몇 번 되풀이 되는 것을 들었다.
02 모두가 네가 연석에서 발을 헛딛는 것을 봤다.
    cf. 우리는 선수들이 버스에서 내리는 것을 보았다.
03 그녀는 뜨거운 눈물이 뺨을 타고 내리는 것을 느꼈다.
04 그들은 내가 내 친구들을 염탐하게 했다.
05 그녀가 이 서류를 복사하도록 해줄 수 있나요?
    cf. 난 내 아이패드 화면이 박살나게 했다.
    우리는 그가 계약서에 서명하도록 할 수 없었다.
06 하지만 우선 제가 셀카를 찍게 해주세요.
07 그 유투버는 할머니가 자신의 집을 찾는 것을 도와주었다.
    cf. 소규모 교실은 학습을 더 쉽게 만들었다.
08 네가 해야만 하는 것의 모든 것은 너의 마음을 여는 것이다.
09 왜 주저하나요? 왜 시작하지 않나요?

PLUS
불행히도, 지금 우리의 일로 인해 우리 둘 다 대부분의 주마다 여행을 하고 있습니다.

D
01 이상한 말이지만, 그 형체는 갑자기 시야에서 사라졌습니다.
02 솔직히 말하면, 나는 보통 내가 찾고 있는 것을 까먹어.
03 신사숙녀 여러분, 쇼가 막 시작하려 합니다.
04 그들은 모국을 위해 기꺼이 죽으려 한다.
05 나는 단지 부당함을 몹시 막고 싶다.
06 그는 택시 요금도 지불하지 못했다.
07 이 수업 후에 무슨 일이 일어날까?
08 네가 놓아줄 때, 너는 더 좋은 것을 위한 공간을 창조한다.

❰ Grammar Practice ❱ ——————————————— p. 038

A 1 have 2 주어 3 분리 4 동사원형 5 과거분사
B 1 He, seems, to, have, made 2 how, I, could, live
   3 능동, laugh 4 보어, to 5 능동, take, taking
C 1 makes, cry
      ↳ makes, cry
   2 not, to
      ↳ 생략, not, to
   3 to, be, sold
      ↳ 수동, to, be, sold
   4 Why, worry, Why, not, greet
      ↳ why, why, not, worry, not, greet
   5 falling[fall], staying[stay]
      ↳ 동사원형, -ing, falling[fall], staying[stay]
D 1 when to attack 2 letting it slide
   3 relieved to have figured out
   4 is unlikely to increase 5 do is express respect
E 1 have 2 watching 3 remember 4 collapse 5 solve
F 1 surviving → (to) survive 2 × 3 clearing → to clear
   4 frequent → frequently
   5 to simply submitting → (to) simply submit or simply submitting

B
1 그가 호의적인 인상을 만들었던 것처럼 보인다.

2 당신은 나에게 사는 법을 가르쳐 주었지만 당신 없이 사는 법을 가르쳐 주지 않았어요.

3 그는 나에게 매우 화가 나있었지만 나는 그를 웃게 만들었다.

4 아침에 네가 제일 먼저 하는 것은 물을 마시고 침대를 정리하는 것이다.

5 Lou는 그의 딸이 첫걸음마를 떼는 것을 보고 기뻐서 날뛰었다.

D

1 언제 공격해야 할지 아는 것은 전술의 일부이다.

2 봐주셔서 감사합니다. 경관님. 제가 얼마나 고마운지 말할 수가 없어요.

3 그는 잘못된 것을 알아내서 안도했다.

4 하지만, 세계 곡물 소비량은 현저히 증가할 것 같지 않다.

5 네가 할 수 있는 유일한 것은 그에게 존경심을 표현하는 것이다.

해설

1 「의문사 + to부정사」 구문으로 when to attack으로 쓰면 된다.

2 「사역동사 + 목적어 + 동사원형」 구문이면서, 전치사의 목적어 자리이므로 letting it slide로 쓰면 된다.

3 감정의 원인을 나타내는 to부정사에 이어서 주절의 시제보다 앞선 시제이므로 relieved to have figured out으로 쓰면 된다.

4 '~할 것 같지 않다'의 의미인 「be unlikely to + 동사원형」 구문으로 is unlikely to increase로 쓰면 된다.

5 흐름상 '네가 할 수 있는 유일한 것은'이므로 주절에 do를 쓰고 술어동사 is를 쓴 후 '존경심을 보이다'에 해당하는 express respect를 쓰면 된다. 「The only thing + 주어 + do + be동사」의 보어로 쓰이는 to부정사는 생략 가능하다.

E

1 그의 머리는 더 무성하고 더 길어진 것처럼 보였다.

2 아무도 보고 있는 것 같지 않아서, 우리는 벽을 넘었다.

3 그녀가 말한 것은 Luna가 Mojo에 관해 언급한 것을 기억하게 했다.

4 전 세계가 Lucy가 결승선 바로 앞에서 쓰러지는 것을 보았다.

5 때로는 가족의 지원이 우리의 문제를 명백히 해결하는데 충분하지 않다.

해설

1 주절의 시제(과거) 보다 앞선 시제를 의미하므로 have가 적절하다. become 이 자동사이면 수동태가 불가하므로 be는 부적절하다.

2 진행을 강조하는 to부정사의 진행형으로 watching이 적절하다.

3 「사역동사 + 목적어 + 동사원형」 구문으로 remember가 적절하다.

4 목적어와 목적격보어의 관계가 능동일 때 「지각동사 + 목적어 + 동사원형 또는 -ing」 구문으로 쓰이므로 collapse가 적절하다.

5 to와 동사원형 사이에 부사가 들어간 분리부정사 구문으로 solve가 적절하다.

F

1 코끼리를 사냥하는 것이 그들이 생존하는 것을 도울 것이라는 생각은 불합리하다.

2 놓아버리는 것은 아프겠지만 머무는 것은 더 아플 것이다.

3 수비 선수들은 퍽을 언제 쳐내야 하는지 알아야 한다.

4 Tiffany는 그들에게 비누와 물로 자주 손을 씻으라는 것을 생각하게 해줬다.

5 당신이 해야 할 모든 일은 단순히 당신의 스냅 사진을 제출하면 됩니다.

해설

1 「help + 목적어 +(to) 동사원형」 구문으로 쓰이므로 surviving을 (to) survive로 고쳐야 한다.

2 to let go가 진주어고 let go는 관용표현으로 '놓아주다'라는 의미로 적절하다.

3 know의 목적어 역할 즉, 명사 역할을 하는 「의문사 + to부정사」인 when to clear로 고쳐야 한다.

4 「to + 부사 + 동사원형」인 분리부정사가 쓰인 구문으로 frequent을 frequently로 고쳐야 한다.

5 All ~ do의 보어로 to부정사와 동명사가 올 수 있으며 to simply submitting 을 (to) simply submit 또는 simply submitting으로 고쳐야 한다. to부정 사가 올 경우 to를 생략할 수 있다.

Review Test Unit 05~06 ─────────────── p. 040

A **1** making **2** 1) What **2) reply

3 1) to know **2) those who **4** 1) for **2) to keep

5 1) trying **2) is **6** 1) attract **2) not to **7** interact

8 1) negatively **2) did

B **1** 1) × **2) easily → easy **2** 1) × **2) called → is called

3 1) × **2) have shared → have been shared

4 1) × **2) been placed → placed

5 1) × **2) himself → him **6** 1) make → make it **2) ×

7 1) × **2) × **8** 1) enough big → big enough **2) ×

C **1** 1) T **2) F

2 the program would be contagious enough to enhance education

D **1** 1) F **2) F **2** For a coin toss to really spin perfectly

A

1 Tom의 병이 그가 병원에 여러 번 가도록 만들었다.

2 나의 할머니가 하려고 결정했던 것은 나의 편지에 답장하는 것이었다.

3 앞에 있는 길을 알기를 원한다면, 돌아오는 사람들에게 물어라.

4 기자가 진실을 보도하고 편견 없는 견해를 갖는 것은 필수적이다.

5 무엇을 해야 할지를 알고 나서 최선을 다하는 것이 단지 최선을 다하는 것보다 중요하다.

6 반딧불이는 짝을 유혹하기 위해서 꽁무니에 불을 밝히는 것만이 아니라, 박쥐에게 자기들을 먹지 말라고 말하기 위해 빛을 내기도 한다.

7 여러분의 개가 수줍음을 타거나 다른 개들과 함께 있을 때 무서워한다면, 그것이 다정한 개나 강아지들과 먼저 상호 작용을 하게 해라.

8 현대의 인간들은 수렵 채집인들이 하지 않았던 방식으로 생태계에 부정적으로 영향을 주는 경향이 있다.

해설

1 사역동사 have의 목적어와 목적격보어의 관계가 능동이면서 진행을 강조할 때는 -ing도 쓸 수 있으므로 making이 적절하다.

2 1) 선행사가 없으며 뒷문장이 불완전하므로 관계대명사 What이 적절하다.

2) What ~ do 형태의 주어의 보어로 쓰인 to부정사에서 to는 생략 가능하므로 write가 적절하다.

3 1) want는 to 부정사를 목적어로 취하므로 to know가 적절하다.

2) 선택지 다음에 술어동사가 있으므로 those를 선행사로 하는 관계절을 이끌 수 있는 those who가 적절하다.

4 1) 일반적인 경우의 to부정사의 의미상의 주어 표현이므로 for가 적절하다.

2) 내용상 and를 to report와 병렬구조이므로 to keep이 적절하다.

5 1) 내용상 and를 기준으로 Knowing과 병렬구조를 이뤄야 하므로 trying이 적절하다.

2) Knowing ~ your best가 주어인데 이에 따르는 술어동사가 없으므로 is 가 적절하다.

6 1) fireflies가 attract의 주체이므로 능동형인 attract가 적절하다.

2) to부정사의 부정은 to 앞에 not을 쓰므로 not to가 적절하다.

7 사역동사 let의 목적어와 목적격보어의 관계가 능동이므로 동사원형인 interact가 적절하다.

8 1) to와 부사 사이에 부사가 들어가야 하므로 negatively가 적절하다.

2) 일반동사 influence를 대신하는 표현으로 did가 적절하다.

B

1 나의 둘째 아들이 새로운 친구들을 사귀는 것을 쉽게 여겨서 난 기쁘다.

2 한 번 사용되고 버려지도록 의도된 품목은 일회용품이라고 불린다.

3 나 또한 전에 공유되지 않았던 것을 그와 함께 공유했다.

4 당신이 해야 하는 것은 우리가 테이블에 놓아둔 수집 상자에 당신의 잔돈을 단순히 넣는 것입니다.

5 Jack은 늘 책을 읽기를 원하지 않았으나, 그의 부모님들은 어떻게든 그를 읽게 했다.

6 지금 가능한 한 쉽게 행동할 수 있도록, 저희는 당신이 작성할 회신용 카드를 동봉했습니다.

7 자네는 우리 팀에서 농구를 하고 있기엔 너무 게으르군. 난 자네가 지금 당장 그만두길 원하네.

8 세상은 당신 홀로 살아가기엔 충분히 크지 않아요. 난 당신의 눈에서 불을 보고 난 나의 영혼에서 불을 느껴요.

해설

1 1) 완전한 구조의 문장을 유도하는 접속사 that은 적절하다.

2) 「find + 가목적어 + 목적격보어 + 진목적어」 구문으로 easily는 목적격보어가 될 수 있도록 형용사인 easy로 고쳐야 한다.

2 1) An item이 동작의 대상이므로 수동형인 be used는 적절하다.

2) 문장의 주어는 Item이고 called는 술어동사인데 '불린다'의 의미로 쓰여야 하므로 called 앞에 be동사 is를 덧붙여야 한다.

3 1) shared의 목적어 역할을 하면서 관계사절에서 seemed의 주어 역할을 하는 관계대명사 what은 적절하다. share A with B에서 A가 길어서 문장의 균형을 위해 뒤로 이동한 구문이다.

2) 관계사절에서 what이 share의 대상이므로 수동형인 to have been shared로 고쳐야 한다. share A with B에서 A가 길어서 문장의 균형을 위해 뒤로 이동한 구문이다.

4 1) 「What + 주어 + do + be동사」의 보어로 쓰이는 to 부정사의 to는 생략될 수 있으므로 적절하다.

2) We가 place의 주체이므로 능동인 have placed로 고쳐야 한다. we앞에 목적격 관계대명사가 생략되어 있다.

5 1) want는 to 부정사를 목적어로 취하므로 적절하다.

2) got의 주체는 his parents이고 객체는 him(Jack)이므로 서로 다르다. 따라서 재귀대명사가 아닌 him으로 고쳐야 한다. to는 공통어구 read books가 생략된 대부정사이다.

6 1) 「make + 가목적어(it) + 형용사 + 진목적어(to동사원형)」 구문으로 it을 넣어야 한다. 가목적어는 to부정사나 절과 어울려 사용한다.

2) 「for + 의미상의 주어 + to부정사」 구문의 to부정사의 의미상의 주어로 적절하다.

7 1) You가 play의 주체이고 진행의 느낌을 살린 be playing은 적절하다.

2) want A to B(동사원형) 구문에 쓰인 목적격보어 to quit은 적절하다.

8 1) 「형용사 + enough to + 동사원형」 구문으로 enough와 big의 위치를 바꿔야 한다.

2) feel이 형용사보어만 취하는 것이 아니라 명사보어도 취할 수 있으므로 적절하다.

C

1969년 TV 프로듀서인 Joan Cooney는 전염병을 퍼뜨렸다. 대상은 3~5세의 아이들이었다. 그녀의 감염원은 텔레비전이었고, 그녀가 유포하기를 원했던 '바이러스'는 읽고 쓰는 능력이었다. 그 프로그램은 한 시간씩 일주일에 5일 방송될 예정이었다. 그녀는 그 프로그램이 아이들 사이에서 교육을 향상시킬 수 있을 정도로 충분히 전염되길 원했다. 그녀의 목표는 학습의 긍정적인 가치를 아이들뿐만 아니라 그들의 부모님들에게도 퍼뜨리는 것이었다. 그녀는 또한 그것이 불우한 환경(기회가 더 적은)의 아이들이 초등학교에 들어갈 때 아이들에게 이점을 주려고 의도했다. 그녀는 가난과 문맹이라는 만연한 전염병을 없애기 위해 학습 전염병을 본질적으로 만들기를 원했다. 그녀의 아이디어는 'Sesame Street'이라고 불렸다.

해설

1 1) 전반부에 그녀가 유포하기를 원했던 '바이러스'는 글을 읽고 쓰는 능력이라

고 했으므로 옳은 진술이다.

2) 후반부에 불우한 환경에 있는 아이들에게 이점을 주려는 의도를 했었다는 내용만 있으므로 틀린 진술이다.

2 enough to 구문으로 주어와 동사인 the program would를 쓴 후 enough가 형용사를 뒤에서 수식하므로 contagious enough to 그리고 이어서 to 부정사와 이의 목적어인 enhance education을 쓰면 된다.

D

사람들은 승자를 선택하거나 결정을 내리기 위해 동전을 던진다. 동전의 각 면이 동일한 승률을 가지고 있는 것으로 기대되기 때문에, 아무도 그것이 앞면 혹은 뒷면이 나올지 확신하지 못한다. 하지만 정말로 그럴까? 동전 던지기가 실제로 완벽히 던져지기 위해서, 동전은 정확한 방법으로 회전할 필요가 있다. 하지만 사실은 현실에서는 동전들은 결코 완벽하게 회전하는 것처럼 보이지 않는다. 동전들은 회전하는 동안 항상 흔들거리거나 한쪽으로 기울 것이다. 연구자들은 그 흔들림이 동전의 회전에 어떻게 영향을 주는지 알아보기 위해 동전 던지기를 촬영하고 공중에서의 동전 각도를 측정하였다. 그들은 동전이 던져졌던 면으로 떨어졌다는 것이 53%라는 것을 발견했다. 그래서 만약 동전 앞면을 위로해서 던지면, 그것이 뒷면보다 앞면으로 떨어질 확률이 조금 더 높다. 동전 던지기는 절대로 진정한 무작위가 아님이 판명되었다.

해설

1 1) 중반부에 동전 던지기는 흔들리거나 한쪽으로 기울 것이라고 했으므로 틀린 진술이다.

2) 후반부에 동전 던지기가 절대로 진정한 무작위가 아님이 판명되었다 했으므로 틀린 진술이다.

2 '~가 …하기 위해서'이므로 의미상의 주어 For a coin toss이고 to 부정사와 동사원형 사이에 부사를 넣어야 하므로 해석에 맞게 really를 to really spin로 쓴 후 마지막으로 부사 perfectly를 쓰면 된다.

CHAPTER

06 동명사

Unit 07 동명사의 형태와 용법 p. 042

A

01 <u>Putting</u> sugar on a cut reduces pain.

02 It was nice <u>having</u> you with us today.

03 Life is <u>drawing</u> without an eraser.

04 I don't recall ever <u>seeing</u> such a sleepy cat.

05 Nothing will stop me from <u>reaching</u> my goals.

02 동명사의 「가주어-진주어」 구문은 to부정사만큼 자주 쓰이지 않고, 제한된 경우, 즉 주로 관용표현에 쓰인다. (▶ D 동명사의 관용표현 참조) 04 동사와 동명사 목적어 사이에 부사가 오기도 한다. 05 '~가 …하는 것을 막다'라는 「stop[prevent, keep, prohibit] ~ from -ing」에서 전치사의 목적어로 쓰인다. 이때 stop[prevent]은 from을 생략해도 같은 뜻이 된다. *cf.* 「keep -ing」(계속 ~하다) 「keep from -ing」(~하지 않다, 삼가다) 「keep A -ing」(A가 계속 …하게 하다)

PLUS

s, falling, 소유격, 목적격, 소유격 | not, heading, not[never], -ing

Further Expressions

object, to, -ing / admit, (to), -ing / confess, to, -ing / contribute, to, -ing / lead, to, -ing / adjust[adapt], to, -ing / apply, to, -ing / refer, to, -ing | dedicate[devote], to, -ing / subject, to, -ing / attribute, to, -ing / expose, to, -ing / apply[devote], oneself, to, -ing / limit, oneself, to, -ing | 수동태

수능 pick 1

♦ 목적어, 동명사, analyzing

B

01 Are you ashamed of being an English teacher?
02 The accused man denied having met her.
　≒ The accused man denied meeting her.
03 Nobody enjoys being laughed at.
04 He complained about having been treated unfairly.
05 All the curtains really need cleaning.
　= All the curtains really need to be cleaned.

01 주절의 시제와 같은 시제를 나타낸다.　02 주절의 시제보다 앞선 시제를 나타내며, 전후관계가 명백할 때는 단순동명사로 써도 된다.　03 동명사의 주체와 수동의 관계일 때 쓴다.　04 동명사의 주체와 수동이면서 앞선 시제를 나타낸다.　05「want, require, need, deserve + -ing」는 능동형이지만 수동의 의미(「to + be + p.p.」)이며, 이때 동명사의 의미상의 목적어는 문장의 주어이다. 단,「want + 동명사」는 '필요하다'의 뜻이므로 want to be p.p.로 쓰지 않고 need to be p.p.로 쓴다.

Words　A 01 cut, 줄이다　03 eliminate, poverty　04 기억하다, sleepy PLUS 돌아가다　수능Pick 1 도구, analyze, available　B 01 ashamed 02 피고, 부인하다　04 treat, unfairly

C

01 I dimly remember visiting Quebec.
　He remembered to shout, "Close, Sesame!"
02 You keep forgetting paying my money back.
　I won't forget to water the plant this time.
03 He deeply regretted losing his temper.
　We regret to tell you that tickets are already sold out.
04 Can't you see I am trying to sleep?
　I've tried changing our address online multiple times.
05 She stopped working when she won the lottery.
　They stopped (in order) to look at the far end of the street.

01~05 동명사 vs to부정사: 대체적으로 동명사는 과거성, 객관성, 사실이 to부정사는 미래성, 주관성, 생각이 내포되어 있다.　04 '애쓰다'의 의미일 때 try -ing와 try to는 차이가 거의 없다.　05 ※stop은 to부정사가 목적어가 아니라 부사적 용법이다. ※추가표현「mean to + 동사원형」(~할 작정이다)「mean + -ing」(의미하다)

수능 pick 2

♦ 동명사, to부정사, wearing, advise, permit

D

01 Sometimes we cannot help walking away.
02 There is no turning back once you take the pill.

---

03 It is no use[good] trying to escape from here.
　cf. It is useless to try to escape from here.
04 Today, I feel like doing something different.
05 I spent the whole night posting on my blog.
06 Is it worth being an international lawyer?
07 Why do you have a hard time following directions?
08 Upon[On]getting home, he set about carving a statue.

01 = cannot ([help, choose]) but 동사원형 = have no choice but to 동사원형　02 → It is impossible to turn back.　03 = There is no point (in) -ing /「진주어 – 가주어」구문이며, use와 good은 '소용'이란 뜻이다. *cf.* useless[= of no use]는 to부정사와 어울린다.　05 ≒「waste 목적어 -ing」(~하는데 …을 낭비하다)　06 = worthy of -ing = worthwhile -ing 또는 to + 동사원형　07 = have trouble[difficulty] -ing ※전치사 to를 포함하는 관용표현 (▶Unit 17 전치사의 다양한 표현 참조)　※01~08 관용표현 다음에 동명사뿐만 아니라 (대)명사도 올 수 있다. e.g. I can't help it. (어쩔 수 없어.) Is it worth it? (그럴 가치가 있나?)　08 → As soon as he got home ※추가표현「by + -ing」(~함으로써)「in + -ing」(~함에 있어서, ~할 때)

Words　C 01 dimly, sesame　02 (돈을) 갚다, water　03 깊이, lose one's temper, 매진의　05 복권에 당첨되다　수능Pick 2 flightseeing, advise, waterproof　D 01 떠나다　02 turn back, pill　03 escape 06 international lawyer　07 따르다, direction　08 시작하다, carve, 조각상

A

01 설탕을 베인 상처에 놓는 것은 고통을 줄인다.
02 오늘 저희와 함께 해주신 것은 매우 좋았습니다.
03 인생은 지우개 없이 그리는 것이다.
04 나는 그렇게 활기 없는 고양이를 본 적이 없다.
05 어떤 것도 내가 나의 목표에 도달하는 것을 멈출 수 없다.

　PLUS
　결혼식 동안에 Tanya가 잠든 것은 웃겼다.
　그들은 Miami로 돌아가지 않는 것을 고려중이다.

수능 pick 1

♦ 정보를 분석하는 도구는 1990년대 초반까지 구할 수 없었다.

B

01 당신은 영어 선생님인 것이 부끄럽습니까?
02 그 피고인은 그녀를 만났던 것을 부인했다.
03 아무도 비웃음 당하는 것을 즐기지 않는다.
04 그는 불공평하게 대우받았던 것에 불평했다.
05 모든 커튼들이 세탁될 필요가 있다.

C

01 나는 Quebec을 방문했던 것이 어렴풋이 기억이 난다.
　그는 "닫혀라 참깨"라고 외칠 것을 기억했다.
02 넌 내 돈을 갚은 것을 계속 잊는구나.
　이번에는 화분에 물을 주는 것을 잊지 않겠다.
03 그는 화를 낸 것을 깊이 후회했다.
　우리는 모든 표가 매진되었다는 것을 당신에게 말하게 되어 유감입니다.
04 내가 자려고 노력하는 거 안 보여?
　난 온라인상으로 우리의 주소를 변경하는 것을 몇 번 해보았다.

05 그녀는 복권에 당첨되었을 때 일하는 것을 그만뒀다.
그들은 도로의 먼 끝을 보기 위해서 멈췄다.

수능 pick 2

◆ 예측할 수 없는 알래스카의 날씨 때문에 Denali's 비행 관광은 가벼운 방수 재킷을 입을 것을 권합니다.

D

01 가끔 우리는 떠나버릴 수밖에 없다.
02 일단 네가 약을 먹으면 돌아오는 것은 불가능하다.
03 여기를 탈출하는 것은 소용없다.
04 오늘, 나는 뭔가 다른 것을 하고 싶다.
05 나는 내 블로그에 글을 게시하느라 온 밤을 소비했다.
06 국제변호사인 것은 가치가 있나요?
07 왜 너는 지시사항을 따르는데 어려움을 겪니?
08 집에 도착하자마자, 그는 조각상을 조각하기 시작했다.

◀ Grammar Practice ▶ ──────────── p. 044

A **1** 명사 **2** 목적격 **3** p.p. **4** -ing **5** ~은 소용없다

B **1** 동명사, 목적어 **2** 의미상, 주어, your
  3 correcting, to, be, corrected **4** to breathe, breathing
  5 -ing, to, get, getting

C **1** understanding[to understand]
  ↳ 동명사, to부정사, understanding[to understand]
  2 being brought
  ↳ 대상, being, brought
  3 having
  ↳ 동명사, having
  4 to, counterattack.
  ↳ to, counterattack
  5 from, being
  ↳ from, -ing, from, being

D **1** Climbing **2** mixing **3** use **4** to place **5** not sending

E **1** Being **2** making **3** to talk **4** from telling
  5 spreading

F **1** to have paid → having paid
  2 traveled → traveling[to travel] **3** ×
  4 to be → being **5** being → is

B

1 그에게 이야기하는 것은 바위와 대화를 하려고 시도하는 것과 같다.
2 나는 네가 나를 너무 잘 아는 것에 대해 걱정하지 않아.
3 너의 과학 에세이는 수정될 필요가 있어.
4 Charlie는 물속에서 숨을 쉬지 않는 세계 기록을 보유하고 있다.
5 어떤 사람들은 아침에 일어나는 것에 어려움을 겪는 반면 다른 사람들은 일어날 필요가 없다.

D

1 계단을 오르는 것은 조깅보다 분당 더 많은 칼로리를 태운다.
2 스크램블 계란을 서로 섞음으로써 오믈렛을 만들 수 있다.
3 그를 설득하려고 해봤자 소용없다. 그는 관심이 없다.
4 난 오늘 주문하는 것을 잊었어요! 내가 뭘 할 수 있죠?

5 네가 초대장을 보내지 않아서 나는 극도로 놀랐다고 말해야겠어.

해설

1 '계단을 오르다'라는 표현이 와야 하므로 climb이 적절하고 주어 자리이면서 than jogging과 병렬구조를 이루는 동명사 Climbing이 적절하다.
2 내용상 '섞음으로써'라는 표현이 와야 하므로 전치사의 목적어가 될 수 있는 동명사 mixing을 쓰면 된다.
3 내용상 '~은 소용없다'가 적절하므로 「It is no good[use] -ing」 구문에서 보기에 있는 use를 쓰면 된다.
4 내용상 '~할 것을 잊다'이므로 「forget + to 부정사」 구문인 to place가 적절하다.
5 내용상 '초대장을 보내지 않아서'이고, 동명사의 부정은 동명사 앞에 not을 쓰므로 not sending으로 쓰면 된다. you는 동명사 sending의 의미상의 주어이다.

E

1 생산적인 것은 일을 되게 하는 것을 의미한다.
2 그 멘토는 또한 도덕적 결정을 하라고 권고했다.
3 네가 자신을 남에게 이해시키지 못한다면 말하는 것은 소용없다.
4 그럼에도 불구하고, Chloe는 누구에게도 자신의 아들의 비밀에 대해서 얘기하지 않았다.
5 Emily는 더 많은 사람들에게 문학을 퍼뜨리기 위해 헌신했다.

해설

1 주어 자리이므로 주어 역할을 할 수 있는 동명사 Being이 적절하다.
2 advise는 목적어로 동명사를 목적격보어로 to부정사를 취한다. 여기는 목적어 자리이므로 making이 적절하다.
3 It's of useless[of no use]는 to부정사와 어울리므로 to talk가 적절하다.
4 「keep from -ing」는 '~하지 않다, 삼가다'이고 「keep -ing」는 '계속 ~하다'이다. 내용상 아들의 비밀을 말하지 않았다는 것이 적절하므로 from telling이 답이다.
5 '~에 헌신하다'의 의미인 「dedicate oneself to -ing」 구문이므로 동명사인 spreading이 적절하다.

F

1 나는 그에게 세심한 주의를 기울이지 않았던 것을 후회한다.
2 추억을 만드는 최고의 방법은 여행을 많이 하는 것이다.
3 언젠가, 너는 내가 너를 포기하지 않은 것에 고마워할 것이다.
4 그녀는 숲속 어디에선가 옮겨졌던 것을 기억했다.
5 당신의 꿈속에서 돼지를 보는 것은 행운의 징조이다.

해설

1 「regret to + 동사원형」은 '~가 유감이다'라는 뜻이므로 '~를 후회하다'의 의미인 「regret + -ing」 형태로 써야 한다. 여기서 having paid는 완료동명사이다.
2 보어 자리이므로 명사 역할을 할 수 있는 동명사나 to부정사인 traveling 또는 to travel이 적절하다.
3 전치사 for의 목적어 자리이고 동명사의 부정형이므로 not giving up on은 이상 없다.
4 내용상 숲속에서 옮겨졌던 것을 기억한 것으로 「remember + -ing」가 적절하다. 따라서 to be를 being으로 고쳐야 한다.
5 Seeing a pig in your dream이 주어인데 이에 따르는 술어동사가 필요하다. 따라서 being을 is로 고쳐야 한다.

▶ Review Test ▷ Unit 07 ──────── p. 046

A **1** 1) growing 2) widen **2** staying
  3 1) having 2) battling **4** to reject
  5 1) knowing 2) knowing 3) to say

6 1) mentioning　2) what　**7** 1) moving　2) tired

8 1) being　2) them

B **1** 1) to weep → weep　2) ×　**2** 1) ×　2) during → while

　3 1) ×　2) Cherishing → Cherish

　4 1) to run → running　2) was made → made

　5 1) ×　2) to accomplish → from accomplishing

　6 1) ×　2) to focus → focusing

　7 1) has survived → survived　2) to wear → wearing

　8 1) ×　2) extensive → extensively

C **1** 1) F　2) T　**2** why navigating it is challenging

D **1** 1) T　2) F　**2** Knowing how to breathe

A

1 너는 발의 길이가 자라는 것이 멈춰도 나이가 들면서 넓어지는 것을 알고 있었니?

2 당신이 건축가로 태어난다면, 당신은 건축가로 머물러야 할 수밖에 없다.

3 그는 자신의 자신감 문제와 싸우는 동안 피로를 경험했었다는 것을 인정한다.

4 그들은 너의 신청서를 거절하려 하지 않았을 거야.

5 지식은 무엇을 말해야 할지 아는 것이다. 지혜는 언제 그것을 말해야 할지 아는 것이다.

6 우리는 가끔 의도하지 않은 것들을 언급함으로써 다른 사람들을 당황하게 만든다.

7 새 마을로 이사한 6주 후, 그는 매일 호수에 가야만 하는 것에 싫증이 났다.

8 Sophia는 물건들이 지저분한 것을 견딜 수 없어서, 관리자에게 그것들을 깔끔하게 정리하라고 요청했다.

해설

1 1) 자라는 것이 멈추는 것이므로 growing이 적절하다.

　2) 내용상 but을 기준으로 stop과 병렬구조여야 하므로 widen이 적절하다.

2 '~할 수밖에 없다'는 「cannot help -ing」 구문으로 쓰이므로 staying이 적절하다.

3 1) '~을 인정하다'의 의미인 「admit (to) -ing」 구문에서 to가 생략된 것으로 having이 적절하다.

　2) while he was battling에서 he was가 생략된 것으로 battling이 적절하다.

4 「mean to + 동사원형」은 '~할 작정이다' 「mean + -ing」는 '의미하다'이므로 내용상 to reject가 적절하다.

5 1), 2) 보어 자리이므로 명사 역할을 하며 목적어를 취할 수 있는 동명사 knowing이 적절하다.

　3) knowing의 목적어 자리이므로 명사 역할을 할 수 있는 「의문사 + to부정사」의 to say가 적절하다.

6 1) '~함으로써'라는 의미의 「by + -ing」 구문으로 mentioning이 적절하다.

　2) mentioning의 목적어 역할을 하면서 관계사절에서 주어 역할을 하는 관계대명사 what이 적절하다.

7 1) 전치사 after의 목적어이면서 he와의 관계가 능동이므로 moving이 적절하다.

　2) he가 tire의 동작의 대상이므로 tired가 적절하다.

8 1) 「stand + 의미상의 주어 + 동명사」 구문이다. things가 의미상의 주어이므로 동명사인 being이 적절하다.

　2) 가리키는 대상이 복수인 things이므로 them이 적절하다.

B

1 나는 내 아이의 이름을 다시 들었을 때 눈물을 흘리지 않을 수 없었다.

2 그는 집을 떠나 있는 동안 그가 약간 회의적이었음을 고백했다.

3 좋은 친구를 유지하는 것은 새로운 친구를 만드는 것보다 어렵다. 비가 오나 눈이 오나 그들을 소중히 여겨라.

4 세탁기는 많은 이상한 소리를 낸 후에 작동이 멈췄다.

5 너무 많은 업무를 한 번에 하는 것은 당신이 당신의 목적을 성취하지 못하게 할 수 있다는 것을 잊지 마십시오.

6 어린아이들이 가만히 앉아 있는 것은 어렵다. 왜냐하면 그들은 오랫동안 집중하는 것이 어렵기 때문이다.

7 2014년에 그 가수는 안전띠를 하지 않았음에도 불구하고 필라델피아의 자동차 사고에서 살아남았다.

8 산업 혁명은 화장품을 더 널리 구매할 수 있게 만드는데 거대한 역할을 했다.

해설

1 1) '~하지 않을 수 없다'의 「cannot choose but + 동사원형」 구문으로 weep을 weep으로 고쳐야 한다.

　2) '~할 때'의 접속사로 바르게 쓰였다.

2 1) '~을 고백하다'의 「confess to -ing」 구문의 완료동명사형으로 적절하다.

　2) during 다음에는 기간명사가 오므로 while he was에서 he was가 생략된 while로 고쳐야 한다.

3 1) 주어 자리에 쓰인 동명사로 적절하다.

　2) 문장에 술어동사가 없으므로 Cherishing을 Cherish로 바꿔 명령문 형태로 고쳐야 한다.

4 1) 문맥상 작동을 멈췄다가 되어야 하므로 「stop + -ing」 구문이 적절하다. 따라서 to run을 running으로 고쳐야 한다.

　2) it(washing machine)이 made의 동작의 주체이므로 수동태가 아닌 made만 써야 한다.

5 1) 「forget + ing」 구문이 아니라 forget 다음에 접속사 that이 생략된 구문이다. 따라서 동명사 주어인 doing은 적절하다.

　2) 'A가 ~하는 것을 막다, 못하게 하다'의 의미인 「prohibit A from -ing」 구문으로 to accomplish를 from accomplishing으로 고쳐야 한다.

6 1) 「it + for + 의미상의 주어 + to…」 구문의 진주어이므로 to sit은 적절하다.

　2) '~하는데 어려움을 겪다'의 의미인 「have a hard time -ing」 구문으로 focus를 focusing으로 고쳐야 한다.

7 1) In 2014가 명백한 과거 시점이므로 has survived를 단순과거시제인 survived로 고쳐야 한다.

　2) despite는 전치사이므로 to wear를 동명사인 wearing으로 고쳐야 한다.

8 1) 전치사 in의 목적어로 온 동명사 making은 적절하다.

　2) 형용사 available을 수식해야 하므로 부사인 extensively로 고쳐야 한다.

C

한 조사에 따르면 사람들의 약 1/4이 한 유명한 사회관계망 사이트에서 우연이든 의도적이든 가짜 뉴스를 공유한 적이 있다고 시인했다. 나는 이것을 의도적으로 무지한 사람들의 탓으로 돌리고 싶다. 하지만 뉴스 생태계가 너무 복잡해져서 나는 그곳을 항해하는 것이 힘든 이유를 충분히 인식하고 있다. 의심이 들 때, 우리는 내용을 교차 확인해야 한다. 사실 확인이라는 간단한 행위는 잘못된 정보가 우리의 생각을 형성하는 것을 막아준다. FactCheck.org와 같은 웹사이트를 참고하는 것은 우리에게 무엇이 진실인지 혹은 거짓인지, 사실인지 혹은 의견인지를 더 잘 이해하는 것을 도와줄 것이다.

해설

1 1) 전반부에 사람들의 약 1/4이 유명한 사회관계망 사이트에서 가짜 뉴스를 공유했다고 했으므로 틀린 진술이다.

　2) 후반부에 FactCheck.org를 참고하면 진실인지 거짓인지 이해하도록 도와준다고 했으므로 옳은 진술이다.

2 앞의 understand의 목적어 역할을 할 수 있는 why를 먼저 쓴 후, 주어에 해당하는 '그것을 항해하는 것'에 해당하는 navigating it을 쓰고 be동사와 보어인 is challenging을 쓰면 된다.

D

두 종류의 기억이 있다. 내재적 기억과 외재적 기억이다. 여러분이 무언가에 대해서 진정으로 생각하지 않고서 그것을 배울 때, 그것은 내재적 기억이다. 호흡하는 것은 내재적 기억이다. 아무도 여러분에게 호흡하는 것을 가르쳐 주지 않았다. 또한 어릴 적부터 여러분이 배운 것 중 일부는 내재적 기억들이 된다. 내재적 기억들은 뇌의 자동화 부분에 각인된다. 그것은 자전거를 수년 동안 타지 않고서도 여전히 자전거 타는 법을 알고 있는 이유이다. 반면에 외재적 기억들은 여러분이 의식적으로 기억하려고 노력하는 기억들이다. 여러분은 매일 의식적 차원에서 외재적 기억을 사용한다. 열쇠를 찾기 위해, 행사가 언제 개최될 예정인지, 어디서 그것이 개최되는지, 그리고 누구와 함께 그 행사에 가야 하는지 기억하려고 노력할 때 여러분은 그것(외재적 기억)을 사용한다. 외재적 기억들은 여러분이 여러분의 일정표에 적어왔던 과업들이다.

해설

1 1) 중반부에 자전거를 수년 동안 타지 않고서도 자전거 타는 법을 기억하는 것은 내재적 기억이라고 했으므로 옳은 진술이다.
   2) 후반부에 여러분은 외재적 메모리를 의식적인 수준에서 매일 사용한다고 했으므로 틀린 진술이다.

2 밑줄 친 부분이 주어 자리이므로 조건에 맞게 Knowing으로 쓰고 「의문사 + to부정사」 구문을 이용하여 how to breathe를 쓰면 된다.

CHAPTER 07 분사

Unit 08 분사와 분사구문
p. 048

A

01 <u>Running</u> water doesn't flow back.
02 A woman <u>holding</u> a camera approached me.
03 The <u>stolen</u> money was used to buy a motorcycle.
04 A woman <u>called</u> Narsha wants to see you.
05 A: You weren't <u>listening</u> to me, were you?
06 The audience looked thoroughly <u>entertained</u>.
07 The mystery still remains <u>unsolved</u>.
08 The Sanchezes found the bags <u>lying</u> on the road.

01~06 현재분사는 <u>능동·진행</u>, 과거분사는 <u>수동·완료</u>의 의미가 있으며, 수식을 받는 표현이 동작의 <u>주체</u>인지 대상인지에 따라 현재분사 또는 과거분사로 수식한다. 01~04 한정적 용법의 분사가 홀로 수식하면 앞에서 어구가 딸리면 <u>뒤</u>에서 수식한다. 07~08 <u>서술적</u> 용법의 분사는 주격보어나 목적격보어로 쓰인다.

PLUS
Amazing, amazing, -ing, -ed, interesting, interested, boring, bored, embarrassing, embarrassed | -ing, -ed, puzzled, excited, disgusted

수능 pick 1
♦ An, inventor, asked

B

01 She ran around the garden, <u>blowing</u> bubbles.
02 We started in the morning, <u>arriving</u> at midnight.
03 I shook the dusty blanket, <u>making</u> Ron sneeze.
04 <u>Looking</u> up at the night sky, he saw a shooting star.
05 <u>Having</u> nothing left to do, Dora went home.
06 <u>Looking</u> back, you will turn to stone.
07 <u>Though[= Despite] looking</u> old, he is quite young.

01~06 분사구문 만드는 법: <u>접속사</u> 생략 → <u>주어</u>가 주절과 같으면 생략 → 동사 -ing 01 ← ~ and (she) <u>blew</u> bubbles. 02 ← and (we) <u>arrived</u> at midnight. 03 ~ and <u>made</u> Ron sneeze. 연속동작이지만 <u>결과</u>를 나타내는 경우도 있다. 04 ← When[While] <u>he looked</u> up at the night sky, ~ 05 ← Since[As, Because] <u>she had</u> nothing left to do, ~ 06 ← If <u>you look</u> back, ~ 07 양보 접속사를 생략하고 분사구문을 만드는 것은 매우 어색하다. 따라서 접속사를 그대로 두거나 이에 상응하는 <u>전치사</u>를 쓴다.

Words A 01 flow 02 approach 03 be used to 06 audience, thoroughly, entertain 07 unsolved 08 있다 수능Pick 1 발명가, contribute to, 응답하다 B 01 불다, bubble 03 dusty, 담요, sneeze 04 유성 06 turn to

PLUS
Not, knowing, 부정, not, never

C

01 <u>While packing</u> his things, he thought about the last two years.
02 <u>(Being) Filled</u> with pride, she stepped up to the podium.
03 <u>Having shut</u> the windows, I hurried out to bring in the laundry.
04 She threw me an awkward smile <u>with</u> her eyes <u>blinking</u>.
   cf. I can't talk <u>with</u> you <u>staring</u> at me like that.
05 Do you often sit <u>with</u> your legs <u>crossed</u>?
   cf. She yawned <u>with</u> her eyes wide <u>open</u>.
06 The project <u>done</u> in time, we shouted for joy.
   cf. <u>There being</u> no danger, the police went back to the station.
07 A brilliant player, he was called up <u>to</u> the national team.

01 의미를 명확히 하기 위해 접속사를 쓸 수 있다. 02 being이나 <u>having been</u>은 생략될 수 있으며 이 때 주어와의 관계에 유의한다. 03 주절의 시제보다 앞선 경우는 having p.p.형을 쓰나 전후 관계가 명백하면 <u>단순분사</u>를 써도 된다. → <u>Shutting</u> the windows, ~ 04~05 '~한 채로'의 부대상황을 나타내며 목적어와 목적보어의 능동·수동 관계에 유의해야 한다. 04 *cf.* 이유를 나타내기도 한다. 05 *cf.* 형용사나 전치사가 오기도 한다. e.g. <u>with</u> his gloves <u>on</u>(그의 장갑을 낀 채) 06 주어가 주절과 다른 경우 <u>주어</u>를 써야 한다. *cf.* There is 구문에서 there는 실제 주어가 아니지만 부가의문문에서처럼 <u>형식주어</u> 역할을 한다. 08 Being 또는 Having p.p.가 생략되어 형용사나 명사 또는 전명구만 남는 경우도 있다.

PLUS
Having, experienced, the, world, A, child, having, experienced

D

01 <u>Strictly speaking</u>, you're breaking the law now.

02 Judging from his appearance, he may be a Scandinavian.

03 Granting[Granted] that he said so, he didn't keep his promise.

04 Considering her age, she has a rich vocabulary.

01~04 부사절의 주어가 일반인으로 주절의 주어와 달라도 생략하는 관용적 표현이다.

Further Expressions

generally, roughly, 솔직히 / talking, of / compared, with / supposing, provided, providing, that / seeing, that

Words   PLUS choose   C 01 pack   02 pride, podium   03 빨래
04 throw ~ a smile, awkward, 깜빡이다   05 stare, yawn
06 소리 지르다, 기뻐서   07 brilliant, ~로 소집하다   PLUS mind, 신비한
fascinating   D 01 break the law   02 외모   04 풍부한, vocabulary

A

01 흐르는 물은 거꾸로 흐르지 않는다.

02 카메라를 들고 있는 여자가 나에게 다가왔다.

03 도난당한 돈은 오토바이를 사는데 사용되었다.

04 Narsha라고 불리는 한 여인이 당신을 보기를 원합니다.

05 A: 너 내말 안 듣고 있었지? 그렇지? B: 뭐라고?

06 관객들은 완전히 즐거워 보였다.

07 그 미스터리는 여전히 풀리지 않은 상태이다.

08 산체스 가족은 그 가방들이 도로 위에 있는 것을 발견했다.

PLUS

놀라운 사람들이 놀라운 일을 일어나게 한다.

수능 pick 1

♦ 한 발명가는 자신의 성공에 가장 많이 기여한 사람이 누구냐는 질문을 받았을 때 "제 부모님입니다."라고 재빨리 대답했다.

B

01 비눗방울을 불면서, 그녀는 정원을 뛰어다녔다.

02 우리는 아침에 출발해서 한밤중에 도착했다.

03 나는 먼지투성이의 담요를 흔들었고, 그것이 Ron이 재채기하게 했다.

04 밤하늘을 바라보는 동안 그는 유성을 보았다.

05 남은 할 일이 없었기 때문에, 도라는 집으로 갔다.

06 뒤돌아보면, 너는 돌로 변할 것이다.

07 늙어보일지라도, 그는 꽤 젊다.

PLUS

무엇을 선택해야 할지 몰라서, 나는 아무것도 선택하지 않았다.

C

01 그의 짐을 싸면서, 그는 지난 2년에 대해 생각했다.

02 자부심으로 가득 찬 채로, 그녀는 단상으로 올라갔다.

03 창문들을 닫은 후, 나는 빨래를 걷기 위해 서둘러 밖으로 나갔다.

04 그녀는 눈을 깜빡이며 나에게 어색한 미소를 지어 보였다.
    cf. 네가 나를 그렇게 노려봐서 난 말할 수가 없다.

05 당신은 다리를 꼰 채 자주 앉지 않나요?
    cf. 그녀는 눈을 크게 뜬 채 하품을 했다.

06 그 프로젝트가 제시간에 끝나서 우리는 기뻐서 소리 질렀다.
    cf. 위험이 없었기 때문에, 경찰은 경찰서로 돌아갔다.

07 훌륭한 선수였기 때문에, 그는 국가 대표팀에 소집되었다.

PLUS

아이의 마음을 생각해 보라. 경험한 것이 거의 없어서 세상은 신비하고 매력적인 장소이다.

D

01 엄밀히 말하면, 당신은 지금 법을 어기고 있습니다.

02 그의 외모로 판단컨대, 그는 스칸디나비아 사람일 수도 있다.

03 그가 그렇게 말했을 지라도, 그는 약속을 지키지 않았다.

04 그녀의 나이를 고려하면, 그녀는 어휘력이 풍부하다.

《 Grammar Practice 》————————— p. 050

A **1** 수동, 완료   **2** 둘 다   **3** 같으면   **4** 앞선   **5** speaking

B **1** Trusting   **2** 능동, 진행   **3** 앞선   **4** 현재   **5** being

C **1** being, changed
      ㄴ 수동, being, changed
   2 wondering
      ㄴ 능동, wondering
   3 when, asked
      ㄴ when, 수동, asked
   4 Seen
      ㄴ 대상, being, seen
   5 were, drawn
      ㄴ were, drawn

D **1** Paying   **2** reading   **3** opening   **4** saying   **5** turned

E **1** It   **2** attacking   **3** being   **4** lost   **5** holding

F **1** ×   **2** puzzling → puzzled   **3** been → 삭제
   4 barked → barking   **5** being moved → moving

B

1 만약 당신이 누군가를 신뢰한다면, 끝까지 신뢰하라.

2 그들은 바이올린 활을 만들기 위해 말총을 이용하는 중이다.

3 파티에 너무 늦게 초대되어서, 그는 시간 맞춰 갈 수 없었다.

4 (남을) 흥미롭게 하는 사람들은 자신의 관심에 열정적이다.

5 저녁이 끝나면, 비버는 다시 일하러 간다.

D

1 현금으로 지불하면, 당신은 할인을 받을 것입니다.

2 그 책을 읽었을 지라도, 나는 영화를 다시 보길 원했다.

3 일단 병을 개봉하면 당신은 내용물을 3일 안에 소비해야 합니다.

4 한나는 한 마디도 하지 않으며 푹 쉬었다.

5 스마트폰을 끈 채로 카드를 삽입하고 제거하는 것이 바람직합니다.

해설

1 내용상 지불하다의 pay가 들어가고 If you pay in cash의 분사구문으로 paying을 쓰면 된다.

2 내용상 read가 들어가고, 의미상의 주어인 I와 능동의 관계이므로 reading을 쓰면 된다.

3 내용상 open이 들어가고, you가 여는 것이므로 능동인 opening으로 쓰면 된다.

4 내용상 say가 들어가고, Hannah가 말하는 것이므로 능동인 saying을 쓰면 된다.

5 「with + 목적어 + 분사」 구문의 형태이다. 내용상 스마트폰을 끄는 것이고 수동의 관계이므로 turned로 쓰면 된다.

E

1 날씨가 맑고 따뜻하기 때문에, 소풍은 멋질 거야.

2 공격할 때, 상어는 종종 물 밖으로 뛰어 오른다.

3 공항이 없기 때문에, 의사는 정기적으로 나룻배를 타고 방문한다.

4 지난 일요일 우리는 강을 따라 산책하느라 완전히 시간 가는 줄 몰랐다.

5 그 행복한 아버지는 자신의 딸이 자신의 왼손을 잡게 한 채 이리저리 걷고 있었다.

해설

1 Since it is clear and warm의 분사구문으로 주어가 다르기 때문에 남아야 하므로 It이 적절하다.

2 주절의 주어인 a shark가 attack의 동작의 주체이므로 능동형인 attacking이 적절하다.

3 두 문장을 연결하는 연결사가 없으므로 분사구문인 being이 적절하다.

4 and를 기준으로 두 문장이 연결되고 있으므로 일반동사의 과거형인 lost가 적절하다.

5 「with + 목적어 + 분사」 구문에서 목적어인 his daughter가 hold의 동작의 주체이므로 능동의 holding이 적절하다.

F

1 그는 그의 부모님들을 놀란 표정으로 바라보았다.

2 그녀의 질문이 나를 매우 당황스럽게 해서 나의 심장이 빨리 뛰기 시작했다.

3 완벽히 회복이 된 후, 그는 메이저리그에 소집되었다.

4 그 개는 행복하게 짖으면서 나를 맞이하기 위해 뛰어올랐다.

5 꼼짝도 하지 않으면서 그녀는 그 무서운 물체를 주시했다.

해설

1 감정을 실을 수 있는 사물에는 과거분사도 적절하다. surprising look이면 '(남을) 놀라게 하는 표정'이 될 수 있으나, surprised도 이상 없다.

2 me가 puzzle하는 동작의 대상이므로 수동인 puzzled로 고쳐야 한다.

3 주절의 시제보다 회복한 것이 앞선 시제라 완료분사구문은 맞지만 recover는 자동사이므로 Having recovered로 써야 한다.

4 주어(the dog)와 술어동사(jumped)가 있으므로 분사구문이 적절하다. 그런데 The dog과 bark와의 관계가 능동이므로 barking으로 고쳐야 한다.

5 주절의 주어 she가 움직이는 동작의 주체이므로 능동의 moving으로 고쳐야 한다.

Review Test Unit 08 ························· p. 052

```
A 1 running   2 Looking   3 1) permits   2) harvested
  4 1) that   2) depressed   5 1) to sell   2) having
  6 speaking   7 1) nearly   2) sounding   8 competing
B 1 1) ×   2) experiences → experience
  2 1) ×   2) passed → passing
  3 1) stomping→ stomped   2) ×
  4 1) ×   2) wearing → wear   5 1) ×   2) during → while
  6 1) understood → understanding   2) ×
  7 1) rejecting → rejected   2) ×   8 1) ×   2) ×
C 1 1) T   2) F   2 Sticking out from the rock
D 1 1) T   2) T   2 scratching
```

A

1 불타고 있는 집에서 뛰쳐나오며, 그 소년은 두 명의 성인이 아직 안에 있다고 외쳤다.

2 거울 속의 자신의 모습을 보면서, Lou는 '넌 멋진 놈이야'라고 말했다.

3 날씨가 허락한다면, 콩은 이 달의 마지막 주에 수확될 수도 있다.

4 충동작 치료법 또한 우울증에 빠진 환자들의 치료에 중요하다는 것이 발견되었다.

5 그는 자신의 가족을 부양해야 한다고 느꼈기 때문에 자신의 모든 그림을 파는 것을 주저하지 않았다.

6 엄격히 말해, 아름다움은 겉모습에 제한되어 있지 않다.

7 그 운전자들은 그 소형차 뒤에서 성급하게 기다렸고, 그것이 움직이기 전에 거의 모두가 경적 소리를 냈다.

8 우리의 세상은 수백만의 것들이 우리의 관심을 위해 경쟁하는 복잡한 장소가 되었다.

해설

1 주절의 주어인 the boy가 run하는 능동이므로 running이 적절하다.

2 주절의 주어인 he가 look하는 능동이므로 Looking이 적절하다.

3 1) 「접속사 + 주어 + 동사」가 있는 부사절로 동사가 필요하므로 permits가 적절하다.
2) beans가 harvest의 동작의 대상이므로 수동형의 harvested가 적절하다.

4 1) 완전한 문장의 구조가 이어지므로 접속사 that이 적절하다.
2) 환자들이 우울해지는 것이므로 수동의 depressed가 적절하다.

5 1) hesitate는 to부정사를 목적어로 취하므로 to sell이 적절하다.
2) 가족을 부양해야 한다고 느낀 것이 주절보다 앞서므로 having felt의 having이 적절하다.

6 '엄격히 말해'라는 뜻인 Strictly speaking은 관용어로 사용되는 표현으로 speaking이 적절하다.

7 1) nearly는 '거의', near는 '가까운, 가까이'라는 뜻으로 nearly가 적절하다.
2) 주절의 주어인 50 percent가 sound의 동작의 주체이므로 sounding이 적절하다.

8 「with + 목적어 + 분사」 구문으로 millions of things가 compete의 주체이므로 competing이 적절하다.

B

1 한 연구에 따르면, 줌바를 하는 사람들은 혈압이 떨어지는 것을 경험한다.

2 아이들에게 놀이는 단지 시간을 보내는 수단 이상이다.

3 상어를 포함한 해양 생물들이 Lone Star State 위를 헤엄치는 동안 공룡들은 땅에서 쿵쿵 걸어다녔다.

4 신발을 살 수가 없어서, 아이들 중 일부는 슬리퍼를 신고 대부분의 아이들은 발에 아무것도 착용하지 않는다.

5 누군가 계속 그의 키보드를 쳤기 때문에 나는 밤에 자는 동안 짜증을 느꼈다.

6 그 부족의 전통을 몰라서 그들이 오래된 참나무를 숭배할 때 그는 말하기 시작한다.

7 살롱으로부터 한결같이 거절당했기 때문에, 인상파 화가들은 자신들만의 전시회를 열기로 결심했다.

8 그들의 먹이가 일반적으로 그들보다 더 빠르기 때문에, 사자들은 동물들을 넘어뜨리기 위해 팀워크를 이용한다.

해설

1 1) people이 do의 주체이므로 능동의 분사인 doing은 적절하다.
2) 주어가 people이고 술어동사이므로 experiences를 experience로 고쳐야 한다.

2 1) 주어로 쓰인 동명사로 적절하다.
2) time의 진행·동작을 나타내는 현재분사 passing이 적절하다.

3 1) 주절의 주어 Dinosaurs의 술어동사가 필요하므로 stomping을 stomped로 고쳐야 한다. while 이하는 부사절이다.
2) sharks를 목적어로 취하는 전치사로 적절하다.

4 1) Because they are not able의 분사구문으로 적절하다. 분사구문의 부정은 분사 앞에 not을 쓴다.
2) and를 기준으로 앞의 wear와 병렬을 이뤄야 하므로 wear로 고쳐야 한다. and가 없다면 wearing은 적절하다.

5 1) 주어와 동사가 이어지므로 접속사 Because는 적절하다.

2) while (I was) in bed에서 주어와 be동사가 생략된 것으로 during을 while로 고쳐야 한다.

6 1) 의미상의 주어가 he인 부정의 분사구문이다. 능동의 관계에 있으므로 understood를 understanding으로 고쳐야 한다.

2) begin은 to부정사와 동명사를 둘 다 목적어로 취하므로 talking은 적절하다.

7 1) the Impressionists가 의미상의 주어로 reject와 수동의 관계이다. 따라서 rejecting을 rejected로 고쳐야 한다.

2) decide는 to부정사를 목적어로 취하므로 to hold는 적절하다.

8 1) Since their prey is ~의 분사구문으로 being은 적절하다.

2) to부정사의 부사적 용법(목적)으로 쓰인 것으로 to bring은 적절하다.

C

> 고고학자인 Mark Aldenderfer는 히말라야에 높이 자리 잡은 고대 정착지 근처에서 인간의 유골을 찾기 위해, 네팔 Mustang에 있는 외딴 절벽 사면에 있는 동굴을 탐사하려고 출발했다. 거의 즉시, 그는 자신이 찾으려고 하는 어떤 것과 마주쳤다. 바위에서 툭 튀어나온 채, 그가 그것(해골)을 볼 때, 해골 하나가 그를 물끄러미 바라보고 있었다. 아마도 2,500년까지 거슬러 올라가는 그 해골은 매장 굴의 내부에 여기저기 놓여 있는 많은 사람 뼈 사이에 있었다. Aldenderfer와 그의 팀은 DNA 분석이 이 지역 정착민들의 기원을 확인해줄 것으로 기대하고 있는데, 그들은 티베트 고원이나 남쪽 지역에서 이동해 왔을지도 모른다.

[해설]

1 1) 전반부에 히말라야의 고대 정착지에서 해골과 마주쳤다고 했으므로 옳은 진술이다.

2) 후반부에 DNA 분석이 이 지역 정착민들의 기원을 확인해 줄 것을 기원한다고 했으므로 틀린 진술이다.

2 a skull 이하가 주절이므로 부사절을 이용해야 하나 접속사가 없으므로 분사구문화 하면 된다. 따라서 a skull과 stick이 능동의 관계이므로 Sticking을 쓰고 '~에서 튀어나온'에 해당하는 out from을 쓴 후 the rock으로 마무리하면 된다.

D

> 큰 기업의 CEO가 호화 리무진에서 내렸다. 늘 그렇듯 그는 정문으로 가는 계단을 올랐다. 커다란 유리문을 통해 걸어갈 때, 그는 "죄송합니다만, 신분증이 없으면 지나갈 수 없습니다."라고 말하는 목소리를 들었다. 그 회사에서 10년 이상 동안 근무해 온 그 경비원은 얼굴에 감정을 전혀 드러내지 않은 채 상관의 눈을 똑바로 쳐다보았다. CEO는 무슨 말을 해야할지 몰랐다. 그는 주머니를 더듬었으나 허사였다. 그는 아마도 그의 신분증을 집에 두고 왔을 것이다. 그는 단호한 경비원을 다시 쳐다보면서 턱을 긁적거렸다. 그런 다음 그는 돌아서서 그의 리무진으로 돌아갔다. 그 경비원은 다음 날 그가 경비 실장으로 승진하게 되리라는 것을 알지 못한 채 서 있었다.

[해설]

1 1) 전반부에 경비원이 ID가 없어서 들여보내지 않았다고 했으므로 옳은 진술이다.

2) 후반부에 발걸음을 돌려 자신의 리무진으로 돌아갔다고 했으므로 옳은 진술이다.

2 영영사전 풀이는 '손톱으로 자신의 피부를 문지르기'이고 이에 해당하는 s로 시작하는 단어는 scratch이다. He looked at ~이 주절이므로, 분사구문으로 만들어 scratching으로 쓰면 된다.

---

08 가정법

Unit 09 ▶ if 가정법　　　　p. 054

A

01 If I were a dog, I would be your dog. Bow-wow!

02 We could start the meeting now if no one were[was] late.

03 If she had $200,000 more, she could buy a Ferrari.

04 If I were to refuse, they'd be very disappointed.

05 If you (should) change your mind, let me know.

01 형태는 과거형이지만 현재로 해석하며, if절의 be동사는 주어가 단수일지라도 were를 쓴다. 주절의 would는 의도·소망을 나타낸다.　02 주절의 could는 능력을 나타내며, if절은 주절의 뒤에 쓸 수 있으며 were 대신 was를 쓸 수도 있다.　04 가능성이 매우 희박할 때 강조하기 위해 were to를 쓰기도 하며, 가정법 과거는 미래의 상황을 가정하기도 한다.　05 가정법 과거형에 '혹시'라는 의미로 should를 쓰기도 하며, 주절에는 가정법뿐만 아니라 직설법과 명령법(문)이 오기도 한다. 이 때 should를 생략하면 직설법과 차이가 거의 없다.

[PLUS]

didn't, receive, 사실, 과거, were, 희박

B

01 If Matthew had been there, the problem wouldn't have happened.

02 If he had had time, he would have completed the preparations.

03 What would I have done if I had lived 100 years ago?

01 형태는 과거완료형이지만 과거로 해석한다.　02 if절의 had had에서 두 번째 had는 본동사이다.　03 가정법 과거와는 달리 가정법 과거완료는 과거의 사실과 상반되는 가정만 한다.

[수능 pick 1]

◆ 과거, would + have + p.p., would, have, pleased

◆ would, 동사원형, 현재, were, attained

Words A 04 refuse, 실망한　PLUS assignment　B 02 complete, preparation　수능Pick 1 여행, take place, please, 구체적으로, goal, attain

C

01 If you had taken an aspirin, you wouldn't have a headache now.

02 If Jade spoke Russian, she would have understood the war song.

01 과거에 일어난 일이 현재까지 영향을 미칠 때 사용하며 if절은 가정법 과거완료형이 주절에는 가정법 과거형이 온다. 주로 현재를 나타내는 부사 (now)가 포함된다.　02 현재를 반대로 가정해서 과거를 돌아보며 상상하는 표현이며, if절에는 가정법 과거형이 주절에는 가정법 과거완료형이 온다.

D
01 **Were I** a judge, you'd get a big thumbs up!
02 **Had** they **not arrived** in time, the fire could have been worse.
03 **Should you need** any further assistance, feel free to contact us.

01 if를 생략하고 의문문 어순으로 도치한다.   02 hadn't은 <u>had</u>와 <u>not</u>으로 분리하고 <u>had</u>만 도치한다.   03 요청이나 제안을 나타내는 If you should 도 <u>Should you</u>로 도치한다. If you shouldn't은 <u>Should you not</u> 으로 도치한다.

수능 pick 2
♦ 과거, 도치, If, Mr., Gibson, had, come, Had

Words   C 02 war, song   D 01 judge, 엄지척 03 추가의, feel free to, assistance   수능Pick 2 쓰레기 수거인

A
01 내가 개라면 난 너의 개가 될 텐데. 멍멍!
02 아무도 늦지 않으면, 회의를 지금 시작할 수 있을 텐데.
03 그녀가 20만 달러가 더 있다면, 페라리를 살 수 있을 텐데.
04 내가 거절한다면, 그들은 매우 실망할 텐데.
05 혹시 마음이 바뀐다면, 저에게 알려주세요.

PLUS
Greg은 모든 과제에서 만점을 얻지 못하면 실패한 사람인 것처럼 느꼈다.
네가 90년대의 아이였다면, 너는 아마도 몇 시간을 TV앞에서 보냈을 것이다.

B
01 Matthew가 거기 있었다면, 그 문제는 일어나지 않았을 텐데.
02 그가 시간이 있었다면, 그는 준비를 완료했을 텐데.
03 내가 100년 전에 살았다면 나는 무엇을 했었을까?

수능 pick 1
♦ 만약 이 여행이 일주일 정도만 빨리 이루어졌다면, 이 모든 것이 내 눈에는 기쁘게 보였을 텐데.
♦ 목표가 이루어지면 상황이 어떻게 변할지에 대해 구체적으로 생각하라.

C
01 네가 아스피린을 먹었더라면, 지금 두통이 없을 텐데.
02 Jade가 러시아어를 한다면, 그는 그 군가를 이해했을 수도 있었는데.

D
01 내가 심사위원이라면 당신은 엄지척을 받을 거예요.
02 그들이 제시간에 도착하지 못했더라면, 그 화재는 더 안 좋았을 수도 있었다.
03 혹시 추가 도움이 필요하시면, 망설이지 말고 저희에게 연락해주세요.

수능 pick 2
♦ Gibson이 20분만 늦게 왔어도 그 그림은 이미 쓰레기 수거인이 집어갔을 것이다.

◀ Grammar Practice ▶ ─────────── p. 056

A   **1** 과거   **2** were, was   **3** 과거   **4** 의문문   **5** 현재
B   **1** 현재   **2** If, Were, you, me
    3 과거완료, wouldn't, have, come   **4** 과거   **5** 혹시, 직설법

C   **1** Were, would, pretend
    ∟ 과거, If, I, were, him, would, pretend
    2 were[was], would, be
    ∟ 현재, were[was], would, be
    3 would, have, happened, had, met
    ∟ 과거완료, would, have, happened, had, met
    4 didn't, have, would, fall
    ∟ 현재, didn't, have, would, fall
    5 would, have, had, hadn't, hit
    ∟ had, p.p., would, have, p.p., would, have, had, hadn't, hit
D   **1** were shown, would, affect   **2** had, would, do
    3 had got(ten), would have
    4 Had, behaved, wouldn't have punished
    5 Should, need, call
E   **1** kiss   **2** hadn't been   **3** have given   **4** feel   **5** be
F   **1** ×   **2** is → were[was]   **3** turn → turned   **4** done → do
    5 be → have been

B
1 만약 물건들이 찾기 쉬웠다면, 그것들은 찾을 가치가 없을 것이다.
2 네가 나라면, 나를 보내주겠니?
3 네가 나에게 오라고 요청하지 않았다면 난 오지 않았을 거야.
4 Sadie가 너와 우연히 마주쳤다면, 그녀가 너를 알아봤을까?
5 혹시라도 악어를 만나면, 막대기를 가져와서 그것을 찌르지 마라.

D
1 만약 칼로리가 메뉴에 보여 진다면, 그것이 당신의 음식 선택에 영향을 미칠까요?
2 만약 네가 세상을 파괴하는 능력을 가지고 있다면, 그렇게 하겠니?
3 내가 좀 일찍 결혼했더라면, 네 나이의 아들이 있을 텐데.
4 그가 더 신중하게 행동했었더라면, 그녀는 그에게 경고를 하지 않았을 텐데.
5 여러분이 혹시 도움이 필요하면, 여러분은 언제나 우리의 친절한 직원에게 전화할 수 있습니다.

해설
1 현재 사실에 대한 가정으로 가정법과거완료 구문이다. 첫 번째는 calories가 show의 대상이므로 수동의 were shown을, 두 번째는 의문문이므로 would, affect를 쓰면 된다.
2 현재 사실에 대한 가정으로 가정법 과거구문을 써서 각각, had와 would, do를 쓰면 된다.
3 과거에 결혼을 했다면, 현재는 너만한 아들이 있겠다는 혼합가정법으로 if절에는 과거 사실을 가정하는 had gotten을, 주절에는 would have를 쓰면 된다.
4 과거의 사실에 대한 가정으로 가정법 과거완료구문을 활용해야 하는데, 빈칸으로 보아 도치해서 써야 한다. 따라서 If he had behaved를 Had he behaved로 쓰고 주절은 wouldn't have given으로 쓰면 된다.
5 미래의 가능성에 대한 가정이고 빈칸 수로 보아 If you should need의 도치 구문을 활용하면 된다. 한편 이때 주절에는 직설법도 올 수 있음에 유의한다.

E
1 금요일에 얼굴이 있다면, 난 그것에 뽀뽀할 텐데.
2 상표가 찢겨지지 않았더라면, 그는 전액 환불을 받을 수 있었을 텐데.
3 수영장이 조금 더 깨끗했더라면, 난 이 장소에 별 5개를 주었을 텐데.
4 제가 당신에게 온타리오주의 런던으로 전근하라고 제안한다면 행복하게 느끼실 건가요?

5 만약 모두가 똑같다면, 세상은 다채롭고 흥미롭지 않을 것이다.

> **해설**

1 현재 사실에 대한 가정으로 주절에는 would kiss가 적절하므로 kiss가 답이다.

2 주절의 'd have received로 보아 가정법 과거완료구문임을 알 수 있다. 따라서 주절에는 「조동사의 과거형 + have + p.p.」를 쓰므로 hadn't been이 적절하다.

3 Had the pool been으로 보아 if가 생략된 가정법 과거완료의 도치구문이다. 따라서 would have given의 have given이 적절하다.

4 If I were to suggest로 보아 가정법 과거구문이다. 따라서 주절은 feel이 적절하다.

5 if절의 동사가 동사의 과거형이므로 현재 사실에 대한 가정이다. 따라서 주절에는 「조동사의 과거형 + 동사원형」을 쓰므로 be가 적절하다.

F

1 우리가 택시를 타지 않았더라면, 우리는 쇼에 늦었을 텐데.

2 태양이 더 뜨겁다면, 말하자면 섭씨 15,000도라면, 그것은 더 파랗게 보일 것이다.

3 내가 꽃으로 변신한다면, 나를 꺾을 거니, 아니면 나에게 물을 주겠니?

4 내가 살 시간이 한 시간만 있다면, 나는 내가 오늘 하려고 했던 것들을 여전히 할 텐데.

5 게다가, B.K.가 자신의 운명에 굴복했더라면, 그는 메이러 리거가 결코 되지 못했을 텐데.

> **해설**

1 Had we not taken은 If we hadn't taken이 도치된 것이고 가정법 과거완료구문이다. 따라서 would have been은 적절하다.

2 태양이 지금보다 더 뜨거워지는 것을 가정하므로 가정법 과거구문이다. 따라서 is를 were[was]로 고쳐야 한다.

3 현재 사실에 대한 가정으로 가정법 과거구문이다. 따라서 turn을 turned로 고쳐야 한다.

4 현재 사실에 대한 가정으로, 주절에는 「조동사의 과거형 + 동사원형」이 와야 한다. 그리고 I'd에서 'd는 had가 아니라 would의 줄임말이므로 done을 do로 고쳐야 한다.

5 과거 사실에 대한 가정으로 주절에는 would have p.p. 구문이 와야 한다. 따라서 be를 have been으로 고쳐야 한다.

Unit 10 ▶ I wish · as if 가정법
p. 058

A

01 I wish every day were[was] Sunday.

02 Sometimes I wish (that) I could rewind time.

03 He wishes he had had a normal adolescence.

04 She wishes she hadn't had ramen last night.

05 I wished you didn't tell me about your deep thoughts.

06 That night, I wished I had never been born as a genius.

> 01 가정법 과거형 동사를 쓴다.　02 that은 생략이 자주 된다.　03~04 두 번째 had는 본동사이다.　05~06 가정법의 시제일치에 적용되지 않는다. 주절에 상관없이 과거형이면 주절과 같은 시제를, 과거완료형이면 주절보다 앞선 시제를 나타낸다.

> **수능 pick 1**

♦ 과거, 과거완료, hadn't, sent, 형태, 의미

B

01 Jenna sounds as if she didn't care.

---

02 You look as though you'd just turned off the computer.

03 Her lips trembled as if she were about to cry.

04 They looked as if they hadn't bathed in days.

05 He suddenly appeared as if (he appeared) by magic.

> 01 가정법 과거형 동사를 쓴다.　02 as if 대신 as though를 쓰기도 하며, 'd는 would가 아니라 had를 줄여 쓴 것에 유의한다.　03~04 가정법의 시제일치에 적용되지 않는다. 주절에 상관없이 과거형이면 주절과 같은 시제를, 과거완료형이면 주절보다 앞선 시제를 나타낸다.　05 as if절에서 주절과 동일어구 또는 주어와 be동사가 생략되어 to부정사, 분사, 전치사구만 남기도 한다.

> **PLUS**

> 사실은 그렇지 않다, 아마도 그럴 것이다, In, fact, is, not, Perhaps, is

> **수능 pick 2**

♦ 같은, were

Words　A 02 rewind 03 평범한, adolescence　B 01 care 03 tremble, 막 ~하려 하다, 마법으로　PLUS make

C

01 Without[But for] the Eiffel Tower, Paris wouldn't be Paris.
　→ If it were not for the Eiffel Tower, Paris wouldn't be Paris.
　→ Were it not for the Eiffel Tower, Paris wouldn't be Paris.

02 I'd be glad if I had everything I want.

03 → If you smiled, it would have been nicer.

04 The wolf ran; otherwise, it would have been caught.
　→ If the wolf hadn't run, it would have been caught.

05 → If she had been born in Africa, Nicole would've been a shaman.

06 It's (high[about]) time (that) the job was finished.

07 Suppose[Supposing] (that) we asked her to dine with us.
　cf. Suppose we ask her to dine with us.

08 What if the jury believed it was an accident?
　cf. What if the jury believes it was an accident?

09 If only you had more common sense!
　If only you have more common sense!

10 Dad, I would rather you didn't go to work today.

11 We could have arrived sooner, but we got stuck in traffic.

> 01 Without[But for]도 가정의 의미가 있으며 현재를 가정하면 If it were not for[Were it not for]로, 과거를 가정하면 If it had not been for[Had it not been for]로 바꿔 쓸 수 있다.　06 '(비난·불평) ~할 때이다'라는 의미로 It's time that절에 과거형을 쓰며, 주어가 3인칭 단수라도 if 가정법처럼 were를 쓰지 않고 was를 쓴다. *cf.* that절에 should를 써도 유사한 의미이다.　07~08 가정법 과거형은 가능성이 희박한 상황을 제시하거나 가정하고, 가정법 과거완료형은 과거 사실에 대한 반대의 가정을 나타낸다. *cf.* 현재형을 쓰면 일어날 가능성이 어느 정도 있는 상황을 제시하거나 가정한다.　07 provided = providing '~라면 어떨까? 만약 ~라면, 가정해 보자'의 뜻이다.　08 '~라면 어떻게 될까?'의 의미이다. 가정법 문형에 따라 What (would happen) if ~? 또는 What (would have happened) if ~?의 의미이다.　09 '~하기만 하면 좋을 텐데'의 의미로 I wish 보다 강조하는 느낌(= I do wish)으로 부사절이지만 주절 없이 단독으로 쓰일 수도 있다. *cf.* If only 직설법은 희망을 나타낸다. → I hope

common sense will be more common. ※Only if는 '~한 경우에만'의 뜻으로 어떤 일이 가능한 유일한 상황을 진술할 때 쓴다. e.g. I'll tell you only if you don't tell anyone else. (네가 다른 사람에게 이야기하지 않는 경우에만 너에게 얘기하겠다.) 10 '~가 …하면 좋겠어'의 의미로 타인에게 어떤 행위를 바랄 때 쓴다. 11 가정의 상황이 문맥의 전후 관계에 포함된 경우에 if절을 생략할 수 있다.

Words 05 shaman 07 식사하다 08 jury, 사고 09 상식, common 11 교통 혼잡에 갇히다

A

01 매일 라면을 먹으면 좋을 텐데.
02 때때로 나는 시간을 되감을 수 있기를 바란다.
03 평범한 사춘기를 보냈었다면 좋을 텐데.
04 그녀는 지난밤에 라면을 먹지 않았었다면 좋을 텐데.
05 네 깊은 생각에 대해 말하지 않았다면 좋았을 텐데.
06 그날 밤, 나는 내가 천재로 태어나지 않았기를 바랐다.

수능 pick 1

♦ 그는 "George, 내가 어제 나의 아버지께 그 편지를 보내지 않았었다면 좋을 텐데."라고 말했다.

B

01 Jenna는 마치 신경 쓰지 않는 것처럼 들린다.
02 너는 막 컴퓨터를 끈 것처럼 보인다.
03 그녀의 입술은 막 울리는 것처럼 떨렸다.
04 그들은 며칠 동안 씻지 않았던 것처럼 보였다.
05 그는 마법처럼 갑자기 나타났다.

PLUS
제가 오늘 오후 회의에 갈 수 없을 것 같습니다.

수능 pick 2

♦ 저희는 여러분의 자녀들이 저희 학교에 입학하던 날이 어제처럼 느껴집니다.

C

01 에펠탑이 없다면 파리는 파리가 아닐 것이다.
02 내가 원하는 것을 모두 가지면 난 기쁠 것이다.
03 작은 미소가 있었다면 더 좋았을 텐데.
04 그 늑대는 달렸다. 그렇지 않으면 그는 잡혔을 것이다.
05 아프리카에서 태어났다면, 그녀는 주술사가 되었을 것이다.
06 그 일이 끝났어야 할 때이다.
  = 그 일이 끝나야 할 시간이다.
07 우리가 그녀에게 식사하자고 하면 어떨까? (가능성 희박)
  cf. 우리가 그녀에게 식사를 하자고 하면 어떨까? (가능성 조금 있음)
08 배심원단이 그것이 사고였다고 믿으면 어떻게 됐을까? (가능성 희박)
  cf. 배심원단이 그것이 사고였다고 믿으면 어떻게 됐을까? (가능성 조금 있음)
09 네가 상식이 더 있기만 하면 좋을 텐데!
  cf. 네가 상식이 더 있기만 하면 좋을 텐데! (희망)
10 아빠, 아빠가 오늘 가지 않으면 좋겠어요.
11 우리는 더 일찍 도착했을 수도 있었지만, 교통 혼잡에 갇혔다.

《 Grammar Practice 》 ──────────────── p. 060

A **1** I wish **2** 현재, 과거 **3** 주어, 동사 **4** 가정법 과거완료형

---

5 ~할 때이다
B **1** 현재, 유감 **2** as, though, she, was **3** ~할 때이다, harvested
  4 it, not, for, bad, people **5** 과거, 현재
C **1** were[was]
  └ 과거, were[was]
  2 it, not
  └ If, it, were, not, for, it, not, for
  3 high[about], were, taken
  └ high[about], were, taken
  4 as, if[though], hadn't, slept
  └ as, if[though], hadn't, slept
  5 What, if, had, asked
  └ What, if, 과거, had, asked
D **1** could, have, done **2** happening **3** kept
  4 would, have, fallen **5** would, look
E **1** could **2** as though **3** have been **4** hadn't **5** Had
F **1** × **2** × **3** were → was
  4 would abandon → would have abandoned **5** ×

B

1 너는 나와 같은 친구가 있었으면 하고 바라지 않니?
2 그녀는 기절할 것처럼 보였다.
3 우리가 저 감자를 수확해야 할 때이다.
4 나쁜 사람이 없다면, 좋은 사람도 없을까?
5 내가 더 너와 같기만 하면, 난 항상 무엇을 해야 할지 알 텐데.

D

1 A: 아무도 그것을 더 잘할 수 없었을 거야.
  B: 음, 난 그냥 내가 해야만 했던 것을 했을 뿐이야.
2 우리는 하늘에 아무 일도 일어나고 있지 않은 것처럼 발을 끌며 걸었다.
3 나는 네가 수업 중에 조용히 있으면 한다, June. 그것은 정말 짜증나.
4 당신의 빠른 도움이 없었다면, 전 앞으로 고꾸라졌을 거예요.
5 나는 내가 초콜릿 케이크를 바라보는 대로 누군가 나를 바라볼 때때로 바란다.

《 해설 》
1 B의 대화로 보아 과거 사실에 대한 이야기이다. 내용상 A의 대화에는 가정법 과거가 와야 한다. 따라서 내용에 맞게 could have done을 쓰면 된다.
2 주절이 과거이고 as if 절에 was로 보아 같은 시간임을 알 수 있다. 그런데 was가 주어졌으므로 진행의 happening만 쓰면 된다.
3 '~가 …하면 좋겠다'는 의미인 「would rather + 주어 + 가정법 동사」 구문을 이용하여 kept로 쓰면 된다.
4 But for는 가정법 과거 또는 가정법 과거완료와 어울릴 수 있다. 빈칸의 개수로 보아 가정법 과거완료가 적절하므로 would have fallen으로 쓰면 된다.
5 현재 사실에 대한 가정으로 「wish + 가정법 과거」를 써야 한다. 따라서 would look이 적절하다.

E

1 내가 눈을 깜빡일 때 내 눈이 사진을 찍을 수 있으면 좋을 텐데.
2 그 탐정은 그 노인의 대답에 놀란 것처럼 그의 눈썹을 치켜세웠다.
3 다른 옷을 입었다면, 그날 밤 그는 귀족으로 여겨졌을 수도 있었다.
4 우리는 종종 생각하지 않고 무엇인가를 말하고 나서 나중에 우리가 그러지 않았더라면 하고 바란다.
5 그의 숙모가 그를 격려하지 않았더라면, 그는 음악에 대한 자신의 재능을 낭비했을 수도 있었다.

1 현재 사실에 대한 가정으로 「I wish + 가정법 과거」 구문을 써야 하므로 could가 적절하다.

2 [though / as though] 다음에 he were가 생략된 구문이다. 내용상 '~처럼'이 적절하므로 as though가 답이다.

3 그날 밤에 대한 가정이므로 가정법 과거완료형이 적절하다. 따라서 have been이 답이다.

4 주절보다 앞선 시제를 가정하므로 가정법 과거완료형 동사인 hadn't가 적절하다.

5 would have wasted로 보아 가정법 과거완료임을 알 수 있다. If his aunt had not encouraged를 도치한 Had가 적절하다.

F

1 모든 사람이 너만큼 웃기면 좋겠어.

2 눈이 영화감독에 의해 큐를 받은 것처럼 내렸다.

3 그녀가 집에서 쫓겨날 때가 되었다.

4 나는 자아를 버렸다. 그렇지 않았다면, 그들은 나를 버렸을 것이다.

5 예를 들어서, 당신이 자전거 열쇠를 잃어버렸다고 가정해 봅시다.

1 가정법에서 were 대신에 was도 쓸 수 있으므로 적절하다.

2 as if it was cued에서 주절과 같은 주어와 be동사가 생략된 것으로 as if cued는 적절하다.

3 「it's time (that) + 가정법 과거」에서는 주어가 3인칭 단수일지라도 were를 쓰지 않고 was를 쓴다.

4 '자아를 버리지 않았다면'이라는 과거 사실에 대한 가정으로 가정법 과거완료 구문이 와야 한다. 따라서 would abandon을 would have abandoned로 고쳐야 한다.

5 다음에 가정법 과거형이 나오면 가능성이 희박한 사실을 가정하는 것으로 lost는 적절하다. lose를 쓰면 가능성이 조금 있는 상황에 대한 표현이다.

Review Test Unit 09~10   p. 062

```
A  1 1) that   2) have appreciated   2 1) that   2) could
   3 1) to tell   2) not to   4 1) as if   2) watching
   5 1) were   2) exist   6 1) didn't breathe   2) have
   7 1) been saved   2) if only   8 1) who   2) have traveled
B  1 1) ×   2) doing → did   2 1) ×   2) ×
   3 1) ×   2) would transfer → would have transferred
   4 1) ×   2) wouldn't be → wouldn't have been
   5 1) ×   2) than → to   6 1) can → could 2) ×
   7 1) ×   2) kind → kindly   8 1) × 2) flashed → flashing
C  1 1) T   2) F   2 had, not, allowed, to, overcome
D  1 1) F   2) F   2 hadn't surfaced, couldn't have seen
```

A

1 그녀가 거기서 멈췄더라면, 난 그 충고를 고마워했었을 것이다.

2 영화 속으로 걸어 들어 갈 수 있다면 좋겠다고 생각해 본 적이 있나요?

3 Angela는 마치 나에게 걱정하지 말라고 말하는 것처럼 자신의 고개를 끄덕였다.

4 나는 세상이 내 호흡의 하나하나를 듣고, 내가 걷는 모든 발걸음을 보고 있는 것처럼 느꼈다.

5 대기가 없다면, 지구는 너무 추워서 액체 상태의 물이 존재할 수가 없을 것이다.

6 만약 식물들이 산소를 뿜어내지 않으면 생명체들은 산소를 얻을 방법이 없을 것이다.

7 구조대가 그 남자를 더 일찍 발견했더라면, 그의 목숨은 구해졌을 수도 있

었다.

8 자신의 천재 아들이 없었다면, Wolfgang의 아버지인 Leopold Mozart는 유럽 전역을 여행하지 않았을 것이다.

1 1) Supposing의 목적어 역할을 하면서 완전한 구조의 문장이 이어지므로 접속사 that이 적절하다.

2) Supposing은 가정법 if의 의미이고 가정법 과거완료구문인 had stopped가 왔으므로 would have appreciated의 have appreciated가 적절하다.

2 1) 단정적 표현의 완전한 구조의 문장이 이어지므로 접속사 that이 적절하다.

2) wish 가정법에는 가정법 과거동사가 오므로 could가 적절하다.

3 1) as if 다음에 주절과 같은 주어(he)와 be동사(were[was])가 생략된 것으로 to tell이 적절하다.

2) to부정사의 부정은 to 앞에 not을 쓰므로 not to가 적절하다.

4 1) even if는 '~일지라도', as if는 '마치 ~처럼'이므로 as if가 적절하다.

2) and를 기준으로 was listening과 병렬을 이루는 (was) watching이 적절하다.

5 1) 현재 사실에 대한 가정으로 If절에는 가정법 과거동사가 온다. 따라서 were가 적절하다.

2) exist는 자동사이므로 수동으로 표현할 수 없다. 따라서 exist가 적절하다.

6 1), 2) 현재 사실에 대한 가정을 하고 있으므로 가정법 과거구문이 적절하다. 따라서 didn't breathe와 have가 답이다.

7 1) His life가 save의 대상이므로 수동형인 been saved가 적절하다.

2) if only는 '~하기만 하면', only if는 '~한 경우에만'의 뜻이고 가정법과 어울리는 것은 if only이므로 if only가 적절하다.

8 1) that은 계속적 용법의 관계사로 쓰이지 않으므로 who가 적절하다.

2) Mozart의 아버지에 대한 과거 사실에 대한 가정으로 가정법 과거완료구문이 적절하다. 따라서 have traveled가 답이다.

B

1 네가 먹고 자는 것을 그만두고 생산적인 무엇인가를 해야 할 때이다.

2 아무도 보고 있지 않는 것처럼 인생을 살고, 모든 사람이 듣고 있는 것처럼 너 자신을 표현해라.

3 그 사기꾼이 체포되지 않았더라면, 그녀는 더 많은 돈을 송금했었을 것이다.

4 그가 정지 신호에서 멈추기만 했었더라면! 그럼 그 사고는 더 심각하지 않았을 텐데.

5 외계인이 있다고 가정해 보자. 그들은 우리를 그들보다 열등하고 여길까 아니면 우세하다고 여길까?

6 어떤 사람들은 그들이 위대해질 수 있기를 바라는 반면, 어떤 사람들은 위대해지기 위해 열심히 일한다.

7 혹시 당신의 체류를 연장하기를 원하신다면, 저희 직원에게 미리 친절하게 알려 주세요.

8 내가 Howard씨의 집으로 다가갔을 때, 그 집은 수천 개의 크리스마스 조명들이 반짝이면서 마치 불탄 것처럼 보였다.

1 1) '~할 때이다'의 의미로 「It's time + 가정법 과거」 구문으로 적절하다.

2) eating and sleeping이 stopped의 목적어이고, 내용상 and를 기준으로 stopped와 병렬구조를 이루어야 하므로 doing을 did로 고쳐야 한다.

2 1), 2) as if 다음에 가정법만 오는 것이 아니라 가능성이 조금 더 있으면 직설법도 쓸 수 있으므로 어색한 부분은 없다.

3 1) If the scammer hadn't been arrested의 도치구문이고 이 때 not은 도치하지 않으므로 not been은 적절하다.

2) 과거 사실에 대한 가정으로 would have transferred로 고쳐야 한다.

4 1) 내용상 과거 사실에 대한 가정으로 had stopped는 적절하다.

2) 과거 사실에 대한 가정으로 wouldn't be를 wouldn't have been으로

고쳐야 한다.

5 1) Suppose 다음에 가정법이 올 수 있고 현재 사실에 대한 가정으로 were는 적절하다.

2) inferior와 superior는 than 대신에 to를 쓰므로 than을 to로 고쳐야 한다.

6 1) 「I wish + 가정법」 구문이므로 can을 과거형인 could로 고쳐야 한다.

2) to부정사의 부사적 용법(목적)으로 쓰인 to be는 적절하다.

7 1) 가정법 if절에 should는 '혹시'라는 의미로 미래 상황을 가정하므로 should want는 적절하다.

2) 동사 inform을 수식해야 하므로 kind를 부사 kindly로 고쳐야 한다.

8 1) '마치 ~처럼'의 의미인 접속사 as if는 적절하다. as if 다음에 it were[was]가 생략되어 있다.

2) 「with + 목적어 + 분사」 구문으로 lights가 flash하는 주체이므로 flashed를 flashing으로 고쳐야 한다.

C

만약 당신이 1960년대에 야구팬이었다면, 당신은 아마도 야구 선수 Maury Wills를 기억할 것이다. 1960년부터 1966년까지 Wills는 최고 기록을 만들어 가는 도루자였다. 1965년에 그는 메이저 리그에서 가장 많은 도루를 했을 뿐만 아니라, 도루하다가 잡힌 횟수가 가장 많은 것에 대한 기록도 세웠다. 그러나 만약 Wills가 자신의 아웃을 극복하도록 하지 않았더라면, 그는 어떤 기록도 세우지 못했을 것이다. Thomas Edison은 말했다. "나는 낙담하지 않습니다. 왜냐하면 모든 버려진 잘못된 시도가 앞으로 향하는 또 다른 발걸음이기 때문입니다." 비록 성공적이지 못한 실험이 천 번이나 된다 할지라도, 성공을 향한 길 위의 이정표는 항상 실패이다.

해설

1 1) 전반부에 1965년 가장 많은 도루를 했을 뿐만 아니라 가장 많이 잡혔다고 했으므로 옳은 진술이다.

2) 중반부에 자신의 아웃을 극복하지 않았다면 기록을 세우지 못했을 것이라고 했으므로 틀린 진술이다.

2 해석으로 보아 과거의 사실을 가정하는 가정법 과거임을 알 수 있고, 주어진 철자에서 allow와 overcome을 유추할 수 있다. 그런데 빈칸으로 보아 if가 생략된 도치구문임을 알 수 있어야 한다. 따라서 If Wills hadn't allowed himself to overcome his outs를 if를 생략한 후 도치시켜 쓰면 된다. 단, 도치구문에서 축약된 부정형은 주어와 분리해야 함에 유의한다.

D

파도가 바위와 모래에 부딪히고 있었을 때, 나는 수평선을 바라보며 해변에 서 있었다. 멀리서, 나는 두 개의 검은 등이 물을 공기 중으로 뿜어내는 것을 보았는데, 그것들은 조가비로 덮여 있었다. 그것들은 내뿜기 위해 수면으로 올라와서, 나는 그것들을 볼 수 있었다. 그것은 나를 매우 흥분되게 만들었다. 나는 내 두 눈으로 그렇게 거대한 동물을 본 적이 없었다. 그것들이 헤엄쳐 지나갈 때 나는 꿈을 꾸고 있는 것처럼 느꼈다. 이 첫 장관에 의해 내가 어떻게 영향을 받았는지 말로는 표현할 수 없다.

해설

1 1) 전반부에 멀리서 두 개의 검은 등이 물을 뿜어내는 것을 보았다고 했으므로 틀린 진술이다.

2) 후반부에 고래가 헤엄쳐 지나갈 때 꿈을 꾸고 있는 것처럼 느꼈다고 했으므로 틀린 진술이다.

2 과거 사실에 대한 가정으로 가정법 과거완료형으로 전환하면 된다. 따라서 if절에는 hadn't surfaced가 주절에는 couldn't have seen이 적절하다.

Unit 11 관계대명사 I   p. 064

A

01 A man who cooks is attractive.

02 The Afghan hound is an elegant dog (who(m)) everybody likes.

03 I never met a person (who(m)) I did not learn anything from.
= I never met a person from whom I did not learn something.

04 Firefighters rescued a boy whose head was stuck in a dustbin.

05 She has a little sister whose name I have forgotten.

01 선행사가 사람일 경우에 who를 쓴다.   02 선행사가 동물일지라도 정서적 거리가 가까우면 who(m)를 쓸 수 있고, 목적격은 생략 가능하다.   03 관계사와 전치사는 분리될 수 있고, 전치사와 나란히 쓸 때는 반드시 whom을 쓰며 생략할 수 없다.   04 소유격 다음에는 명사가 온다.   05 관계사절 내에서 have forgotten의 목적어 역할을 한다.

수능 pick 1

• Never lie to someone [who trusts you], and never
　　　　　 V　　선행사　 S V' O'
trust someone [who lies to you].
　　　　 V　　선행사　 S' V'
→ 동사, 동사
The suspect [you reported the other day] knows your face.
S(선행사) (whom) S'　　 V'　　　　　　 V　　 O
→ 목적격, 동사

• 동사, 주어, whose

B

01 Never regret anything which made you smile.

02 The house is a castle (which) the king cannot enter.

03 The planet (which) we stand on is full of wonderful things.
= The planet on which we stand is full of wonderful things.

04 I need a computer whose VRAM is more than 16GB.
= I need a computer the VRAM of which is more than 16GB.

05 The doctor wanted an assistant on whose abilities he could rely.

수능 pick 2

• cave, butterflies, were

Words　A 01 attractive 02 elegant 04 구조하다, be stuck, dustbin 수능Pick 1 suspect, 신고하다, gather, center on B 01 regret 03 planet, VRAM 05 assistant, ability, 의존하다 수능Pick 2 float around

C

01 The house was acquired by Hemingway, who lived there until 1960.

02 Ari set up a company, which she named Rang.

03 Chang, who bullied me in school, works for me now.

정답 및 해설 31

04 The guard gave him a warning, which he ignored.

05 She tried to lose weight again, which was impossible.

06 My school is just across the street, which makes me lazy.

01 = and he   02 = and ~ it / 동사 named의 목적어가 선행사이다.
03 = and he / 삽입절로 쓰일 경우 관계사절을 콤마로 표시해야 한다.
04 = but(and) ~ it / 문맥에 따라 역접 또는 순접의 접속사로 이해할 수도
있다.   05 = and it(this, that) / 선행사는 to lose weight again이다.
06 = but it(this, that) / 선행사는 앞 문장 전체이다.

♦ customer, 앞 문장, which

D

01 Mrs. Simpson, where's the man that lives in the basement?

02 The sweater that I bought yesterday is already stained.

03 Is that all that is left for us?

04 You are the best gamer that I've ever met.

05 Be thankful for everything that happens in your life

06 There were two passengers that survived the accident.

   cf. There were two passengers, who survived the accident.

07 This is the egg (that) he was born from.

   = This is the egg from which he was born.

03~05 선행사가 all, same, any, only, none, -thing, little, much, no,
최상급, 서수를 포함할 경우 that과 잘 어울리고, 「사람 + 동물」일 경우에 사
용한다.   06 that은 계속적 용법으로 사용할 수 없다. / 첫 번째 문장은 (승
객이 많이 있었으나) 살아남은 승객은 두 명이었다는 뜻이고, 두 번째 문장은
승객이 두 명 있었는데, 그들은 (모두) 살았다는 뜻이다.   07 that은 전치
사와 나란히 쓸 수 없다.

수능 pick 4

♦ 주어, said

♦ 주어, was

Words   C 01 acquire 02 설립하다 03 bully 04 guard, 경고, ignore
05 살을 빼다 D 01 basement 02 stain 06 passenger, survive
수능Pick 4 ~와 소개팅하다, item, seasonal, available

A

01 요리를 하는 남자는 매력적이다.

02 아프간하운드는 모든 사람이 좋아하는 우아한 개다.

03 나는 내가 어떤 것도 배우지 않는 사람을 결코 만난 적이 없다.

04 소방관들은 머리가 쓰레기통에 끼인 남자아이를 구조했다.

05 그녀는 내가 이름을 잊은 여동생이 있다.

수능 pick 1

♦ 당신을 믿는 사람에게 절대 거짓말 하지 말고, 당신에게 거짓말 하는 사람을
  절대 믿지 말라.
  네가 며칠 전에 신고한 용의자는 네 얼굴을 알고 있다.

♦ 그는 연구가 발해에 초점을 맞추는 역사가들을 모집했다.

B

01 너를 미소짓게 했던 어떤 것도 후회하지 마라.

02 집은 왕이 들어갈 수 없는 성이다.

03 우리가 서 있는 행성은 경이로운 것들로 가득 차 있다.

04 나는 비디오 램이 16기가바이트 이상인 컴퓨터가 필요하다.

05 그 의사는 그가 의존할 수 있는 능력을 가진 조수를 원했다.

수능 pick 2

♦ 동굴 속에는 몇 마리의 나비들이 날아다니고 있었다.

C

01 그 집은 헤밍웨이에 의해 취득되었는데, 그는 거기서 1960년까지 살았다.

02 아리는 회사를 설립했는데, 그녀는 그것을 '랑'이라고 이름 지었다.

03 Chang은 학교에서 나를 괴롭혔는데, 지금은 나를 위해서 일한다.

04 경비는 그에게 경고했지만(경고했는데), 그는 그것을 무시했다.

05 그녀는 또 살을 빼려고 했는데, 그것은 불가능했다.

06 나의 학교는 단지 길 건너지만, 그것은 나를 게으르게 만든다.

수능 pick 3

♦ 편의점 알바는 모든 손님들을 싫어하는데, 나는 그것을 이해할 수 있다.

D

01 Simpson 부인, 이 지하실에 사는 남자는 어디 있나요?

02 내가 어제 산 스웨터는 이미 얼룩이 졌다.

03 그것이 우리를 위해 남겨진 전부인가요?

04 당신은 내가 만나본 최고의 게이머입니다.

05 당신의 삶에서 일어나는 모든 것에 감사해라.

06 사고에서 살아난 두 명의 승객이 있었다.

   cf. 두 명의 승객이 있었는데, 그들은 사고에서 살아남았다.

07 이것이 그가 태어난 알이다.

수능 pick 4

♦ Ryan이 소개팅을 하던 여자는 아무 말도 하지 않았다.

♦ 내가 원했던 품목은 계절상품이었고 온라인으로만 구할 수 있었다.

《 Grammar Practice 》 ──────── p. 066

A 1 접속사 2 who 3 목적격, 전치사 4 계속적 5 that

B 1 the, only, one, haven't, hasn't   2 the, cottage, 목적격
   3 are, really, grateful, for   4 who, whose
   5 Water, cost, costs

C 1 Dog: I need an owner [who doesn't put me in a dog show].
          S V   선행사   S'   V'
   2 We instinctively like people [whom we are more familar with].
      S   V   선행사   S' V'
   3 This book is about a boy called *Oliver Twist*, who was an
      S   V   선행사   S' V'
   orphan.
   4 The number of visitors, [which increased once again],
      S/선행사   S'   V'
   reflects the success of KCON.
      V
   5 There are only two countries in the world [that don't sell
      S   V   선행사   S'   V'
   Coca-Cola]: North Korea and Cuba.

D 1 that, d 2 who 3 which 4 whose 5 whom

E 1 whose 2 with whom 3 who 4 crumpled 5 which

F 1 which → who[that] 2 being → is 3 is → are 4 ×
   5 it → which

B

1 Cornelia는 그 소녀들 중 과외를 받지 않은 유일한 소녀이다.

2 그녀는 단지 6개월만 소유했던 그 오두막을 팔려고 내놓았다.

3 칭찬은 사람들이 정말로 고마워하는 유일한 선물이다.

4 매일 우리는 행동이 갑자기 바뀌는 누군가를 만난다.

5 18세기 한 학자가 "생명에 필수적인 물은 비용이 들지 않는다"고 말했다.

C

〈보기〉 너를 화나게 하는 사람은 너를 통제한다.

1 개: 나를 개품평회에 출전시키지 않는 주인이 필요해.

2 우리는 본능적으로 우리가 더 익숙한 사람들을 좋아한다.

3 이 책은 *Oliver Twist*라고 불리는 한 소년에 관한 것인데, 그는 고아였다.

4 다시 한 번 증가한 방문객 숫자는 KCON의 성공을 반영한다.

5 세상에는 코카콜라를 팔지 않는 유일한 두 나라가 있다: 북한과 쿠바이다.

D

1 실온에서 액체로 존재하는 금속은 <u>수은</u>이다.
   a. 아연   b. 수소   c. 나트륨   d. 수은

2 너는 나에 대해서 모든 것을 아는 사람이야.

3 에디슨은 신문과 사탕을 팔았는데, 그것은 자신의 가족들의 수입을 보완하는데 도움이 되었다.

4 그는 사다리 위의 천사 같았는데, 그것의 꼭대기는 하늘에 도달했다.

5 내가 수술한 환자가 내게 커피 쿠폰을 보냈다.

해설

1 사물 선행사가 있고 빈칸 다음에 동사가 있으므로 주격관계대명사 that이 적절하고 답은 d. mercury(수은)이다.

2 one은 person을 가리키며 빈칸 다음에 동사가 이어지므로 주격관계대명서 who가 적절하다.

3 선행사가 newspapers and candy이고, 콤마가 있으며 주어 역할을 하므로 계속적 용법 which가 적절하다.

4 선행사가 a ladder이고 관계사절 내에서 top의 소유격 역할을 하는 whose가 적절하다.

5 선행사가 사람인 The patient이고 관계사절에 on의 목적어가 필요하므로 목적격 관계대명사 whom이 적절하다.

E

1 나는 결말이 예측 불가능한 단편 소설을 읽었다.

2 여러분은 여러분이 동의하는 척해야만 하는 사람들을 만나게 될 것이다.

3 세빈은 반에서 글을 가장 잘 쓰는 학생이다.

4 Lindsay는 내 옆에 서 있었는데, 신청서를 구겨 버렸다.

5 내가 좋아하는 그림은 '푸른 옷을 입은 발레리나들'인데 그것은 Edgar Degars에 의해 그려졌다.

해설

1 관계사절에서 주어 역할을 하는 명사 ending을 수식하는 whose가 적절하다.

2 agree with people이 관계사로 연결된 것으로 with whom이 적절하다. 「전치사 + 관계대명사」 다음에는 완전한 구조의 문장이 온다.

3 사람 선행사이면서 관계사절에 주어가 필요하므로 who가 적절하다.

4 who ~ to me는 Lindsay를 수식하는 관계사절이고 Linsday가 주어이며 이에 따르는 술어동사가 필요하므로 crumpled가 적절하다.

5 관계사가 수식하는 것은 사물인 작품명이므로 which가 적절하다.

F

1 과거와 역사를 잊는 사람들에게 미래는 없다.

2 여러분이 보고 있는 모든 이미지는 사실은 수백만 개의 아주 작은 점으로 구성

되어 있습니다.

3 영어는 싱가포르에서 의무인 과목들 중 하나이다.

4 '빵'이라는 단어는 포르투갈어 pão에서 왔는데 그것의 의미는 빵이다.

5 자원봉사자들은 Second Wind를 설립했는데, 그곳으로부터 잠재적으로 자살하고 싶어 하는 노인들이 도움을 얻을 수 있었다.

해설

1 관계대명사의 선행사는 future가 아니라 people이므로 who[that]로 고쳐야 한다.

2 Every image와 you are looking at 사이에 목적격 관계대명사가 생략되어 있고 주어는 Every image이다. 이에 따르는 술어동사가 필요하므로 being을 is로 고쳐야 한다.

3 내용상 which의 선행사는 one이 아니라 those subjects이므로 is를 are로 고쳐야 한다.

4 관계사절에 동사 is가 있으므로 주어 역할을 할 수 있는 명사 meaning을 수식하는 whose는 적절하다.

5 술어동사가 established와 could get 두 개이다. 두 개의 문장을 연결하는 역할을 할 수 있도록 it을 which로 고쳐야 한다.

Unit 12 ▶ 관계대명사 II
p. 068

A

01 <u>What</u> goes around comes around.

01 A desire for freedom is <u>what</u> built our country.

02 We never forget <u>what</u> we learn with pleasure.

03 Don't believe <u>what</u> others want you to believe.

04 The Sahara Desert is <u>what is called</u> "the sea of death."

01~04 the <u>thing(s)</u> which[that]의 의미로 주어, 목적어 역할을 하며 <u>선행사가 없다</u>. 05 what is called는 <u>what we call</u>의 수동형으로 '소위, 이른바'의 관용표현이다. *cf.* what's more 게다가

PLUS
were, things, 복수, 복수

수능pick 1

◆ 목적어, what, what, with, what

B

01 <u>Those who[that]</u> snore always fall asleep first.

02 <u>Those who(m)</u> he couldn't meet, he reached by telephone.

03 The best birthdays of all are <u>those that[which]</u> haven't arrived yet.

04 Check your answers with <u>those (that are)</u> in the back of the book.

01~02 '~하는 사람들'이란 뜻으로 those가 '사람들'이며 선행사이다. 03 '~하는 것들'이란 뜻으로 those가 '~것들'이며 선행사이다. 04 「those who/which/that + be동사」에서 <u>주격관계대명사와 be동사는 생략 가능</u>하다.

수능pick 2

◆ who, those, who, 사람들, 선행사

◆ 동사, 분사, suffering, who, are, those

Words　A 02 desire　03 pleasure　PLUS ordinary, 물건, increasingly, intelligent　수능Pick 1 즉시, come face to face with, seek B 01 snore 수능Pick 2 고통, 유서 깊은, ~로 고생하다, bad back, bed rest C 01 billionaire 02 try on, fit 03 의존하다

C

01 They invited lots of guests, some of <u>whom</u> were billionaires.
02 She tried on four pairs of jeans, none of <u>which</u> fit her.
03 Every day, you count on many people, many of <u>whom</u> you don't know.
04 He lost a lot of money, most of <u>which</u> he had borrowed.

01 → <u>and</u> some of <u>them</u>, 관계사절에서 주어 역할을 한다고 해서 who 로 쓰지 않는다. 02 → but <u>none</u> of them 03 → but most of <u>them</u> 04 → and most of <u>it</u>

수능 pick 3

♦ 동사, 관계대명사, which, and, them
♦ 부사절, many, 주어, them
♦ 동사, 동사, them, and, is, 접속사, being

D

01 The cat is the one (that) I think that deleted my videos.
02 We're going to a place (that) I know (that) you'll like.
03 She wants to be a perfectionist, <u>which</u> I am sure <u>is</u> a mistake.
04 He finally came up with <u>what</u> he believed <u>were</u> solutions.

01 ← I think (that) it deleted my videos. that절 속의 주어가 선행사가 된 경우 접속사 <u>that</u>은 생략해야 하며 이 때 <u>주격관계대명사</u>도 생략 가능함에 유의한다. 02 ← I know (that) you'll like it. 삽입절 속의 목적어가 <u>선행사</u>가 된 경우는 관계대명사 목적격과 접속사 that을 생략할 수 있다. 03 ← and I am sure (that) it is a mistake. 04 ← He finally came up with <u>things</u>. + He believed (that) the <u>things</u> were solutions. 관계대명사 what은 보어에 수일치하여 복수 취급될 수 있음에 유의한다.

PLUS
주어, 동사

수능 pick 4

♦ I thought, 동사, was, that, s/he

Words 수능Pick 3 habitat, numerous, species, ~에 의존하다, workout, overconfidence, 형태, 근거 없는, optimism D 01 지우다 03 완벽주의자 04 come up with, solution 수능Pick 4 thoroughly, ~로 드러나다, swindler

A

01 가는 것은 돌아온다. (유행은 돌고 돈다.)
02 자유를 향한 갈망이 우리나라를 건설한 것이다.
03 우리는 즐겁게 배운 것은 결코 잊지 않는다.
04 다른 사람들이 네가 믿기를 원하는 것을 믿지 마라.
05 사하라 사막은 소위 죽음의 바다이다.

PLUS
한때는 그저 평범한 물건이었던 것이 점차 네트워크로 연결되고 지능화될 것이다.

수능 pick 1

♦ 거의 즉시, 그는 자신이 찾고 있는 것에 맞닥뜨렸다.

B

01 코를 고는 사람들이 항상 먼저 잠든다.
02 그가 만날 수 없는 사람들을 그는 전화로 연락했다.
03 모든 것들 중 최고의 생일들은 아직 오지 않은 것들이다.
04 책 뒤쪽에 있는 것(답)들과 여러분의 답을 확인하세요.

수능 pick 2

♦ 아시아 학생들 모두가 영리하다는 생각은 그렇지 못한 학생들에게는 괴로운 일이 될 수 있다.
♦ 요통으로 고생하는 이들을 위한 유서 깊은 충고는 침대에서 요양하는 것이었다.

C

01 그들은 많은 손님들을 초대했는데, 그들 중 일부는 억만장자였다.
02 그녀는 네 벌의 청바지를 입어보았는데, 그것들 중 어느 것도 그녀에게 맞지 않았다.
03 매일 당신은 많은 사람들에게 의존하는데, 당신은 그들 중 많은 사람들을 알지 못합니다.
04 그는 많은 돈을 잃었는데, 그것의 대부분을 그가 빌렸었다.

수능 pick 3

♦ 각 서식지는 수많은 종류의 생물들이 사는 곳인데, 그들 대부분은 그 서식지에 의존한다.
♦ 젊은 성인들이 운동할 때, 그들 중 많은 사람들은 (몸이) 점점 더 커지는 느낌을 즐긴다.
♦ 과신은 여러 가지 형태로 나타나는데 그중 하나는 보증되지 않은 낙관주의이다.

D

01 내 생각에 바로 그 고양이가 나의 동영상을 지운 것 같다.
02 우리는 내가 생각하기에 네가 좋아할만 한 장소로 갈 것이다.
03 그녀는 완벽주의자가 되길 원하지만, 나는 그것이 실수라고 확신한다.
04 그는 마침내 그가 해결책이라고 믿었던 것을 생각해 냈다.

수능 pick 4

♦ 내가 생각하기에 완전히 정직했던 CEO가 사기꾼으로 드러났다.

❮ Grammar Practice ❯ ──────── p. 070

A **1** what **2** 보어 **3** those **4** 주어 **5** 주어, 동사
B **1** the, thing **2** that **3** those, 사람들, who, ~하는
   4 the, things, words, are **5** 전치사[of], who, whom
C **1** What, what, matters
      ↳ what, matters
   2 Those, who, fly
      ↳ Those, who, fly
   3 that[which], they, thought
      ↳ The stone, that[which], they, thought
   4 one, of, whom
      ↳ one, of, whom
   5 none, of, them
      ↳ but, none, of, them
D **1** what **2** that[which] **3** Those who **4** whom **5** what
E **1** that **2** what **3** who is **4** was **5** which
F **1** × **2** that → 삭제 **3** × **4** that → what **5** ×

B

1 너의 마음속에 있는 것을 공유하는 것은 네가 누군지를 공유하는 것이다.

2 네가 생각하기에 네가 할 수 없는 것들을 하려고 시도하는 용기를 가져라.

3 읽지 않는 사람들은 읽을 수 없는 사람들보다 우위에 있지 않다.

4 때로는 사람들이 필요로 하는 것은 말이 아니라, 시간이나 이해이다.

5 나는 강둑에서 몇몇의 도보여행자들을 만났는데, 그들 중 일부는 지쳐 보였다.

D

1 때로는 네가 생각한 것이 현실과 일치하지 않는다.

2 우리는 당신이 생각하기에 당신을 성공적으로 만들 수 있는 것을 듣고 싶습니다.

3 다른 사람들의 좋은 것을 찾는 사람들은 자신 안의 좋은 것을 자연스럽게 드러낸다.

4 무기를 쏘아본 적 없는 군인들이 최전방에 배치되었다.

5 이 프로그램이 당신이 느끼기에 우리 사회를 향상시키기에 필요한 것입니까?

해설

1 선행사가 없고, 뒷문장이 불완전하므로 what이 적절하다.

2 anything이 선행사이고 관계사절에 주어 역할을 할 수 있는 that[which]을 쓰면 된다. you believe가 삽입된 구문이다.

3 '~하는 사람들'의 의미로 Those who를 쓰면 된다.

4 선행사가 사람이고 두 문장을 연결하는 역할을 해야 하므로 whom을 쓰면 된다.

5 선행사가 없고, you feel이 삽입된 것으로 관계대명사 what이 적절하다.

E

1 우리는 눈을 뜨고, 우리 앞에 있는 것들을 보고, 행동해야 한다.

2 결국, 인생에서 중요한 것은 결단력이다.

3 나는 15살인 누구든지 이해하려고 열심히 노력하지만, 그것은 어렵다.

4 우리가 가짜라고 믿었던 도시 괴담은 정말 진짜처럼 들렸다.

5 달이 빛나면서, 별들이 구름 사이로 반짝이고 있었는데, 그것들 중 일부는 빠르게 움직이고 있었다.

해설

1 things가 선행사이고 관계사절에서 주어 역할을 하는 that이 적절하다.

2 선행사가 없으며, 관계사절 내에서 counts의 주어 역할을 하는 선행사를 포함하는 관계대명사 what이 적절하다.

3 술어동사가 try와 is가 있으므로 두 개의 문장을 연결할 수 있는 역할을 하는 관계사가 필요하다. 따라서 who is가 적절하다.

4 we believed가 관계대명사 that 다음에 삽입된 것으로 was가 적절하다. 관계사절에 반드시 동사가 있어야 한다.

5 As절은 부사절이고, stars부터가 주절이다. 그런데 주절에 twinkled와 were moving 두 개의 술어동사가 있으므로 문장을 연결하는 역할을 하는 관계대명사 which가 적절하다.

F

1 다른 사람들이 성취하지 못할 것을 성취하기 위해서 너는 다른 사람들이 하지 않는 것을 해야만 한다.

2 이것들이 우리가 생각하기에 네가 좋아할 소설들이다.

3 우리가 없을 때조차도 즐거움은 우리가 사랑하는 사람들로부터 우리에게 온다.

4 "너는 너 자신의 운을 만든다"는 운이 좋은 사람들이 운이 안 좋은 사람들에게 말하는 것이다.

5 그 맞벌이 부부는 학령기의 두 자녀가 있는데, 그들은 둘 다 똑같이 장난꾸러기이다.

해설

1 관계사절에서 what others don't (do)에서 do가 생략된 것이고 to achieve는 부사적 용법의 목적 용법이므로 적절하다. what other won't 다음에도 achieve가 생략되어 있다.

2 we thought가 관계사절에 삽입된 구조이고, 이때 접속사 that은 생략해야

하므로 that을 삭제해야 한다.

3 those가 선행사이고 관계사절에서 목적어 역할을 하는 whom이 바르게 연결되어 있다.

4 선행사가 없고 뒷문장이 불완전하므로 that을 what으로 고쳐야 한다.

5 and both of them are equally mischievous의 분사구문으로 적절하다.

Review Test — Unit 11~12 ————— p. 072

A **1** 1) easy　2) those who　**2** those who
　　3 1) which　2) the other　**4** 1) that　2) that　**5** them
　　6 1) trying　2) was　**7** 1) What　2) that
　　8 1) produces　2) which

B **1** 1) ×　2) which → what
　　2 1) being → is　2) that → what
　　3 1) ×　2) to feel → feel　**4** 1) ×　2) them → which
　　5 1) who → whom　2) to untie → untie
　　6 1) ×　2) that – what　**7** 1) ×　2) it → which
　　8 1) ×　2) influence → influences

C **1** 1) F　2) T　**2** those who are below him

D **1** 1) F　2) F　**2** Students who[that] are made to feel happy

A

1 우리는 우리에게 나쁜 짓을 하는 사람들을 용서하는 것은 쉽지 않다고 생각한다.

2 독방 감금은 감옥에 있는 사람들 사이에서 가장 두려워하는 형벌이다.

3 고대 스포츠는 두 가지 목적을 가지고 있었는데, 그 중 하나는 군사적인 것이고 나머지 하나는 종교적인 것이다.

4 네가 원하는 것들을 얻는 것과 네가 필요한 것들을 얻는 것은 다르다.

5 여러분은 다양한 이유로 해고될 수도 있고, 그것들 중 몇몇은 당신의 책임과 관련이 없을 수도 있다.

6 반면에, 여자들은 그들이 생각하기에 먹기에 최고인 것을 찾기 위해 노력하면서 오랜 세월을 보냈다.

7 나를 놀라게 하는 것은 비타민이 어떤 질병도 예방하거나 치료하지 않는다는 것이다.

8 남미에서 유일하게 영어를 말하는 나라인 Guyana는 많은 곡물을 생산하는데, 그것들 중 대부분은 쌀, 밀, 그리고 설탕이다.

해설

1 1) 「think + 가목적어(it) + 목적격보어 + 진목적어 + (to) 동사원형」 구문으로 목적격보어가 될 수 있는 것은 형용사이므로 easy가 적절하다.
　　2) forgive의 목적어 역할을 하는 동시에 관계사절에서 주어 역할을 동시에 할 수 있는 those who가 적절하다.

2 for의 목적어 역할을 하면서 두 문장을 연결해야 한다. 따라서 선행사와 관계사 구조의 those who가 적절하다. are가 없으면 who are가 생략된 구문으로 those가 답이다.

3 1) 두 문장을 연결하는 연결사 역할을 하는 which가 적절하다.
　　2) 둘 중 나머지 하나는 the other가 적절하다.

4 1), 2) 선행사가 있고 관계사절의 목적어가 필요하므로 목적격 관계대명사 that이 적절하다.

5 접속사 and가 두 문장을 연결하는 역할을 하므로 관계사가 필요 없다. 따라서 reasons를 가리키는 them이 적절하다.

6 1) '~하는데 …을 보내다'의 의미인 「spend + 목적어 + -ing」 구조로 쓰이므로 trying이 적절하다.
　　2) they thought가 관계대명사 what 다음에 삽입된 구문으로 관계사절의 동사가 필요하다. 따라서 was가 적절하다.

7 1) 선행사가 없고 관계사절에서 주어 역할을 할 수 있는 What이 적절하다.

2) 완전한 구조의 문장을 유도하는 접속사 that이 적절하다.

8 1) Guyana가 주어이고 이에 따르는 술어동사가 필요하므로 produces가 적절하다.

2) 두 문장을 연결하는 역할을 할 수 있는 관계대명사 which가 적절하다.

B

1 네가 모든 것을 잃었다고 상상하는 것은 네가 가지고 있는 것의 가치를 네가 이해하도록 도울 것이다.

2 우리가 살고 있는 지구는 우리가 우리의 후손으로부터 빌린 것이다.

3 당신이 자신에 대해서 기분 좋게 느끼게 하는 사람들로 자신을 둘러싸라.

4 구별되는 특징을 가진 다양한 웃음이 있는데, 그것들 중 모두는 다른 메시지를 가지고 있다.

5 나는 대부분이 10살 정도였던 아이들이 밧줄을 그들의 손으로 풀게 했다.

6 너보다 어린 사람에게 네가 모르는 것을 묻는 것은 결코 수치가 아니다.

7 네가 생각하는 것은 네가 말하는 것이 되고, 그것은 너의 행동으로 이어진다.

8 기술의 행진은 우리가 생각하기에 우리의 일상생활에 영향을 미친 거의 모든 것을 변화시켜 왔다.

해설

1 1) 준사역동사 help는 목적격보어로 동사원형도 올 수 있으므로 understand는 적절하다.

2) 선행사가 없고 관계사절에서 목적어 역할을 해야 하므로 which를 what으로 고쳐야 한다.

2 1) The Earth 다음에 목적격관계대명사가 생략된 구문으로 being은 술어동사 자리이다. 따라서 being을 is로 고쳐야 한다.

2) 선행사가 없고 관계사절 내에서 주어의 역할을 할 수 있도록 that을 what으로 고쳐야 한다.

3 1) '~하는 사람들'이란 뜻의 those who는 적절하다.

2) 사역동사 make의 목적격보어로 동사원형이 오므로 to feel을 feel로 고쳐야 한다.

4 1) many kinds가 주어이므로 복수동사 are는 적절하다.

2) 두 문장을 연결하는 역할을 해야 하므로 them을 which로 고쳐야 한다.

5 1) 「대명사 + of + 관계대명사」가 주어 자리일지라도 관계대명사는 of의 목적격이다. 따라서 who를 whom으로 고쳐야 한다.

2) 사역동사 had의 목적격보어로 to untie를 untie로 고쳐야 한다. most of ~ ten은 삽입구이다.

6 1) It이 가주어이고 to ask가 진주어로 적절하다.

2) 선행사가 없고 관계사절에서 don't know의 목적어 역할을 할 수 있도록 that을 what으로 고쳐야 한다. ask A B 구문에서 those who are younger than you가 A이고 that 이하가 B이다.

7 1) What you think가 주어이고 이에 따르는 술어동사로 becomes는 적절히 사용되었다.

2) 두 문장을 연결하는 역할을 해야 하므로 대명사 it을 관계대명사 which로 고쳐야 한다.

8 everything이 선행사이고 that 다음에 we think가 삽입되었고 influence가 관계사절의 동사인 구조이다.

1) 따라서 주격관계대명사로 쓰인 that은 적절하다.

2) 선행사가 everything이므로 influence를 influences로 고쳐야 한다.

C

자신을 다른 사람과 비교하는 사람은 두렵게 산다. 그는 자신이 생각하기에 자신보다 위에 있다고 생각하는 사람들을 두려워한다. 그가 그들이 우월하다고 믿고 있기 때문에, 그는 그들 수준의 능력에 결코 도달할 수 없다고 느낀다. 그는 또한 자신보다 밑에 있는 사람들이 자신을 따라잡고 있다고 믿기 때문에 그들을 두려워한다. 그는 누가 위협적인 존재로 나타나는지 확인하려고 항상 주변을 살핀다. 그가 더 높이 올라갈수록, 떨어질 것이라는 그의 두려움은 더 커진

다. 그는 인생을 살아가기 위해서 그가 해야만 하는 모든 것은 사람들을 이기는 것이라고 그는 결론을 내린다. 그러나 그가 더 위로 올라가는 것에만 집중하면 그는 자신의 인생의 즐거움을 잃게 된다.

해설

1 1) 전반부에 그는 자신보다 위에 있는 사람들을 두려워한다고 했으므로 틀린 진술이다.

2) 후반부에 인생을 살아가기 위해서 그가 해야만 하는 모든 것은 사람들을 이기는 것이라고 그는 결론을 내린다고 했으므로 옳은 진술이다.

2 선택지 앞의 fears의 목적어 역할을 하는 문장이 와야 하며 동사로 are가 주어져 있다. 선택지 안의 관계사 역할을 하는 것을 that, who로 보았을 때 선행사가 없으므로 선행사 역할을 하는 those를 쓴 후 are의 주어가 될 수 있는 who를 쓴다. 그리고 필수부사어구 below him을 쓰면 된다.

D

우리가 더 행복하고 긍정적일 때 우리는 더 성공적이게 된다. 예를 들어, 진단을 내리기 전 긍정적인 기분의 의사들은 중립적인 기분의 의사에 비해 거의 세 배 더 높은 사고력과 창의력을 보이고, 그들은 정확한 진단을 약 20퍼센트 더 빠르게 내린다. 낙관적인 판매원이 비관적인 판매원보다 약 60퍼센트 더 많이 판매한다. 수학 시험을 보기 전 기분이 좋아진 학생들은 그들의 중립적인 (기분의) 또래들 보다 훨씬 더 잘한다. 우리의 두뇌는 그것들이 부정적이거나 심지어 중립적일 때가 아니라 긍정적일 때 최상의 상태로 기능하도록 말 그대로 프로그램화되어 있음이 드러난다.

해설

1 1) 전반부에 긍정적인 기분의 의사들이 중립적인 기분의 의사들보다 정확한 진단을 한다고 했으므로 틀린 진술이다.

2) 후반부에 우리의 두뇌는 긍정적일 때 최상의 상태에서 기능한다고 했으므로 틀린 진술이다.

2 '학생들'이 수식을 받는 명사이므로 관계사 who[that]를 쓰고, '만들어진'이므로 수동형인 are made 그리고 사역동사의 수동태에서는 to를 쓰므로 to feel을 쓴 후 feel이 감각동사이므로 형용사 보어인 happy를 쓰면 된다.

Unit 13 ▶ 관계부사와 복합관계사　　　p. 074

A

01 Remember the day (when) I let you go?

02 The place (where) they landed was green and inviting.

03 You're the reason (why) I smile again.
　→ You're the reason for which I smile again.

04 My attitude depends on the way(or how) you treat me.
　→ My attitude depends on the way that you treat me.

01~03 선행사가 일반적이며 명백한 경우 선행사를 생략할 수 있다. 또한 관계부사도 생략할 수 있으며, 이때 관계부사절은 명사절 역할을 한다. 01 = on which 02 = in which 03 = for which 04 관계부사는 선행사가 있을 때에만 that으로 바꿔 쓸 수 있다. 04 the way나 how 둘 중 하나만 써야 한다.

PLUS

where, 물리적 장소, 추상적 장소, 상황, point, 입장, 경우, situation, circumstance | 현재 있는, 그대로

수능 pick 1

◆ the, place, where

B

01 They moved here in 2014, <u>when</u> their baby was born.

02 He grew up in a Smallville, <u>where</u> everybody knew everybody.

수능pick 2

♦ 관계부사, where, and, there

Words A 02 land, 매력적인 04 attitude, ~에 달려 있다, 대우하다 PLUS situation, pressure 수능Pick 1 angler, 벌집 수능Pick 2 등록하다, 발달시키다, suspicion, authority C 02 특별한, 고유의 03 선호하다

C

01 <u>Whoever</u> is happy will make others happy, too.

02 <u>Whoever</u> you are, you are unique like everyone else.

03 You can have <u>whichever</u> you prefer.

04 <u>Whichever</u> is chosen, do not regret it.

05 <u>Whatever</u> she touched became ice.

06 <u>Whatever</u> the reason (is), it's okay to be single.

01 명사절을 이끌며 '누구든지'라는 의미이다. 02 부사절 이끌며 '누구일지라도'의 의미이다. 03 명사절을 이끌며 '어느 것이든지'의 의미이다. 04 부사절을 이끌며 '어느 것일지라도'의 의미이다. 05 명사절을 이끌며 '무엇이든지'의 의미이다. 06 부사절을 이끌며 '무엇일지라도'의 의미이다. 부사절에서 복합관계대명사가 be동사의 보어인 경우 <u>be동사</u>는 생략할 수 있다.

PLUS

어떤 ~이든지

D

01 <u>Whenever</u> she walked by, my friends whispered.

02 <u>Whenever</u> you start, do not stop after starting.

03 She left beauty <u>wherever</u> she went.

04 <u>However</u> I approached the problem, I couldn't solve it.

05 <u>However</u> long the night (is), the dawn will break.

06 No act of kindness, <u>however</u> small (it is), is ever wasted.

07 He forgave her <u>however</u> badly she behaved.

01 = every time(~할 때마다, 언제든지)의 의미이다. 02 = no matter when[what time] '언제일지라도, 언제든지'의 의미이다 03 = no matter where '어디일지라도, 어디든지'의 의미이다. 04 = no matter how '아무리 ~일지라도, 어떻게 ~할지라도'의 의미이다. 주어 동사가 바로 나오기도 한다. 05 however 다음에 형용사가 오며 be동사는 생략될 수 있다. 06 however절에서 명백한 주어와 be동사는 생략할 수 있다. 07 however 다음에 부사가 올 수 있다.

수능pick 3

♦ 복합관계대명사, Whatever, 부사절

♦ 부사절, 명사절, how, compassionate

♦ they, are, 주체, 대상, extended

PLUS

Whenever, 1회성, 확실한, 반복성, 불확실한

Words PLUS material, spare D 01 whisper 04 approach, 풀다 05 dawn, break 06 낭비하다 07 용서하다, 나쁘게, behave 수능Pick 3 고치다, suppose, compassionate, parallel line, 연장하다

A

01 네가 널 보내준 날을 기억하니?

02 그들이 도착한 곳은 푸르고 매력적이었다.

03 너는 내가 다시 웃는 이유이다.

04 나의 태도는 네가 나를 대우하는 방식에 달려 있다.

PLUS

우리 모두는 우리 자신이 압박감을 느낄지도 모르는 상황에 있는 사람들을 보고 싶어 한다.

종종 현재의 있는 그대로 머무는 것이 편안하고 쉽다.

수능pick 1

♦ 낚시꾼들은 Tallualah와 그녀의 아들들이 있는 곳에 밧줄을 던졌다.

B

01 그들은 2014년에 여기로 이사했는데, 그때 그들의 아이가 태어났다.

02 그는 마을에서 자랐는데, 거기서는 모두가 모두를 알았다.

수능pick 2

♦ 10살 때, Einstein은 Luitpold 김나지움에 등록했는데, 그곳에서 그는 권위에 대해 의심을 발달시켰다.

C

01 행복한 사람은 누구든지 다른 사람들도 행복하게 만들 것이다.

02 네가 누구일지라도 다른 사람들처럼 너는 특별하다.

03 당신은 당신이 선호하는 것을 가질 수 있습니다.

04 어느 것이 선택될지라도, 그것을 후회하지 마라.

05 그녀가 만졌던 것은 무엇이든지 얼음이 되었다.

06 이유가 뭐일지라도, 혼자인 것은 괜찮다.

PLUS

Grant Wood는 농장에서 자랐고 마련할 수 있는 어떤 재료로든 그림을 그렸다.

D

01 그녀가 걸어서 지나갈 때마다, 내 친구들은 속삭였다.

02 당신이 언제 시작할지라도, 시작한 후에는 멈추지 마십시오.

03 그녀는 어디를 가더라도 아름다움을 남겨두었다.

04 아무리 그 문제에 접근했을지라도, 나는 그것을 풀 수 없었다.

05 밤이 아무리 길지라도, 동은 틀 것이다.

06 어떤 친절한 행위도, 아무리 작을 지라도, 헛되지 않다.

07 그녀가 아무리 나쁘게 행동했을 지라도 그는 그녀를 용서했다.

수능pick 3

♦ 당신이 어떤 문제를 가졌을지라도, 우리의 마늘 소스가 그것을 고칠 것입니다.

♦ 나는 그가 나를 미워한다고 생각하지 않았던가? 그러나 그가 얼마나 인정이 많은지 보라.

♦ 평행선은 아무리 멀리 연장해도 결코 만나지 않는다.

PLUS

그 아기는 엄마를 볼 때마다 미소 지었다.

《Grammar Practice》 ———————————— p. 076

A **1** when, where, why, how **2** and, there **3** 부사
4 whatever, whichever, whenever, however **5** be
B **1** the, time, the, time **2** how, that, in, which
3 where, to, which **4** 부사, Whenever **5** However

C **1** quitting, why
 ↳ 동명사, quitting, why
 2 What, stays
 ↳ What, stays
 3 Whenever, offensive
 ↳ Whenever, offensive
 4 on, which
 ↳ on, which
 5 wherever
 ↳ 부사, wherever
D **1** how **2** However **3** Whatever **4** why **5** where
E **1** where there **2** where **3** the way **4** for which
 5 Wherever
F **1** × **2** in which → when **3** × **4** ×
 5 beautifully → beautiful

B

1 유일한 진정한 실패는 네가 시도하는 것을 그만둘 때이다.
2 우리는 종종 우리가 대우받았던 대로 다른 사람들을 대우한다.
3 내가 다니던 학원은 PC방으로 개조되었다.
4 뭔가 좋은 일이 일어날 때마다, 그녀는 항상 파티를 한다.
5 아이들이 아무리 열심히 노력했을지라도, 그가 설명한 것은 그들에게 어려웠다.

D

1 기술은 우리가 집 안팎에서 사는 방식을 바꿔왔다.
2 네가 아무리 똑똑할지라도, 너는 어리석은 사람에게 그가 어리석다고 결코 납득시킬 수 없다.
3 전 흐름에 맡겨요. 나를 위해서 어떤 음악을 틀지라도, 전 춤을 출 거예요.
4 당신이 내가 나의 삶과 내 자신을 포기하지 않았던 이유입니다.
5 아이슬란드는 네가 아름다움을 의미하는 모든 형용사를 빠르게 다 써버릴 수 있는 마법의 장소이다.

해설

1 흐름상 '~하는 방식'이므로 관계부사 how를 쓰면 된다.
2 흐름상 '아무리 ~일지라도'에 해당하는 복합관계부사 However를 쓰면 된다.
3 흐름상 '어떤 ~이든지'의 복합관계형용사 Whatever를 쓰면 된다.
4 the reason이 선행사이고 완전한 구조의 문장이 이어지므로 관계부사 why가 적절하다.
5 장소 선행사가 있고 뒷문장이 완전하므로 관계부사 where가 적절하다.

E

1 끝없는 광고가 있는 타임스퀘어에서 너는 네가 다른 세상에 있다고 느낀다.
2 네가 어디를 가든지, 추억은 항상 널 따라갈 거야.
3 이 롤러코스터는 바닥이 없어서 너는 슈퍼맨이 나는 방식을 경험할 수 있다.
4 네가 결코 행복해질 수 없는 이유는 네가 나의 행복을 앗아갔기 때문이다.
5 화재가 어디서 발원했을지라도, 연기는 건물의 구조물을 관통한다.

해설

1 Times Square는 수식하는 관계부사 where와 관계사절의 주어 역할을 하는 there가 둘 다 필요하다. 따라서 답은 where there이다.
2 완전한 문장이 이어지고 부사절을 이끌 수 있는 No matter where의 where가 적절하다.
3 뒷문장이 완전하므로 관계부사 how의 대용인 the way가 적절하다. 관계부사를 「전치사 + 관계대명사」로 바꿔 쓸 수 있지만 이때는 선행사가 있다.
4 The reason이 선행사이고 뒷문장이 완전하므로 why와 바꿔 쓸 수 있는 for

which가 적절하다.
5 smoke 이하가 주절이므로 부사절을 이끌 수 있는 복합관계부사 Wherever가 적절하다.

F

1 당신이 누구인 척 할지라도 나는 문을 안 열 거예요.
2 봄은 신발이 진창이어도 휘파람을 불고 싶은 때이다.
3 그들의 유형이 무엇일지라도, 악당들은 범죄를 저지르고 무고한 목숨을 위태롭게 하는 사람들이다.
4 인생과 스포츠에는 우리가 매우 중요하고 어려운 결정을 해야 하는 많은 상황이 있다.
5 당신의 바이올린이 아무리 아름다울지라도, 당신은 항상 그것을 훨씬 더 아름답게 다시 연주할 수 있습니다.

해설

1 I'm not 이하가 주절이므로 부사절을 이끌 수 있는 복합관계대명사 whoever는 적절하다.
2 관계부사를 「전치사 + 관계대명사」로 바꾸어 쓸 수 있지만, 이때는 선행사가 있어야 한다. 따라서 in which를 when으로 고쳐야 한다.
3 villains are 이하가 주절이므로 부사절을 이끌 수 있는 복합관계대명사 Whatever는 적절하다.
4 관계부사 where는 추상적 장소나 상황을 선행사로 취할 수 있다.
5 your violin is의 보어 자리이므로 beautifully를 beautiful로 고쳐야 한다.

▶ Review Test Unit 13 ─────────── p. 078

A **1** whatever **2** 1) when **2)** put
 3 1) nobly **2)** whatever **4** 1) whoever **2)** for
 5 1) in which **2)** do **6** 1) Feeling **2)** whatever
 7 1) where **2)** when **8** 1) that **2)** speaking to
B **1** 1) × **2)** which → where 또는 in which
 2 1) × **2)** × **3** 1) × **2)** which → where
 4 1) What → Whatever **2)** picking → to pick
 5 1) × **2)** it → them
 6 1) Where → Wherever **2)** how → however
 7 1) × **2)** to make → makes
 8 1) in which → where **2)** sowing → sowed
C **1** 1) T **2)** T
 2 whoever will put themselves under the influence
D **1** 1) F **2)** T **2** that, who, precious, however

A

1 건강은 당신의 직업이 무엇이든지 간에 중요하다.
2 너의 부모님이 네가 양말 신는 것을 도와주었던 너의 어린 시절을 회상해 보아라.
3 목표가 아무리 고귀하게 세워졌을지라도, 그들이 발견하는 것은 무엇이든 정확하게 보고되어야 한다.
4 당신을 끌어내리려는 사람은 누구든지 무시해라. 왜냐하면 그들은 이미 당신보다 아래에 있기 때문이다.
5 네가 사람들을 보는 방식을 바꾸면 네가 보는 사람들은 변화한다.
6 만족하게 느끼면서, 그 남자는 되어야 할 일이 모두 되었다고 말했다.
7 결국 Kyle은 자신이 원할 때면 언제라도 아빠와 시간을 함께 보낼 수 있는 상황으로 끝나게 되었다.
8 우리가 누구한테 말하는지에 따라 왜 우리는 우리가 말하는 방식을 바꾸는가?

해설

1 Fitness is important가 주절이므로 부사절이 와야 한다. 따라서 부사절이

이끌 수 있는 whatever가 적절하다.

2 1) 시간 선행사가 있고 뒷문장이 완전하므로 관계부사 when이 적절하다.

2) help의 목적격보어로 (to) 동사원형이 오므로 put이 적절하다.

3 1) However절 안의 동사구 is set를 수식할 수 있는 부사 nobly가 적절하다.

2) However절은 부사절이고, 주절 자리이다. 따라서 주어 역할을 할 수 있는 whatever가 적절하다.

4 1) 뒷문장이 불완전하고 선행사가 없으므로 anyone who의 의미인 whoever가 적절하다. 관계대명사의 격은 관계사절 내에서 결정된다. 즉 ignore의 목적어 자리라고 whomever를 선택하면 안 된다.

2) 대등한 두 개의 문장이 이어지고 있으므로 원인을 나타내는 접속사 for가 적절하다. which가 답이 되려면 불완전한 문장이 와야 한다.

5 1) the way와 how는 나란히 쓰지 않으므로 in which가 적절하다.

2) the people (whom) you see의 구조로 선택지 자리가 술어동사가 와야 한다. 따라서 do가 적절하다. do change는 동사 강조로 사용되었다.

6 1) 선택지의 의미상의 주어는 the man이고 능동이므로 현재분사 Feeling이 적절하다. As he felt의 분사구문이다.

2) that절 이하에서 had to be done의 주어 역할을 할 수 있는 whatever가 적절하다. no matter what은 부사절을 이끈다.

7 1) 뒷문장이 완전하므로 where가 적절하다. 관계부사 where는 물리적 장소 이외의 선행사를 취하기도 한다.

2) no matter how는 '아무리 ~일지라도', no matter when은 '언제라도'의 뜻이다. 내용상 when이 적절하다.

8 1) 선행사가 the way이고 완전한 문장이 이어지므로 how의 대용으로 쓰인 that은 적절하다.

2) whom are we speaking to의 간접의문문이다. speak는 speak to ~로 사용되므로 전치사 to가 있어야 한다.

B

1 다람쥐는 그들이 견과류를 묻은 장소를 거의 찾아내지 못한다.

2 당신이 당신 주위의 아름다움을 파괴할 때마다, 당신은 당신의 영혼을 아프게 하는 것입니다.

3 사람들이 가고 싶어하는 곳으로 가도록 안내하는 것을 돕기 위해서, 우리는 새로운 이정표를 설치할 것입니다.

4 당신의 계획이 무엇이든지 간에, 여기 우리 농장에서 당신만의 베리를 따도록 꼭 잠깐 들렀다 가세요.

5 첫 주문에서 얼마나 많은 포인트를 얻으셨을지라도, 저희는 바로 다음날 그것을 두 배로 해드리겠습니다.

6 당신의 인생에서 어디 있을지라도, 얼마나 나이를 먹을지라도, 당신의 꿈을 쫓는 것은 결코 너무 늦지 않습니다.

7 저는 모든 엄마들과 아이들이 건강하고, 여러분이 걷는 걸음이 변화를 가져오는 날을 바라고 있습니다.

8 우리는 우리가 사는 곳에서 일했고, 우리가 함께 씨를 뿌렸던 사람들과 밭을 수확했다.

해설

1 1) '~하지 못하다'의 의미인 「fail to + 동사원형」 구문으로 쓰이므로 to locate는 적절하다.

2) 선행사가 장소이고 완전한 문장이 이어지므로 which를 where 또는 in which로 고쳐야 한다.

2 1) 부사절을 이끌면서 whenever의 의미를 갖는 Every time은 적절히 쓰였다.

2) 공간 관계를 나타내는 접속사 다음에는 재귀대명사를 쓰지 않아도 되므로 you도 적절하다.

3 1) to부정사의 목적을 나타내는 to부정사로 적절하다. we are going to 이하가 주절이다.

2) which 앞에 일반적 선행사 the place가 생략되었고 완전한 구조의 문장이 이어지므로 장소의 관계부사 where로 고쳐야 한다. 「전치사 + 관계대명사 + 완전한 문장」에서 전치사는 관계사절에서 앞으로 이동한 것이고, 여기서의 to

는 guide someone somewhere의 to로 주절의 전치사이므로 헷갈리면 안된다.

4 1) be sure 이하가 주절이므로 What your plan절의 What은 부사절 역할을 할 수 있는 복합관계대명사 Whatever로 고쳐 써야 한다. plan 다음에 be 동사 is는 생략되어 있다.

2) stop by 다음에 장소가 오지 않으면 주로 자동사로 쓰인다. 따라서 여기서 by는 전치사가 아니고 부사이다. 그러므로 picking을 목적을 나타낼 수 있도록 to pick으로 고쳐야 한다.

5 1) '아무리 ~일지라도'의 뜻인 However가 부사절을 적절히 이끌고 있다.

2) 가리키는 대상이 복수명사 points이므로 it을 them으로 고쳐야 한다.

6 1), 2) there's 이하가 주절이고, Where부터가 부사절이 되어야 한다. 따라서 Where와 how를 Wherever, however로 고쳐야 한다.

7 1) 시간 선행사가 있으며 뒷문장이 완전한 관계부사 when이 쓰였으므로 적절하다.

2) 주어 every step과 you take 사이에 목적격 관계대명사가 생략되어 있다. every step의 술어동사가 필요하므로 to make를 makes로 고쳐야 한다.

8 1) 관계부사는 「전치사 + 관계대명사」로 전환할 수 있지만, 선행사가 있는 경우에만 그렇다. 여기서는 일반적인 장소선행사가 생략되어 있으므로 in which를 where로 고쳐야 한다.

2) 관계사절에 동사가 있어야 하는데 없으므로 sowing을 sowed로 고쳐야 한다.

C

자연 세계와 접하는 기쁨은 예술가에게만 제한되어 있지 않다. 그것들은 외로운 산 정상이나 숲의 고요함의 영향 아래 자신을 놓을 수 있는 누구나 이용할 수 있는 것이다. 나는 자연의 아름다움이 어떤 개인이나 사회의 정신적 발달에 필수적인 공간을 갖고 있다고 생각한다. 나는 우리가 아름다움을 파괴하거나 지구의 자연적인 특징을 무엇인가 인위적인 것으로 대체할 때마다 인간의 정신적인 성장이 지체되어 왔다고 믿는다.

해설

1 1) 전반부에 자연 세계와 접하는 기쁨은 예술가에게만 제한되어 있지 않다고 했으므로 옳은 진술이다.

2) 후반부에 우리가 아름다움을 파괴할 때마다 인간의 정신적인 성장이 지체된다고 하였으므로 옳은 진술이다.

2 '누구나'는 whoever 또는 anyone who로 표현할 수 있는데 보기에 whoever가 있고, 관계사절에서 동사(put) 목적어(themselves)를 쓴 후 부사어구 under the influence를 쓰면 된다. whoever는 everybody처럼 themselves로 받을 수 있다. (▶Unit 14 대명사 참조)

D

Spencer는 그의 직업에 만족해하지 않은 적이 없기 때문에, 어떤 직업도 시작하기를 바라지 않는 사람들의 태도를 이해할 수 없다. 그는 30년 이상 식료품을 팔아 왔다. 그가 1930년대에 처음으로 그의 일을 시작했을 때, 어떤 형태의 일도 찾는 것이 거의 불가능했다. 아무리 불쾌하고 (임금이) 적게 지불되어도, 직업은 인간의 가장 귀중한 소유물이었다. 그것(직업)을 잃는 것은 재앙이었고, 다른 직업을 찾지 않는다는 것은 수치였다. 전혀 일하기를 원하지 않는다는 것은 상상할 수도 없었다.

해설

1 1) 전반부에 Spencer는 그의 직업에 만족해하지 않은 적이 없다고 했으므로 틀린 진술이다.

2) 중반부에 그가 1930년대에 일을 시작할 때 어떤 형태의 일도 찾는 것이 거의 불가능하다고 했으므로 옳은 진술이다.

2 1) the fact와 동격을 이루는 접속사 that이 적절하다.

2) people을 선행사로 하는 주격관계대명사 who가 적절하다.

3) '소중한 소유물'로 해석되므로 본문의 valuable과 동의어이면서 p로 시작하는 precious가 적절하다.

4) 내용상 '아무리 ~일지라도'가 와야 하므로 복합관계부사 however가 적절하다.

◀해석▶

Spencer는 직업을 시작하는 것을 바라지 않는 사람들이 있다는 사실을 받아들일 수 없다. 왜냐하면 그의 (옛날) 시절에, 직업을 갖는 것은 그것이 아무리 불쾌하거나 형편없이 지불되어도 가장 소중한 소유물이었기 때문이다.

CHAPTER **10 품사**

Unit **14** 대명사 · 형용사 · 부사   p. 080

A

01 <u>You</u> cannot love and be wise.

02 There is no greater harm than <u>that</u> of time wasted.

03 The plan was simplicity <u>itself</u>.

04 Joey looked at <u>himself</u> in the bathroom mirror.
   cf. Lucy took her dog with <u>her</u>.

05 Because of <u>his</u> health, Max had to retire.

01 one, you, they, people이 막연한 <u>일반인</u>을 나타낸다.   02 앞에 나온 명사의 반복을 피하기 위해 쓰며 주로 수식어구와 함께 쓰인다. 복수형은 those이다.   03 주어나 목적어를 강조하며 생략 가능하다.   04 동사나 전치사의 목적어 또는 보어로 쓰여 생략이 불가능하다. e.g. I am not myself today. (난 오늘 내 정신이 아니야.) *cf.* 공간 관계(동반·장소·소유)를 나타내는 전치사 다음에는 재귀대명사를 쓰지 않아도 된다.   05 부사구(절)가 앞에 올 경우 대명사가 명사보다 먼저 나오기도 한다.

▶Further Expressions◀

자신을 위해서, 스스로, 혼자서, 저절로, 본래, 독차지하는, 제정신이 아닌 | cut[burn, hurt], teach, enjoy, establish, behave

수능 pick 1

♦ 복수, those

B

01 When <u>one</u> door closes, <u>another</u> opens.

02 <u>One</u> of my parents is a singer; <u>the other</u> is a composer.

03 Can I try on those shoes? I want the <u>ones</u> on the top shelf.
   cf. If you don't have orange juice, I'll have grape <u>one</u>.

04 <u>Some</u> of the children arrived alone while <u>others</u> arrived in a group.
   cf. Andy and <u>the others</u> haven't arrived yet.

05 <u>Everybody</u> loves <u>their</u> mother.

06 There are <u>many</u> who want power. But only <u>a few</u> are truly chosen.

03 가산명사의 반복을 피하기 위해 쓰며 동일한 <u>종류</u>를 가리킨다. 단수형은 one이다. *cf.* 가산명사의 반복에만 쓰이므로 <u>불가산명사</u>에는 쓰지 않는다.   04 *cf.* 나머지 전체는 <u>the others</u>로 쓴다.   05 단수 취급하는 대명사(someone, <u>nobody</u>, a person, each, <u>whoever</u> 등)를 다시 받을 때는 <u>복수형</u>으로 쓰기도 한다.   06 many, a few가 부정대명사로 쓰인다. much, a little도 대명사로 쓰일 수 있다.

수능 pick 2

♦ 나머지, the, other

▶Words◀   A 02 harm, 낭비하다   03 simplicity   05 은퇴하다

수능Pick 1 distinguish   B 02 composer   03 선반   06 권력, truly

수능Pick 2 quarrel, find fault with, slight, 구실, 핑계

C

01 There is something <u>good</u> in every day.

02 I am <u>happy</u> to be <u>alive</u>.

03 <u>The elderly</u> are in their second childhood.
   cf. This show is for both <u>young and old</u>.

04 In a unanimous decision, <u>the accused</u> was found guilty.

05 He doesn't believe in <u>the supernatural</u>.

06 The <u>late</u> movie star Bruce Lee's funeral was held in Seattle.
   cf. It was too <u>late</u> to take it back.

07 Food safety is <u>of</u> extreme <u>importance</u> to our health.

01 -one, -body, -thing은 형용사가 <u>후치</u> 수식한다.   02 ※서술적 용법으로만 쓰이는 형용사: alive, <u>alike</u>, <u>alone</u>, <u>afraid</u>, <u>asleep</u>, ashamed, unable, <u>content</u>(만족한), <u>glad</u>(기쁜) 등   03 복수보통명사를 나타내며 복수동사가 온다. *cf.* 대조적인 표현이 올 때는 <u>the</u>를 생략할 수 있다.   04 문맥에 따라 <u>단수보통명사</u>를 나타낸다.   05 추상명사를 나타낸다. 06 용법에 따라 뜻이 바뀌는 형용사도 있다. e.g. late(고인이 된 – 늦은), present(현재의 – 출석한), involved(복잡한 – 관련된, 열심인), proper(적절한 – 엄밀한 의미의)   07 = <u>extremely</u> <u>important</u> 「of + 추상명사」가 형용사의 의미를 띠기도 한다. e.g. of value = <u>valuable</u>, of no use = <u>useless</u> *cf.* 「전치사 + 추상명사」가 부사가 되는 경우 e.g. with ease = <u>easily</u>, on occasion = <u>occasionally</u>, by accident = <u>accidentally</u>, in haste = <u>hastily</u>

▶Further Expressions◀

무고한 사람들, 총명한 사람들, 실업자들, 장애인들, elder, elders, 새끼(들)

수능 pick 3

♦ 추상명사, 목적격보어, bearably

D

01 I walk <u>slowly</u>, but I <u>never</u> walk <u>backward</u>.

02 <u>Even</u> she can't change his mind.

03 <u>Much</u> to my surprise, they offered me a scholarship

04 Set your goal <u>high</u> and don't stop until you get there.
   cf. Photosynthesis is a <u>highly</u> complex process.

05 Leave the car. It's not <u>that</u> far.

01 부사는 기본적으로 동사, 형용사, 다른 부사, 문장을 꾸며 준다.   02 even, else, only 등의 부사는 (대)명사를 수식할 수 있다.   03 부사가 구를 수식할 수 있다. ※「to one's + 추상명사」(~가 …하게도)   04 부사와 형용사가 같은 형태이면서, 「형용사 + ly」가 되어 <u>다른</u> 뜻이 되는 단어가 있다. e.g. near-nearly(가까운, 가까이 – 거의) hard-hardly(어려운, 딱딱한, 힘든 – 거의 ~ 않는) late-lately(늦은, 늦게 – 최근에) free-freely(자유로운, 무료로, (자유롭게) – 자유롭게, 구애[방해]받지 않고) just-justly(올바른, 바로 – 정당하게, 정확하게)   05 that(그렇게), this(이렇게)도 부사로 쓰일 수 있다.

Words C 04 unanimous, find ~ guilty 05 초자연적인 06 funeral, 개최하다, 취소하다 수능Pick 3 unbearable, bearable D 01 뒤쪽으로 03 offer, scholarship 04 광합성 complex, 과정

A

01 사랑하면서 현명할 수 없다.
02 낭비된 시간보다 더 큰 손해는 없다.
03 그 계획은 단순 그 자체였다.
04 Joey는 욕실 거울 속의 자신을 바라보았다.
　cf. Lucy는 그녀와 함께 개를 데려 갔다.
05 그의 건강 때문에 Max는 은퇴해야 했다.

수능 pick 1

◆ 그는 음악의 소리들은 자연의 것들로부터 구별될 수 있다고 말하고 있었다.

B

01 하나의 문이 닫힐 때, 또 다른 문이 열린다.
02 내 부모님 중 한 분은 가수이고, 나머지 한 분은 작곡가이다.
03 이 신발 신어 봐도 되나요? 꼭대기 선반에 있는 것들을 신어 보고 싶어요.
　cf. 오렌지 주스가 없으면, 포도(주스)를 마실게요.
04 그 아이들 중 일부는 혼자 도착했고, 다른 일부는 단체로 왔다.
　cf. Andy와 나머지들은 아직 도착하지 않았다.
05 모두가 자신들의 엄마를 사랑한다.
06 권력을 원하는 많은 사람들이 있다. 하지만 단지 소수만 진정으로 선택된다.

수능 pick 2

◆ John과 Alice는 항상 말다툼했으며 각각은 가장 사소한 구실로 상대방을 흠잡았다.

C

01 매일 뭔가 좋은 것이 있다.
02 나는 살아 있어서 행복하다.
03 어르신들은 자신들의 두 번째 어린 시절에 있다.
　cf. 이 쇼는 젊은이와 노인들 둘 다를 위한 것입니다.
04 만장일치로 그 피고는 유죄 판결을 받았다.
05 그는 초자연적인 것[현상]을 믿지 않는다.
06 작고한 영화배우 이소룡의 장례식은 시애틀에서 치러졌다.
　cf. 취소하기에는 너무 늦었다.
07 식품 안전은 우리의 건강에 매우 중요하다.

수능 pick 3

◆ 유머는 참을 수 없는 것을 참을 수 있게 만드는 최고의 방법이다.

D

01 나는 천천히 걷지만, 결코 뒤쪽으로 걸어가지 않는다.
02 심지어 그녀도 그의 마음을 바꿀 수가 없다.
03 내가 매우 놀랍게도, 그들은 나에게 장학금을 제공했다.
04 너의 목표를 높이 정하고, 네가 그곳에 도착할 때까지 멈추지 마라.
　cf. 광합성은 매우 복잡한 과정이다.
05 차를 두세요. 그렇게 멀지 않습니다.

❰Grammar Practice❱ ────────── p. 082

A **1** that **2** 불가능 **3** the, other **4** they **5** 부사

B **1** they **2** 보어, 생략 **3** 부사 **4** 일반인 **5** 대명사, Bob
C **1** their
　└ 복수, their
2 physically, challenged
　└ physically, challenged
3 cut, himself
　└ cut, himself
4 One, the, other
　└ one, the, other
5 the, number, of, that
　└ the, number, of, that
D **1** were **2** late **3** good **4** elder **5** another
E **1** me **2** free **3** were **4** the other **5** that
F **1** × **2** feels → feel **3** × **4** × **5** those → that

B

1 그들이(모두가) 원하지 않았을 지라도 모두가 왔다.
2 어떤 면에서 네가 만들어 내는 캐릭터는 네 자신이 되지 않을 것이다.
3 내가 매우 놀랍게도, 그 (걸음마를 배우는) 아이는 100까지 세었다.
4 (여러분은) 내일에 관해서 계획할 수 있지만, 내일을 계획할 수는 없다.
5 그의 그림에서, Bob은 접시를 호수로 묘사했다.

D

1 노숙자들 일부는 떠나기를 꺼려했다.
2 Stella와 Hichini는 신규 고객을 확보하기 위해 오늘밤 늦게까지 일해야 한다.
3 아름다운 것은 항상 좋지 않지만, 좋은 것은 항상 아름답다.
4 난 나의 언니(누나)와 경쟁을 하지 않아요, 왜냐하면 그녀는 날 이길 수 없거든요.
5 우리가 차를 들이받고 몇 초 후에 또 다른 차를 들이받은 것을 알게 되었다.

◀ 해설 ▶

1 「the + 형용사」가 복수보통명사를 나타내므로 were가 적절하다.
2 lately는 '최근에'라는 뜻이고, late는 '늦은, 늦게'라는 뜻으로 문맥상 late(늦게)가 적절하다.
3 「the + 형용사」가 추상명사를 나타내므로 good이 적절하다.
4 elder는 형제자매 중 연장자를, elders는 연장자들을 나타내므로 elder가 적절하다.
5 차를 한 대 들이받고 또 다른 차를 들이받았다는 내용으로 another가 적절하다.

E

1 네가 고독의 한 복판에 있는 나를 발견할 때까지 난 두려웠다.
2 보디빌딩 배우고 싶으시면, 부담 없이 저에게 물어보세요.
3 노인들과 젊은이들이 그 건물 밖으로 걸어 나오는 것이 보였다.
4 어떤 사람들은 귀 하나가 다른 하나다 약간 더 큰 귀를 가지고 있다.
5 그 정착민들은 언덕 위에 도시를 건설했는데, 그 언덕의 기반 크기는 이집트의 대피라미드의 것보다 더 크다.

◀ 해설 ▶

1 find의 주체와 객체가 다르므로 인칭대명사의 목적격 me가 적절하다.
2 feel은 감각동사이므로 형용사 free가 적절하다. feel free to는 '부담 없이(마음 놓고) ~하다'라는 숙어이다.
3 「the + 형용사」가 복수보통명사인 경우로 복수동사 were가 적절하다. 한편 were seen stepping은 지각동사의 수동태이다.
4 귀는 두 개이므로 나머지 하나는 the other로 쓴다.
5 앞에 나온 단수명사 size를 받으므로 that이 적절하다.

F

1 그녀는 가능한 빠르게 언덕을 내려달려 자신을 공중으로 날렸다.

2 노인들은 젊은이들에 의해 둘러싸여 있을 때 더 가치 있다고 느낀다.

3 선생님들 중 일부는 시골 지역 출신인 반면 나머지는 도시 지역 출신이었다.

4 우리는 악어 쇼에 가지 않았어요. 왜냐하면 우리는 파충류를 그렇게 좋아하지 않았거든요.

5 양의 소화 기관은 염소의 것(소화 기관)과 다르다.

〔해설〕

1 threw의 주체와 객체가 같으므로 재귀대명사인 herself는 적절하다.

2 「the + 형용사」가 복수보통명사를 나타낸 경우이므로 복수동사 feel로 고쳐야 한다.

3 셀 수 있는 명사 중 일부는 some으로 나머지는 the others로 나타내므로 the others는 적절하다.

4 that이 부사로 '그렇게'라는 뜻으로 적절하다.

5 앞의 명사 The digestive system을 대신하는 것으로 단수형인 that으로 고쳐야 한다.

Review Test Unit **14**　　　　　p. 084

A **1** 1) clear　2) that　**2** 1) asking　2) another

　　3 1) so　2) herself　**4** 1) Seeing and listening　2) is

　　5 1) something common　2) extremely

　　6 1) sharing　2) routinely　**7** 1) Lately　2) was awarded

　　8 1) are 2) to walk

B **1** 1) ×　2) previous → previously　**2** 1) ×　2) ×

　　3 1) ×　2) himself → him　**4** 1) ×　2) do → are

　　5 1) were　2) that → those

　　6 1) greatly → great　2) ×　**7** 1) help → helps　2) ×

　　8 1) ×　2) has been widened → has been widening 또는 has widened

C **1** 1) T　2) F　**2** other dolphins group themselves under it

D **1** 1) T　2) F　**2** respect

A

1 내 고향의 것(호수)만큼 맑은 호수는 본적이 없었다.

2 Zuckerberg는 그 실수들을 인정하고 회사를 이끌 수 있는 또 다른 기회를 요청했다.

3 어렸을 때 그녀는 시에 매우 감동을 받아서 그녀 자신은 시인이 되었다.

4 선한 것을 보고 듣는 것은 이미 선의 시작이다.

5 당신은 흔한 어떤 것을 매우 중요한 어떤 것과 교환해 본 적이 있는가?

6 자신들의 이야기, 스트레스, 그리고 극복 사례를 공유하는 구성원들은 정기적으로 예정된 만남에서 모인다.

7 최근에 그 사진은 뉴욕 타임스에 게재되었으며 그 사진작가에게 퓰리처상이 수여되었다.

8 출생 시, 말이나 낙타 같은 일부 포유류들의 새끼들은 잘 발육이 되어서 몇 시간 안에 걸을 수 있다.

〔해설〕

1 1) 명사인 a lake를 수식하므로 형용사 clear가 적절하다.

　　2) a lake를 대신하는 명사로 단수인 that이 적절하다.

2 1) 연결사 없이 두 개의 문장을 연결할 수 없다. 따라서 and he asked의 분사구문으로 판단하여 asking을 답으로 해야 한다.

　　2) 단수명사를 수식하는 another가 적절하다.

3 1) '매우 ~해서 …하다'의 구문인 「so ~ that…」 구문으로 so가 적절하다.

　　2) a poet를 강조해서 쓴 것으로 herself가 적절하다.

---

4 1) 주어 자리이므로 주어 역할을 할 수 있는 Seeing and listening이 적절하다.

　　2) Seeing and listening이 주어인데 이에 따르는 술어동사가 없으므로 is가 적절하다. 한편 「동명사 + and + 동명사」가 각 분리된 행동이 아닐 경우 단수 취급하기도 한다.

5 1) something은 형용사가 뒤에서 수식하므로 something common이 적절하다.

　　2) 형용사 important를 수식해야 하므로 부사인 extremely가 적절하다.

6 1) 술어동사는 gather이므로 members를 수식할 수 있는 분사 sharing이 적절하다.

　　2) 형용사 역할을 하는 분사 scheduled를 수식해야 하므로 부사인 routinely가 적절하다.

7 1) 문맥상 '최근에'란 뜻으로 Lately가 적절하다.

　　2) photographer가 award의 동작의 대상이고 술어동사가 필요하므로 was awarded가 적절하다.

8 1) the young이 '새끼들'이란 뜻으로 복수동사인 are가 적절하다.

　　2) (be) able to 구문에서 공통어구 are가 생략된 것으로 to walk가 적절하다.

B

1 그 발견은 이전에 보고된 분석의 것과는 상반된다.

2 모든 사람에게는 차이점이 있지만 그 차이점은 그렇게 크지 않다.

3 그는 자신을 향상시키고 싶어서 자신을 인도해 줄 영감을 주는 인용구를 게시했다.

4 젊은이들은 자신이 실제보다 더 늙었다고 간주하는 경향이 있다.

5 미국의 석유 매장량은 2017년 베네수엘라의 것들(석유 매장량)보다 훨씬 적었다.

6 매우 실망스럽게도, 그들은 그 작품의 질이 향상되지 않았음을 발견했다.

7 두 발로 걸을 수 있는 능력은 '이족 보행'이라고 불리는데, 그것은 사람들이 자신들의 손과 팔을 자유롭게 쓸 수 있도록 도와준다.

8 부자들과 가난한 사람들 간의 팽창하는 간격은 미국에서 수입과 부의 차이를 넓혀오고 있다.

〔해설〕

1 1) 앞에 나온 명사 finding을 대신한 that은 적절하다.

　　2) 형용사처럼 쓰인 과거분사 reported를 수식해야 하므로 previous를 부사인 previously로 고쳐야 한다.

2 1) 주어가 difference이므로 단수동사 is는 적절하다.

　　2) that이 부사로 '그렇게'라는 뜻으로 쓰여 형용사 big을 수식하므로 적절하다.

3 1) improve의 주체와 객체가 같으므로 재귀대명사 himself는 적절하다.

　　2) guide의 주체는 quote이므로 객체와 다르다. 따라서 재귀대명사가 아닌 him으로 고쳐야 한다.

4 1) consider의 주체와 객체가 모두 the young이고 복수이므로 재귀대명사 themselves는 적절하다.

　　2) they actually are old에서 old가 생략된 것으로 do를 are로 고쳐야 한다. 대동사는 문장 구조보다는 의미적으로 풀어야 할 때도 있다.

5 1) 주어가 복수명사인 The oil reserves이므로 were는 적절하다.

　　2) The oil reserves를 대신하여 써야 하므로 that을 those로 고쳐야 한다.

6 1) 명사인 disappointment를 수식해야 하므로 greatly를 형용사 great로 고쳐야 한다.

　　2) found의 목적절이고 완전한 구조의 문장이 이어지므로 접속사 that은 적절하다. to ~ disappointment가 삽입구이다.

7 1) which의 선행사는 단수명사인 the ability이므로 help를 단수동사 helps로 고쳐야 한다.

　　2) '자유롭게, 방해받지 않고'의 의미인 부사 freely는 적절하다.

8 1) 「the + 형용사 + and + 형용사」에서 대조적인 표현이 올 때는 the를 생략할 수 있으므로 rich and poor는 적절하다.

　　2) widen 다음에 목적어가 있으므로 능동형인 widening으로 써야 한다. 또는 has widened로 현재완료형으로 써도 된다. 「has been + -ing」는 현재완료진행형이다.

C

어떤 동물 종(種)들은 다른 부상당한 동물이 생존하도록 돕는다. 돌고래는 숨쉬기 위해 수면에 도달해야 한다. 만약 돌고래가 너무 심각하게 부상당해 혼자서 수면까지 헤엄칠 수 없다면, 다른 돌고래들이 그 부상당한 돌고래 아래에서 무리를 지어 그 돌고래를 (숨을 쉴 수 있도록) 물 밖으로 밀어 올린다. 만약 필요하면 돌고래들은 몇 시간 동안 이 일을 계속한다. 같은 종류의 일이 코끼리 사이에서도 일어난다. 쓰러진 코끼리는 자신의 몸무게 때문에 숨을 쉬는데 어려움을 겪기 쉽거나 태양 아래에서 과열될 수도 있다. 많은 코끼리 전문가들은 코끼리 한 마리가 쓰러지면, 무리의 다른 구성원들이 그것을 도와 일으켜 세우려고 노력한다고 말한다.

해설

1 1) 전반부에 돌고래들은 숨쉬기 위해 수면으로 올라와야 한다고 했으므로 옳은 진술이다.
2) 후반부에 코끼리가 넘어지면 다른 코끼리들이 그것이 일어나는 것을 돕는다고 했으므로 틀린 진술이다.

2 주어는 '다른 돌고래들,' 동사는 '무리를 짓는다'이므로 Other dolphins와 group(무리 짓다)을 쓴다. 그리고 목적어가 주어이므로 재귀대명사 themselves를 쓴 후 '그것 아래에서'라는 부사구로 대명사를 사용하여 under it으로 마무리하면 된다.

D

아랍 국가에 '연장자가 없는 집은 우물이 없는 과수원과 같다'라는 속담이 있는데, 이것은 연장자들에 대한 존경심을 반영하고 있다. 대부분의 아시아 문화권의 아이들은 어떤 고난이 있어도 자신들의 부모를 돌보는 모범적인 아들과 딸들에 관한 이야기를 읽음으로써 이러한 똑같은 존경심을 배운다. 연장자를 존경하는 이런 존경심의 배후에 있는 근본적인 이유는 한국 같은 곳에서는 과거에 대한 감사를 매우 중요하게 여기기 때문이다. 말레이시아에서 종종 조직의 더 선배이거나 나이가 지긋한 구성원을 존경받고 일반적으로 이 사람이 회의에서 말하는 첫 사람이 된다. 게다가, 일본에서는 노인들에 대한 대단한 순종과 공경이 있다.

해설

1 1) 전반부에 아랍 국가의 속담이 연장자에 대한 존경심을 반영한다고 했으므로 옳은 진술이다.
2) 중반부에 말레이시아에서 선배와 연장자가 회의에서 먼저 말한다고 했으므로 틀린 진술이다.

2 글의 전반부에 아랍 속담의 예에서 노인 공경이 이 글의 주제문으로 아시아 문화권의 아이들도 같은 것을 배운다고 했고, 이러한 대단한 존경심의 배후에 있는 근본적인 이유는 과거에 대한 감사를 소중히 여기기 때문이라고 했으므로 빈칸 (a)와 (b)에 공통으로 들어갈 말은 respect(존경심)이다.

CHAPTER
11 비교구문

Unit 15 원급 · 비교급 · 최상급

A

01 A chameleon's tongue can be <u>as long as</u> its body.
02 Joséphine was <u>not so[as] friendly</u> as her husband.
03 You have to unbox it <u>as carefully as</u> you can.

04 She didn't have <u>as much time as</u> I had thought.
05 I am <u>as creative a cook as</u> my wife (is).

01 as ~ as 사이에 형용사가 온다. 02 부정형은 <u>not</u> so[as] ~ as이다. 03 as ~ as 사이에 부사가 온다. 04 불가산 명사이면 <u>much</u>, 가산명사이면 <u>many</u>가 온다. 05 「as + 형용사 + (관사) + 명사 + as」의 어순을 따르며 공통 어구는 <u>생략</u>할 수 있다.

수능 pick 1

◆ 동사, played, 부사, splendidly

B

01 Hot water is <u>heavier than</u> cold water.
02 Writing seems to be <u>more difficult than</u> speaking.
03 Wounds make <u>better</u> lessons <u>than</u> lectures.
04 Are we <u>less kind than</u> (we were) in the past?
05 She looks <u>more cute than</u> elegant.
06 One day, reality will become <u>much better</u> than your dreams.

01 규칙 비교급에는 -er를 붙인다. 02 비교적 긴 음절 앞에는 <u>more</u>를 붙인다. 03 불규칙 변화를 하는 비교급도 있다. e.g. many/much-<u>more</u>-<u>most</u>, good/well-better-best, ill/bad-worse-worst, little-<u>less</u>-<u>least</u>, late-later/latter-latest/last(더 늦은/후자의-최신의/마지막의), far-farther/further-farthest/furthest(정도/거리) ※거리에는 <u>farther</u>/<u>further</u> 둘 다 쓰이나 정도에는 further만 쓰인다. 06 비교급 수식어로는 much, <u>still</u>, <u>even</u>, <u>(by) far</u>, <u>a lot</u>, yet, very much, a little, a bit 등이 있다.

수능 pick 2

◆ 비교급, than
◆ 원급, 비교급, 복수명사, many

Words A 01 tongue 02 unbox 05 창의적인 수능Pick 1 splendid
B 03 상처, 교훈, lecture 05 elegant 06 현실 수능Pick 2 seashell, 해변, opportunity

C

01 Bamboo is <u>the tallest</u> grass in the world.
02 Baseball is <u>the most popular</u> sport in Cuba.
03 Success is <u>the best</u> revenge.
04 This sample is <u>by far the cheapest</u> of all.
05 The <u>last</u> person to leave should turn off the lights.
06 Clementine is <u>the most boring</u> movie (that) I've ever seen.
07 Education was <u>the least popular</u> travel purpose for all three years.
08 Of all my friends, Sally is <u>(the) most considerate</u>.
09 She looks <u>happiest</u> when she takes a nap.
10 The one who gets up <u>(the) earliest</u> in my family is my grandmother.

01 규칙 최상급에는 -est를 쓰며 「in + 장소/시간/단체 <u>of</u> + 비교 대상(무리),을 쓴다. 02 비교적 긴 음절 앞에는 <u>most</u>를 붙인다. 03 불규칙 변화를 하는 최상급도 있다. 04 최상급 수식어구로는 <u>much</u>, <u>by far</u>, the <u>very</u> 등이 있으며, 비교 대상이 명백한 명사는 생략 가능하다. 05 to부정사가 최상급을 수식하며 이때, 주어와 동사의 관계이다. 06 관계사절이 최상급을 후치 수식할 수 있다. 07 '가장 적은'의 의미로 원급 앞에 <u>least</u>를

정답 및 해설 43

A

01 카멜레온의 혀는 그것의 신체만큼 길 수 있다.
02 Joséphine은 그녀의 남편만큼 친절하지 않았다.
03 너는 그것을 네가 할 수 있는 만큼 조심히 상자에서 꺼내야 한다.
04 그녀는 내가 생각했던 것만큼 많은 시간이 없었다.
05 나는 내 아내만큼이나 창의적인 요리사이다.

수능 pick 1
♦ Kubelik는 그가 늘 했던 것만큼 화려하게 오늘 밤 Paganini 협주곡을 연주했다.

B

01 뜨거운 물은 차가운 물보다 무겁다.
02 글쓰기는 말하기보다 더 어려운 것처럼 보인다.
03 상처는 강의보다 더 좋은 교훈이 된다.
04 우리는 과거보다 덜 친절한가요?
05 그녀는 우아하기보다는 (더) 귀엽다.
06 언젠가 현실은 당신의 꿈보다 훨씬 더 좋아질 것입니다.

수능 pick 2
♦ 조개껍데기는 당신의 책상 위에서보다 해변에서 더 아름답기 때문이다.
♦ 여러분들을 기다리고 있는 훨씬 더 많은 기회가 있다.

C

01 대나무는 세상에서 가장 큰 풀이다.
02 야구는 쿠바에서 가장 인기 있는 스포츠이다.
03 성공은 최고의 복수이다.
04 이 견본은 모든 것들 중에서 가장 저렴하다.
05 떠나는 마지막 사람은 불을 꺼야 한다.
06 '클레멘타인'은 내가 지금까지 본 영화 중 가장 지루한 영화이다.
07 교육은 이 3년 내내 가장 드문 방문 목적이었다.
08 내 친구들 중에서 Sally가 가장 사려 깊다.
09 그녀는 낮잠을 잘 때 가장 행복해 보인다.
10 우리 가족에서, 가장 먼저 일어나는 사람은 나의 할머니이다.

PLUS
그는 매우 흥미로운 사람이다.
그는 셋 중에서 가장 흥미로운 사람이다.

《 Grammar Practice 》 —————————— p. 088

A 1 원급 2 -er, more 3 much 4 -est, most 5 the

B 1 원급, 비교급 2 much, many 3 동일, the
4 원급, happier, happy 5 successfully, successful
C 1 worse, than
  ∟ worse, than
2 as, many, likes, as
  ∟ as, many, likes, as
3 as, much, as
  ∟ 부사, as, much, as
4 the, most, important
  ∟ the, most, important
5 confidently
  ∟ confidently
D 1 faster 2 most difficult 3 fabulous 4 better
5 friendly
E 1 more 2 happiest 3 silently 4 risky 5 much, much
F 1 longer → longest 2 × 3 good → better 4 ×
5 best → most

B

1 당신의 고양이는 야옹보다 훨씬 더 많은 것을 말한다.
2 당신이 할 수 있는 만큼 많은 것들과 사랑에 빠지세요.
3 사자는 먹이를 찾을 때 가장 멋지다.
4 하지만 그녀는 전보다 덜 행복해졌다.
5 그 프로젝트는 우리가 희망한 것만큼 성공적이었다.

D

1 미래는 네가 생각하는 것보다 더 빨리 오고 있다.
2 마지막 발걸음들도 항상 가장 어렵다.
3 당신의 하루가 당신의 미소만큼 굉장히 멋지길 희망합니다.
4 FBI보다 더 좋은 일을 하는 친구를 태그하세요.
5 한 연구는 '친구할까?'는 그것이 보이는 만큼 다정하지 않다고 보여주고 있다.

해설
1 than이 있으므로 비교급으로 써야 하며 내용상 fast의 비교급인 faster로 쓰면 된다.
2 the가 있으므로 최상급으로 써야 하며 내용상 difficult의 최상급인 most difficult가 적절하다.
3 「as ~ as」가 있으므로 원급으로 써야 하며 내용상 fabulous가 적절하다.
4 than이 있으므로 비교급이 와야 하며 내용상 good의 비교급은 better로 쓰면 된다.
5 「as ~ as」가 있으므로 원급으로 써야 하며 내용상 friendly가 적절하다. friendly는 형용사이다.

E

1 A: 나의 개가 나보다 나의 룸메이트를 더 좋아해.
  B: 너 부모님이랑 같이 살지 않는다고? 멋진데!
2 세상에서 가장 행복한 것은 다른 사람들을 행복하게 하는 거야.
3 하지만 그때 또다시, 그는 그가 사라졌던 것만큼 조용히 불쑥 나왔다.
4 스쿠버 다이빙은 명백히 스카이다이빙보다 덜 위험하다.
5 Daniel은 Demi만큼 많이 기부하지만 Yuna만큼은 아니다.

해설
1 than이 있으므로 much의 비교급인 more가 적절하다.
2 the가 있으므로 최상급 형태인 happiest가 적절하다.
3 「as ~ as」를 빼고 문장 구조를 분석하면 동사 came을 수식해야 하므로 부사

인 silently가 적절하다.

4 열등 비교는 less 다음에 원급을 쓰므로 risky가 적절하다.

5 「as ~ as」를 빼고 문장 구조를 분석하면 동사 donates를 수식해야 하므로 부사인 much가 적절하다.

F

1 시간은 두 장소의 간의 가장 긴 거리이다.

2 그 순간, 믿을 수 없는 하루의 가장 믿을 수 없는 일이 일어났다.

3 사람들을 행복하게 하는 것은 좋지만, 그들이 스스로를 행복하게 할 수 있도록 도와주는 것이 훨씬 더 좋다.

4 어떤 사람들은 그들이 느끼는 만큼 젊고, 어떤 사람들은 그들이 보이는 만큼 젊다.

5 '어린이가 성장할 때 가장 필수적인 요소는 애정입니다.'라고 그가 말했다.

해설

1 the가 있으므로 longer를 longest로 고쳐야 한다.

2 incredible의 최상급인 most와 정관사 the가 쓰였으므로 적절하다.

3 내용상 둘을 비교하고 있고 비교급 수식어 far가 있으므로 good을 better로 고쳐야 한다.

4 원급 비교로 사용되었고 「as ~ as」를 빼고 문장 구조를 분석하면 보어 자리이므로 형용사 young도 적절하다.

5 비교적 긴 음절의 단어의 최상급은 best가 아니라 most를 더하므로 best를 most로 고쳐야 한다.

Unit 16 비교구문의 관용표현 p. 090

A

01 Women blink nearly twice as much as men.

02 A tiger's night vision is six times as good as a human's.
→ A tiger's night vision is six times better than a human's.

03 Be as careful as possible on social media.
→ Be as careful as you can on social media.

04 The farmers are as important as (they) ever (are) to the nation.

05 This summer is as hot as any (summer) in South Korea.

01~02 배수사는 비교 표현 앞에 쓴다. 02 「배수사 + as ~ as」는 「배수사 + 비교급 than」으로 바꿔 쓸 수 있다. 03 「as ~ as possible(가능한 ~한/~하게)」은 「as ~ as 주어 + can[could]」로 바꿔 쓸 수 있다. 04~05 원급이지만 최상급의 의미를 지니며 공통으로 사용되는 표현은 생략될 수 있다. 04 「as ~ as ever (주어 + 동사)」는 '변함없이 ~한/~하게'의 뜻으로 ever는 동사를 수식한다. 05 「as ~ as any (명사)」는 '어느 ~(것[사람])에도 못지않게'의 뜻이며 any는 명사를 수식한다.

B

01 A tiger's night vision is six times better than a human's.

02 The average rainfall was more than 200 millimeters.

03 The number 799 feels significantly less than 800.

04 Why is everybody's answer different than mine?

05 It's better to trust the eyes rather than the ears.

06 I believe that there's life in places other than on this planet.

07 Ken skied faster and faster down the hill.

08 The spicier the food is, the faster she eats it.

09 The more we do, the more we can do.
→ As we do more, we can do more.

10 The bigger the dog (is), the shorter its lifespan (is).

01 배수사는 비교 표현 앞에 쓴다. 02~03 「more than + 수치」는 '이상, 넘는', 「less than + 수치」는 '이하, 적은'이라는 뜻이다. 04 different(ly) from이 일반적이나 than이 오기도 한다. 05 rather than은 '~보다(는)'라는 뜻이다. 06 other than은 '~ 이외의, ~와 다른'이란 뜻이다. 07 「비교급 and 비교급」은 '점점 더 ~한/~하게'의 뜻이고, 비교적 긴 단어는 more beautiful and more beautiful처럼 원급을 두 번 쓰지 않는다. 08 「the 비교급, the 비교급」은 '~할수록 더 ~하다'의 뜻으로, 비교급 자리에는 형용사와 부사가 올 수 있다. ※spicier 대신 more spicy를 써도 된다. 09 「As 주어 + 동사, 주어 + 동사」로 전환할 수 있다. 10 be동사는 생략될 수 있다.

Words   A blink 02 night vision, social media   B 02 average, 강우량 03 significantly 05 trust 06 life, 지구, 행성 08 spicy 10 lifespan

수능 pick 1

◆ 대상, confused

◆ be, is, 형용사, greater

C

01 Are humans superior to animals?

02 Nobody is inferior to you here.

03 They preferred sightseeing by car to flying.

04 Prevention is preferable to treatment.

05 Hairstyles can make you look 10 years younger.

01~02 superior, inferior는 than 대신에 to를 쓴다. 03 prefer A to B에서 A와 B는 (동)명사를 쓴다. ※단, 비교 대상이 드러나지 않을 때는 「prefer to + 동사원형」을 쓸 수도 있다. e.g. I prefer to go[going] alone. 04 preferable도 전치사 to를 쓰며 동명사가 오는 것에 유의한다. 05 비교 대상이 명확할 때는 than 이하를 생략해도 된다. (← than you are)

Further Expressions

to, superior to, inferior to, ~보다 먼저, ~보다 연하의, ~보다 연상인, preferable to

D

01 Alice: Nothing is as beautiful as love in the world.

02 Ashley: Nothing is so beautiful as chicken in the world.

03 Lou: The world itself is the most beautiful thing in the world.

04 Boodi: Money is more beautiful than anything else in the world.

05 Selina: I am more beautiful than any other thing in the world.

01 「부정 주어 + as + 원급 + as」 02 「부정 주어 + so + 원급 + as」 03 the 최상급 04 「비교급 + than + anything else」 05 「비교급 + than + any other + 단수명사」 등으로 최상급을 표현할 수 있다.

Words   수능Pick 1 dumb, knowledge, 경험, 의사 결정자, chance
C 03 sightsee, 예방, treatment

A

01 여자들은 남자들보다 거의 2배 더 깜빡인다.

02 호랑이의 야간 시력은 사람의 것보다 6배 더 좋다.

03 SNS에서 가능한 조심해라.

04 그 농부들은 그 나라에 변함없이 중요하다.

05 이번 여름은 한국에서 어느 여름 못지않게 덥다.

B

01 호랑이의 야간 시야는 사람의 것보다 6배 더 좋다.

02 평균 강우량은 200밀리미터 이상이었다.

03 숫자 799는 800 보다 상당히 적게 느껴진다.

04 왜 모든 사람의 답이 내 것과 다르지?

05 귀보다는 눈을 믿는 것이 더 좋다.

06 나는 지구 외에 생명체가 있다고 믿는다.

07 Ken은 언덕을 따라 점점 더 빨리 스키를 탔다.

08 음식이 매울수록 그녀는 더 빨리 먹는다.

09 우리가 더 많은 것을 할수록, 우리는 더 많은 것을 할 수 있다.

10 개가 클수록 수명은 더 짧다.

수능 pick 1

♦ 우리가 더 혼란해질수록, 우리는 더 말을 못한다.

♦ 그러므로, 의사 결정자가 더 많은 지식과 경험을 가질수록 좋은 결정을 내릴 가능성은 더 크다.

C

01 인간은 동물보다 우월한가?

02 여기서 아무도 너보다 열등하지 않아.

03 그들은 비행하는 것보다 차를 타고 관광하는 것을 선호했다.

04 예방이 치료보다 좋다.

05 헤어스타일은 당신을 10년 더 어려 보이게 만듭니다.

D

01 세상에서 사랑만큼 아름다운 것은 없다.

02 세상에서 치킨만큼 아름다운 것은 없다

03 세상에서 세상 자체보다 더 아름다운 것은 없다.

04 세상에서 돈보다 더 중요한 것은 없다.

05 세상에서 내가 다른 어떤 것보다 더 아름답다.

⟨ Grammar Practice ⟩ ──────────────── p. 092

A **1** 비교급 **2** as, as, ever **3** the, 비교급, the, 비교급
  4 (동)명사 **5** than

B **1** from, than **2** -ing, -ing, be, watch, being, watching
  3 more, faster, faster **4** as, hot, as, ever
  5 most, embarrassing

C **1** Nothing, more, effective
    ↳ Nothing, effective, more, effective
  2 four, times, as, fast, as
    ↳ four, times, as, fast, as
  3 other, than, yourself
    ↳ other, than
  4 as, soon, as, I, could
    ↳ as, as, can[could], as, soon, as, I, could
  5 More, and, more, vegetarian
    ↳ many, more, and, more, vegetarian

D **1** ever **2** to **3** as, as **4** than **5** other than

E **1** ever **2** to **3** possibly **4** more widespread **5** than

F **1** much → more **2** eagerly → eager **3** ×

---

4 more → 삭제 **5** ×

B

1 동물들은 인간들과 다르게 듣나요?

2 나는 연속극을 모든 것보다 혼자 있는 것을 더 좋아한다.

3 더 천천히 우리가 이동하면 시간은 더 빨리 흐르는 것처럼 보인다.

4 밤이 왔고, 별들이 나왔지만, 열기는 변함없이 뜨거웠다.

5 어떤 것도 자신의 이름의 철자를 잘못 쓰는 것보다 당혹스러운 것은 없다.

D

1 캘리포니아 오렌지는 변함없이 인기 있다.

2 누구도 다른 사람보다 우월하거나 열등하지 않다.

3 슈베르트는 오직 일 년에 150개 곡만큼이나 많은 노래를 작곡했다.

4 때로는 여러분의 의도는 여러분이 생각했던 것보다 다르게 해석될 수도 있다.

5 네가 변화시킬 수 있는 것에만 집중해라. 그 외의 것은 에너지 낭비이다.

해설

1 '변함없이 ~한/~하게'의 ever를 쓰면 된다. 이때 ever는 as 다음에 생략된 동사 remain을 수식한다.

2 superior나 inferior는 than이 아닌 to를 쓰므로 to를 쓰면 된다.

3 150곡이나 만큼 많은 노래를 작곡했다는 내용으로 「as ~ as」를 쓰면 된다.

4 differently는 비교를 나타낼 때 than 또는 from과 어울리므로 보기에 있는 than을 쓰면 된다.

5 변화시킬 수 있는 것 외에는 에너지 낭비라는 흐름으로 '~이외의, ~와 다른'의 의미인 other than을 쓰면 된다.

E

1 그녀는 누가 할 수 있는 것에 못지 않게 빠르게 결승선까지 돌진했다.

2 금요일은 희망을 가져온다. 그것이 사람들이 일요일보다 금요일을 좋아하는 이유이다.

3 우리는 되도록 빨리 회담을 계속할 예정입니다.

4 소문이 더 많은 관심을 받을수록, 그것은 더 널리 퍼진다.

5 아이들은 단지 작은 성인이 아니다. 그들의 신체는 어른들의 것과 다르게 치료에 반응한다.

해설

1 ever는 동사를 any는 명사를 수식한다. could가 있으므로 ever가 적절하다.

2 prefer는 than이 아니라 to와 어울리므로 to가 적절하다.

3 「as ~ as + 주어 + can」에서 동사 can을 수식해야 하므로 부사인 possibly가 적절하다.

4 「the 비교급, the 비교급」 구문으로 비교급 표현인 more widespread가 적절하다.

5 different[ly]는 기본적으로 from이 일반적이나 than도 올 수 있으므로 than이 적절하다.

F

1 네가 더 운동하면 할수록, 너의 신체는 더 운동하기를 원한다.

2 당신의 개는 아마도 당신이 밖에서 시간을 즐기고 싶어 하는 만큼 (그것을) 갈망할 것이다.

3 나는 내 세탁기가 가능한 빨리 고쳐지길 원했다.

4 그 사이에, 그 유리컵의 조각들은 점점 더 작아졌다.

5 미국인들의 절반 이하가 비만을 심각한 문제로 간주하고 있다.

해설

1 「the 비교급, the 비교급」 구문에서 much의 비교급이 쓰여야 하므로 much를 more로 고쳐야 한다.

2 「as ~ as」를 떼어 보면 보어 자리이므로 eagerly를 eager로 고쳐야 한다.

3 as soon as possible은 '가능한 ~한/하게'라는 관용어 표현으로 적절하다.

4 「비교급 and 비교급」 표현으로 smaller가 비교급이므로 more를 삭제해야 한다.

5 less than 다음에 수치가 나오면 '~ 이하'로 쓰이므로 less than은 적절하다.

Review Test Unit 15~16 ──────── p. 094

A **1** 1) better 2) Finding **2** 1) had lived 2) much
  3 1) chill 2) than **4** 1) to participate 2) than
  5 1) more 2) to develop **6** 1) very 2) though
  7 1) there 2) better **8** 1) most 2) is
B **1** × **2** 1) more closely → closer 2) ×
  3 1) × 2) do you look → you look
  4 1) painfully → painful 2) ×
  5 1) Cut → Cutting[To cut] 2) put → putting
  6 1) × 2) good → better
  7 1) collected → is collected 2) ×
  8 1) best → most 2) ×
C **1** 1) T 2) F **2** Rather than waiting for rain to fall
D **1** 1) (a) least preferred → most preferred 2) (d) train → ship
  2 passengers used

A

1 A: 네 잎 클로버를 찾는 것보다 더 좋은 것은 무엇인가요?
 B: 그것을 줄 누군가를 찾는 것이죠.

2 내가 그 시기에 살았다면, 나는 모든 사람들을 가능한 많이 존경했을 것이다.

3 작은 동물들은 몸집이 큰 동물들보다 보다 더 빨리 (몸이) 차가워진다.

4 젊은이들은 노인들보다 대통령 선거에 참여할 가능성이 적다.

5 네가 너의 신념들을 지지할수록, 그것들은 발달시키는 더 쉽다.

6 절도는 감소하고 있지만, 여전히 단연코 가장 흔한 범죄 형태이다.

7 네가 배고플 때, 지글지글하는 바비큐의 소리와 냄새보다 더 좋은 것은 없다.

8 당신이 가지고 있는 가장 소중한 자산은 지식으로 가득 찬 머리가 아니라, 사랑으로 가득 찬 마음입니다.

해설

1 1) 비교급을 나타내는 than이 있으므로 good의 비교급인 better가 적절하다.
 2) Find가 오면 명령문이 되므로 '찾는 것'의 의미인 동명사 Finding이 적절하다.

2 1) 주절의 동사구인 would have respected로 보아 가정법 과거완료형이다. 따라서 had lived가 적절하다.
 2) many는 respected를 수식하는 부사가 아니다. 따라서 부사 역할을 할 수 있는 much가 적절하다.

3 1) Small animals가 주어이고 이에 따르는 술어동사가 필요하므로 chill이 적절하다.
 2) 비교급 표현인 more quickly로 보아 than이 적절하다.

4 1) '~할 가능성이 있다'는 「be likely to + 동사원형」이므로 to participate가 적절하다.
 2) 열등 비교 표현인 less가 있으므로 than이 적절하다.

5 1) 「the 비교급, the 비교급」 구문으로 more가 적절하다.
 2) they(your beliefs) are easier to develop에서 구문상 easier가 앞으로 이동한 구조이다. 따라서 to develop이 적절하다.

6 1) much와 very 둘 다 최상급을 강조하지만 much는 「much the + 최상급」으로 very는 「the very + 최상급」으로 쓰이므로 very가 적절하다. 여기서 still은 '여전히'라는 부사로 쓰였다.

---

 2) 선택지 다음에 주어와 동사가 있는 문장이 이어지므로 접속사 though가 적절하다.

7 1) When you're hungry가 종속절이므로 주절이 필요하다. 따라서 there가 적절하다.
 2) 선택지 다음에 than이 나온 것으로 보아 비교급인 better가 적절하다.

8 1) 내용상 '가장 소중한 자산'이 되어야 하므로 most가 적절하다.
 2) The most valuable asset이 주어이고, asset과 you have 사이에 목적격 관계대명사 which[that]가 생략된 구문으로 술어동사가 필요하다. 따라서 is가 적절하다.

B

1 나에게 Miss Marple은 매우 기억에 남을 만한 등장인물이다.

2 당신이 도시화된 지역에 더 가까워질수록, 당신은 더 적은 나무를 발견할 수 있다.

3 인생에는 네가 어떻게 보이는지 보다 훨씬 더 많은 중요한 것들이 있다.

4 병원으로 돌아가는 것은 날카로운 무기에 찔리는 것만큼 고통스럽게 느껴졌다.

5 고기를 뼈에서 자르는 것은 그것을 통째로 냉장고에 넣는 것보다 더 바람직하다.

6 어떤 좋은 것이 사라질 때, 훨씬 더 좋은 것이 온다.

7 많은 정보가 예전에 그랬던 것과는 달리 전 세계적으로 매일 수집되고 있다.

8 우리의 피부는 가장 클 뿐만 아니라 가장 보호 수준이 높은 기관이고, 이것은 또한 지구상에 우리의 시간의 지도이기도 하다.

해설

1 a most로 쓰이면 most가 '매우'라는 뜻으로 적절하다.

2 1) closely는 '면밀히'란 뜻으로 어울리지 않고, close가 부사로 '가까이'라는 뜻이 있으므로 「the 비교급, the 비교급」 구문에 맞게 closer로 고쳐야 한다.
 2) '더 적은' 나무가 발견된다는 뜻으로 fewer는 적절하다.

3 1) 비교급 다음에 복수명사가 오면 many로 수식할 수 있으므로 many는 적절하다.
 2) how do you look의 간접의문문으로 how you look으로 고쳐야 한다.

4 1) 「as ~ as」를 빼고 분석하면 감각동사 felt의 보어 자리이므로 painfully를 painful로 고쳐야 한다.
 2) Going back의 의미상의 주어가 불필요해서 생략된 것으로 흐름상 I임을 알 수 있다. 따라서 I가 stab의 동작의 대상이므로 수동형으로 쓰인 being stabbed는 적절하다.

5 1) is가 문장의 술어동사이고 주어 역할을 해야 하므로 동명사인 Cutting이나 to부정사인 To cut으로 고쳐야 한다.
 2) preferable to에서 to가 전치사이므로 put를 동명사인 putting으로 고쳐야 한다. 여기서 whole은 부사로 '통째로'라는 뜻으로 쓰였다.

6 1) something은 형용사가 후치 수식하므로 something good은 적절하다.
 2) 내용상 '더 좋은'이 와야 하므로 good을 비교급인 better로 고쳐야 한다. a lot은 비교급 강조부사로 쓰였다.

7 1) 주어는 A lot of information이고 술어동사가 필요하다. 따라서 collected를 is collected로 고쳐야 한다.
 2) differently는 from뿐만 아니라 than과도 어울리므로 than은 적절하다.

8 1) 비교적 긴 음절의 단어의 최상급은 best가 아니라 most를 붙이므로 best를 most로 고쳐야 한다.
 2) Our skin을 선행사로 하고 is의 주어 역할을 하는 계속적 용법의 관계대명사 which는 적절하다.

C

당신은 배경이 겨울로 설정된 영화가 어떻게 여름에 촬영되는지 생각해 본 적이 있는가? 대답은 특수 효과인데, 그것은 영화가 보다 사실적으로 보이도록 만든다. 예를 들어, Hollywood 영화에서는 겨울이라는 착각을 불러일으키도록 기계에 의해서 눈이 만들어진다. 그럼에도 불구하고, 관객들은 기계가 만든 눈이 인공적이라는 것을 모른다. 1946년에 만들어진 연휴에 즐겨 보는 고전 영화 *It's a Wonderful Life*는 구워지지 않은 콘플레이크로 만들어진 눈을 보여

준다. 그 영화는 실제 여름에 촬영되었다. 또 다른 예는 비인데, Hollywood 영화에서 비는 눈보다는 좀 더 흔하게 특수 효과로 만들어진다. Hollywood에서는 비가 내리기를 기다리기보다는 직접 비를 만든다.

1 1) 전반부에 Hollywood에서는 겨울이라는 착각을 불러일으키도록 기계에 의해서 눈이 만들어진다고 했으므로 옳은 진술이다.

2) 중반부에 굽지 않은 콘플레이크로 만들어진 눈이라고 했으므로 틀린 진술이다.

2 흐름상 '비가 오는 것을 기다리기 보다는'이 적절하므로 '기다리기보다는'에 해당하는 Rather than waiting을 쓰고 to부정사의 의미상의 주어와 to부정사를 써서 for rain to fall로 마무리하면 된다.

D

그래프는 2011년과 2019년에 승객들이 이용한 한국의 선호되는 교통수단의 변화를 보여준다. 2011년과 2019년 모두 자가용이 가장 적게(→ 가장 많이) 선호되는 승객 교통수단이었다. 그러나 2019년에 이용된 자가용의 비율은 2011년 보다 적었다. 2011년과 비교하면 2019년에 세 개의 교통수단이 증가된 비율을 보여주었다. 2011년에는 비행기가 네 번째로 선호되는 교통수단이었고, 기차(→ 배)가 그 뒤를 이었다. 2019년에 배는 2011년과 같은 비율을 차지했다.

1 1) 2011년과 2019년 모두 자각용이 가장 선호되는 교통수단이었으므로 (a)의 least preferred를 most preferred로 고쳐야 한다.

2) 2011년 비행기가 네 번째로 선호되는 교통수단이었고 그 다음이 배이므로 train을 ship으로 고쳐야 한다. followed by는 '잇달아, 뒤이어'라는 의미로 해석한다.

2 내용상 승객들이 이용하는 교통수단이므로 승객들에 해당하는 passenger를 복수형으로 쓰고 '이용하다'의 use를 시제에 맞게 쓰면 된다. 단, 두 단어로 써야 하므로 목적격 관계대명사 that[which]을 생략해야 한다.

CHAPTER 12 전치사

Unit 17 ▶ 전치사의 다양한 표현 p. 096

A

01 The game lasted for two hours during the night.

02 The townspeople regard his behavior as odd.

03 The Inuit people led nomadic lives until recently.

04 The shadow came from behind the wall.

05 This medicine must be taken before having breakfast.

06 We argued about which of us was better at arguing.

07 You are lucky in that you have an excellent teacher.

01 during은 when에 대한 대답이고, for는 how long에 대한 대답이다. 02 전치사 다음에 형용사가 오기도 한다. cf. consider[regard, see, think of] A as B A를 B로 여기다, 간주하다 describe/treat/refer to A as B A를 B로 묘사하다/대우하다/지칭하다 ※전치사 as는 대개 '~로서'와 '때' 등으로 쓰이고 like는 '~처럼, ~같은'으로 쓰인다. '~처럼'의 like는 두 개의 대상을 비교할 때 쓰는 직유(A≒B)이고, as는 동일대상으로 보는 은유

(A=B)이다. 04 전치사 다음에 전치사가 바로 오며 이를 이중 전치사라 부른다. 06 전치사 다음에 명사절(간접의문문, 의문사절, 복합관계사절)이 올 수 있다. 10 in that은 '~라는 점에서'라는 뜻이고 「전치사 + that절」의 다른 예로 save[except] that(~라는 점을 제외하고)이 있다.

B

01 Nobody can come and develop Africa on behalf of Africans.

02 Due to our lack of funds in the budget, we could not complete the research.

03 I am writing regarding your company's job offer.

04 Given (that) he is 70 years old, he's still active.

02 = owing to/on account of/because of　03 = concerning/with reference[regard, respect] to/in relation to/as to=about　04 = considering

Further Expressions
~에 상관없이, according to, ~을 책임지는, contrary to, instead of, ~와 비교하여, in favor of, ~덕분에, ~에 의존하는, in light of, ~을 위하여, ~와 함께, as of/from, ~ 외에는, ~의 경우에, ~에 의하여

C

01 During the French Revolution, many people were guillotined.
→ While the French Revolution was happening, many people were guillotined.

02 Despite the fact that he is short, he is an excellent basketball player.
→ Although he is short, he is an excellent basketball player.

03 Because of the heavy rain, the river swelled rapidly.
→ Because it rained heavily, the river swelled rapidly.

01~03 전치사 다음에는 명사(구)가 접속사 다음에는 주어 + 동사를 포함한 문장이 온다. 01 during 다음에는 기간명사가 온다. 02 despite(= in spite of)에 이어서 절을 쓰려면 the fact that의 동격 구조를 사용하고, 절로 전환하려면 「even though[(al)though] 주어 + 동사」로 쓴다.

Words A 01 지속하다 02 townspeople, odd 03 Inuit, nomadic, 최근 04 shadow 06 논쟁하다 07 훌륭한 수능Pick 1 반복, security B 02 부족, budget 04 active　C 01 revolution, 단두대로 처형하다 02 fact 03 swell, 빨리

D

01 Lucy was very concerned with her job.
It is something concerned with tattoos.
Her parents were very concerned about[for] her.

02 The farmers were anxious for more rain.
The drought made the farmers anxious about their crops.

03 The exports consist of coffee, pepper, and coconuts.
The wealth of the nation consists in its labor force.

04 Social media addiction can result from stress.
Stress can result in social media addiction.

05 The rule applies to international students only.
My dad talked about applying to American universities.
Don't forget to apply for scholarship opportunities!

01 = interested in, = involved with　02 = eager for, = worried

about 03 = be made up of = be composed of, = lie in 05 = be caused by, = cause ~ to happen ※laugh at(~을 비웃다) laugh with(~와 함께 웃다) be known as(~로 알려져 있다) be known for(~로 유명하다) be known to(~에게 알려져 있다) be known by(~에 의해 알 수 있다)

E
01 From saying to doing is a long step.
02 He never admits (to) being embarrassed.
03 We are looking forward to seeing you there.
04 He decided to devote himself to writing.
05 I am still not used to wearing contact lenses.
06 When it comes to finding a partner, first impressions count.
07 In addition to soaking up the sun, you can also snorkel and fish.

01 from -ing to -ing에서 to 다음의 -ing에 유의한다. 02 to를 생략할 수 있다. 04 devote, dedicate, commit A to B(-ing)가 수동태가 될 때도 to가 전치사임에 유의한다. 05 be used to(= get[become, grow] used[accustomed] to) cf. 「be used to + 동사원형」 ~하기 위해 이용되다 07 = beside cf. besides는 부사(게다가)외에 전치사(= beside)로도 쓰일 수 있다. ※look forward to -ing ~를 기대하다 confess to -ing 자백하다 contribute to -ing ~에 기여하다 object to(= be opposed to) -ing ~에 반대하다 be[get] close[closer, closest] to -ing ~에 [더, 가장] 가까워지다, 근접하다 come[be] close to -ing 거의 ~할 뻔하다(문맥에 따라 '~에 근접하다') with a view to -ing ~을 위하여

♦ dedicate, -ing, granting

Words 수능Pick 2 제한하다, patient, 방문 시간 D 02 drought, 작물 03 export, 후추, wealth, labor force 04 addiction 06 scholarship, 기회 E 02 embarrassed 06 첫인상, 중요하다 07 일광욕을 하다, snorkel 수능Pick 3 개최하다, support, 자선 (단체), 소원을 들어주다, terminally ill

A
01 그 경기는 밤새 두 시간 동안 지속됐다.
02 마을 사람들은 그의 행동을 이상하게 여겼다.
03 이누이트족은 최근까지 유목 생활을 했다.
04 그림자가 벽 뒤에서부터 나왔다.
05 이 약은 아침을 먹기 전에 반드시 복용되어야 합니다.
06 우리는 우리 중 누가 논쟁을 더 잘하는지에 대해 논쟁했다.
07 너는 훌륭한 선생님이 있다는 점에서 운이 좋아.

수능 pick 1

♦ 어느 정도의 반복은 우리가 다음에 무엇이 올지 안다는 점에서 우리에게 안정감을 준다.

B
01 아무도 아프리카인들을 대표해서 아프리카에 와서 개발할 수 없다.
02 우리의 예산 부족 때문에, 우리는 그 연구를 끝낼 수 없었습니다.
03 저는 귀하의 일자리 제안에 관하여 (편지를) 쓰고 있습니다.
04 그가 70살이라는 것을 고려하면 그는 여전히 활동적이다.

C
01 프랑스 혁명 동안에 많은 사람들이 단두대로 처형당했다.
→ 프랑스 혁명이 있었을 때 많은 사람들이 단두대로 처형당했다.
02 그가 작다는 사실에도 불구하고 그는 뛰어난 농구 선수이다.
→ 그가 작을 지라도, 그는 뛰어난 농구 선수이다.
03 큰비 때문에 강이 빨리 불었다.
→ 비가 세차게 내려서 강이 빨리 불었다.

수능 pick 2

♦ 방문 시간 동안에 환자 당 방문객들은 2명으로 제한됩니다.

D
01 Lucy는 그녀의 직업에 매우 흥미가 있다.
그것은 문신과 관련 있다.
그녀의 부모님들은 그녀를 매우 많이 걱정하신다.
02 그 농부들은 더 많은 비를 열망했다.
가뭄은 농부들이 그들의 작물에 대해 걱정하게 했다.
03 수출품은 커피, 후추, 그리고 코코넛이다.
그 나라의 부는 노동력에 있다.
04 SNS 중독은 스트레스에서 비롯될 수 있다.
스트레스는 SNS 중독을 야기할 수 있다.
05 이 규칙은 국제 학생에게만 적용됩니다.
나의 아빠는 미국 대학에 지원하는 것에 관해 이야기하셨다.
장학금 (받을) 기회를 신청하는 것을 잊지 마세요!

E
01 말하는 것에서 행동하기까지는 긴 단계이다.
02 그는 결코 당황했다고 인정하지 않는다.
03 우리는 귀하를 그곳에서 뵙기를 기대합니다.
04 그는 글쓰기에 전념하기로 결심했다.
05 여전히 나는 렌즈를 착용하는 것에 익숙하지 않다.
06 파트너를 찾는 것에 관해서라면, 첫인상이 아주 중요하다.
07 일광욕을 하는 것 외에도, 여러분은 스노클링과 고기잡이를 할 수 있습니다.

수능 pick 3

♦ 슈퍼히어로 워커톤은 말기의 어린이 환자의 소원을 들어주는데 헌신하는 자선 단체를 지원하기 위해 개최됩니다.

❰ Grammar Practice ❱ ————————— p. 098

A 1 있다 2 전치사 3 while 4 for 5 (동)명사
B 1 이중 전치사 2 명사절[의문사절] 3 he, was, during
  4 전치사 5 help, helping
C 1 is, responsible, for
   ↳ is, responsible, for
  2 according, to
   ↳ according, to
  3 with, respect, to
   ↳ with, respect, to
  4 Contrary, to
   ↳ contrary, to
  5 on, behalf, of
   ↳ on, behalf, of
D 1 consists of 2 anxious about 3 applied for

4 results in　**5** known for

E　**1** cut　**2** because　**3** Considering　**4** staying
　　5 reflecting

F　**1** focus → focusing　**2** During → While　**3** ×　**4** ×
　　5 be → being

B

1 그 크롭 서클은 위에서 보면 꽃처럼 보인다.

2 인생은 당신에게 무엇이 일어났는지가 아니라 당신이 그것에 어떻게 반응하는지에 관한 것입니다.

3 넬슨 만델라는 감옥에 있는 동안 법학 학위를 취득했다.

4 뇌나 심장과 같은 부드러운 내부 장기들은 골격에 의해 보호 받는다.

5 그들은 피난민 가족들을 돕는데 헌신하고 있는 것처럼 보인다.

D

1 아이의 예술은 창의력과 발명으로 구성되어 있다.

2 폭설 후에 우리는 모두 눈사태를 걱정하고 있습니다.

3 지난해에 수천 명의 이주자들이 EU의 28개의 회원국에서 망명을 신청했다.

4 유전과 환경 사이의 복잡한 상호작용은 결국 우리의 성격이 된다.

5 Cesaria Evora는 그녀의 풍부한 목소리와 잃어버린 사랑에 관한 노래로 유명했다.

해설

1 아이의 예술은 창의력과 발명으로 구성된다는 흐름으로 '~로 구성되다'의 의미인 consists of를 쓰면 된다.

2 폭설 후에 눈사태가 걱정된다는 흐름으로 '~을 걱정하는'의 의미인 anxious about이 적절하다.

3 이주자들이 망명을 신청했다는 흐름으로 applied for가 적절하다.

4 유전과 환경 사이의 복잡한 상호 작용이 우리의 성격이 된다는 흐름으로 '(결과적으로) ~가 되다, 초래하다'의 의미인 results in이 적절하다.

5 Cesaria Evora가 풍부한 목소리와 잃어버린 사랑의 노래로 유명한 것이므로 known for를 쓰면 된다.

E

1 Q: 다이아몬드가 가장 단단한 물질이라면, 다이아몬드를 자르는데 무엇이 이용되나요?
　　A: 다이아몬드요.

2 당신은 자면서 재채기를 할 수가 없는데, 그 이유는 뇌가 반사 작용을 폐쇄하기 때문이다.

3 자전거 상태를 고려하면 그것은 좋은 거래였다.

4 저는 당분간 CEO 자리에 머무는 것을 기대합니다.

5 자러 가기 전에, 하기 두려웠던 것을 되돌아보는 것에 전념해라.

해설

1 다이아몬드가 다이아몬드를 자르는데 사용된다는 의미로, 「be used to + 동사원형」 구문인 cut이 적절하다.

2 선택지 다음에 주어와 동사를 포함한 문장이 이어지므로 because가 적절하다.

3 '~을 고려하면'이란 의미로 Considering이 적절하다. 여기서 Considering은 전치사이다.

4 「look forward to -ing」로 쓰이므로 staying이 적절하다.

5 「commit to -ing」는 '~에 전념하다[헌신하다]'라는 뜻으로 reflecting이 적절하다.

F

1 Kyle은 마라톤에 집중하는 것에 몰두하고 있다.

---

2 보스턴에 있는 동안, 우리는 유명한 전투 현장인 Bunker Hill에 방문했다.

3 근로자의 거의 20%가 사무용품을 사적 용도로 가져가는 것을 인정한다.

4 자신의 일을 그만두고 싶은 유혹에 빠졌음에도 불구하고, John은 거기에서 버티기로 결심했다.

5 학교의 규율 담당 교사 외에도 그는 또한 학교 농구부 코치로 알려져 있었다.

해설

1 devote A to B(-ing) 구문이므로 focus를 focusing으로 고쳐야 한다.

2 While 다음에는 「주어 + 동사(we were)」가 생략된 것으로 During을 While로 고쳐야 한다.

3 '~을 인정하다'의 의미인 「admit (to) -ing」 구문에서 to가 생략된 것으로 taking은 적절하다.

4 동명사구를 목적어로 취하고 있는 전치사 Despite는 적절하다. Even though[(Al)Though]로 써서 분사구문으로도 쓰일 수 있지만 어색한 곳이 있으면 고치라고 했으므로 Despite는 고치지 않아도 된다.

5 In addition to에서 to는 전치사이므로 be를 being으로 고쳐야 한다.

Review Test　Unit 17　　　　　　p. 100

A　**1** 1) matters　2) convincing　**2** 1) doing　2) yourself
　　3 1) getting　2) prepare　**4** 1) Unlike　2) escaping
　　5 1) being　2) are　**6** 1) During　2) cut
　　7 1) were　2) because　**8** 1) Contrary to　2) walking
B　**1** 1) ×　2) ×　**2** 1) what → that　2) hurting → hurt
　　3 1) feed → feeding　2) them → it
　　4 1) ×　2) raise → raising
　　5 1) Though → Despite[In spite of]　2) ×
　　6 1) prove → proving　2) ×
　　7 1) ×　2) illegally → illegal
　　8 1) from → in　2) ×
C　**1** 1) F　2) T　**2** (b) of[from]
D　**1** 1) T　2) F
　　2 prevents the heat of the air from passing into the colder ice

A

1 대중 연설에서 다른 사람을 설득하는 것에 관련해서는 당신의 신체 언어는 중요하다.

2 인생은 팔 굽혀 펴기를 하는 것과 같다. 네 자신을 밀어 올리지 않으면 넌 올라갈 수 없다.

3 당신이 실패에 대한 두려움을 없애는 데 전념한다면, 실패에 대비할 필요가 없다.

4 Dufresne과는 달리, 탈출한 후에 Hatlen은 새로운 삶에 적응할 수 없었다.

5 사람들과 어울리는데 익숙하지 않은 일부 보호소 개들은 아이들이 있는 가족에게 적합하지 않다.

6 Gordium에서 그의 체류 동안, Alexander는 'Gordian 매듭'을 자신의 검의 '휙' 하는 소리와 함께 잘랐다.

7 18세기 영국에서는 그것을 수입하는 것이 비쌌기 때문에 오직 부유한 사람들만이 파인애플을 먹을 수 있었다.

8 모든 사람의 생각과 달리, 그 기타리스트는 자신의 병을 극복하고 무대 위로 걸어 올라갔다.

해설

1 1) '중요하다'는 뜻의 matter는 자동사이므로 수동태로 전환하지 못한다. 따라서 matters가 적절하다.
　　2) '~에 관해서라면'은 「when it comes to -ing」 구문으로 쓰이므로 convincing이 적절하다.

2 1) like는 전치사로 동명사를 목적어로 취한다. 따라서 doing이 적절하다.

2) push의 주체와 객체가 같으므로 재귀대명사 yourself가 적절하다.

3 1) 'A를 B에 몰두[전념]시키다'의 「devote A to B(-ing)」의 수동태로 to는 전치사이다. 따라서 getting이 적절하다.

2) need not의 형태로 need가 조동사로 사용되었다. 따라서 동사원형인 prepare가 적절하다.

4 1) 'Hatlen과는 달리'라는 뜻이 되어야 하므로 전치사 Unlike가 적절하다. Unlikely는 형용사로 '일어날 것 같지 않은', 부사로 '있을 법하지 않게'의 뜻이다.

2) after가 전치사이므로 동명사가 와야 한다. 따라서 escaping이 적절하다. after he escaped의 분사구문으로 봐도 된다.

5 1) Some shelter dogs (that are) not used to ~ 구문으로 being이 적절하다.

2) Some shelter dogs가 주어이고 이에 따르는 술어동사가 필요하므로 are가 적절하다.

6 1) 기간명사인 his stay가 왔으므로 전치사 during이 적절하다.

2) Alexander가 주절의 주어이고 이에 따르는 술어동사가 필요하므로 cut이 적절하다.

7 1) the rich는 rich people이란 뜻으로 복수동사 were가 적절하다.

2) 주어(it)와 동사(was)가 이어지므로 접속사 역할을 하는 because가 적절하다.

8 1) 내용상 '~와 달리, ~에 반해'의 뜻을 가진 Contrary to가 적절하다.

2) and he walked의 분사구문으로 walking이 적절하다.

B

1 대부분의 자연의 소리는 하나 이상의 주파수로 구성되어 있다.

2 우리는 우리를 아프게 하는 생각에 매달리도록 한다는 점에서 우리는 종종 자신만의 적이 될 수도 있다.

3 당신의 몸과 마음에 음식을 공급하는 데 있어서, 음식을 신선한 재료로 준비하고 그것을 사랑으로 차리는 것이 더 좋다.

4 너의 부모님이 너를 키우는데 얼마나 많은 시간을 헌신했다고 생각하니?

5 그녀의 발의 통증에도 불구하고, Lisa는 얼굴 가득히 미소를 지었고, 그녀의 반친구들은 "파이팅, Lisa! 파이팅! 파이팅"이라고 소리 질렀다.

6 자신의 이론들을 입증하는 데 더 근접하자, 그는 연구실에 안전 체계 설치를 갈망했다.

7 교통 안전국은 모든 주에서 핸즈프리로 대화하는 것부터 문자 보내기에 이르기까지의 휴대폰 사용을 불법으로 만들었다.

8 극심한 기상 사건이 자연 재앙을 초래할 때, 우리는 즉각적으로 기후 변화를 비난하는 경향이 있다.

해설

1 1) 여기서 most는 '대부분'이란 뜻으로 natural sounds를 수식하므로 적절하다.

2) '~로 구성되다'의 뜻인 consist of의 다른 표현인 be composed of는 적절하다.

2 1) 「in that + 완전한 문장」은 '~라는 점에서'로 쓰인다. 완전한 문장이 왔으므로 which를 접속사 that으로 고쳐야 한다.

2) that은 관계사이고 관계사절에 동사가 필요하므로 hurting을 hurt로 고쳐야 한다.

3 1) '~에 관해서라면'의 뜻을 가진 「when it comes to + -ing」 구문으로 feed를 feeding으로 고쳐야 한다.

2) 내용상 가리키는 대상이 ingredients가 아닌 food이므로 them을 it으로 고쳐야 한다.

4 1) 완전한 구조의 문장을 유도하면서 think의 목적어 역할을 하는 접속사 that은 적절하다.

2) '~에 헌신하다[바치다]'의 의미인 dedicate A to B(-ing) 구문이다. 따라서 raise를 raising으로 고쳐야 한다.

5 1) 문장이 아닌 명사만 왔으므로 Though를 Despite[In spite of]로 고쳐야 한다.

2) and her classmate shouted의 분사구문으로 shouting은 적절하다.

6 1) 1) '~에 근접하다, 거의 ~할 뻔하다'의 의미인 「come close to -ing」 구문에서 close의 비교급이 쓰인 것으로 prove를 동명사 proving으로 고쳐야 한다.

2) '~하기를 갈망하다'의 의미인 「be eager to + 동사원형」으로 to install은 적절하다.

7 1) 「from A(-ing) to B(-ing)」 구문으로 동명사로 쓰인 texting은 적절하다.

2) 「make + 목적어 + 목적격보어」 구문으로 illegally를 목적격보어가 되도록 형용사인 illegal로 고쳐야 한다.

8 1) result from은 '~에서 기인하다, 비롯되다'의 뜻이고, result in은 '결과적으로 ~가 되다, 초래하다'의 뜻이다. 따라서 내용상 from을 in으로 고쳐야 한다.

2) 동사 blame을 수식하므로 부사인 immediately는 적절하다.

C

> 감사를 표현하는 한 방법으로 Jackie는 Kane에게 그녀가 가지고 있던 모든 돈을 주었다. 그러고 나서, 그녀의 남편 Ray Dimitri는 Kane을 위한 돈을 모금하기 위해 GoFund 페이지를 시작하였다. 금요일 오전 중간부로 거의 125,000달러가 기부되었다. 주말 동안, 그는 그 기부금을 가지고 하고자 계획하는 일에 대해 Kane과 이야기를 나누었고, 그가 그것을 실현시킬 확실한 계획을 가지고 있다는 것을 알게 되었다.

해설

1 1) 전반부에 Kane을 위해 GoFund 페이지를 시작했다고 했으므로 틀린 진술이다.

2) 후반부에 그(Kane)가 그것을 실현시킬 확실한 계획을 가지고 있다는 것을 알게 되었다고 했으므로 옳은 진술이다.

2 (b)는 '현재로'라는 뜻의 As of[from]가 들어가고 나머지는 '~와 함께, ~을 가지고 (있는)'의 뜻을 나타내는 전치사 with가 들어가야 한다.

D

> 우리는 우리 자신을 따뜻하게 위해 담요를 사용하는 것에 익숙하다. 그래서 담요가 얼음을 차게 유지하고 그것이 녹지 않도록 사용되는 것을 보면 충격을 받을지도 모른다. 우리는 담요가 변함없이 어떤 것을 따뜻하게 한다고 기대하고 있기 때문에, 우리는 그것이 얼음도 따뜻하게 하게 할 것이라고 생각한다. 하지만 담요는 열이 한쪽 면을 통해서 다른 쪽 면으로 전달되는 것을 막아준다. 그러므로, 그것(담요)는 몸의 열이 그것을 둘러싸고 있는 보다 차가운 공기로 전달되는 것을 막아주는데, 이것은 공기의 열이 보다 차가운 공기로 전달되지 못하게 한다.

해설

1 1) 전반부에 담요가 얼음을 차게 유지한다고 했으므로 옳은 진술이다.

2) 중반부에 담요는 열이 한쪽 면을 통해서 다른 쪽으로 전달되는 것을 막는다고 했으므로 틀린 진술이다.

2 주어는 which이고 동사 부분에 해당하는 'A가 B하지 못하게 하다' 구문인 「prevent A from -ing」 구문을 활용하면 된다. which가 단수인 it(= a blanket)이고 A에 해당하는 것은 the heat of the air이고 B에 해당하는 것은 passing into the colder ice이므로 prevents the heat of the air from passing into the colder ice로 쓰면 된다.

13 접속사

Unit 18 병렬구조 · 명사절 접속사　p. 102

A

01 Fear and creativity don't mix.
02 Go straight, and (then) you will see a scarecrow.
　cf. Come out right now and walk the dog.
03 She enjoys swimming in the ocean but not in a pool.
04 It's somebody's birthday somewhere, so I eat cake.
05 A: Is it Thursday or Friday today? B: It's Monday.
06 Be nice to the dog, or (else) it'll bite you.
　cf. Take the subway or hail a taxi.
07 Switzerland is not in the EU, nor is it a member of NATO.
08 There were few visitors, for it rained for hours.
09 He is eighty-eight, yet he does chin-ups regularly.

01 단어와 단어를 대등하게 연결한다. 02 「명령문 and ~」에서 and는 '그러면'이란 뜻이다. → If you go straight, you'll see a scarecrow. cf. 「명령문 and 명령문」 구문으로 and 다음에 주어가 없을 경우 해석에 유의한다. 03 어구와 어구를 대조적으로 연결한다. 04 절과 절을 원인과 결과로 연결한다. 05 둘 중 하나를 선택할 때 사용한다. cf. 「명령문 or 주어 ~」에서 or는 '그렇지 않으면'의 뜻이다. → If you're not nice to the dog, it'll bite you. cf. 「명령문 or 명령문」 구문에서 or 다음에 주어가 없을 경우 해석에 유의한다. 07 부정 표현에 이어 연속적으로 두 문장을 연결하는 접속사 역할을 하며, nor 다음에는 주어와 동사의 도치가 일어난다. (▶Unit 21 강조와 도치 참조) 08 주절을 보충 설명하며 문두에 쓰이지 않는다. 09 but과 쓰임이 비슷하나 놀라움이 가미되어 있다. yet은 부사로도 쓰여서 ', and yet he does chin-ups regularly'로 바꿔 쓸 수 있다.

PLUS
그렇지 않으면, 동격, 즉, that, is

수능pick 1
♦ or, 병렬구조, sliding

B

01 The main character is both likable and realistic.
02 Voting is not only our right, but it is (also) our power.
　→ Voting is our power as well as our right.
　→ Voting is not just our right; it is our power.
03 I never lose. I either win, or I learn.
04 Your performance was neither perfect nor wonderful.
　cf. Your performance was never perfect or wonderful.

01 A and B보다 강조의 의미를 나타낸다. 02 = not [just/merely/simply/alone] but (also) B 또는 not only ~ B as well(too) = B as well as A이며 수일치는 B에 한다. (▶Unit 20 수일치 참조) / but을 생략하고 세미콜론(;)을 쓰기도 한다. 04 nor는 neither와 어울린다. cf. never A or B도 유사하게 쓰이며 never ~ nor가 아님에 유의한다.

Words　01 fear, creativity, mix 02 허수아비 03 ocean 06 물다, hail

07 EU 09 chin-up, 규칙적으로　PLUS 껴입다, freeze, Buddhist
수능Pick 1 metro, depress, slide　B 01 주인공, likable, 현실적인
02 voting 04 performance

수능pick 2
♦ nor, 접속사, neither, 접속사, nor

C

01 It is true (that) the best things are the most difficult.
02 A thief thinks (that) every man steals.
03 The problem is (that) you think you have time.
04 The chief thought it strange (that) it didn't rain.
05 Where's the proof that he played a fixed game?
06 Whether he leaves or not isn't important to me.
07 We can't say whether[if] your plan was right (or not).
08 The real question is whether or not he feels guilty.
09 He asked the girl about whether she'd been naughty or nice.

01~03 접속사 that이 명사처럼 쓰여서 주어, 목적어, 보어 역할을 할 수 있다. 01 that절이 주어로 쓰일 때는 가주어 – 진주어 구문으로 주로 쓰인다. 04 that 이하가 진목적어이다. 05 앞의 표현을 재진술하는 동격으로 쓰이며 완전한 구조의 문장이 온다는 점에서 관계대명사 that과 다르다. e.g. the news/fact/rumor/chance[possibility, likelihood] that 등이 있으며, a lot of evidence that처럼 수식어가 붙기도 한다. 06~09 whether는 의문사처럼 주어, 전치사 및 동사의 목적어, 보어 자리에 쓰이고 to부정사와도 결합할 수 있으나, if는 주로 목적어 자리에 쓰인다. 06 whether는 주어 자리에 쓰이나 if는 그렇지 못하다. 단, 가주어–진주어 구문은 가능하다 e.g. It doesn't matter if it comes. 07 목적어 자리의 whether와 if는 바꿔 쓸 수 있다. 08 보어 자리에 if를 쓸 수 있지만 whether가 주로 쓰인다. 또한 whether는 or not과 나란히 쓸 수 있다. 09 전치사의 목적어는 whether만 쓸 수 있다.

수능pick 3
♦ 확실, 단정적, 불확실, 비단정적, whether, whether, that, 단정적, if, 비단정적

D

01 How he became a monk is a mystery.
02 Can you explain what the object of a preposition is?
　cf. What do you think the best form of government is?
03 He asked me which animals I hunted in Africa.
04 The question is where you parked our car.
05 Take a second to think about how blessed you are.

01~05 의문사가 명사처럼 쓰여서 주어, 목적어, 간접목적어, 보어 역할을 할 수 있다. 02 cf. 주절에 생각동사(think, believe, guess, suppose 등)가 올 때 묻고자 하는 것이 의문사이면 의문사가 문두로 이동한다.

수능pick 4
♦ 간접의문문, 주어, 동사, where, they, had

Words　수능Pick 2 improve　C 02 thief 04 추장 05 proof, fixed game 09 naughty 수능Pick 3 investigate, 편하게 하다 D 01 monk 02 설명하다, form, government 03 hunt 04 park 05 잠시 시간을 내다, blessed

A

01 두려움과 창의력은 섞이지 않는다.

02 쭉 가라, 그러면 너는 허수아비를 볼 것이다.

　cf. 지금 당장 나와, 그리고 개를 산책시켜.

03 그녀는 바다에서 수영하는 것을 즐기지만, 수영장에서는 아니다.

04 어딘가에서 누군가의 생일이어서 나는 케이크를 먹는다.

05 A: 오늘 목요일이니 아니면 금요일이니?

　 B: 월요일이야.

06 개에게 잘 대하라. 그렇지 않으면 그것은 당신을 물 것이다.

　cf. 지하철을 타라 또는 택시를 불러라.

07 스위스는 EU에 있지 않고, NATO의 회원국도 아니다.

08 비가 몇 시간 동안 왔기 때문에 방문객이 거의 없었다.

09 그는 88세이지만, 규칙적으로 턱걸이를 한다.

　PLUS

　너는 옷을 껴입어야 한다. 그렇지 않으면 얼어 죽는다.

　시암, 즉 태국은 불교의 나라로 알려져 있다.

수능 pick 1

♦ 메트로에서는 단추를 누르거나 레버를 내리누르거나 문을 옆으로 밀어서 당신 스스로 문을 열어야 한다.

B

01 그 주인공은 호감이 가고 현실적이다.

02 투표는 우리의 권리일 뿐만 아니라 우리의 힘이다.

03 나는 결코 지지 않는다. 나는 이기거나 나는 배운다.

04 너의 공연은 완벽하지도 아름답지도 않았어.

수능 pick 2

♦ 그는 자신의 일을 잘 하지 못했고, 나아지는 것 같지도 않았다.

C

01 최고의 것들이 가장 어렵다는 것은 사실이다.

02 도둑은 모든 사람이 훔친다고 생각한다.

03 문제는 네가 시간이 있다고 생각하는 것이다.

04 그 추장은 비가 오지 않는 것을 이상하게 생각했다.

05 그가 짜고 친 경기를 했다는 증거가 어디 있나요?

06 그가 떠나든지 아닌지는 나에게 중요하지 않아요.

07 우리는 당신의 계획이 옳은 것인지 아닌지 말할 수가 없습니다.

08 진짜 문제는 그가 죄책감을 느끼는지 아닌지이다.

09 그는 그 소녀에게 버릇없었는지 착했는지 물었다.

수능 pick 3

♦ Baylor 대학의 연구자들은 다양한 종류의 글쓰기가 사람들을 편하게 하여 잠들도록 해 줄 수 있는지 아닌지를 조사하였다.

D

01 그가 어떻게 스님이 된지는 수수께끼이다.

02 전치사의 목적어가 무엇인지 설명해 주실 수 있나요?

　cf. 최고의 정부 형태가 무엇이라고 생각하시나요?

03 그는 내가 아프리카에서 어떤 동물들을 사냥했는지 물었다.

04 문제는 네가 우리의 차를 어디에 주차했는지이다.

05 잠시 시간을 내어 당신이 얼마나 축복 받았는지 생각하세요.

수능 pick 4

♦ 나는 점원에게 컴퓨터에 관한 책이 어디에 있는지 물었다.

⟪ Grammar Practice ⟫ ——— p. 104

A　1 등위　2 nor　3 세미콜론(;)　4 진목적어　5 that

B　1 보어　2 역접, but　3 so, nor　4 not, but

　　5 the, fact, 동격접속사

C　1 but, but　2 and, and　3 either, 둘 중 하나, either

　　4 so, are, so, are　5 whether, ～인지 아닌지, whether

D　1 or　2 if　3 Not　4 that　5 either

E　1 it　2 nor　3 or　4 Whether　5 make

F　1 ×　2 if → that　3 what → that　4 or → nor

　　5 or → and

B

1 문제는 네가 아무것도 모른다는 거야.

2 인생은 아름답지만 항상 쉽지 않다.

3 나는 춤을 아주 잘 추지 못하고, 나의 엄마도 그렇지 못해.

4 1회용 종이 접시뿐만 아니라 냅킨도 있다.

5 나는 남자들이 철이 들지 않고 커지기만 한다는 사실을 믿는다.

D

1 개인들은 31점으로 육군이나 주 방위군에 입대할 수 있다.

2 누가 너의 집이 깨끗한지 아닌지 신경 쓰겠니?

3 우리는 행복할 권리뿐만 아니라 행복해야 할 의무도 가지고 있다.

4 하지만, 우리는 그 관계가 정상궤도에 다시 들어서고 있다고 생각했다.

5 구름 입자는 액체일 수도 고체일 수도 있고, 그것들은 작거나 클 수도 있다.

해설

1 육군에 가거나 또는 주 방위군에 가는 선택을 나타내는 등위접속사 or가 적절하다.

2 '～인지 아닌지'의 의미로 if가 적절하다.

3 'A뿐만 아니라 B도'의 의미인 not only A but also B 구문에서 Not only가 도치된 것으로 Not이 적절하다.

4 thought의 목적어 역할을 하면서 완전한 문장을 유도하는 단정적인 that이 적절하다.

5 'A 또는 B 둘 중 하나'의 의미로 either A or B 구문으로 either가 적절하다.

E

1 그는 많은 무고한 시민들이 죽었다는 것을 비극이라고 생각했다.

2 우리는 어떤 구체적인 계획도 통보 받지 못했고, 아무도 신경을 쓰는 것 같지 않았다.

3 선택해라, 그렇지 않으면 다른 이들이 너를 위해 선택할 것이다.

4 비록 내 자신만의 방이 어지러웠을지라도 내가 내 자신만의 방을 가지느냐 아니냐는 중요했다.

5 도시를 가로질러 뛰고 자연이 제공하는 것을 친구들과 이용해 보아라.

해설

1 「think + 가목적어 + 목적격보어 + that절」 구문으로 가목적어인 it이 적절하다.

2 부정의 내용을 이어서 표현할 때는 or가 아닌 nor를 쓰므로 nor가 적절하다. nor 다음은 도치가 된다.

3 '～해라 그렇지 않으면 …할 것이다'의 의미인 「명령문 ～, or…」 구문으로 or가 적절하다.

4 '～인지 아닌지'의 명사절을 이끄는 접속사는 whether와 if가 있는데 or not과 나란히 쓰는 것은 whether이다.

5 내용상 and를 기준으로 try와 병렬구조를 이루므로 make가 적절하다.

정답 및 해설 53

F

1 네가 웃거나 우는 것은 나에게 중요하지 않다.

2 너는 내가 여행하는 것을 좋아하지 않는 것이 이상하다고 생각하니?

3 너는 모든 cow가 암컷이라는 것을 알고 있었니? 수컷은 bull이나 steer라고 불려.

4 나는 Plumb씨가 나를 알아보지도 못했고 나의 이름을 기억하지도 못해서 기분이 나빴다.

5 남: 그녀를 구석에 가둬. 그러면 넌 이 시합을 이길 거야.
여: 알겠어요. 다른 건요, 코치님?

해설

1 명사절을 이끄는 접속사 whether가 or와 함께 주어 자리에 쓰였으므로 적절하다.

2 consider의 진목적어 역할을 하면서 단정적 표현이 오므로 if를 that으로 고쳐야 한다.

3 사실을 말하고 있으면서 know의 목적어 역할을 할 수 있는 that으로 고쳐 써야 한다.

4 상관접속사 neither가 있으므로 이와 어울리도록 or를 nor로 고쳐야 한다.

5 구석에 가두면 경기에서 이길 것이라는 내용으로 「명령문 + and」 구문이다. 따라서 or를 and로 고쳐야 한다.

Unit 19 ▶ 부사절 접속사 · 접속부사   p. 106

A

01 Find your patience <u>before</u> I lose mine.

02 Shortly <u>after</u> you (had) left, a deliveryman came.

03 The eyes are useless <u>when</u> the mind is blind.
cf. I'll give it to you <u>when</u> you say, "Please."

04 You can't hum <u>while</u> (you are) holding your nose closed.

05 She told us a scary story <u>as</u> we walked down the street.

06 I haven't studied math <u>since</u> I was a 2nd grader.

07 Blueberries will not ripen <u>until</u> they <u>are</u> picked.

08 <u>Once</u> you choose hope, anything's possible.

09 <u>As soon as</u> the bell rings, the test will begin.

10 <u>Whenever</u> I think of the future, I see you.

11 <u>By the time</u> people realize your worth, you'll be worth more.

02 전후 관계가 명백한 경우에는 과거시제가 과거완료를 대신한다.   03 *cf.* when이 if의 의미로 '~하면'이라고 해석될 때도 있다.   04 부사절의 주어와 be동사는 주절의 주어와 같을 때 생략될 수 있다. 이때 남은 분사의 태에 주의한다. ※ because는 제외 (▶B 01번 참조)   06 since절이 과거이면 주절은 주로 현재완료형이 온다.   07~09 시간 부사절에서 현재형이 미래를 의미한다.   09 = the <u>moment[second/minute/instant]</u> / 명사구가 접속사 역할을 할 수 있다.   10 = each <u>time[every/time]</u>

B

01 I stole the bread <u>because</u> (I was) starving.

02 <u>Since</u> you say so, I will believe it.

03 <u>As</u> he was exhausted, he fell down on the bed.

04 <u>Now</u> (that) you mention it, she has seemed depressed lately.
cf. He was lucky <u>in that</u> he had trustworthy friends.

05 <u>Unless</u> food is mixed with saliva, you can't taste it.

06 <u>If</u> you tell the truth, you don't have to remember anything.

07 Failure is good <u>as long as</u> it doesn't become a habit.
cf. Her hair is <u>as long as</u> mine.

08 The verb is plural (just) <u>in case</u> (that) the subject is plural.

09 <u>Even though</u>[= While] a tongue has no bones, it can break a heart.

10 Speak the truth <u>even if</u> your voice shakes.

11 People change all the time <u>whether</u> you like it <u>or</u> not.

01~03 because에는 청자가 알지 못하는 이유가 오고, since와 as는 청자가 아는 이유가 오며 서로 바꿔 쓸 수 있다.   01 because절의 주어와 be 동사는 주절의 주어와 같을지라도 생략할 수 없다.   04 Now that은 '~이니까'의 의미로 that은 생략할 수 있다.   05 Unless는 If ~ <u>not</u>으로 바꿔 쓸 수 있다. → If the food <u>isn't</u> mixed with saliva, you can't taste it.   06 실현 가능성이 있는 경우의 <u>단순</u> 조건에는 if는 가정법 if처럼 시제일치의 예외에 적용되지 않는다. (▶Unit 09 if 가정법 참조)   07 as long as가 접속사로 쓰일 수도 있고, 원급 표현에도 쓰일 수 있다.   09 = (al)though *cf.* as <u>though[if]</u>는 '마치 ~처럼'의 의미이다.   08~09 even if는 불확실한 사실을, even though는 확실한 사실을 표현할 때 쓴다. e.g. Even though[Even if] he was born in America, he's Korean. while에도 <u>although</u>의 의미가 있다.   11 whether는 명사절뿐만 아니라 <u>부사절</u>을 이끌며, 이 때 <u>or</u>가 주로 따라 나온다.

Words   A 01 patience 02 배달원 03 blind 04 hum 05 scary 06 grader 07 ripen, 수확하다 11 realize, worth   B 01 굶주리다 03 exhausted 04 우울한 05 saliva, 맛보다 07 failure 08 동사, plural, subject 10 truth, shake 11 언제나

수능 pick 1
◆ 의지, will

C

01 He lit the fire <u>so[in order] that</u> everybody could relax.

02 The burglar wore gloves(,) <u>so</u> (that) he left no fingerprints.

03 Her smile was <u>so</u> beautiful (that) my heart nearly stopped.
→ <u>So</u> beautiful <u>was her smile that</u> my heart nearly stopped.

04 He's <u>such</u> a mean man <u>that</u> nobody wants to be with him.
→ <u>Such</u> a mean man <u>is he that</u> nobody wants to be with him.

05 The experience was <u>such that</u> I cannot put it into words.
→ <u>Such was the experience that</u> I cannot put it into words.

01 목적을 나타내는 that절에는 조동사(can, will, may)가 자주 쓰인다. so that에서 that은 생략이 가능하지만 in order that은 그렇지 않다.   02 결과를 나타내는 콤마(,) so that에는 조동사가 없는 경우도 있다. 한편 콤마(,)와 that이 둘 다 생략되면 등위접속사 so와 쓰임이 유사하다.   03 「so + 형용사/부사 + that ~」 구문으로 쓰이며 so 대신 very를 쓰지 않는다.   04 「such + a(n) + 형용사 + 명사 + that ~」 구문으로 쓰인다.   05 「be동사 + such that」도 결과를 나타낸다.   03~05 so, such가 문두로 이동되면 도치가 된다. (▶Unit 15 도치 참조)

D

01 I am Mr. Lee from Jeonju. <u>Therefore</u>, I am proud.

02 I don't like salads. <u>However</u>, I like vegetables.

03 You can use any two colors. <u>For example</u>, red and yellow.

04 Your dog got into my yard. <u>In addition</u>, he tore up my tent.

05 You're my friend; <u>nonetheless</u>, I feel that you're a stranger.
06 They returned home. <u>Likewise</u>, I went home.
07 Stop making that noise. <u>Otherwise</u>, I'll call the police.
08 The railroad connects two cities, <u>namely</u>, Paju and Seoul.
09 Well, <u>to sum up</u>, what is the message you are trying to say?
10 <u>In fact</u>, the rumor was true.

01~10 접속부사로 두 문장을 연결하려면 세미콜론(;)을 써야 한다. **01** 인과: <u>thus</u>, <u>hence</u>, accordingly(따라서) <u>as a result</u>(결과적으로) in conclusion(결론적으로) consequently, <u>as a consequence</u>(결과적으로) **02** 역접: <u>instead</u>(대신에, 오히려), <u>conversely</u>(정반대로) **03** 예시: <u>for instance</u>, e.g., such as(~와 같은) **04** 첨가: <u>besides</u>, additionally, <u>furthermore</u>, <u>moreover</u>, what is more(게다가) above all(무엇보다도) **05** 양보: <u>nevertheless</u>, notwithstanding(그럼에도 불구하고) **06** 비교·유사: <u>similarly</u>, in (a) similar fashion(유사하게), in the same way, <u>in like manner</u>(같은 방법으로), In[by] comparison(비교해 보면) **07** 조건: <u>or else</u> **08** 부연: <u>that is</u> (to say), <u>i.e.</u>(즉) in other words(다시 말해서) **09** 요약: <u>in brief</u>, <u>in short</u>, in a word, in essence, <u>in summary</u>, in a nutshell, <u>in sum</u>(요컨대) **10** 강조: indeed(참으로), <u>in effect</u>, a matter of fact(사실)

Words 수능Pick 1 답장하다, appreciate C 01 light, relax 02 burglar, 지문 03 거의 04 mean 05 experience, 말로 표현하다 D 04 yard, 찢어버리다 08 connect 10 rumor

A

01 내가 내 인내심을 잃기 전에 너의 인내심을 찾아라.
02 네가 떠난 직후 택배기사님이 오셨어.
03 마음이 앞을 볼 수 없을 때[경우에] 눈은 쓸모없다.
  cf. '제발요'라고 말하면, 그것을 너에게 주겠다.
04 너는 코를 막는 동안 콧노래를 부를 수 없다.
05 그녀는 우리가 도로를 걸어 내려가면서 우리에게 무서운 이야기를 해 줬다.
06 나는 2학년 이후로 수학을 공부하지 않았다.
07 블루베리는 수확할 때까지 익지 않는다.
08 일단 네가 희망을 선택하면, 어떤 것이든 가능하다.
09 종이 울리자마자 시험이 시작될 것입니다.
10 내가 미래를 생각할 때마다, 난 네가 보여.
11 사람들이 너의 가치를 알아차릴 무렵, 너는 더 가치 있게 될 것이다.

B

01 나는 굶주려서 빵을 훔쳤다.
02 네가 그렇기 말하니까, 그것을 믿을게.
03 그가 매우 지쳐서, 그는 침대로 털썩 드러누웠다.
04 네가 그것을 언급했으니까(말이 나왔으니까 말인데), 그녀는 최근에 우울해 보였다.
  cf. 그는 믿을만한 친구들이 있다는 점에서 운이 좋아.
05 음식이 타액과 섞이지 않으면, 당신은 그것을 맛볼 수 없습니다.
06 네가 사실을 말한다면 어떤 것도 기억할 필요가 없다.
07 실패는 습관이 되지 않는 한 좋다.
  cf. 그녀의 머리는 나의 것만큼 길다.
08 주어가 복수인 경우에(만) 동사는 복수형이다.
09 혀에는 뼈가 없을지라도, 그것은 마음을 부술 수 있다.
10 너의 목소리가 떨릴지라도 진실을 말하라.
11 네가 (그것을) 좋아하든 말든 사람들은 언제나 변한다.

♦ 만약 저에게 답장을 해주실 의향이 있다면, 저는 그것을 매우 고맙게 생각할 것입니다.

C

01 그는 모두가 편히 쉴 수 있도록 불을 붙였다.
02 도둑은 장갑을 끼고 있어서, 남은 지문이 없었다.
03 그녀의 미소는 매우 아름다워서 나의 심장은 거의 멈췄다.
04 그는 매우 야비한 사람이어서 아무도 그와 함께 있기를 원하지 않는다.
05 그 경험은 내가 말로 표현할 수 없을 정도였다.

D

01 나는 전주 이씨다. 따라서 나는 자랑스럽다.
02 나는 샐러드를 좋아하지 않는다. 하지만, 나는 야채를 좋아한다.
03 당신은 어떤 두 가지 색상을 써도 됩니다. 예를 들면, 빨강이나 노랑입니다.
04 당신의 개가 나의 마당에 들어왔어요. 게다가, 그는 나의 텐트를 찢어버렸어요.
05 너는 나의 친구이다. 그럼에도 불구하고, 나는 네가 멀리 떨어져 있는 것 같이 느낀다.
06 그들은 집으로 돌아갔다. 마찬가지로 나도 집으로 갔다.
07 그 소음 좀 멈추세요. 그렇지 않으면 경찰을 부르겠어요.
08 그 기찻길은 두 도시를 연결한다. 즉, 파주와 서울이다.
09 음, 요약하자면, 당신이 말하고자 하는 메시지가 뭔가요?
10 사실, 그 소문은 사실이었다.

❰ Grammar Practice ❱ ——————— p. 108

A **1** as, soon, as **2** now, that **3** even, if, as, though **4** whether **5** 목적
B **1** ~하는 동안, 부사 **2** 매우 ~해서 …하다, 결과 **3** ~할 때, 부사 **4** I, was **5** While, 부사, While
C **1** before
  ∟ before
  2 minute[moment]
  ∟ minute[moment]
  3 in, order, that
  ∟ in, order, that
  4 but[yet]
  ∟ but, yet
  5 Once
  ∟ Once
D **1** If **2** even though **3** As soon as **4** because **5** Whenever
E **1** Even though **2** e.g. **3** as if **4** in that **5** unless
F **1** ✕ **2** comes → will come **3** ✕ **4** will plan → plan **5** If → Whether

B

1 우리가 함께 하는 동안, 우리 사이에는 장벽이 있다.
2 Pandora는 매우 예뻐서 그녀를 사랑하지 않을 수 없는 사람은 없었다.
3 월식은 밤에만 그리고 달이 꽉 찼을 때 일어날 수 있다.
4 난 해파리에게 쏘이기 전까지 해파리가 귀엽다고 생각했었다.
5 진정한 친구들은 나쁜 말을 면전에서 하는 반면 나쁜 친구들은 그것들을 너의 등 뒤에서 한다.

D

1 너의 마음은 낙하산과 같다. 만약 네가 그것을 열지 않으면, 그것은 작동하지 않을 것이다.

2 영국은 주전 선수들이 다쳤을지라도 독일을 3대 1로 꺾었다.

3 파티가 끝나자마자, 그녀는 다른 파티를 계획하기 시작했다.

4 상추는 그늘에서 잘 자란다. 왜냐하면 그것은 직사광선을 좋아하지 않기 때문이다.

5 네가 약속을 할 때마다, 너는 그 약속을 지킬 책임을 가지고 있다.

해설

1 내용상 '낙하산을 열지 않으면'이란 뜻이 되어야 하므로 if가 적절하다.

2 내용상 '주요 선수들이 다쳤을지라도'가 적절하므로 양보의 접속사 even though가 적절하다.

3 내용상 '파티가 끝나자마자'이므로 As soon as가 적절하다.

4 '상추가 직사광선을 싫어하기 때문에' 그늘에서 잘 자란다는 내용으로 이유의 접속사 because가 적절하다.

5 '약속을 할 때마다' 그 약속에 책임이 있다는 내용으로 Whenever가 적절하다.

E

1 박쥐는 흔하지만 사람들은 그것들을 거의 보지 못한다.

2 e.g.(예를 들어)를 사용할 때, etc.(기타 등등)를 목록의 끝에 놓으면 안된다.

3 너의 꿈이 이미 일어나고 있는 것처럼 너의 꿈을 상상해라.

4 나는 룩셈부르크가 육지로 둘러싸인, 즉 항구 도시가 없다는 점에서 룩셈부르크가 독특하다고 생각한다.

5 네가 네 자신을 하나(실패자)로 만들지 않는 이상 너는 실패자가 아니다.

해설

1 내용상 '~일지라도'의 Even though가 적절하다. As though[if]는 '마치 ~처럼'이란 뜻이다.

2 i.e.는 '즉, 다시 말해서'의 의미이고 e.g.는 '예를 들어서'의 의미로 e.g.가 적절하다.

3 even if는 '(설령) ~일지라도', as if는 '마치 ~처럼'이란 의미로 내용상 as if가 적절하다.

4 now that은 '~이니까'의 의미이고 in that은 '~라는 점에서'의 의미로 내용상 in that이 적절하다.

5 내용상 '네가 너 자신을 하나(실패자)로 만들지 않으면'이므로 if not의 의미인 unless가 적절하다.

F

1 Usain Bolt는 부정 출발을 해서 경기를 마칠 수 없었다.

2 그가 언제 올지 모르지만, 나는 그에게 저녁을 쏘겠다.

3 Jermaine은 셀카를 찍는 척하는 동안 그녀의 사진을 찍었다.

4 네가 그쪽으로 가려고 계획하고 있지 않는 한 절대 뒤돌아보지 마라.

5 네가 말쑥하든, 너의 작업 공간이 무질서하든, 너의 책상은 너에 대해서 많은 것을 말해 줄 수 있다.

해설

1 부정 출발을 한 결과 경기를 마칠 수 없다는 결과를 나타내는 접속사 so that은 적절하다.

2 when 이하가 부사절이 아니고 목적절이므로 시제에 맞게 미래형인 will come으로 써야 한다.

3 while he was pretending에서 he was가 생략된 것으로 pretending은 적절하다.

4 시간·조건 부사절에서는 현재시제가 미래를 대신하므로 will plan을 plan으로 고쳐야 한다.

5 whether ~ (or)는 양보의 부사절을 이끌 수 있지만 if는 그렇지 못하다. 따라서 If를 Whether로 고쳐야 한다.

A **1** 1) slow　2) long　**2** 1) Stop　2) start

　3 1) Hanging　2) that　**4** so　**5** 1) that　2) so

　6 1) if　2) that　**7** 1) really　2) nor　**8** 1) Despite　2) as

B **1** 1) either → neither　2) while → during

　2 1) has changed → changed　2) ×

　3 1) so → such　2) ×　**4** 1) however → how　2) ×

　5 1) expressed the students → did the students express

　　2) ×

　6 1) whether → that　2) ×　**7** 1) ×　2) being → be

　8 1) ×　2) has lived → (to) live

C **1** 1) T　2) F　**2** while making a video call or texting

D **1** 1) T　2) F

　2 1) (e)　2) connects, pronoun, connect, two, clauses

A

1 네가 계속 가는 한 네가 얼마나 느린지는 중요하지 않다.

2 네가 생각하는 것을 사람들에게 말하는 것을 그만두고, 다른 사람들에게 그들이 생각하는 것이 무엇인지 묻기 시작해라.

3 바보 같은 사람들과 어울리는 것은 네가 똑똑하다는 것을 보장하지 않을 것이다.

4 그녀는 치료비를 지불하는 것에 자신의 평생이 걸릴 것을 알고 있어서, 고지서를 열 수 없었다.

5 그 노예는 그 사자가 매우 고맙게 느껴져서 자신을 죽이지 않았다고 생각했다.

6 내가 이야기 속에서 영웅이 될 수 있을지 궁금했지만, 지금은 난 악당이 될 것 같다.

7 로봇들에게 정말로 신비스러운 것은 없다. 그것은 의식적이지도 지능적이지도 않다.

8 목성이 가장 큰 행성이라는 사실에도 불구하고, 금성은 태양에 더 가깝기 때문에 더 밝다.

해설

1 1) be동사 are와 어울리는 형용사 slow가 적절하다.

　2) '~하는 한'의 뜻이 들어가야 하므로 as long as가 적절하다.

2 1) and를 기준으로 대등한 문장이 이어진 구조로 and 앞의 문장에도 술어동사가 필요하다. 따라서 Stop이 적절하다.

　2) 내용상 and를 기준으로 Stop과 병렬을 이뤄야 하므로 start가 적절하다.

3 1) 술어동사 won't guarantee의 주어 역할을 할 수 있는 동명사 Hanging이 적절하다.

　2) guarantee의 목적어 역할을 하면서 완전한 구조의 문장을 유도하는 접속사 that이 적절하다. whether는 비단정·불확실할 때 사용한다.

4 치료비를 내려면 평생이 걸릴 것이라는 원인이 나오고 고지서를 열지 못했다는 결과가 이어지므로 등위접속사 so가 적절하다.

5 1) 완전한 구조의 문장을 유도하면서 thought의 목적어 역할을 할 수 있는 that이 적절하다. if는 비단정·불확실할 때 사용한다.

　2) '매우 ~해서 …하다'의 「so ~ that…」 구문으로 so가 적절하다.

6 1) '~인지 아닌지'의 비단정적이고 불확실한 내용이 이어지므로 if가 적절하다.

　2) guess의 목적어 역할을 하면서 완전한 구조의 문장을 유도하는 접속사 that이 적절하다.

7 1) -thing으로 끝나는 단어는 형용사가 뒤에서 수식하고 이 형용사를 수식하는 것은 부사이므로 really가 적절하다.

　2) neither와 어울리는 접속사 nor가 적절하다.

8 1) 선택지 다음에 명사인 the fact가 왔으므로 전치사 Despite가 적절하다. that 이하는 the fact의 동격절이다.

　2) 비교 대상이 명확한 경우에는 than 이하를 생략할 수 있다. 해석상 '그것(금

성)이 태양에 더 가깝기 때문에' 이므로 이유를 나타내는 접속사 as가 적절하다.

B

1 화학 작용하는 동안에 질량은 창조되거나 파괴되지 않는다.

2 1999년 그의 조기 은퇴 때문에 그의 소비와 생활은 바뀌었다.

3 그 지진은 매우 끔찍한 기억이어서 그것은 우리가 베네수엘라를 떠난 후에도 나와 함께 머물렀다.

4 꼭 너처럼 행동하는 아이를 가질 때까지 너는 네가 얼마나 기이한지 결코 깨닫지 못한다.

5 학생들이 자신들의 생각을 표현했을 뿐만 아니라, 교수들도 자신들의 것을 표현했다.

6 변화하는 것을 꺼리는 사람들은 변화가 불필요하다고 생각하거나 그들이 바뀌지 않는 이유를 찾는다.

7 그 줄이 짧던 길던, 줄의 속도에 맞춰 이동함으로써 배려해라.

8 그 이후로, NASA는 우주 비행사들이 우주선 밖에서 떠다니게 하기 위해 우주 비행사들을 달로 보냈고 국제 우주 정류장에서 살게 했다.

〔해설〕

1 1) 뒤쪽에 nor가 있으므로 either를 neither로 고쳐야 한다.

2) 뒤에 명사만 왔으므로 while을 during으로 고쳐야 한다.

2 1) in 1999라는 명백한 과거 표현이 있으므로 has changed는 과거형인 changed로 고쳐야 한다.

2) 뒤에 명사만 있으므로 전치사구 because of는 적절하다.

3 '매우 ~해서 …하다'의 구문인데 「관사 + 형용사 + 명사(a terrible memory)」가 왔으므로 so를 such로 고쳐야 한다.

2) such ~ that 구문에 쓰인 완전한 구조의 문장을 유도하는 접속사 that은 적절하다.

4 1) realize의 목적어 역할을 할 수 있는 의문사 how로 고쳐야 한다. however는 부사절을 이끈다.

2) '~처럼, ~와 같은'의 의미로 쓰인 전치사 like는 적절하다.

5 1) Not just[only, simply, merely]가 문두로 이동하면 도치가 되므로 expressed the students를 did the students express로 고쳐야 한다.

2) expressed를 대동사로 쓴 did는 적절하다.

6 1) '변화가 불필요하다고 생각한다'는 단정적인 상황이므로 비단정적인 whether를 that으로 고쳐야 한다.

2) a reason을 선행사로 하고 완전한 구조의 문장을 유도하는 관계부사 why는 적절하다.

7 1) Whether가 or not과 어울려 양보의 부사절을 이끌고 있으므로 적절하다.

2) Whether ~ long은 부사절이고 주절이 와야 하는데 주절에 술어동사가 없다. 따라서 being을 be로 고쳐서 명령문 형태가 되어야 한다.

8 1) 문두에 Since then으로 보아 현재완료형으로 쓰인 has sent는 적절하다.

2) 내용상 and를 기준으로 to float와 병렬을 이루고 있으므로 has lived를 (to) live로 고쳐야 한다.

C

며칠 전 내 아내와 나는 Julie의 집에 있었다. 우리는 그녀가 전화로 잡담을 하면서 초인종에 응대하고, 저녁 준비를 하고, 그녀의 아기의 기저귀를 가는 것을 보았다. 우리들 중 많은 사람들은 누군가와 이야기하면서 똑같이 하는데 그래서 우리의 마음은 다른 곳에 가 있다. 이것이 일어날 때면, 우리는 현재 우리가 하는 일에 기쁨의 많은 것을 잃을 뿐만 아니라, 또한 훨씬 덜 집중하고, 훨씬 덜 효과적이게 된다. 당신이 영상 통화를 하거나, 문자를 보내면서 고속 도로를 운전하고 있다고 가정해 보자. 당신은 사고를 초래하고 있을 수도 있다. 무엇을 하는 동안, 당신이 하고 있는 것에만 집중해라.

〔해설〕

1 1) 전반부에 Julie가 통화를 하면서 초인종에 응대하고, 저녁 준비를 하고, 아기의 기저귀를 갈았다고 했으므로 옳은 진술이다.

2) 중반부에 이것(누군가에게 말을 하고 마음이 다른 데에 가 있는 것)이 일어날 때 우리가 하고 있는 것의 기쁨을 잃는다고 했으므로 틀린 진술이다.

2 '~하면서'에 해당하는 본문에 쓰인 접속사는 while이고, '영상 통화를 하거나 문자를 하면서'를 주어진 단어를 이용하여 while you are making a video call or texting 쓰고 나서, 주어와 be동사는 생략하여 7단어인 while making a video call or texting으로 쓰면 된다.

D

일부 연사들은 연설을 하는 동안 이따금 시간을 점검한다. 그들은 그들에게 허락된 시간을 넘기는 것을 선호하지 않기 때문에 아마 이것을 할 것이다. 하지만, 연사가 자신의 시계를 볼 때, 청중 속에서 많은 사람들이 같은 것을 한다는 것이 입증되었다. 이것은 방해가 되는데, 왜냐하면 청중이 연설에 완전히 집중하지 않기 때문이다. 그러므로 당신의 앞에 있는 탁자 위에 시계를 놓거나, 방 뒤쪽에 있는 시계를 보아라.

〔해설〕

1 1) 전반부에 일부 연사들이 연설을 하는 동안 시간을 점검하는데 이것은 허락된 시간을 넘기지 않으려는 것이라고 했으므로 옳은 진술이다.

2) 중반부에 연사가 시계를 보면 대부분의 청중들이 시계를 본다고 했으므로 틀린 진술이다.

2 1) (a)~(d)는 접속사이고 (e)는 전치사로 쓰였다.

2) '전치사는 명사나 다른 대명사를 다른 단어에 연결하고, 접속사는 두 개의 절을 연결하기 때문이다'라고 영어로 쓰면 된다.

〔해석〕

전치사와 접속사는 둘 다 단어들을 연결하기 때문에 혼란스러울 수 있다. 전치사와 접속사의 주요한 차이점은 접속사는 두 개의 절이나 문장을 연결하는 반면 전치사는 명사나 대명사를 다른 단어에 연결한다는 것이다.

1) (a)~(e) 중에서 다르게 쓰인 것 하나를 고르시오.

2) 1)에 대한 대답을 고른 이유를 쓰시오.

(e)는 대명사를 다른 단어들과 연결하고 (a)~(d)는 두 개의 절을 연결하기 때문이다.

CHAPTER 14 일치

Unit 20 수일치·시제일치 p. 112

A

01 I think every person and place <u>is</u> interesting.

02 I can't believe ten years <u>have passed</u> since then.

  cf. The past ten years <u>is</u> not a lost decade.

03 The EU says the number of fake notes <u>is</u> on the rise.

  cf. The EU says a number of fake notes <u>are</u> in circulation.

04 The majority of the villagers <u>are</u> illiterate.

  cf. The majority of the island <u>was</u> declared a national park.

05 A variety of foods <u>are</u> needed every day.

  cf. A variety of food <u>is</u> much better than a similar daily diet.

  cf. The variety of all things <u>creates</u> pleasure.

06 Only a few people care. The rest are just curious.

    cf. Why is my room cold, but the rest of the house is warm?

07 The beautiful is as useful as the useful.

    01 every A and B는 단수 취급한다.   02 *cf.* 시간·거리·무게·금액 등이 단일 개념으로 쓰이면 단수 취급한다.   03 the number of(~의 수)는 단수, a number of(많은)는 복수 취급한다.   04 the majority of 복수명사/단수명사는 복수/단수 취급한다.   05 대개 a variety of 복수명사/단수명사는 복수/단수 취급한다. *cf.* The variety of(~의 다양성)는 단수 취급한다.   06 the rest가 복수/단수를 지칭하면 복수/단수 취급한다.   07 「the + 형용사」는 단수 취급도 한다. (▶「the + 형용사」 다른 표현은 Unit 14 대명사·형용사·부사 참조) ※ 「many + a + 단수명사」, 「more than one + 단수명사」는 의미상 복수이지만 단수 취급한다. e.g. Many a man is present. (많은 사람들이 출석했다.) More than one person was hurt in the accident. (그 사고에서 한 명 이상의 사람이 다쳤다.)

Further Study

is, are, family, committee, 단수, 복수 | are, is, 단수, 복수, They, 복수, 단수 | means, 의미, 개념, 단수

수능 pick 1

♦ people, 복수, watch, The, number, 단수, is

B

01 Both French and English are spoken in Quebec.

02 Either her sons or their mom feeds the dog every day.

03 Neither he nor his friends have come back from the forest.

04 Not only the lion but also the bears have escaped from the zoo.

    → The bears as well as the lion have escaped from the zoo.

Words   A 02 잃어버린, decade 03 fake, 지폐, 증가하는, 유통되는 04 villager, illiterate, 선포하다 05 daily, 식단, create, 즐거움 06 curious 수능Pick 1 commercial   B 02 먹이다 04 escape

C

01 All (of) the water has frozen.

    cf. All (of) the competitors have faced adversity.

02 One or both (of the) parents suffer from insomnia.

03 Three-quarters of the beach was destroyed by the typhoon.

    cf. If two-thirds of the members are boys, one-third are girls.

04 Each of us feels the rain differently.

    cf. Each apple is individually wrapped in paper.

05 I guess either of your answers is wrong.

    cf. Neither watch works. They're both broken.

06 None of your friends is/are watching your YouTube channel.

    01 「All/Most/Some of + 복수명사/단수명사」는 복수동사/단수동사를 쓴다.   02 A or B는 B에 수일치하고, both 다음에는 복수명사와 복수동사가 온다.   03 「분수/percent of + 단수명사/복수명사」는 단수동사/복수동사가 온다. *cf.* 동일어구 삭제를 하면 분수만 오며 수에 따라서 복수가 올 수 있다. ※population은 '인구, 전체 주민, 개체 수'의 뜻으로 단수 또는 복수 취급한다. e.g. About 30 percent of the population is/are Malays. (인구의 약 30%가 말레이인이다.)   04 「each of + 복수명사」, 「each + 단수명사」는 각각 단수동사를 쓴다.   05 「either/neither of + 복수명사」는 단수동사를 쓴다.   06 「None of + 복수명사」는 단수동사 또는 복수 동사를 쓴다.

D

01 Knowing others is intelligence; knowing yourself is true wisdom.

02 To start a sentence with an infinitive is not very common.

03 The men dressed in black were slowly moving behind them.

04 All months that begin on a Sunday have a Friday the 13th.

05 What first came to my mind was/were virtual offices.

    01 동명사 주어는 단수 취급한다.   02 to부정사 주어는 단수 취급한다. 03~04 어구(전치사구, 현재분사구, 과거분사구) 또는 관계사절이 후치수식할 때 수식받는 명사에 수일치한다.   05 What이 주어일 때 the things which의 의미로 명사보어와 수일치하는 경우도 있다. 상황에 따라 was나 were 둘 다 맞다.

수능 pick 2

♦ students(학생들), one(학생), 단수, has

E

01 He thinks she was/is/will be nicer.

02 He thought she was/had been/would be nice.

03 I heard that Sally goes shopping every day.

04 We learned that light travels in a straight line.

05 Did you know Napoleon was defeated at Waterloo?

06 He looked much stronger than he does now.

    01 주절이 현재시제면 종속절에는 현재/과거/미래를 다 쓸 수 있다.   02 주절이 과거면 종속절에 과거와 과거완료를 쓸 수 있다.   03 주절이 과거이지만 현재의 사실·습관은 현재형을 쓴다.   04 주절이 과거이지만 일반적 진리는 현재형을 쓴다.   05 주절이 과거이고 종속절이 더 먼저 일어난 일이지만 역사적 사실은 과거형으로 쓴다.   06 비교 표현에서는 시기를 비교하므로 주절이 과거이고 종속절이 현재도 가능하다.

PLUS

사실, 가능성, 현재, will

Words   C 01 competitor, adversity 02 ~로 고생하다, insomnia 03 destroy 04 individually, 포장하다 05 broken   D 01 intelligence, 지혜 03 infinitive, 일반적인 05 virtual   수능Pick 2 presidential, award E 04 이동하다, straight line 05 defeat

A

01 나는 모든 사람과 장소가 흥미롭다고 생각한다.

02 나는 그 이후로 십년이 흘러갔다는 것을 믿을 수가 없다.

    cf. 지난 10년은 잃어버린 10년이 아니다.

03 EU는 위조지폐의 수가 증가하고 있다고 말한다.

    cf. EU는 많은 위조지폐가 유통되고 있다고 말한다.

04 대다수의 그 마을 사람들은 문맹이다.

    cf. 그 섬의 대부분은 국립공원으로 선포되었다.

05 다양한 음식들이 매일 필요하다.

    cf. 다양한 음식은 비슷한 일일 식단보다 훨씬 더 좋다.

    cf. 모든 것들의 다양성이 기쁨을 자아낸다.

06 단지 소수의 사람들만이 신경 쓴다. 나머지들은 단지 궁금한 것이다.

    cf. 왜 내 방은 춥고, 집의 나머지는 따뜻하지?

07 아름다운 것은 유용한 것만큼 유용하다.

◆ 상업 광고를 보는 사람들의 숫자는 감소하고 있다.

B

01 프랑스어와 영어가 퀘벡에서 말해진다.

02 그녀의 아들들 아니면 그들의 엄마가 매일 그 개에게 먹이를 준다.

03 그 또는 그녀의 친구들도 숲에서 돌아오지 않았다.

04 사자뿐만 아니라 곰들도 동물원에서 탈출했다.

C

01 모든 물이 얼어붙었다.
  cf. 경쟁자들 모두는 역경을 맞이했다.

02 부모님들은 두 분 모두 불면증으로 고생한다.

03 해변의 3/4이 태풍에 의해 파괴되었다.
  cf. 구성원 중 2/3가 소년들이라면 1/3은 소녀들이다.

04 우리 각각은 비를 다르게 느낀다.
  cf. 각각의 사과는 개별적으로 종이에 포장되어 있다.

05 너의 답안 (두 개) 중 한 개는 틀린 것 같아.
  cf. (둘 중) 어느 시계도 작동하지 않는다. 그것들은 고장 났다.

06 너의 친구 중 누구도 너의 유튜브 채널을 보고 있지 않아.

D

01 다른 이들을 아는 것은 총명함이나, 자신을 아는 것은 진정한 지혜이다.

02 to 부정사로 문장을 시작하는 것은 매우 일반적이지 않다.

03 검은색 옷을 입은 남자들은 천천히 그들의 뒤로 이동하고 있었다.

04 일요일로 시작하는 모든 월은 13일의 금요일이 있다.

05 나에게 처음으로 생각난 것(들)은 가상 사무실(들)이었다.

◆ Jessie는 우리 학생들 중 대통령상을 받은 유일한 학생이다.

E

01 그는 그녀가 더 착했다고/착하다고/착할 것이라고 생각한다.

02 그는 그녀가 착했다고/착했었다고/착해질 것이라고 생각했다.

03 나는 Sally가 매일 쇼핑을 간다고 들었다.

04 우리는 빛이 직선으로 이동한다는 것을 배웠다.

05 나폴레옹이 워털루에서 패배한 것을 알고 있니?

06 그는 지금보다 훨씬 더 강해 보였다.

  PLUS

  Bentley씨는 그가 여전히 똑같은 트럭을 몬다고 말했다.

◀ Grammar Practice ▶ ——————————— p. 114

A **1** 수 **2** The **3** 형용사 **4** 복수 **5** 단수

B **1** The, managers, are **2** B, 복수 **3** 다양성, 단수
  4 복수보통, 사람들 **5** 과거

C **1** is
    └ 단일, is
  2 Each, is
    └ Each, is
  3 is
    └ 단수, is
  4 young, old[elderly]
    └ 복수보통, young, old[elderly]

  5 both, hands
    └ both, hands
D **1** is **2** does **3** is **4** is **5** does
E **1** were **2** is **3** are **4** creates **5** give
F **1** × **2** × **3** × **4** have → has **5** ×

B

1 그들의 사장과 함께 매니저들은 파티에 가는 중이다.

2 그 장군뿐만 아니라 그의 부하들도 기진맥진했다.

3 그 상품의 다양성은 고려하기에 너무 한정적이었다.

4 약한 자들은 더 약해지고, 강한 자들은 더 강해진다.

5 그녀는 차 안에 자신의 아기가 있다고 울부짖었다.

D

1 자신의 개인적 사고 과정을 분석하는 것은 매우 중요하다.

2 내가 2주 전에 주문한 헬멧이 나에게 맞지 않는다.

3 너의 평점은 지금보다 훨씬 더 좋았어. (미안해.)

4 당신의 부모님을 행복하게 만드는 가장 단순한 방법들 중 하나는 그들과 함께 있는 것이다.

5 James씨나 그의 아들 Alex 둘 중 하나는 심리학 학위를 가지고 있지 않다.

  해설

1 one's personal thought process는 Analyzing의 목적어이고 주어는 동명사 Analyzing이므로 단수동사 is를 쓰면 된다.

2 주어인 The helmet과 I ordered 사이에 목적격 관계대명사가 생략된 형태로 주어는 The helmet이므로 어법에 맞게 does를 쓰면 된다.

3 비교하는 시기에 따라 종속절에 현재형, 주절에 과거형을 쓸 수 있으므로 is를 쓰면 된다.

4 of the simplest ~ happy까지가 주어인 One을 수식하므로 내용상 단수동사인 is가 적절하다.

5 either A or B는 B에 수를 일치시키므로 어법에 맞게 does로 쓰면 된다. Mr. Alex는 his son과 동격이다.

E

1 그는 달에 토끼가 살고 있다는 것을 증명하지 못했다.

2 페인트 또는 염료는 천을 물들이는 데 사용된다.

3 마음속으로는 노인들이 젊은이들보다 더 아름답다.

4 두 마음 사이의 거리가 더 많은 로맨스를 만든다.

5 절대 그만두지 않는 사람들의 3%가 너무 빨리 포기하는 나머지를 고용한다.

  해설

1 달에 토끼가 산다는 것은 일반적 진리가 아니므로 주절과 시제를 일치시켜야 한다. 따라서 were가 적절하다.

2 either A or B는 B에 수를 일치시켜야 하므로 is가 적절하다.

3 「the + 형용사」가 사람들 나타낼 때는 복수 취급하므로 are가 적절하다.

4 between two hearts가 the distance를 수식하고 주어는 the distance이다. 따라서 creates가 적절하다.

5 여기서 the rest는 '나머지 사람들'이란 뜻으로 복수이다. 따라서 복수동사 give가 적절하다.

F

1 다양한 야생화들이 봄의 색을 뽐내고 있다.

2 대다수의 유전자 변형 식품은 제초제의 저항력을 증가시키기 위해 실험실에서 변경된다.

3 두 개의 뉴런 사이의 간격은 시냅스라고 알려져 있다.

4 많은 차량이 물밀 때를 확인하지 않은 운전자들에 의해 바다로 유실된다.

5 필요한 것은 투명성을 촉진할 더 많은 시민 활동가들이다.

해설

1 「a variety of + 복수명사」는 복수동사를 취하므로 are는 적절하다.

2 「the majority of + 복수명사」에는 복수동사가 오므로 are는 적절하다.

3 주어는 단수인 the gap이므로 단수동사인 is는 적절하다.

4 「many + a + 단수명사」는 의미상 복수지만 단수 취급하므로 have를 has로 고쳐야 한다.

5 관계대명사 what이 복수를 의미하는 the things which로 쓰였으므로 are는 적절하다. 이 경우 대개 보어가 복수이다.

Review Test Unit **20** ─────── p. 116

> A **1** were **2** 1) positioned 2) which **3** were
>
> **4** 1) in which 2) wrote **5** 1) that 2) does
>
> **6** 1) are 2) seen **7** 1) who drink 2) have
>
> **8** 1) was 2) what
>
> B **1** 1) simply → simple 2) × **2** 1) × 2) ×
>
> **3** 1) × 2) been → 삭제 **4** 1) × 2) ×
>
> **5** 1) attempt → attempts 2) what → which[that]
>
> **6** 1) is → are 2) × **7** 1) the → a 2) ×
>
> **8** 1) × 2) prefers → prefer
>
> C **1** 1) T 2) F **2** There is a lot more to know
>
> D **1** 1) T 2) T **2** (a) The tail (b) the movement

A

1 그 배구공들의 절반 이상이 피구에서 사용되었다.

2 일부 동물들은 머리 앞쪽에 위치한 두 개의 눈을 가지고 있는데, 이것은 양안시(兩眼視)를 허용한다.

3 15세기까지 과학과 지식은 서로 연관되어 있었다.

4 Sun Valley Resort는 1마일 멀리 있는데, 그곳에서 헤밍웨이가 '누구를 위하여 종을 울리나'의 많은 것을 썼다.

5 많은 현대 어린이들이 고통받는 것처럼, 그녀는 과잉보호하는 부모님으로 고통받고 있다는 것을 우리가 알게 했다.

6 필리핀에서, 시골의 가난한 사람들은 거의 정치적 행위자로 보이지 않는다.

7 연구들은 커피를 규칙적으로 마시는 사람들이 뇌졸중에 20% 더 적은 위험을 가지고 있다는 것을 보여 준다.

8 음식의 다양성은 네가 아시아에서 볼 수도 있는 것과는 많이 다르지 않았다.

해설

1 「half of + 복수」는 복수동사를 쓰므로 were가 적절하다.

2 1) 「have + 목적어 + 목적격보어」 구문에서 목적어와 목적격보어가 수동의 관계이므로 과거분사 positioned가 적절하다.

2) 두 문장을 연결하는 역할을 할 수 있는 관계대명사 which가 적절하다.

3 science and knowledge가 주어이고 마지막에 each other(서로)라고 했으므로 별개의 개념으로 보고 있다. 따라서 복수동사인 were가 적절하다.

4 1) Sun Valley Resort를 선행사로 하면서 완전한 구조의 문장을 유도하는 in which가 적절하다.

2) 헤밍웨이가 과거에 '누구를 위하여 종을 울리나'를 썼던 사실이므로 단순 과거형인 wrote가 적절하다.

5 1) know의 목적어로 완전한 구조의 문장을 유도하는 접속사 that이 적절하다.

2) 「many a + 단수명사」는 의미상 복수지만 단수 취급하므로 does가 적절하다. 여기서 does는 suffers를 대신하는 대동사로 쓰였다.

6 1) the rural poor는 '시골의 가난한 사람들'이란 뜻으로 복수명사이다. 따라서 복수동사 are가 적절하다.

2) the rural poor가 see의 대상이므로 수동의 seen이 적절하다. see A as B는 'A를 B로 보다'의 뜻이다.

7 1) that절에서 술어동사 have가 있으므로 people을 수식하는 역할을 하는 관계사가 있어야 한다. 따라서 who drink가 적절하다.

2) who ~ regularly가 복수주어인 people을 수식하므로 복수동사 have가 적절하다.

8 1) 「the variety of + 명사」는 '~의 다양성'이란 뜻으로 단수 취급한다. 따라서 was가 적절하다.

2) from의 목적어 역할을 하면서 관계사절 내에서도 could see의 목적어 역할을 할 수 있는 관계대명사 what이 적절하다.

B

1 우리는 그 목록을 단순히 유지해 왔지만, 목록에 있는 것은 중요하다.

2 그 주민들[인구]의 약 30%가 그 호수에서 나오는 물을 소비한다.

3 문자에는 그 품목들이 오늘 도착할 것이라고 쓰여 있었지만, 나는 그것들을 아직 받지 못했다.

4 더 많은 동물은 그들을 먹이기 위한 더 많은 곡식과 물을 의미하고, 결국 환경 문제로 이어진다.

5 그 철학자들 각각은 다른 사람의 인생관에 존재하는 결점을 지적하면서 각자보다 한수 앞서려고 노력하고 있다.

6 초등학교에 들어가는 아이들은 이미 흰 우유를 마시는 데 익숙해져 있다.

7 나는 많은 사람들에게 누군가의 아름다움을 그들이 가지고 있는 친구들의 숫자로 판단하지 말라고 들어왔다.

8 독자들의 절반은 여행하거나 출퇴근할 때 전자책이 더 좋다고 말하는 반면, 대략 1/5의 사람들은 인쇄된 책을 선호한다.

해설

1 1) 「keep + 목적어 + 목적격보어」 구문에서 목적격보어는 부사가 아닌 형용사이므로 simply를 simple로 고쳐야 한다.

2) what이 the thing which의 의미로 is는 적절하다.

2 1) 대략이라는 의미의 부사로 형용사 30을 꾸며 주는 부사인 approximately는 적절하다.

2) population은 단수 또는 복수 취급할 수 있다. 여기서는 복수 취급하여 복수동사를 썼으므로 적절하다.

3 1) 주절의 said와 시제일치하고 있는 would be arriving은 적절하다.

2) I가 receive의 주체이므로 능동형인 haven't received로 고쳐야 한다.

4 1) 문맥상 'more animals'가 복수로 '동물들'이 아니라 의미·개념(더 많은 동물들이 존재하는 것)을 말하므로 단수동사 means는 적절하다.

2) which가 가리키는 것이 more crops ~ them, 즉 문장이므로 단수동사 leads는 적절하다.

5 1) 「each of + 복수명사」는 단수 취급하므로 attempt를 attempts로 바꿔야 한다.

2) 선행사 the flaws가 있으므로 what을 관계대명사 which[that]로 고쳐야 한다.

6 1) entering elementary school이 주어인 Children을 수식하는 구문으로 is를 are로 고쳐야 한다.

2) '~에 익숙하다'는 뜻의 「be accustomed to -ing」 구문으로 drinking은 적절하다.

7 1) 내용상 많은 사람들에 의해서 들었을 것이므로 '많은'의 뜻인 a number of로 고쳐야 한다.

2) 내용상 그들이 가지고 있는 친구들의 수에 의해서 아름다움을 판단하지 말아야 하므로 '~의 수'에 해당하는 the number of는 적절하다.

8 1) half (of) the readers에서 readers가 복수이므로 half는 복수 취급한다. 따라서 복수동사 say는 적절하다.

2) one-fifth는 readers의 1/5이므로 복수 취급해야 한다. 따라서 prefers를 prefer로 고쳐야 한다.

C

19세기 후반 이후로 과학과 기술은 상당히 많이 변했다. 세상도 역시 변했다. 그것은 더 복잡해졌고 더 전문화되고 있다. 모든 분야에서 알아야 할 것이 훨씬 더 많이 있다. 이제 전문 교육이 필요한 사람은 과학자나 컴퓨터 전문가뿐 아니라, 정부 관리와 회사 경영자도 마찬가지이다. 게다가, 대학 졸업자 수의 급격한 증가는 일자리를 얻기 위한 경쟁을 과거보다 훨씬 더 치열하게 만들었다. 결국 최고의 자격을 갖춘 사람, 즉 전문가만이 이기게 된다.

해설

1 1) 중반부에 과학자나 컴퓨터 전문가뿐 아니라, 정부 관리와 회사 경영자도 전문 교육이 필요하다고 했으므로 옳은 진술이다.

2) 후반부에 대학 졸업자 수의 급격한 증가가 일자리를 위한 경쟁을 과거보다 더 치열하게 만들었다고 했으므로 틀린 진술이다.

2 There be동사 ~ 구문이고 실제 주어가 much의 비교급인 more이다. 그리고 비교급을 수식하는 a lot을 넣어서, There is a lot more로 쓰고 more를 수식하는 to부정사 to know로 쓰면 된다.

D

해저에 있는 수송관을 가로질러 헤엄치는 물고기 떼를 상상해 보라. 이 물고기들은 음식을 살펴보고 있는 것이 아니라 수송관 손상을 순찰하고 있다. 로봇 물고기들은 다이버나 잠수함에 적합할 수 없는 장소에 적합하다. 최신형은 길이가 5~10인치이고 약 12개의 부분으로 구성되어 있다. 꼬리는 잘 구부러지도록 설계한 합성물질로 만들어져 있어서, 그것은 좌우로 움직일 수 있다. 그 물질의 동작은 실제 물고기의 헤엄 동작을 모방한다. 가장 최신의 로봇 물고기가 첨벙거리는 것에 가깝게 접근했다는 사실에도 불구하고, 그것들은 아직 호수나 바다에서 헤엄치지는 못한다.

해설

1 1) 전반부에 이 물고기들은 음식을 살펴보고 있는 것이 아니라 수송관 손상을 순찰하고 있다고 했으므로 옳은 진술이다.

2) 후반부에 가장 최신의 로봇 물고기가 첨벙거리는 것에는 근접했지만 호수나 바다에서는 헤엄을 치지 않는다고 했으므로 옳은 진술이다.

2 (a) 좌우로 움직일 수 있다고 했으므로 가리키는 대상은 The tail이다.

(b) The movement of a real fish에서 동일어구인 the movement를 that으로 썼으므로 답은 the movement이다.

CHAPTER

15 특수구문

Unit 21 강조와 도치　　　　p. 118

A

01 It is passion that[which] makes people magnetic.
02 It is Chuck Joongyung (that[who(m)]) I most admire.
03 It is today that[when] you make your tomorrow better.
04 Was it in her room that[where] Cindy kept a pig?
05 It's when we hurt that we learn.
06 It is not every flower that smells sweet.
07 What is it that you want from me?

01~07 「It be ~ that...」 강조구문에서 that은 관계사와 같은 역할을 한다. 따라서 경우에 따라 who(m), which, when, where로 바꿔 쓸 수 있다. 01 강조어가 사물이고 주격 which를 쓸 수 있다. 02 강조어가 사람이고 목적격이면 who(m)을 쓰거나 생략도 가능하다. 03 시간 부사(구)를 강조할 때는 when으로 쓸 수 있다. 04 구를 강조하며, 장소 부사(구)를 강조할 때는 where를 쓸 수 있다. 05 부사절을 강조할 수도 있다. 06 부정문의 주어를 강조할 수도 있다. 07 의문사를 강조할 수도 있으며 「의문사 + is it that」의 구조를 취한다.

수능 pick 1

◆ 삽입구, János, Irinyi, that

B

01 I do like Ara, and I bet Nova does, too.
02 "Do be quiet, everyone!" she said frantically.
03 What Elly does is (to) work for an A.I. company.
04 A clear rejection is always much better than a fake promise.
05 By far the best proof is experience.
06 Alexander himself was once a crying babe.

수능 pick 2

◆ do, 동사원형, blocking, block

Words　A 01 passion, 매력적인 02 admire　수능Pick 1 chemist, 폭발하지 않는　B 01 장담하다 02 frantically 03 인공 지능 04 clear, 거절, 가짜의 05 증거, experience　수능Pick 2 영향을 주다, amount, block the view

C

01 Hardly does she feel affection and human warmth.
02 No sooner had she woken up than she felt hungry.
　→ She had hardly[scarcely] woken up when[before] she felt hungry.
　→ As soon as she woke up, she felt hungry.
03 Only if you can solve this problem will you be admitted.
04 Not only was the jeep slow, but it was (also) very uncomfortable.
05 Not until the third day did he recover his senses.

01~05 부정어가 문두로 오면 의문문 어순을 취한다. 01 ← She hardly feels ~ 02 ← She had no sooner woken ~ / No sooner A than B 구문은 A가 B보다 더 일찍 일어났다고 할 수 없다는 의미로 A hardly[scarcely] ~ when[before] B, As soon as A, B 구문으로 문장 전환이 가능하다. 03 only는 '다른 것이 아니고 오로지'란 의미로 넓은 의미의 부정어에 속한다. Only절 전체가 문두로 오는 것이므로 Only절 안의 주어 동사가 도치되지 않음에 유의한다. Only if can you solve (×)

수능 pick 3

◆ 의문문, could, they, see

D

01 Hey! Here is your cellphone.
02 In the wooden casket were gold coins.
03 Happy was the moment we sat together.
04 Attached are the files that you requested.
05 Not a single word did he say.

06 Lions roar louder than <u>do</u> all wild cats.

07 <u>Were</u> he to cut the red line, we'd all be in trouble.

08 Kennishi was excited as <u>were</u> many of the little kids.

 cf. (As) <u>Cold</u> as it was, we felt secure in the same room.

09 So angry <u>did he</u> become that he left the chat room.

10 Such <u>was</u> the strength of the wind that we couldn't even walk.

11 I am not perfect. Nor <u>do</u> I want to be.

> 01 Here/There 구문에서 도치가 일어나지만 대명사가 주어일 때는 도치를 하지 않는다. e.g. There he is! 02 장소 및 방향부사구가 문두로 오면 도치가 선택적으로 일어난다. 03~04 문장의 균형을 위해서 도치가 일어나기도 한다. 05 부정어를 포함하는 목적어가 문두로 오면 도치를 하지만 그렇지 않은 경우에는 도치하지 않는다. e.g. The doll he bought. 06 비교급에서 도치가 일어나기도 한다. 08 접속사 as(~처럼, 마찬가지로)절 뒤에 선택적 도치가 일어나며 수일치와 대동사에 유의해야 한다. cf. 양보절에서 보어나 부사가 문두로 나오는 경우가 있다. 09~10 「so + 형용사/부사 + that ~」 또는 「such + 명 + that ~」 구문에서도 도치가 일어난다. 11 부정문에서 「Nor + 조동사 + 주어」 구문이 쓰이나 Nor는 and not의 의미로 접속사의 기능을 하여 문장을 유도할 수 있지만 Neither는 상대방의 말을 이을 때 외에는 그렇지 않음에 유의한다. 긍정문에서는 So가 쓰인다.

수능 pick 4

♦ 도치, left, were, did

Words C 01 affection, human, 따뜻함 03 admit 05 recover one's senses D 02 casket 04 attach, 요청하다 06 포효하다, wild cat 08 secure 수능Pick 4 백조, float, spring

A

01 사람들을 매력적으로 만드는 것은 바로 열정이다.

02 내가 가장 존경하는 것은 바로 척준경이다.

03 당신이 당신의 내일을 더 좋게 만드는 것은 바로 오늘입니다.

04 Cindy가 돼지를 키웠던 곳은 그녀의 방안이었니?

05 우리가 배울 때는 비로소 우리가 아플 때이다.

06 모든 꽃이 달콤한 냄새가 나는 것은 아니다.

07 도대체 네가 나한테서 원하는 게 뭐야?

수능 pick 1

♦ 폭발하지 않는 성냥을 발명한 것은 헝가리 화학자였던 János Irinyi였다.

B

01 나는 Ara를 정말 좋아한다. 그리고 나는 Nova도 그럴 거라고 장담한다.

02 "조용히 해, 모두!"라고 그녀가 미친 듯이 말했다.

03 Elly가 하는 것은 인공 지능 회사를 위해 일하는 것이다.

04 명확한 거절이 가짜 약속보다 항상 훨씬 더 좋다.

05 단연코 최고의 증거는 경험이다.

06 알렉산더 대왕 자신도 한때는 우는 아기였다.

수능 pick 2

♦ 그 나무들이 소음의 양에는 거의 영향을 주지는 못했지만, 고속 도로의 모습이 보이지 않게 했다.

C

01 그녀는 애정과 인간적인 따뜻함을 거의 느끼지 못한다.

02 그녀는 깨자마자 배고픔을 느꼈다.

03 네가 이 문제를 풀 수 있을 때만, 너는 입학될 것이다.

04 그 지프차는 느렸을 뿐만 아니라, 매우 불편했다.

05 3일째가 되어서야 그는 의식을 회복했다.

수능 pick 3

♦ 그들은 자신들 앞에서 어떤 것도 볼 수 없었을 뿐만 아니라, 지치고 병이 들었다.

D

01 야! 네 핸드폰 여기 있어.

02 나무 관에 금화들이 있었다.

03 우리가 함께 앉은 순간은 행복했다.

04 귀하께서 요청하신 파일이 첨부되어 있습니다.

05 단 한마디도 그는 말하지 않았다.

06 사자는 모든 야생고양이과 동물들이 그러는 것보다 더 크게 포효한다.

07 그가 빨간 선을 자른다면, 우리 모두는 곤경에 처할 것이다.

08 Kennishi는 많은 작은 아이들처럼 들떠 있었다.

 cf. 추웠을지라도, 우리는 같은 방에서 안심했다.

09 그는 매우 화가 나서 채팅방을 나갔다.

10 바람은 매우 세서 우리는 걸을 수조차 없었다.

11 나는 완벽하지 않다. 난 완벽하길 바라지도 않는다.

수능 pick 4

♦ 샘을 따라 떠다니던 백조들은 떠났고, 마찬가지로 관광객들도 떠났다.

❰ Grammar Practice ❱ ─── p. 120

A **1** 부사 **2** do **3** 의문문 **4** 안 한다 **5** 동사, 주어

B **1** 부사구 **2** was, being, young, the, same, as, hope

 3 So, are, So, are **4** It, that[when]

 5 No, sooner, had, I, got(ten), than, it, started

C **1** was, I

 ↳ Only, 도치, was, I

 2 neither, can, I

 ↳ neither, can, I

 3 Enclosed, are

 ↳ are, enclosed, 의문문

 4 it, is, that

 ↳ it, is, that

 5 was, she, aware

 ↳ 의문문, was, she, aware

D **1** did, send **2** did, gain **3** that **4** stands **5** does, look

E **1** ship **2** take **3** that **4** Impolite **5** Lying

F **1** standing → stand **2** ✕ **3** what → that

 4 I thought → did I think **5** ✕

B

1 언덕 위로 수많은 전사들이 나타난다.

2 어리다는 것은 더 이상 희망과 같지 않았다.

3 당신의 시간은 소중합니다. 당신도 그렇습니다.

4 우리는 어제 그 수업들을 다시 시작했다.

5 내가 기차에 타자마자 그것은 움직이기 시작했다.

D

1 그래, 넌 나에게 문자를 정말로 보냈어, 하지만 넌 나에게 전화하지 않았어.

2 1950년대 후에야 식기 세척기는 인기를 얻었다.

3 우리의 삶을 잠시 멈출 때야 우리는 우리의 삶을 찾을 수 있다.

4 센트럴 파크의 중심부에 잘 알려진 조각상인 '이상한 나라의 앨리스'가 서 있다.

5 그 생선은 매력적으로 보일 뿐만 아니라, 더 고르게 요리된다.

해설

1 내용상 sent가 적절하다 빈칸이 두 개 이므로 동사 강조 형태인 did send로 쓰면 된다.

2 Only 포함 어구가 문두로 오면 의문문 어순이 되므로 did와 gain을 쓰면 된다.

3 「It be ~ that…」 강조구문에서 절을 강조하고 있다. 따라서 빈칸에 맞게 that을 쓰면 된다.

4 In the heart of Central Park의 장소부사구가 문두로 이동했고, 주어가 a well-known statue이므로 단수동사 stands를 쓰면 된다.

5 Not just[only]가 문두로 이동해서 도치된 구문으로 의문문 어순으로 써야한다. 따라서 does, look을 쓰면 된다.

E

1 구매자: 정말로 가방 보내셨나요?
   판매자: 저를 믿으세요. 정말로 발송했습니다.

2 우리가 두려워하는 것은 거의 일어나지 않는다.

3 옳은 것이 틀린 것을 고친다.

4 그는 사적으로는 예의 없을 수 있으나, 공개적으로는 매우 공손하게 행동할 수 있다.

5 바닥 위에 고릴라처럼 보이는 그 조각상이 누워 있었다.

해설

1 동사강조 did 다음에는 동사원형을 쓰므로 ship이 적절하다.

2 부정어구가 문두로 오면 의문문 어순이 되므로 take가 적절하다. what we fear가 주어이다.

3 「It be ~ that…」 강조구문이고 절을 강조하므로 which를 쓸 수 없으므로 that이 적절하다.

4 양보절의 보어가 문두로 이동한 구문으로 is의 보어인 impolite가 적절하다.

5 A statue was lying on the ground에서 lying on the ground가 문두로 이동한 것으로 Lying이 적절하다.

F

1 정원 한 복판에 노송 세 그루가 있다.

2 갈라쇼 줄이 너무 길어서 몇몇 사람들은 입장을 거절당했다.

3 다른 사람들이 말하는 것은 중요하지 않다. 중요한 것은 이기려고 준비하는 의지이다.

4 피가 우리의 성격을 규정할 수도 있다고 거의 생각하지 않았다. 그것은 우리의 행동이지, 우리의 피가 아니다.

5 Duveen은 그의 작품을 Mellon에게 팔 뿐만 아니라, 그는 그것을 다른 사람에게는 팔지 않을 것이다.

해설

1 In the center of the garden의 부사구가 문두로 이동한 것으로 주어는 three old pine trees이다. 주어의 동사가 필요하므로 standing을 stand로 고쳐야 한다.

2 「so + 형/부 + that」 구문에서 So long이 문두로 이동한 것으로 주어는 the line이다. 따라서 was는 적절하다.

3 「It be ~ that…」 강조구문에서 the will to prepare to win을 강조하는 구조이다. 따라서 what을 that으로 고쳐야 한다.

4 부정어구가 문두로 이동했으므로 의문문 어순으로 도치해야 한다. 따라서 I thought를 did I think로 고쳐야 한다.

5 Not merely[only] 부정어가 문두로 이동했으므로 의문문 어순이 되어야 한

다. 따라서 will Duveen은 적절하다.

A 1 1) us   2) that   2 1) had she   2) than
   3 1) are   2) what   4 1) are we   2) ourselves
   5 1) Little   2) last   6 1) was   2) are
   7 1) bring   2) Nor   8 1) that   2) nor

B 1 1) sitting → sat   2) ×   2 1) ×   2) getting → to get
   3 1) entire → entirely   2) does → is
   4 1) likelier → likely   2) ×   5 1) ×   2) finished → finish
   6 1) Spraying → Sprayed   2) what → that
   7 1) ×   2) hundred → hundreds
   8 1) is the world → the world is
      2) humanity will → will humanity

C 1 1) F   2) F   2 could we ever be a "friend to man."

D 1 1) T   2) F   2 So abundant were precious metals

A

1 우리 앞에는 바다로 이어지는 장관의 산들이 있었다.

2 그녀가 잠들자마자, 연극은 시작했다.

3 여기저기에 수정처럼 맑은 유리로 만들어진 것처럼 보이는 것들이 있다.

4 우리 주의의 세상을 이해함으로써만 우리는 우리 자신을 향상시킬 수 있다.

5 그는 아버지와의 경험이 영원히 지속될 것이라는 것을 거의 알지 못했다.

6 허블의 결론은 중요할 뿐만 아니라, 그가 사용한 방법들은 오늘날에도 여전히 적용된다.

7 우리는 우리의 죽음을 소생시킬 수 있을지 없을지가 가능할지 확신하지 못한다. 또한 우리의 후손들이 화성에서 사는 것이 가능할지도 확신하지 못한다.

8 사실은 대부분의 사람들이 설명서를 완벽히 읽지 않고, 그들은 그들이 읽는 것의 많은 것들을 이해하지도 않고 주의를 기울이지도 않는다는 것이다.

해설

1 1) mountains were before ~가 문두로 이동한 것으로 before는 전치사이다. 따라서 목적격 us가 적절하다.
   2) mountains가 선행사이고 뒷문장이 불완전하므로 관계대명사 that이 적절하다.

2 1), 2) 「No sooner 동사 + 주어(도치) than ~」 구문으로 쓰이므로 had she 와 than이 적절하다.

3 1), 2) 부사구 Hear and there가 문두로 이동했고, 주어는 그 다음부터이다. [that / what]에서 선행사가 없고 appear의 주어 역할을 하는 what이 적절하다. 한편 appear로 쓰인 것으로 보아 what은 복수인 the things which 임을 알 수 있다. 따라서 [are / is]에서는 are가 적절하다.

4 1) Only ~ 어구가 문두로 나왔으므로 의문문 어순이 되어야 한다. 따라서 are we가 적절하다.
   2) improve의 주체와 객체가 같으므로 재귀대명사 ourselves가 적절하다.

5 1) 부정어가 도치된 구문으로 동사를 수식해야 한다. 따라서 Little이 적절하다. few는 셀 수 있는 명사를 수식하는 형용사 또는 '극소수'라는 뜻의 대명사로 쓰인다.
   2) last는 '지속되다'라는 자동사이므로 수동형이 없다. 따라서 last가 적절하다.

6 1) 도치구문으로 주어는 Hubble's conclusion이다. 따라서 was가 적절하다.
   2) the methods 다음에 목적격 관계대명사 which가 생략되었고 동사가 필요하므로 are가 적절하다.

7 1) our dead라는 목적어가 있으므로 능동의 bring이 적절하다.
   2) 앞의 부정문 We're not sure를 이어서 하는 말이므로 부정 표현인 Nor가 적절하다.

8 1) 단정적인 표현을 하면서 보어 자리이므로 접속사 that이 적절하다.

2) neither는 nor와 어울리므로 nor가 적절하다. 목적어 much of what they read가 문두로 이동한 구문이다.

B

1 문 앞에 이미 상표가 붙은 열두 개의 상자가 놓여 있었다.

2 사람들이 도박을 하게 하는 것은 돈을 따는 것이 아니라 내기 자체에 흥분하는 것이다.

3 그 조사관들은 전적으로 믿을 수 없었고, 부정확했다. 그리고 그 과정도 그러하다.

4 사교적인 사람들은 사회적 고립이 있는 사람들보다 약 두 배 정도 덜 죽을 것 같았다.

5 대부분의 고객들이 우리의 설문조사를 작성하기를 바랐지만, 그들은 거의 그것을 끝내지 않았다.

6 울타리 위에 '들어봐, Drake. 이 또한 지나갈 거야.'라고 그려진 낙서가 울타리에 스프레이로 칠해져 있었다.

7 고창의 매산마을을 둘레에 있는 유적지에는 수백 개의 고인돌이 흩어져 있다.

8 세상이 끝날 때에만 인류는 우리가 돈을 먹을 수 없다는 것을 깨닫게 될 것이다.

해설

1 1) 부사구 in front of the door가 문두로 이동된 구문으로 a dozen boxes의 동사가 필요하다. 따라서 sitting을 sat으로 고쳐야 한다.

2) 선행사 a dozen boxes가 있고 뒷문장이 불완전하므로 관계대명사 that은 적절하다.

2 1) 선행사가 없고 뒷문장이 불완전하므로 관계대명사 What은 적절하다. What으로 시작하는 구문도 강조를 위해 사용될 수 있다.

2) but을 기준으로 to win과 병렬구조를 이뤄야 하므로 getting을 (to) get으로 고쳐야 한다.

3 1) 형용사 unreliable and inaccurate를 수식해야 하므로 entire를 부사인 entirely로 고쳐야 한다.

2) 앞문장의 be동사 are를 대신해서 써야 하므로 does를 is로 고쳐야 한다.

4 1) less는 열등 비교에 사용하며 수식받는 단어는 -er을 붙이지 않고 그대로 쓰므로 likelier를 likely로 고쳐야 한다.

2) than 뒤에 도치가 된 구문으로 were는 적절하다.

5 1) hope의 목적어 역할을 하면서 완전한 구조의 문장을 유도하는 접속사 that은 적절하다.

2) 부정어구 seldom이 문두로 이동한 것으로 의문문 어순인 did they finish가 되어야 한다. 따라서 finished를 finish로 고쳐야 한다.

6 1) 분사를 포함한 부사구가 문두로 이동하여 도치가 된 것이다. 주어는 graffiti이고 동작의 대상이므로 수동의 Sprayed로 고쳐야 한다.

2) graffiti가 선행사이므로 what을 that[which]으로 고쳐야 한다.

7 1) At the prehistoric site가 문두로 이동하면서 도치된 구문으로 are scattered는 적절하다.

2) '수백의'란 표현은 백이 여러 개란 뜻으로 hundred를 복수형인 hundreds로 써야 한다.

8 1), 2) Only when이 문두로 이동할 때 when절의 주어 동사는 그대로 쓰고 주절의 동사를 도치하므로 is the world를 the world is로 humanity will을 will humanity로 고쳐야 한다.

C

우리 식당 벽에는 액자에 넣은 글귀가 있었다. 그것은 "길가에 있는 집에서 살며 사람들의 친구가 되게 해주세요."라고 쓰여 있었다. 그것은 완전히 다른 곳에서 온 새로운 사람들을 만나는 것에 대한 수많은 어린 시절의 꿈을 나에게서 불러 일으켰다. 나는 다른 사람들과 교제를 필사적으로 하고 싶어 하는 어린아이였다. 나의 집은 Keene과 Portsmouth 사이에 난 9번 도로에 있었는데, 그것은 우리가 정말로 '도로 변에' 살았다는 것을 의미했다. 하지만, 그것은 너무 외져서 우리는 거의 '사람들의 친구'가 될 수 없었다.

해설

1 1) 중반부에 했으므로 다른 사람들과 교제를 필사적으로 하고 싶어 하는 어린아이였다고 했으므로 틀린 진술이다.

2) 후반부에 Route 9에 살았고 이것은 '도로 변에' 살았다는 것을 의미했다고 했으므로 틀린 진술이다.

2 부정어구 hardly가 문두로 이동했으므로 의문문 어순인 could we ever be a "friend to man"으로 쓰면 된다.

D

잉카의 지배자는 사람들이 그가 태양신 Inti의 자손이라고 믿었기 때문에 강력했다. 지배자가 자신의 지배권을 가장 영리한 아들에게 전수해 주는 것은 바로 태양 신으로부터였다. 토지는 광대했을 뿐만 아니라 그들은 풍요로운 농지와 모직을 위한 많은 양모를 가진 동물을 가지고 있었다. 귀금속들이 매우 풍부해서 이러한 금속으로부터 만들어진 우상과 장식품들의 부족이 없었다. 권력의 절정기에 잉카 지배자가 후계자를 지명하지 않은 채 죽었다. 1493년에 두 아들이 왕좌에 앉기 위해 치열한 투쟁을 시작했다. 그 다음 40년 동안, 그 제국은 내란에 의해 약해졌다.

해설

1 1) 중반부에 토지는 광대했을 뿐만 아니라 그들은 풍요로운 농지를 가지고 있었다고 했으므로 옳은 진술이다.

2) 후반부에 두 아들이 왕좌에 앉기 위해 치열한 전투를 시작했다고 했으므로 틀린 진술이다.

2 내용상 '귀금속이 매우 풍부해서'이므로 Precious metals were so abundant이나 도치구문을 이용하라고 했으므로 So abundant were precious metals로 쓰면 된다. 「so + 형용사/부사 + that」 구문에서도 「so + 형용사/부사」를 문두로 이동하여 도치할 수 있다.

맨처음
수능 영문법

문제풀이책